1841

一八四一

視若無睹

毒梟、財閥與中共在加拿大的黑金帝國

WILFUL BLINDNESS

HOW A NETWORK OF NARCOS, TYCOONS AND CCP AGENTS INFILTRATED THE WEST

Sam Cooper
山姆·庫柏
範明詩、謝奚銓——譯

國際好評

「十多年來，溫哥華和加拿大其他地區一直是中國、中東、墨西哥和哥倫比亞販毒集團的『匯合區』，他們在加拿大境內銷售和出口毒品，賺取金錢，並資助他們在加拿大和美國的行動。洗錢只不過是他們犯罪和邪惡活動的表象，髒錢會像水一樣尋找體系中的漏洞。

在《視若無睹》中，山姆．庫柏（Sam Cooper）的調查證明安全官員直到最近才向加拿大國民透露的真相：加拿大已成為邪惡國安機構和跨國有組織犯罪網絡的避風港，而我們的民主政體正面臨著風險。」

——**卡爾文．克魯斯蒂（Calvin Chrustie）**，風險與安全顧問，曾在加拿大皇家騎警（RCMP）擔任跨國有組織犯罪高級行動官員

「一本深入探討加拿大房地產、黑幫、洗錢和官員貪腐的新書，事實證明，免稅的資本收益是洗錢的理想選擇，尤甚是加拿大對房地產的依賴，導致多數官員不僅忽視其負面警訊，甚至幫

助洗錢。」

——斯蒂芬．龐瓦西（Stephen Punwasi），加拿大房地產媒體 Better Dwelling 創始人

「山姆追蹤和揭露洗錢的報道，對於推動加拿大的國家改革與法律修訂發揮了關鍵作用。但願山姆的書能夠讓渥太華意識到全球貪腐系統是世界面臨的最大威脅之一，它使不平等、衝突、侵犯人權和環境退化等問題沒完沒了，我們需要採取相應的行動。」

——詹姆斯．科恩（James Cohen），國際透明組織（Transparency International）主席

「調查報道其中一個更有效的方法，就是『跟著錢走』。這本書見證了山姆追蹤金錢去向的執著和決心——數以億計的毒資、用冰球袋裝著整箱二十元鈔票帶入賭場、來自北京的高額賭客和他們在大溫哥華地區的中間人暗中洗錢。這是關於加拿大政客看中了骯髒地下產業的利益，這些利益超過了高漲的房地產價格和堆積如山的芬太尼毒癮者屍體對他們的損害。這觸目驚心的故事由一位勇敢的記者講述，迫使人們就加拿大的貪腐問題展開公共對話——貪腐變得多麼普遍，在政治體制又滲透得多麼深。」

——特里．克雷文（Terry Glavin），《國家郵報》（National Post）

「《視若無睹》揭示了溫哥華如何成為一個跳板，讓中國通往全球最龐大的毒品市場，包括

紐約、邁阿密、波士頓、西雅圖、洛杉磯、舊金山和拉斯維加斯。這些市場不僅由溫哥華，還由列治文、卡爾加里、溫尼伯以及美國邊境沿線家庭中的數千個小型藥物實驗室供應。上述城市每年都有數以萬計的人死於服用過量違禁的芬太尼、鴉片、海洛因、迷幻藥和冰毒，這些毒品是由三合會組織如大圈仔、水房以及 14K 從緬甸通過新加坡、馬來西亞、越南、澳門、香港和中國進口。三合會組織始於十七世紀的中國，且已擴張到全球，無論華人僑民是否願意，三合會就在他們當中生存和運作。」

——**安德斯・科爾博士（Anders Corr）**，《政治風險雜誌》（**Journal of Political Risk**）發行者

「本書讀起來像一部驚悚小說，卻比虛構小說更加離奇，引人入勝、生動有趣、充滿懸念和刺激，令人難以停下。這是一個關於賭博、毒品、大亨、犯罪組織和共產黨的故事，而令人震驚的是，這並非小說，而是事實。基於細致入微的研究，這本恰如其名的書揭露了西方民主國家核心深處的天真與貪腐，這些國家長期屈服於中共政權及其犯罪集團同伙，置自由世界於險境。本書如同一聲警鐘，值得一讀。」

——**班納迪克・羅傑斯**，香港監察（**Hong Kong Watch**）聯合創始人兼首席執行官

目錄

中譯版推薦序一

一人之力可以移山

羅恩惠

（調查記者，紀錄片《消失的檔案》導演）

調查記者Sam Cooper（山姆．庫柏）的《Wilful Blindness》（台灣中譯版名《視若無睹》），在加拿大主流社會是一本暢銷書，它是繼Jonathan Manthorpe（文達峰）《大熊貓的利爪》後另一本透視中共滲透的重磅之作。《大熊貓的利爪》爬梳了加中兩國自一九七〇年締結外交關係以來的變化，加拿大安全情報局（CSIS）因為缺乏警惕於上世紀九十年代方能成立，遲至二〇一八年五月才發表《重新思考安全問題：中國與戰略對抗的年代》，一百六十三頁報告討論中共干預加拿大人生活各個層面帶來的危險。從政黨政府領袖、基層政治人物、天真又驕傲的學者、貪婪又易騙的商界人士，甚至歷練不夠的記者，都是加國被赤化的幫兇。

文達峰曾經被派駐歐洲、非洲、香港及溫哥華，出任多家傳媒高層。在加國多元文化國策下，針對一個族群的滲透很容易被標籤為「種族歧視」，環繞著中共代理人的深度報導難以展開。及至山姆．庫柏土生土長，沒有上一代的包袱，看著目標勇往直前。

山姆・庫柏求學時期著迷於George Orwell（喬治・歐威爾）之《動物農莊》和《一九八四》及Ernest Miller Hemingway（米勒・海明威）的新聞小說及評論風格，左翼作家對社會批判的風格對他產生根深柢固的影響。他本來有志攻讀法律，在一次長途旅行以後改變主意，進入新聞學院，畢業後從多倫多隻身往溫哥華工作。人在異鄉又沒有家庭支援，他以好奇的眼光審視社會各種不正常現象。在《溫哥華地區報》（The Province）專跑市政廳，開始「反腐敗」新聞追蹤報道。從那裡一直關注具影響力的開發商對溫哥華市政廳的連結，以及這些利益的結合後，來自東亞投資對溫哥華房地產的巨大推動力。這些力量如此神秘，最終令他發現很多有組織犯罪的地下賭場和毒品資金，有點像加拿大版的一九八〇年代《邁阿密風雲》。二十四年前，他因為機遇走上了調查報道的道路。

十多年來，卑詩省洗黑錢活動異常活躍，二〇二二年六月，公開研訊三年獨立調查出臺，報告長達一千八百頁，聽取了兩百名證人的意見，研究大量洗黑錢問題的範圍、擴大及成因。報告指出聯邦打擊洗黑錢活動成效欠佳，無法阻止每年高達數十億元的黑錢進入卑詩省。當局兩年獲取三千一百萬份舉報，只有三百五十五份轉交給卑詩警方。山姆・庫柏從區報轉到《Global News》工作，專職報道洗黑錢活動及背後的犯罪集團。

《視若無睹》的調查從溫哥華出發，揭示毒販、黑社會如何利用賭場進行恆常洗黑錢活動。從北京高額賭客將數以億元的毒資，用冰球袋裝著二十元鈔票帶進賭場。這條通道由國際機場到列治文市 River Rock Casino（河石賭場），清洗過後金錢投進了地產市場，推高房價到了本地居民難以承受的地步。毒品亦從溫哥華通往卡加利、溫尼伯，過境往美國多個城市，造成各個城市每年數以萬計吸毒者死於服食過量的芬太尼及迷幻藥等等。

山姆．庫柏的調查道報資料極其細密，人證物證吹哨者層層疊疊，翻開《視若無睹》彷如走進了虛構小說，毒犯、拆家及佈滿共產黨身影的追逐。這本增訂版的第三章「溫哥華模式 1.0」，將來自廣州的毒販譚國聰（Tam Kwok Chung）及太太假扮難民的經過呈現，詐騙情節曲折，反映加拿大法律漏洞無法阻止廣州黑社會在加國土地橫行。

譚國聰於溫哥華國際機場入境時自稱「難民」，出門前將三家工廠賣掉，成功將五百萬加元轉移到加拿大妻子名下。這些資金通過神秘地下錢莊，從廣州流向香港、澳門，最終進入溫哥華。早譚五個月入境的妻子帶著初生女兒使用虛假文件，成功獲得難民身分。實際上，譚國聰是廣州大圈幫重要一員，來溫哥華是建立據點控制北美毒品市場。一九九一年譚及其犯罪團伙進入富裕華裔家庭搶劫，警方在一次大規模打擊活動中逮捕了譚及另外四名申請難民身分的中國人。又在譚國聰家裡找到中國總領事卡片，及中國保利科技有限公司副總裁名片，是一間從事軍火交易的公司，由解放軍紅二代掌控。雖然譚及二十八名大圈仔被捕，然而這些大圈幫人仍舊可以長期居留，來面對遣返中國的漫長法庭鬥爭，揭示了溫哥華模式紮根。在山姆．庫柏二〇一九年的報道中，譚國聰這名警方熟悉的人物不單否認和大圈仔幫派之連繫，還通過律師對山姆．庫柏所屬的新聞機構作出警告。

作者揭露洗錢的調查報道，推動渥太華國會山莊進行國家改革與法律修訂，總理及官員都要面對全球貪腐問題的威脅。其中 Cameron Ortis 案是有史以來加拿大騎警級別最高的文官之一，負責情報分析等工作，他可以接觸到幾乎所有最機密信息，例如於中國、伊朗、俄國如何精心安插線人的情況，還有有組織犯罪者和國家行為者之間如何利用網際網絡作為第一線工具進行勾結的情報，是加拿大性質最嚴重的情報洩露案。根據指控，他企圖把五眼聯盟的執法計劃賣給這些超級罪犯，使他們可以躲避追蹤。本年二月，Ortis 被裁定罪名成立，被判入獄十四年，現在保釋上訴中。

二〇二〇年香港實施國安法以後，數以萬計的香港人透過救生艇計劃進入加拿大；加上九七前取得加籍再回流的不在少數。雖然政府採取措施，例如以「空置稅」試圖阻止炒賣活動，但新來加及本地市民都感到大城市樓價高企難以負擔，究其原因還是和中國資金湧入有關。山姆．庫柏指他在銀行的吹哨人發現，銀行向在中國遠程工作的人發放巨額貸款，聲稱工資五十萬及七十萬的完全是假工作。他又查證了溫哥華抵押貸款發放地點的謎團，人們自稱「家庭主婦」或「學生」，經濟實力卻足以用現金購入豪宅。由於數以億計的虛假抵押貸款推高了溫哥華和多倫多房地產價格，搜證得到學者及犯罪學家支持。

山姆．庫柏的深度調查劍指跨國財閥、捐贈巨款予政黨的商人、地下錢莊及毒品產業鏈的大圈幫、為習近平「中國夢」背書的媒體人，以及執行「統一戰線」的中共代理人等等，這些報道令他背上「種族主義者」的罵名。雖然《Global News》資源豐厚，山姆．庫柏的調查報道做得有聲有色，然而控告他的紅頂商人及政客使用法律程序，新聞機構為他背書，捍衛新聞自由付出沉重代價。

加拿大政府公安部於本年五月六日提出《外國影響力透明度和問責法C-70法案》，內容採納了三十三個多元族裔、宗教、人權及智庫團體所組成的「加拿大外國代理人註冊法聯盟」多項建議，涵括情報法、國安資訊法和刑事法的修訂。這些公民團體來自香港、臺灣、維吾爾、西藏、中國、中歐、東歐、伊朗、越南及泰國之加拿大社區，二〇二一年開始向一百五十名國會議員、參議員及有關政府部門進行遊說，尋求設立「外國代理人註冊法」。

一人之力可以移山，山姆．庫柏的報道被廣泛閱讀、傳播、討論並引用。去年六月他離開了《Global News》，建立個人報導平台《The Bureau》（https://www.thebureau.news/）。當人們都為他的生活及安全擔憂，山姆．庫柏總是淡然一笑，繼續解說他的議題。或許成敗並非他的目的，他的啟蒙老師George Orwell於一九五〇年身故，《動物農莊》與《一九八四》影響了年輕的山姆．庫柏，也繼續影響萬千讀者。

感謝一八四一出版社將《視若無睹》帶進華語世界，讓我們認識加拿大不美麗的另一面。請以實際行動訂閱《The Bureau》，為眾人抱薪者，不可使其凍斃於風雪。

譯者序——謝癸銓

二〇二三年中，我接到一通電話，詢問我是否有興趣接下一份翻譯工作，當時我剛離職，自然接下了我人生中第一份翻譯工作，即是將本書翻譯給中文讀者。

這是一本非常精彩的書，融匯了作者十餘年來的追查，敘述了中國如何通過位於加拿大的統戰組織、規模龐大的跨國販毒集團和被龐大利益收買的加拿大政客來影響這個國家。我想對於了解中國手腕的人來說，這是又一個例證，展現其日益無恥的劣跡，以及為自由世界帶來的嚴重威脅；而對於不甚了解中共威脅的人來說，這本書則可以讓大家一窺其用以敗壞民主體制那複雜又黑暗的手腕。

在面對中國鋪天蓋地的滲透時，本書作者以其堅毅的精神，鍥而不捨地追查，試圖揭露中國張開的大網，以挽回加拿大多年來因中國銳實力的輸出而千瘡百孔的體制，甚至因此得罪了加拿大政要、惹上官司，即便被貼上「反華」標籤也在所不惜，對此應給予肯定。

然而，所謂「反華」標籤究竟是如何被貼上的呢？蓋因作者將矛頭直指中共及其統戰組織，這些統戰組織掌控著許多華人社團，一旦有任何針對中國的言論，這些組織將迅速做出反應，將批評者打成「反華種族主義者」。此外，中共也擅長操控媒體，以實現其統戰目標。作者描述統戰組織通過中文媒體、微信群組散播虛假資訊，以達成其影響加拿大選舉的目標，足見其影響之深遠。中共儼然成為了海外華人社群的代表，批評中共相當於批評所有華人社群。作者及其書中所提及的一些政治人物正是受到這樣的狙擊，才導致其惹上官司或輸掉選舉。

面對威權政府如此毫無底線的干預與滲透，加拿大的政客卻選擇了虛與委蛇，為了中共帶來的重大利益而選擇忽視其危險性，甚至隨之起舞，一起將批評中國者打成「種族主義者」，以換取北京的支持。政客的短視導致了加拿大這些年的門戶洞開，使得中國的黑錢源源不斷地流入加拿大，並通過加拿大官方賭場進行洗錢，而來自中國的黑社會老大在與加拿大的黑幫合流之後，誕生了龐大的跨國販毒集團，這正是在加拿大政客的默許之下緩緩發生，他們並沒有試圖阻止，而是任由毒販、高利貸與暴力在國內滋長，加拿大官僚集團選擇了視而不見。

民主國家似乎無力面對威權國家帶來的威脅，他們深諳民主的遊戲規則，並如同水流一般尋找漏洞，無孔不入地破壞民主國家的體制，敗壞人們對民主的信心。在這個時候，如同本書作者一般無懼恐嚇與不被利益誘惑，挺身而出的人也許更為罕見，也更為重要。民主國家的存續在於人們對民主的無條件擁護，而這個擁護的前提是民主必須帶來良好的治理，如若不然，威權體制將輕而易舉地取代民主體制。如同作者一般努力揭露國家正在被威權腐蝕的努力，正是相信民主價值，並試圖改革民主體制，以對抗獨裁的人所做出的嘗試。

最後，我想我們更應該理解獨裁者會對自由世界帶來怎樣的威脅，他們滲透民主程序、操弄媒體、分裂社會，以各種威逼利誘的手段去收買或迫害會影響他們利益的人。同時，他們也樂於與犯罪集團合作，瓦解民主國家的治理體系，如同書中所述「將毒品武器化」以使得他國衰弱，如同鴉片戰爭時列強以鴉片麻痺清朝人民所留下的「國恥」，他們將會將這套路如數奉還給西方國家。

唯有理解這些威權國家的手段與模式，我們才能找出應對之法。對此，我想自由世界尚有很長遠的路要走，如同加拿大一般千瘡百孔的國家需要花多長的時間才能改善民主治理，仍是難以估量的問題。但威權將不會停止行動，我們需要一邊應付威權國家不斷進化的手段，一邊躬身自省，才能在這場威權與自由的對壘中尋得生機。

原版序

查爾斯．伯頓博士

麥克唐納——勞裡埃研究所（Macdonald–Laurier Institute）資深研究員；歐洲價值安全政策中心（European Values Center for Security Policy）非常駐資深研究員

溫哥華群山環抱，毗鄰太平洋，擁有清新空氣以及乾淨沙灘；且常年氣候適中，不會極寒或酷熱，盛放的牡丹及繁花似錦的樹木更被園藝愛好者視為天堂。誰不想生活在這樣的地方呢？

建城以來，溫哥華一直是中國移民的首選落腳地，如今這座城市的華人居民比例已遠高於加拿大或美國其他都會區。溫哥華東南部百分之四十居民認為自己是華裔，在列治文比率更超過五成，而整個大溫哥華則為百分之二十。經過幾十年的努力和堅持，溫哥華華裔居民克服了系統性的種族歧視以及阻礙融入主流社會的嚴苛措施，至今已成為加拿大公民的中流砥柱，整個城市隨處可見寫上加拿大華裔善長芳名的醫院大樓、大學建築和文化藝術機構。然而，在語言和文化障礙背後，種族之間的歧視、誤解以及隔閡仍舊存在。要克服反華偏見的歷史遺禍，及避免將加拿大華人社區與當今中共政權的暴虐、壓迫和貪腐形象錯誤地關聯，仍有很多功夫要做。尤其經歷中國政府對新冠肺炎病毒起源的瞞騙以及透過人質外交手段對加拿大恐嚇與脅迫，意味著加拿大的反華種族主義再次抬頭。

這本書探討了中共政治菁英與從事芬太尼、冰毒以及類鴉片毒品交易的犯罪幫派三合會之間曖昧不清的關係；還有透過賭場洗錢、令溫哥華房地產不斷漲價，以及可能參與了利潤豐厚的非法地下交易活動的加拿大官員、律師和執法人員。但我們應該清楚，這本書說的並不是在加拿大華人社區中誠實且辛勤工作的普通人，他們是黑暗、墮落行為的受害者。

《視若無睹》中大部分篇幅是以第一人稱敘述。除了揭露加拿大政壇最高層人物的瀆職行為外，這本書也是記者山姆・庫柏十多年來努力不懈地調查的個人故事，找出複雜的關係網及背後隱藏的真相，包括中國共產黨高層家族在溫哥華房地產的大規模投資、在英屬哥倫比亞省內賭場上的巨額現金交易，以及中共高官、加拿大政客與跨國犯罪組織神秘人物同框的證據。

華為首席財務官孟晚舟，二〇一九年在溫哥華被捕。當她在溫哥華機場被拘押時持有七本護照，更有指她曾擁有第八本特別的中國官方護照。為何她擁有如此多護照？為何她不是加拿大居民卻在溫哥華坐擁兩棟價值數百萬元的豪宅？為何在二〇二〇年因新冠肺炎而頒佈旅行限制期間，她的丈夫及兩個孩子能夠獲加拿大移民部豁免，前來溫哥華探望她？為何加拿大政府無法換取相同的豁免，讓被中國拘捕的加拿大前任外交官康明凱（Michael Kovrig）及商人邁克爾・斯帕弗（Michael Spavor）的家人到獄中探望他們？這就是加拿大目前在加中關係舉步維艱的原因。

然而，上述難以解釋的眾多怪事，僅僅是山姆在二〇〇九年踏上這段探索之旅時看到的表象。如今我們知道，美國國務院、紐約司法部長與孟晚舟在二〇二一年末達成了一項認罪協議以換取加拿大兩位人質，她和華為顯然曾利用在其他國家註冊的第三方公司，試圖規避美國對伊朗的制裁。我相信這本書的讀者，都不會為中國、伊朗和俄羅斯之間存在某種關聯感到驚訝。自從普丁在二〇二二年三月入侵烏克蘭以來，俄羅斯寡頭在倫敦、多倫多、紐約以及其他願意接受外國不法投資的金融中心洗錢，變得更加明顯。我們已經意識到這需要付出一定代價，但政壇面對惡意國家行為衝擊西方民主時，反應似乎十分遲緩。而我們的政治、學術以及商界菁英仍然願意用和平與安全來換取經濟利益。

與此同時，中國官員家族及其商業夥伴，正持續將大量資金轉移到加拿大，面對中國政府嚴格的外匯管制，他們如何做得到？大部分在溫哥華購買房地產的中國共產黨官員，他們的巨額加元從何而來？更遑論擁有藍寶堅尼和法拉利的生活風格，已遠遠超出政府官員的合法薪資。中國共產黨和三合會犯罪分子在各層面上的關係，已在國內外被充分確認。從逼迫貧困農民賤賣土地、威脅中國異見人士，到作為「受人尊敬」的產業領袖，這些與三合會高層聯繫的企業家，採取逃稅、賄賂官員、如好萊塢黑手黨頭目般恐嚇等手段。這是在習近平領導的中國取得成功的唯一途徑，在中國共產黨的體系中，不容許誠實。

因此，與三合會有關的人會通過非法地下錢莊，將他們合法以及來歷不明的財富都轉移到加拿大華麗的藏身處，為一旦發現自己在中共派系鬥爭中站錯邊時作好準備。在加拿大活躍的三合會，與將中國生產的毒品販賣到北美的大圈仔，雙方合作無關，過程既簡單又明目張膽：向加拿大基層吸毒者銷售毒品的收入，變成一捆捆二十元鈔票，塞滿冰球球袋，放在汽車後廂運送到英屬哥倫比亞省的賭場，兌換成籌碼。這些籌碼會被中國賭客用於百家樂，每次下注高達十萬元；隨後，這些籌碼會再次轉換成支票或大額鈔票，存入加拿大銀行，交給律師以完成房地產交易。這個井然有序的計劃涉及加拿大的銀行、律師、房地產仲介、賭場的省級監管者以及監督他們的政客。他們會視若無睹，是建立在一個假設上：如果這些中國資金不是來自非法途徑，他們在加拿大法律之下就是無罪的。裝滿現金的冰球球袋被荒謬的邏輯所矇蔽，認為攜帶大量小面額鈔票是中國的文化習慣！

山姆這本書中許多機密資料，都來自勇敢的加拿大皇家騎警及英屬哥倫比亞賭場調查員，他們對加拿大的犯罪活動程度感到憤怒，而參與其中的人卻毋須要為其罪行負起刑責。這些警察和調查員十分清楚，他們缺乏專業語言和資源去應對這個正在加拿大發生、背後明顯有中國領事館官員參與的巨大複雜挑戰。更令他們憤怒和沮喪的是，當他們將發生的一切通過內部報告給加國政府，並提交如何解決問題的詳細建議時，卻一直遭到忽視。一些聲音終於得到英屬哥倫比亞省聆聽，檢察總長尹大衛（David Eby）召開了由最高法院大法官奧斯汀．卡倫牽頭的省級調查。

山姆透過這本著作，代表所有想為此發聲的人，呼籲各方採取進一步行動。

在溫哥華壯麗蒼翠的美景背後，隱藏著掌權者的貪婪和陰暗的腐敗。讀畢這本書，你將會明白這些勾結的軌跡已遠遠超出加拿大邊境，觸及美國、澳洲、日本及其他國家。

感謝作者，我們開始看到那些政客和罪犯在公眾辯論中曝光。透過揭露真相，他為加拿大作出了巨大貢獻。畢竟，陽光是最好的消毒劑。

原版序

滕彪
芝加哥大學波津人權中心課座教授、紐約市立大學亨特學院 Grove 人權研究學者（Grove Human Rights Scholar, Hunter College ）、「中國反對死刑」網絡（China Against the Death Penalty）創始人兼主席

我在中國出生及成長，仍持有中國護照。我的學術研究以及行動主要關注中國的人權、公義及政治議題。為了追求一個更好的中國，我作出了許多犧牲，我反對中國共產黨。

我支持制裁貪污的中國官員以及侵犯人權者，也參與了為維吾爾人、西藏人及香港人爭取人權與自由的運動。我也提出應對中國共產黨在西方地區的活動進行更嚴格的監察，如孔子學院（Confucius Institutes）、官辦非政府組織，以及由統戰部領導並聯繫至世界各地領事館的政治宣傳媒體。

若說批評中國政府便是反華或反華種族主義，是十分荒謬的。很大程度上，正正是對中國和華人的愛護，促使了海外對中國政府和中共進行抗爭。

對於美國和加拿大來說，保持對世界開放，歡迎來自不同文化、宗教和政治體制的人是十分重要的，但這並不意味著一個國家應成為洗錢、貪污以及人口販賣的避風港。一個開放的社會不

該被專制獨裁的政權利用作監控僑民社區，及散佈反民主的政治宣傳。

邁克爾・斯帕弗（Michael Spavor）與康明凱（Michael Kovrig）作為加拿大公民，在中國停留時遭到了中共的任意拘留和虐待，這明顯是要報復加拿大拘捕孟晚舟。若加拿大人對這種「司法勒索」感到震驚，本書可作為一個很好的機會，讓讀者更深入地了解中國政權的特性。而作者的論點及這本書的價值，已在統戰部人員試圖對作者提出惡意訴訟而獲得證明。

自從一九八九年的天安門屠殺以來，在西方資金與科技的參與下，中共在國內建立了日益強大且殘暴的極權主義，並在國際舞臺上變得更具有侵略性，乃至對全球自由造成威脅。其境外法律和超越國際邊界、過度擴張的執法有許多不同的方式——如控制華人移民、經濟脅迫、綁架海外逃民，包括異見人士、書商、維吾爾人及商人。亞洲基礎設施投資銀行、「一帶一路」倡議、南海侵略、國際網絡攻擊和間諜活動、操縱聯合國人權機制以及千人計劃（Thousand Talents Program），都是中共將竊取、賄賂和政治宣傳制度化的工具。

如今，中國正試圖製造一個全新的國際秩序，其中法治將會被操控、人的尊嚴會被踐踏、民主將被濫用、正義會被剝奪——中國正要求我們改寫國際規範。自由國家應重新審視他們對中國的政策，並在為時已晚前站出來反對中國共產黨的滲透、侵略和霸凌。遲早，中國人民得以享受自由民主和基本人權，但實現之前，世界必須支持被壓迫的人民以及勇敢抗爭的自由戰士。

01

巨鯨

高額賭客被稱為 whale（鯨），
是一種持續下注大量資金的賭客。

這些賭客每天都獲允許帶著一袋袋現金進入賭場，實在瘋狂，只需觀看賭場中的監控錄像，便知道多麼令人震驚。

羅斯·奧爾德森（Ross Alderson）大清早在英屬哥倫比亞省列治文市的家中起床，告訴妻子他上班前先去喝咖啡。他偶爾會對妻子談論賭場的工作，但他決定不提及即將與一位加拿大頂尖的緝毒警察見面。奧爾德森走進他的黑色福特 Ranger 皮卡車，沿著弗雷澤河向東駛去，經過低矮的購物中心、倉庫和貨櫃。隨後他轉向北面，駛過昆士堡大橋，又經過了新西敏港口。

他把珍珠果醬樂團（Pearl Jam）的專輯《Ten》放進 CD 播放器，並把音量調低，低到剛剛足以緩解緊張的情緒。他在思考加拿大聯邦嚴重與有組織犯罪（FSOC）高級官員卡爾文·克魯斯蒂（Calvin Chrustie）深夜發給他的神秘簡訊，兩人約定在溫哥華東喜士定街的艾奇諾咖啡館見面。

奧爾德森僅能猜測克魯斯蒂會告訴他某些很重要的事情，但具體尚不清楚。他剛擔任英屬哥倫比亞彩票公司（BCLC）反洗錢主任的職位幾個月，便感覺自己過著雙重生活。在某方面，他感覺自己回到了在澳洲墨爾本當警察的日子。

他轉進濱海大道，沿著弗雷澤河向西行駛，穿越本拿比南部，那裡直到靠近界限街的河岸社區都是伐木林。奧爾德森驚訝奢華公寓項目迅速在河邊發展起來，房子雖小，房價卻高。他心想，這些都是來自海外的資金。他從駕駛窗往外看，回望對岸的列治文，這座城市範圍廣闊，在混亂中不斷快速增長。它擁有全球最多的中國大陸移民人口，為數眾多並未居住在當地的業主將房地產價格提升到瘋狂的高度。他幸運地在二〇〇九年以三十四萬一千美元購買了一座聯排別墅，六年後，少於一百萬美元無法在這個位於列治文東部的小角落購買一座房子。

奧爾德森沿著界限街北上——這是溫哥華和本拿比之間的分界線——加大油門爬上陡峭的山坡。他的思緒被新工作所面對的威脅纏繞著，當時是二〇一五年七月。在六月，他的首要任務是組織英屬哥倫比亞省賭業首腦會議，大約有二十位專家聚集在英屬哥倫比亞彩票公司溫哥華總部的會議室內，卡爾文．克魯斯蒂和幾位加拿大皇家騎警的高級官員都在場，還有來自當地賭場監管機構（GPEB，博彩政策與執行部）的代表、一些銀行高層，以及來自加拿大稅務局和加拿大邊境服務局的調查員。

奧爾德森記得克魯斯蒂——一位肩膀寬闊、直率坦誠的調查員，看起來有點像前奧克蘭襲擊者（Oakland Raiders）防守豪伊．朗（Howie Long）——他似乎對英屬哥倫比亞彩票公司舉辦這次會議的動機抱有疑慮。這次會議的主要問題：英屬哥倫比亞省是否存在洗錢問題？對大多數在場的人來說，答案顯而易見，但並非每個人都有同樣的看法。

眾所周知，政府賭場的收入大部分來自超級富裕的中國商人，在任何時候，英屬哥倫比亞彩票公司位於列治文、溫哥華、本拿比、新西敏和高貴林的賭場都有上百位外國貴賓在賭博。這些人是企業大亨或中國軍、政官員，他們自稱是房地產、礦產、石油、造船與建築業的大亨，是世上最富有和最有權勢的人之一。

在中國，賭博是非法的，中共禁止民眾參與賭博，但賭博根植於這個國家的地下文化之中，奧爾德森知道中國的上層人物透過一些秘密渠道進行賭博。對於這些被稱為「巨鯨」（Whale）的高額賭客來說，百家樂是他們的首選，為了玩百家樂，他們周遊列國。在某些英屬哥倫比亞彩票公司的賭場，他們可以在私人房間內每手下注高達十萬美元，並受到皇室般的待遇。

對於那些也在澳門、拉斯維加斯、墨爾本賭博的中國富豪來說，加拿大列治文的河石賭場是他們的首選，他們在那裡贏得和輸掉天文數字。高級別的賭客（那些被英屬哥倫比亞彩票公司稱為 VVIP 玩家）會用五十萬美金或更高的金額購買籌碼。

奧爾德森駛過界限街的山頂，本拿比的天際線在中央公園的松樹上顯現出來。他在京士威路停下，向東眺望本拿比的鐵道鎮購物中心周圍的吊車和公寓大樓，他知道京士威路有很多地下賭場藏在外幣兌換店後面或卡拉 OK 的暗室裡，但試圖關閉它們就像在玩「打地鼠」，這些地點經常會轉換。奧爾德森穿過京士威路繼續沿界限街向北行駛。

他把思緒重新轉回英屬哥倫比亞省賭業會議。他知道，想要了解英屬哥倫比亞彩票公司內的情況，先要了解中國經濟的運作方式。他安排了加拿大外國通訊社記者、資深中國問題觀察家文達峰（Jonathan Manthorpe）演講，以解釋中國經濟如何運作。文達峰斷言，加拿大的領導人，包括出席會議上的銀行家、官員和賭場高層，回應從中國湧入的資金所帶來的問題時，他們連第一步都沒有踏出。「有多少錢（從中國）被非法轉移？」文達峰問道：「為何中國的富人要把錢藏在國外？他們又是如何繞過中國嚴格的外匯管制？」

文達峰告訴與會者，一九八〇年代，在中共領導人鄧小平的改革下，難以置信的巨額私人財富從天而降。現在，這些錢正湧入溫哥華、西雅圖和墨爾本等城市。中國國家銀行預測，二〇一五年將有三千二百億美元流出國外，一些分析師認為這個數字將會更高。根據反貪腐監察組織全球金融誠信（Global Financial Integrity）的數據，從二〇〇二年到二〇一二年，有一萬二千五百億美元的非法資金從中國流出。

幾乎所有的資金都來自金字塔頂端，「他們要麼是支配中共的高層黨員，要麼是因為家庭或經商與他們有緊密關係。」文達峰說道：「他們是從經濟改革中獲益最多的菁英，過去三十年間所創造的財富，如今大多掌握在少數依附中共的家庭手中。」

對奧爾德森來說，文達峰的演講帶給他的收穫非常明確：中國民眾正被他們的領袖掠奪，而中國政府的貪腐正使溫哥華的房地產變成一個過於昂貴的保險箱。但文達峰的研究並沒有涉及流入英屬哥倫比亞彩票公司賭場內的現金。數十億美元的問題是，這些海外的巨額賭客如何在加拿大獲得大量現鈔，這些鈔票並非來自加拿大銀行。

對會議中的緝毒警察來說，賭場允許這些賭客每天都帶著一袋袋的現金入場，實在匪夷所思，只要看看賭場的監控錄像，便知道多麼令人震驚。你會看到一些人拿著大號的路易威登和古馳皮包，或者拉著行李箱；至於那些超級巨鯨，則帶著裝滿二十元鈔票的冰球袋。博彩政策與執行部的調查員曾經看到賭客們拖著裝有一百萬美元的袋子走上自動手扶梯前往現金櫃檯，幾個人迅速卸下一疊疊用橡皮筋包裹的錢，然後從櫃檯上塞給收銀員，收銀員把這些鈔票像乾草捆一樣堆疊在一起，再用點鈔機計算，清點完畢，收銀員會把高額籌碼交給賭客，而現金會立即從櫃檯帶到賭場金庫。

這種事情每晚發生。

奧爾德森、加拿大皇家騎警和博彩政策與執行部的調查員，在會議上都看到這些可疑情況，但並非所有英屬哥倫比亞彩票公司的高層都以同樣的方式看待事情。

布拉德．德斯馬雷（Brad Desmarais）——曾在加拿大皇家騎警反黑小組工作多年的退休警察，現任英屬哥倫比亞彩票公司首席運營官——提出了使人發笑的解釋。例如，他假設這些巨鯨會帶著裝滿加元現金的行李箱飛往溫哥華國際機場。博彩政策與執行部的調查員都嘲笑這種解釋：你怎麼可能帶著一袋重量幾乎等同於一個標準體型女性的二十元鈔票飛往加拿大？更何況，加元現金在中國不受歡迎，很少在當地流通，而最重要的是，哪個合法商人會為了周末能夠在溫哥華賭博而冒著被扣押或被盜的極高風險，攜帶裝有一百萬美元的冰球袋？這無疑還沒走到百家樂賭桌前，就已冒著失去所有籌碼的風險。

然而，當「來自中國的飛機」理論被否定後，德斯馬雷又有了另一種說法。他解釋道，中國的貴賓通過合法的地下錢莊在加拿大獲得現金。中國規定公民每年不得匯出超過五萬美金，這並非加拿大的問題。為了方便交易，華人移民在加拿大建立了一個地下銀行業。德斯馬雷堅稱這並不是一件壞事。儘管對於會議室裡的警察來說，這種論點荒唐可笑又目光狹隘，但它已成為加拿大房地產和銀行業的潛規則。

德斯馬雷更早之前已提出過這種論點。他最近向英屬哥倫比亞省財政廳長麥克・德容（Mike de Jong）辦公室匯報了英屬哥倫比亞彩票公司現金交易激增的情況，並告訴他的副手謝麗爾・溫納澤基・約藍（Cheryl Wenezenki-Yolland），地下錢莊可以解釋神秘資金。在會議中，關於現金問題的爭論激烈，德斯馬雷越加強調這一點。他表示，多年來加拿大皇家騎警一直知道來自中國的富豪旅客在溫哥華到處調動大量資金，但警方從未能夠證明這些資金是違法的。

這時，會議室中職級最高的加拿大皇家騎警專員陸德堯插話了，他告訴德斯馬雷，覺得現金一袋袋地帶進英屬哥倫比亞省賭場沒有可疑之處，是愚蠢的。

克魯斯蒂和陸德堯在會議前就此事討論過，在這局棋中我們是國王還是小卒？英屬哥倫比亞彩票公司試圖操弄所有人嗎？他們試圖建構一種論述，為中國資本外逃帶給賭場的收益辯護？即使會議結束後，克魯斯蒂依舊無法確定。因此，在二〇一五年六月五日，即會議的第二天，他發了一封電子郵件給博彩政策與執法部的主管蘭．梅尤爾，以表達他的憂慮。「這是複雜的問題，如同昨天所表明的，資本外逃是一個重要議題，我們知道中國的金融菁英與犯罪集團有著密切關係，我們也知道，販毒集團與中國關係緊密。」

會議期間，奧爾德森與加拿大皇家騎警負責人進行了幾次良好的對話，並接受了他的建議，私下會面以跟進問題。

⁝

幾天後，奧爾德森從溫哥華的英屬哥倫比亞彩票公司總部出發，穿過曼港橋，來到素里，將座駕停在國防部隊的高度設防設施——青木（Green Timbers）之外。走向這幢龐大的綜合大樓，奧爾德森感覺腸胃緊繃。他在一幅巨型玻璃牆後的安檢接待處交出駕照（他猜測這塊玻璃是防彈的），然後警察遞給他一張訪客通行證，指示他穿過一度旋轉門，走進會議室。他有些驚愕，這座耗資十億美元的聯邦大樓是由一系列巨大的白色矩形建築組成，散佈在公園內，內部有層層掩護設施。這裡有一個實時情報中心，分析人員監控各種電子紀錄與訊號；還有一個超級安全指揮控制中心，領導人可以在此處理省內的重大災難或恐怖襲擊。

光是坐在會議室的桌子前，便感覺令人生畏。奧爾德森鼓勵自己：「努力保持自己的立場。」

沒錯，雖然他曾在澳洲擔任過警探，但這間會議室坐滿了加拿大皇家騎警的高層，正緊緊盯著他。包括卡爾文・克魯斯蒂，出席過英屬哥倫比亞彩票公司會議的人他都能辨認出來，但還有一些他不認識的人，譬如一位穿著剪裁精良西裝的男人，他猜測是一位情報人員。自我介紹之後，奧爾德森開門見山，明確地表示支持加拿大皇家騎警，並承認英屬哥倫比亞省內賭場存在大規模的犯罪和黑錢問題。他說不會為自己接手之前的事情道歉，但將致力解決存在的問題。無論警察需要從英屬哥倫比亞彩票公司那裡得到甚麼，都會得到滿足。

克魯斯蒂在會議室內並沒有太多發言，但之後，他團隊中的幾個官員將奧爾德森帶到了一個行動室，並興奮地向他介紹了他們稱之為「白銀」（Silver）的文件。這房間的牆上掛滿了地圖，地圖上嫌疑犯們的照片通過圖釘和彩色線連接在一起。這些嫌犯的地理位置被標記在列治文和溫哥華的企業、車輛和私人住宅上。此外，還有記錄了可疑交易的清單、警方調查活動和事件、關係圖、流程圖和層次圖。這份文件不僅有列治文和溫哥華的地圖，澳門和香港也同樣被標記在牆上，而中國大陸則是重點關注的地區。

這些官員告訴奧爾德森，「白銀」實際上是兩個同時進行的重大有組織犯罪調查，但它們看起來正在匯合。起初是跨國毒品調查，目標為一個總部位於中國並在全球活躍的販毒集團，尤其是在英屬哥倫比亞省、澳門和香港。一開始，加拿大皇家騎警懷疑他們與英屬哥倫比亞省的賭場存在聯繫，但那並不是調查的重點。但現在，臥底警察已經找到了位於列治文市中心的一個非法「現金交易所」，據說是一間非常繁忙的外幣兌換店，名為「銀通國際」（Silver International）。克魯斯蒂的團隊開始注意到它與河石賭場的高利貸和高額百家樂玩家網絡之間的聯繫。

一個名叫金保羅（Paul King Jin）的列治文男子是行動的主要目標之一，他的照片被釘在「白銀」行動室的牆上。他是一個禿頭、肌肉發達、下顎強壯、嘴唇厚實的男人，看起來像一個拳擊手。奧爾德森從英屬哥倫比亞彩票公司的調查文件中認出了他的照片，他們有大量關於金保羅的賭場安檢報告，他是河石賭場的貴賓賭客，但據說也是英屬哥倫比亞彩票公司賭場中最大的高利貸金主，與來自中國大陸的貴賓賭客，甚至一些賭場員工都有關係。

克魯斯蒂的手下詢問奧爾德森，能否向調查單位提供可疑的大額現金交易報告，奧爾德森說可以。自此，他每星期到訪青木，同時也在溫哥華各商場和咖啡室會見加拿大皇家騎警官員。他們向他展示「白銀」目標的照片，並給他存有來自銀通國際「現金交易所」內部監控照片的快閃隨身碟。他們問奧爾德森能否認出任何人，那些人是否曾出現在英屬哥倫比亞彩票公司的監控檔案中。「對」，他告訴他們認出了一些人。

此時，奧爾德森已經猜到克魯斯蒂的團隊為何將他帶進密室：他手握獲取英屬哥倫比亞彩票公司內部訊息的鑰匙。這些訊息涉及中國貴賓賭客的機密，包括他們在賭博中下注的數額、聲稱參與哪些行業，以及他們在賭場內與誰來往（包括在賭場賭博的中國官員、賭場僱員與經理、放貸人、保鑣、被判罪的毒品交易者、涉嫌芬太尼先驅原料進口商，以及省級政界人士）。因此，他同意向克魯斯蒂的團隊提供應受監視的貴賓賭客名單，這涉及個人及機密訊息，對英屬哥倫比亞彩票公司的商業模式而言非常重要，包括每年在英屬哥倫比亞省進行數億美元可疑現金交易的一些中國大陸巨鯨。保護公司、律師和投資者的加拿大隱私法，在警察而言是非常嚴格的，因此，奧爾德森知道，向克魯斯蒂的團隊提供這些資訊是在冒險，他甚至沒有徵得英屬哥倫比亞彩票公司老闆們的許可。但他們正利用隱私法來包庇，這是危險的。

在某種程度上，奧爾德森對警隊的忠誠比對英屬哥倫比亞彩票公司更強烈。他手上有關可疑賭客與可疑交易的企業情報，當與加拿大皇家騎警的「白銀」檔案以及幾十年來英屬哥倫比亞其他有組織犯罪的檔案結合到一起時，構成了一個極其強大的調查數據庫。但他內心的矛盾與日俱增。基本上，他知道作為賭場反洗錢主任的工作，是識別和拒絕可疑現金，但拒絕一個攜帶五十萬美元現金的特級貴賓賭客，是否現實？這顯然對賭場、英屬哥倫比亞彩票公司和省政府的收入會造成巨大的影響。如果你拒絕一個身家億萬的實業家，那將受到來自各方的壓力。

⋯

當他駛近艾奇諾咖啡室並即將與克魯斯蒂會面之際，奧爾德森看到布勒內灣對岸的北岸山脈，遠處就是溫哥華市中心，一堵閃閃發光的玻璃牆。他駛過東溫哥華日升區的界限街，一個低矮的藍領社區，即使破舊的小房子也能賣到一百五十萬美元以上。他已駛過英屬哥倫比亞彩票公司在倫弗魯和百老匯的溫哥華辦公室，無法回頭。

他是否試圖一僕侍二主？在他為英屬哥倫比亞彩票公司工作的同時，能為加拿大皇家騎警提供多少訊息？這為他帶來很大的壓力。奧爾德森權衡的不僅僅是他與加拿大皇家騎警的關係。

當時我還不知道，他一直密切關注我為《溫哥華省報》做的報道。自二〇一二年起，我一直報道溫哥華瘋狂的房地產市場，及來自中國的神秘資金推高房價的故事。奧爾德森意識到，我所報道的一些中國大陸開發商和貪腐嫌疑人，也是加拿大政府經營的賭場中最大的巨鯨。我在二〇一五年三月五日的一篇文章〈中國警方在英屬哥倫比亞省進行秘密行動，取締據稱貪污官員與洗錢行動〉特別使他感到不安。那份報道使奧爾德森認為加拿大的主權受到中國的挑戰，他還了解到澳洲和紐西蘭也有類似的擔憂。

最終，奧爾德森在二〇一七年聯繫了我，我們約好在維多利亞的一次反洗錢會議上見面。他決定分享英屬哥倫比亞彩票公司的機密文件，其中一份文件點名由金保羅資助的幾十個河石賭場巨鯨，那是我獲得的紀錄中最敏感，也是一個密碼破譯器，我藉此用來揭露如今稱為「溫哥華模式」的犯罪手法。

…

自從奧爾德森於二〇一五年四月被任命為新的反洗錢主任以來，生活節奏飛快。當他獲得這個職位時，他和妻子談到過去和期望。他告訴妻子，如果工作做得對，將會與一個強大的產業對抗，還談論到離開警察崗位後留下的遺憾。他告訴她，從某種奇特的角度來說，他在賭場的新工作可能較他在澳洲時更能打擊有組織犯罪。

奧爾德森一直都想成為一名警察，他在紐西蘭出生，十幾歲時面臨艱難的境況，不得不離開家鄉，迅速成長。他高大健碩，身高約六尺三吋，體重超過兩百磅，而且厭惡惡霸。這一切使他希望成為警察，但直至他移居澳洲才實現。在他快三十歲時，他宣誓就職，開始在墨爾本的博士山（Box Hill）巡邏。那是澳洲最大的華人社區之一，他認為這個地方與列治文和溫哥華有許多相似之處，大量財富從中國通過秘密途徑湧入、賭場坐滿了四處旅行的高額賭客、大量的超級跑車和空置公寓，這些都是應該警惕的現象。

奧爾德森迅速從初級警員晉升到特別執法隊中。對於一個警察來說，博士山是一個很有趣的地方，可以學到很多基本功。有好幾次，他攔下豪華跑車後，車窗遞出現金——觸目之處，都充斥著現金。

他表現出色，且贏得獎項，但他想多看看世界。他旅行時邂逅了一位來自列治文的美麗妙齡少女，墜入愛河，並決定二〇〇八年搬到加拿大。他接受了一份工作，負責訪問英屬哥倫比亞彩票公司中獎者，隨後兩人定居於列治文並結婚。

在英屬哥倫比亞彩票公司為省政府服務是一份不錯的工作，福利更是極好。公司向他提供了一輛車和一部電話，薪水也很高。二〇一一年，他調到列治文弗雷澤河畔的河石賭場擔任安保和監控工作，很快，他又發現了更大的危險訊號。他在賭場的第一天，便看到一袋又一袋的現金進入賭場，但員工一副司空見慣的模樣，沒有人提出疑問。

奧爾德森讀過安保文件，所以他知道百家樂的頂級貴賓沙李林（Li Lin Sha）聲稱自己是中國煤礦工人，他幾乎每晚都帶著數十萬美元前來。但當奧爾德森敲響警鐘時卻一無所獲，他被告知，沙李林是合法的，因為在中國，現金通常被視為帶來好運。奧爾德森的老闆堅稱沙李林是一位開發商，但我調查沙李林的賭場網絡多年後，從英屬哥倫比亞省的法院紀錄中發現，他還向中國移民提供大額貸款。而且，根據法庭檔案，這些現金貸款是以溫哥華的房地產作為抵押。

在我看來，比起煤礦工人，他更像一個地下銀行家。最終，我發現沙李林是一個身形單薄、眼神兇狠、穿著全黑和留著整齊軍式短髮的男人，他與許多河石賭場最大的高利貸有聯繫。他還在河石賭場性侵了一名加拿大華裔女招待，並毆打了另一名員工。當我發現沙李林的美元貸款網絡中有一名女性，同時在一個層級圖表中被加拿大皇家騎警列為十六號嫌疑人，而金保羅被列為二十二號嫌疑人時，我的直覺是正確的，沙李林並不是一個普通商人。

但在二〇一一年，當奧爾德森向賭場員工打聽有關沙李林和其他類似的顧客時，他遇到了阻礙。他質疑：「為甚麼不能問那些高額賭客的現金來自哪裡？」他被告知：「因為他們會覺得很沒面子，他們都很有錢，這對顧客不友好，而且侵犯隱私。」沙李林曾在一個月內下注三百一十萬美元，這是否因為人們對他的現金來源不聞不問？在奧爾德森看來，這是毫無疑問的。

作為一名澳洲警察，他深刻了解中國的貪官污吏以及資本外逃，但是英屬哥倫比亞彩票公司賭場的員工不願意聽到這些。奧爾德森感受到加拿大人和澳洲人對於過多離岸資金有不同的態度，二〇一三年，澳洲的一次行動足以反映這些差異。

針對一個活躍於中國、香港、澳門、泰國、馬來西亞、越南和緬甸的超級幫派，進行了一年的偵查以後，澳洲聯邦警察繳獲四十二公斤海洛因和冰毒、四百萬美元現金、價值五百萬美元的豪華房地產、來自墨爾本皇冠賭場的六十萬美元籌碼、一輛藍寶基尼和九十九個名牌手提包。這是由來自不同中國黑幫中具有特殊地位的人物所組成的亞洲新興企業式販毒集團之一。國際刑警相信這些亞洲超級幫派比巴勃羅．埃斯科巴（Pablo Escobar）的麥德林集團（Medellín Cartel）昔日運作時還要強大。哥倫比亞每年可生產的可卡因數量受自然限制，但中國工廠的化學品生產沒有這樣的限制。

墨爾本《世紀報》（The Age）報道，逮捕的二十七人是中國幫派的重要成員，並引述聯邦警察指揮官大衛．夏普（David Sharpe）的話：「當你看到這些人的生活方式，然後看到他們被扣上手銬，以及他們的藍寶基尼被拖走時，你會感到過癮。」

對許多加拿大官員來說，夏普的聲明會被視為不恰當，過於激動、激進、火爆和美國風，但很多加拿大警察會支持夏普。根據我對卡爾文．克魯斯蒂的理解，他是一名樂於與澳洲、哥倫比亞和美國執法團隊合作的調查人員，他可能就是其中一個支持夏普言論的人。

克魯斯蒂來自溫尼伯，我聽說他深深感受到毒癮對弱勢群體（尤其是原住民）的危害。他的國際軍旅生涯也有重要意義，在他看來，加拿大是一個有盲點的國家，大多數公民對於在他們之間發生的國際犯罪一無所知，而這些犯罪分子通常與外國政府有秘密聯繫。在毒品走私的調查中，克魯斯蒂可以靈活處理問題，不害怕撇開正在進行的調查，對訊息迅速回應。這就是為何他可以攔截來自香港的化學原料、裝有秘魯可卡因和中國芬太尼丸的巴西貨櫃。

克魯斯蒂與加拿大皇家騎警高層的理念並不總是吻合，我聽說他有支持者，也有一些批評者，有些人認為他過於激進和直率，但也有人認為他是一個願意接受挑戰性任務、無懼政治後果的人。正如一位加拿大國稅局的調查員毫不在意地告訴我：「隨你怎麼說，但沒有人比卡爾文．克魯斯蒂從英屬哥倫比亞省街頭中帶走更多毒品。」

公道地說，在二〇一五年七月，克魯斯蒂與奧爾德森都在其任職的機構內經歷了相當大的壓力。

有一些英屬哥倫比亞彩票公司的同事與奧爾德森一樣，對巨鯨賭客持進取態度，但他必須保持謹慎。當他開始打聽那些神秘億萬富翁時，他得知一位曾為河石賭場工作的英屬哥倫比亞彩票公司調查員，背後說他對中國顧客有種族歧視。當流言越來越多，他開始與列治文賭場的一些員工發生衝突。

⋮

每天早上九點，他到賭場上班，開始審查監控錄像和安全報告。奧爾德森告訴我，很多時候他從影片中獲得的重要訊息，都在報告中消失，比如與非法交易有關的罪證。他發現，報告中遺漏了重大的事件，比如高利貸親手將數十萬美元的籌碼送到賭場貴賓手中。儘管根據法律規定，數十萬美元的交易應被視為大額交易並上報，但員工通常不會覺得這是可疑的，僅僅因為涉案的巨鯨賭客是眾所周知的常客。有關洗錢的許多標誌——比如汽車停在賭場門口，再由司機卸下現金袋——有時根本不會出現在報告中。在其他案例中，奧爾德森提醒他的上司，賭場工作人員定下五萬美元的交易限額，賭客就以四萬九千美元的現金購買籌碼，因此避開可疑交易報告。奧爾德森後來告訴我，這些行為都違反了加拿大的反洗錢報告法。

他懷疑保安人員受到壓力，清除報告中的敏感資料，儘管他無法證明。他查問過其中一些人，並上報給博彩政策與執法部，建議他們對這些人啟動廉政調查，但他被告知，博彩政策與執法部是由監管英屬哥倫比亞彩票公司的同一部門執掌，無法進行這樣的調查。

奧爾德森還會定期審查內部 I-Trak 報告，這些報告記錄了顧客的可疑交易與之間的互動。其中一宗案件涉及理查張青（Richard Ching Chang），一位被選為本拿比市議員的臺灣人。這個人的履歷非常能夠說明問題，奧爾德森相信任何一個河石賭場的調查人員都能夠閱讀他的檔案，並且採取行動，但張青仍然每晚在賭場內出現，拿著錢包在貴賓廳徘徊。根據奧爾德森的觀察，他向賭客傳遞籌碼，看起來顯然就是一個高利貸金主。但按照英屬哥倫比亞彩票公司的說法，他是「被禁止放貸的人」、「現金掮客」，員工有理由懷疑他在賭場內洗黑錢。

一份內部報告指出，張青駕駛一輛保時捷 Carrera，而奧爾德森審查監控錄像，發現他開車到新西敏的星光賭場，向中國貴賓交付現金。此時，他仍擔任本拿比市議員，市議會有權制定法律與批准公寓開發項目。市議員每年的薪酬約為六萬美元，奧爾德森想，張青怎麼可能買得起一輛超過十萬美元的跑車呢？

奧爾德森讀到張青曾在河石賭場因為一起高度可疑事件而被傳喚，所以他寫了簡明報告，禁止他進入所有英屬哥倫比亞彩票公司的賭場。但令人難以置信的是，奧爾德森告訴我，河石賭場一名經理為張青做擔保，說他是一個「好人」，兩人曾一起到中國出差。

奧爾德森感到吃驚，那是甚麼生意？招攬「巨鯨」嗎？

⋯

奧爾德森把車停在艾奇諾咖啡館前，然後走進店裡坐下，克魯斯蒂尚未抵達。最後幾分鐘，他在整理思緒。顯然，克魯斯蒂出現了一些新狀況。就在幾天前，他告訴奧爾德森他們的情報共享協議必須終止。然後昨晚深夜，他發簡訊要求見面。現在他來了，點過飲料後，兩人找了個隱蔽角落坐下。

克魯斯蒂開門見山，說昨晚他的部門破案了。現在加拿大皇家騎警能夠將送到河石賭場的一袋袋現金，與中國大陸販毒集團的活動聯繫起來。那位被奧爾德森認為長得像拳擊手的列治文高利貸金主金保羅，據說正在經營一個地下錢莊，名叫銀通國際，位於列治文的一座辦公樓內，向中國遊客宣傳，但實際上是一家在光天化日之下運作的無執照犯罪銀行。毒販每天會將滿滿一箱一箱的現金運到這家公司，而金保羅的手下會將這些錢借出去。

最基本的運作方式是這樣的：金保羅前往澳門和中國招攬巨鯨賭客，賭客抵達溫哥華後會通過微信（WeChat）的編碼訊息向銀通國際要求現金。金保羅收到訂單，將現金裝入他的白色凌志休旅車，駛至列治文賭場附近的停車場等待貴賓賭客，將裝滿現金的冰球袋由他們帶入賭場，透過購買籌碼來洗錢。

這是基本的交易流程。來自中國的毒品運到溫哥華，由加拿大各地的黑幫出售，所得利潤集合並存入銀通國際，再由金保羅的手下給巨鯨賭客，而這筆錢在英屬哥倫比亞彩票公司的賭場被洗得乾乾淨淨。

之後，交易變得更加復雜。資金從中國進來，從列治文銀通國際的帳戶轉入中國的銀行帳戶，為進口到加拿大的毒品提供資金。銀通國際將電匯款項轉到海外銀行，並用虛假的貿易發票掩蓋交易，然後，地下錢莊會在委內瑞拉、秘魯和墨西哥發放資金，用於購買和運送可卡因到加拿大。這是最高層面的全球毒品犯罪，而一切都經由列治文辦公樓內的地下錢莊與河石賭場貴賓廳進行。

克魯斯蒂還對奧爾德森拋下最後一個震撼彈：加拿大皇家騎警的交易分析顯示，伊朗和南美一些涉及恐怖主義融資的嫌疑人，也與銀通國際以及位於列治文的中國地下錢莊有所關聯。

奧爾德森目瞪口呆，這幾乎讓他難以接受。如果英屬哥倫比亞彩票公司的管理層知情並接受涉及販毒與恐怖主義融資的現金，那麼政府官員將因此鋃鐺入獄。他震驚地感謝克魯斯蒂分享的一切，然後徑直取回座駕，駛向東喜士定。

他必須馬上會見英屬哥倫比亞彩票公司的行政總裁——金·萊特博迪（Jim Lightbody）。

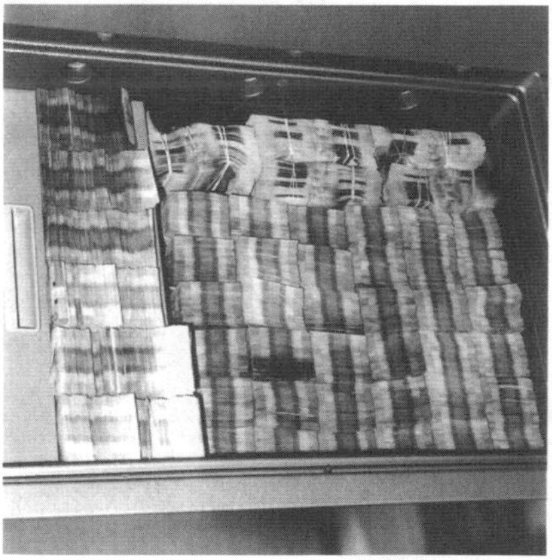

（上）加拿大皇家騎警在 2015 年 10 月的電子海盜行動中繳獲總值近 1000 萬元的涉毒贓款，其中包括存放於列治文市中心銀通國際保險櫃中大量的 20 加元鈔票。（來源：英屬哥倫比亞省最高法院檔案）

02

第 86 條文

奧爾德森將訪談紀錄放入「可疑交易報告」，提交給加拿大皇家騎警、博彩政策與執法部，以及Fintrac，一個加拿大反洗錢情報機構。

奧爾德森穿過界限街，深深吸了一口氣。他的心跳加快了，就像是打了腎上腺素。克魯斯蒂向他提供了大量訊息。他開著車穿過被溫哥華警察稱為「第二區」的一帶，透過擋風玻璃，東喜士定街被銀行和公寓大樓框成一條長長的隧道，背後則是在中心東端住宅計劃所在。

這形成了一個鮮明的對比：上方是漂亮的扭曲玻璃外牆建築物，當中單位大部分由未曾見過實物的海外買家購買；下方則是像緬街（Main）或喜士定這樣充滿絕望的街角，被六個充斥著癮癖和死亡的街區包圍著——這是加拿大最貧困的社區。

「天啊」，奧爾德森不斷對自己說，「這事情太大了，會改變一切，我早就知道，一定是毒資」。現在他陷入了兩難，克魯斯蒂提供的情報極為敏感，奧爾德森並不想失去加拿大皇家騎警的信任，但他仍有法律義務正式地向英屬哥倫比亞省的博彩政策與執法部報告任何疑似犯罪的情況。這被稱為「第八十六條文」報告，某程度上來說，第八十六條文的法律是政府向英屬哥倫比亞省居民的承諾：你們，人民，容許政府管治賭場這種極容易發生罪案的企業，前提是政府對賭場有公開透明的報告，並對犯罪採取行動。

如今奧爾德森的看法是，英屬哥倫比亞省政府已沒有更多的空間對來自中國的神秘資金猜測或辯論。克魯斯蒂曾說過，加拿大皇家騎警針對中國犯罪分子如何利用省內的賭場進行洗錢的調查已進行到一半，不僅如此，他們也確定犯罪分子系統性地利用河石賭場進行犯罪。

英屬哥倫比亞彩票公司必須拒絕這些從犯罪活動而得到的收入，否則就會成為洗錢犯罪的參與方。奧爾德森一邊開車一邊用力敲打著方向盤，「我已經告訴他們發生了甚麼」，他自言自語道。

他回想起二〇一二年初，那是他在取締本拿比市政客張青的幾個月後。一天早上，奧爾德森登入了河石賭場的安全系統並開始回看監控錄像，發現其中一名百家樂玩家買進了十萬美元的籌碼。這位來自中國的玩家持續逗留了約一個小時，但期間僅僅玩了幾手牌，大部分時間只在晃動他口袋內的籌碼——這顯而易見的是，這十萬美元並未受到任何威脅，而這位賭客是在演戲。然後，他突然就將籌碼兌換回現金，這些錢從他用來買籌碼時的面額二十元鈔票，換成了面額一百元。這是一個明顯的「大紅旗」（Huge Red Flag，指涉及洗錢的交易或行為的警示標誌），在賭場行業中通常被稱為「煉錢」（Refining）。「煉錢」指的是毒販將用橡皮筋綁成一捆的、面額二十元的鈔票，兌換成從賭場上「清洗」過的、面額一百元的鈔票。前者的鈔票通常在毒品交易中被使用，並在轉換後按照銀行標準包裝整齊，由此，讓這些資金得到加拿大反洗錢系統的認可。

簡單來說，「煉錢」是為了減少貨幣的體積。毒品交易會產生大量面額二十元鈔票，它們基本上毫無價值，並且對於罪犯來說十分危險，因為難以存儲。毒梟選擇僱用洗錢者，將大量的小面額鈔票轉換成面額一百或一千美元，這概念如同將貨物的體積從需要大卡車載送壓縮至只需要皮卡車一般。接下來，他們會將少量的大面額鈔票變成銀行匯票、支票或電匯，將十萬美元的百元鈔票拆分成十或二十份，最後僱用一班所謂的「藍精靈」（Smurfs，是負責將非法資金分散存入多個銀行的角色）小分隊，以每人不超過一萬美元的金額，將資金存入不同的銀行帳戶。

在河石賭場目睹到這一筆十萬美元的百家樂煉錢交易，奧爾德森十分惱火，並認為這段錄像必須記錄在案。他跑到賭場的安保室檢查實時攝像鏡頭，再次發現同一個玩家正進行同樣的交易——這用面額二十元的鈔票買進十萬元籌碼，他馬上致電到監控部門，要求對方立即停止這名玩家下注，並將籌碼以面額二十元的鈔票兌換回去，同時要求與這名玩家談話。

幾分鐘後，賭場經理在電話對奧爾德森叫囂道：「不要告訴我的員工該做甚麼，這是我的賭場，不是你的。如果我想用百元鈔票或支票給他進行退款，我就這麼做。」早前奧爾德森以本拿比政客張青涉嫌非法貸款為由禁止他進入賭場時，正是這名經理替他作擔保人。

「好吧，那我可以在我的可疑交易報告中引用你的話嗎？這名玩家正在煉錢。」奧爾德森回應道。

這名賭場經理叫里克・達夫（Rick Duff），負責營運加拿大最大賭博集團 Great Canadian Gaming 旗下的列治文河石賭場，他似乎長期跟賭場中試圖阻礙中國 VIP 玩家的調查人員有衝突。其中一名調查人員是前加拿大皇家騎警麥克・希爾（Mike Hiller），可以說是打擊金保羅這類在加拿大運作的中國跨國毒販的專家。

希爾與達夫在二〇〇九年便發生過衝突，這也是奧爾德森與達夫爭吵的核心原因。根據希爾的調查筆記所述，二〇〇九年七月三日達夫曾到訪其辦公室，並表示「對於英屬哥倫比亞彩票公司禁止使用大額現金玩家入場感到十分不滿」。他也提到，若彩票公司的調查員繼續如此行事，那麼他將指示監控部做出不同的舉措。

「就是這樣，你不要告訴我的賭場員工該做甚麼。」幾日後，達夫與希爾的上司戈德·弗里森（Gord Friesen）會面，並討論了有關希爾對河石賭場中國貴賓的五年禁令。根據希爾的紀錄，該禁令最後被撤銷了。奧爾德森對這個事件十分瞭解，覺得整個過程令人感到震驚。

多年後，達夫依舊認為自己並沒有做錯任何事情。但他承認自己曾和希爾和奧爾德森爭論過有關貴賓的事宜，並且對奧爾德森說「我想你的工作是報告可疑交易，然後讓真正的警察來進行調查」。

回到二〇一二年，奧爾德森與達夫激烈的對話戛然而止。奧爾德森提交了英屬哥倫比亞彩票公司所需的表格，以暫停這位賭客繼續入場，並等待進行一次關於他資金來源的訪談。這位賭客同意在河石與奧爾德森進行首次談話，但奧爾德森並未在這場對話中深究太多，因為賭場為中國貴賓提供了他們自己的翻譯，而奧爾德森對此並不是十分信任。有趣的是，這位巨鯨賭客表示他與中國的合作夥伴貿易，對方提供面額二十元的鈔票作為回報。幾天後，這位玩家再次聯絡奧爾德森，同意與他在英屬哥倫比亞彩票公司的溫哥華總部進行更深入的訪談，希望奧爾德森可以恢復他賭博的權利。

這次，奧爾德森安排了一名會說粵語的同事進行翻譯，並從一條簡單的問題開始——一條全河石賭場都不想向高額賭客提出的問題。

「你是從哪裡提取十萬美元的現金來賭博？不是從銀行，對吧？」

這位高額賭客說，他使用微信與在列治文市的放款人聯繫，這立即引起奧爾德森的警覺心，所以他開始提出一些更深入的問題。

「誰是放款人？你知道他們從哪裡得到這些錢嗎？你的收入來源是甚麼？」

對方並不願意透露誰是放款人，「這傢伙在放屁」，奧爾德森的同事，那位粵語翻譯員用英文對奧爾德森說道。但這名賭客繼續說著，並且承認了一個驚人的細節：與放款人通過微信取得聯繫後，他被指示到列治文市的一個小型購物中心，看到一輛閃著車頭燈的汽車停在一邊，便在其行李廂拿到裝滿二十元鈔票的袋子——共十萬美元，然後就直接去了河石賭場。

從溫哥華到多倫多，再到蒙特婁以至拉斯維加斯的警察，都能認出，這是一個毒品現金交易的教科書流程。毒品交易中涉及的人員，通常比大部分人想像的來得更多，頂級的毒販會通過中間人、騾子（mules，指將非法資金分散轉移、或許知情也可能不知情的人）以及最前線的洗錢者，將自己藏匿起來。而現金交易幾乎都是在小型購物中心的停車場，在汽車行李廂進行。

「這絕對是洗錢的證據」，奧爾德森心中想。無論這位賭客是被毒販僱用了在賭場洗錢、還是他在不知情的情況下為毒販洗錢、抑或是他本人就是毒販，都不重要。奧爾德森將這場談話紀錄放入可疑交易報告，並將其提交給加拿大皇家騎警、博彩政策與執行部，以及Fintrac。

現在，奧爾德森正駛過太平洋國家展覽會（Pacific National Exhibition）以及喜士定賽馬場，然後向北轉入蘭菲街（Renfrew Street）。離開英屬哥倫比亞彩票公司溫哥華辦公室幾分鐘後，他回想了在河石對貴賓賭客的提問以及與達夫衝突後發生的事，感到十分憤怒。

奧爾德森已將洗錢的報告提交給正規部門。幾天後，他被叫到了特里・唐斯（Terry Towns）的辦公室，唐斯是他的上司，英屬哥倫比亞彩票公司的合規總監。有人對奧爾德森指示列治文賭場的員工將那位說粵語的貴賓趕出去表示不滿，奧爾德森向唐斯解釋了自己的觀點，並拿出證明這賭客正在洗錢的證據。「他在煉錢，這不是合法的賭博行為」，但唐斯對此卻感到十分厭煩，「你不再是警察了」，奧爾德森聽見唐斯說，「你不是來賭場調查洗錢的，馬上停止你的行動！」唐斯吼道。顯而易見，訊息非常簡單：不要再接近河石的貴賓、不要質問他們、甚至不要再走進貴賓廳。

奧爾德森的調查員同事，史蒂夫・比克斯馬（Steve Beeksma）和斯通・李（Stone Lee）也在現場，李是 Great Canadian 公司的前僱員，正認真地將筆記寫在英屬哥倫比亞彩票公司調查員筆記上，以供後人參考。他寫道：是 Great Canadian 的總裁羅德・貝克（Rod Baker）致電唐斯，抱怨英屬哥倫比亞彩票公司的調查員將貴賓趕出了河石的高額貴賓廳。

「我明白經理要求我們放手」，李在二〇一二年四月的筆記中寫道。「會議結束後，我們在特里的辦公室討論事情，另一位經理戈德・弗里森（Gord Friesen）對我們的作法表示認同，但這是政治問題，你能怎麼辦呢？」戈德說到。

多年後，唐斯否認自己曾下令員工不得再干擾河石賭場的貴賓，並力爭自己勤勉地履行了合規的職責；在他任內，英屬哥倫比亞省的賭場並未出現大量的洗錢活動。

當晚，與唐斯爭吵後，奧爾德森、比克斯馬和李在列治文的鯊魚俱樂部相聚，奧爾德森喝著他的健力士黑啤酒說：「我受夠了！」隔天，奧爾德森、比克斯馬和李在河石賭場的安保室內貼上了三隻猴子的海報，「不見邪惡、不聽邪惡、不議邪惡」。

那個星期，他每天都伴著「今天會被解僱」的想法起床，但難以置信的是，事態竟往反方向發展。他從河石賭場調到英屬哥倫比亞彩票公司總部的互聯網賭博部門，監視賭場的監控錄像不再是他的工作。這讓他在同事中成為一個笑話：如果你想從列治文賭場的安保室升職離開，並進入英屬哥倫比亞彩票公司總部，得到一間漂亮的辦公室，你該怎麼做呢？你只需要抓起河石賭場的現金櫃檯並像一個流氓一樣搖晃它就好。

現在他與高層人員坐在共一個辦公室，這個情況讓他的警察本能變得相當複雜：要在公司裡晉升，你就必須保持友好；你要白紙黑字地追查並記錄貴賓，將一個涉嫌的黑幫分子趕走，在賭場比在總部容易得多。如今，一切都到了緊要關頭。奧爾德森經過蘭菲街，將車停在了公司總部前。

他進入辦公室，靜靜地坐了一陣。英屬哥倫比亞彩票公司的管理層正在三樓舉行全天的董事會議。奧爾德森給英屬哥倫比亞省在維多利亞的政府打了電話，聯絡上博彩政策與執法部的合規執行總監蘭・梅尤爾（Len Meilleur）。

通話很簡短，奧爾德森告訴梅尤爾，不久前與克魯斯蒂有過一場令人不安的交談，讓對方最好立刻給克魯斯蒂打電話。後來，梅尤爾回了電話，在表示克魯斯蒂已將相同的訊息告訴自己時，聲音頗為震驚。他告訴奧爾德森，他已向博彩政策與執法部的副助理署長進行了簡短的報告，而關於克魯斯蒂帶來的訊息，將上報給在英屬哥倫比亞彩票公司以及博彩政策與執法部任職的財政部長，麥克・德周（Mike De Jong）。

梅尤爾告訴奧爾德森，在接到財政部長辦公室的電話前，他應向英屬哥倫比亞彩票公司的管理層進行一次簡報。隨後，梅尤爾說了一件讓奧爾德森印象深刻的事：博彩政策與執法部的調查主任拉里·範德·格拉夫（Larry Vander Graaf）在二〇一四年末被解僱，而此前他曾警告英屬哥倫比亞省政府「洗錢活動將大規模升級」。「格拉夫一直都是正確的」，梅尤爾說道，但並未做更多詳細的說明。

奧爾德森隨後上了三樓，找到英屬哥倫比亞彩票公司總裁金·萊特博迪（Jim Lightbody）的私人助理，表示有緊急情況需要匯報。幾分鐘後，萊特博迪和奧爾德森的上司、合規副總裁布拉德·德斯馬雷（Brad Desmarais）從會議室出來，三人一同進入了萊特博迪寬敞的辦公室。奧爾德森向他們詳細地闡述了從克魯斯蒂那邊得到的訊息：毒梟正在英屬哥倫比亞彩票公司的賭場中，通過來自中國的巨鯨賭客進行系統性的洗錢行動。

奧爾德森告訴我，回想整個報告過程，他對萊特博迪的坦率感到十分驚訝。他仍記得這位總裁的第一句回應：「我想我們不應該對此感到驚訝」。然後，這位五十四歲的前冰球運動員、精明能幹且極具業務魅力的領導者，詢問奧爾德森和德斯馬雷他們該如何應對。大家一致認為，英屬哥倫比亞彩票公司必須確認與銀通國際和金保羅有關的貴賓之身分，要麼禁止他們進入賭場、要麼對他們進行嚴格的限制，迫使他們證明用於兌換籌碼的大額現金來自加拿大銀行。

奧爾德森被指示安排加拿大皇家騎警和省政府進行會議，並開始著手識別哪些貴賓與毒資有關之工作；他回到辦公室後便開始打電話。

那天晚上，奧爾德森開車回家時心情十分興奮，他的工作將變得更加輕鬆，如今，他想阻礙一個涉嫌犯罪的貴賓進入賭場，再也不會受到賭場經理的反駁。

翌日早上七時四十九分，梅尤爾向奧爾德森發電郵，請求他提供一份有關聯邦嚴重及有組織犯罪調查報告。「早安，羅斯。請英屬哥倫比亞彩票公司提供一份第八十六條文報告，並確保此報告不會外洩。報告需包含以下內容：調查對象姓名及其他描述訊息、車輛、地址；以及當前知道此項目的所有英屬哥倫比亞彩票公司人員的姓名。」

奧爾德森回覆：「英屬哥倫比亞彩票公司在二〇一五年二月懷疑金保羅可能涉嫌犯罪活動。在與博彩政策與執法部共享的情報中，調查結果指向在英屬哥倫比亞省西南部地區存在著金保羅及其非法賭博活動的線索」。

「二〇一五年六月二十九日下午一時，作為英屬哥倫比亞彩票公司反洗錢（AML）部門主任，奧爾德森與聯邦嚴重與有組織犯罪（FSOC）行動小組進行會面，針對金保羅的檔案展開討論。奧爾德森被告知，這次的調查可能存在兩個相關聯的事件，但金保羅並不是這次調查的主要焦點，包括對博彩業的調查，在此前已有一段時間沒有被關注。」

「二〇一五年七月二十日下午二時，奧爾德森再次與聯邦嚴重與有組織犯罪（FSOC）行動小組會面，針對金保羅的案件進行更新的討論。奧爾德森被告知，行動小組找到了證據，顯示非法資金與河石賭場之間存在直接的聯繫，其中，非法資金確實以現金的方式交付給了在賭場賭博的人。」

「二〇一五年七月二十二日早上八時，奧爾德森與克魯斯蒂會面，並展開了新的討論。這次，奧爾德森被告知，經過調查，他們發現了一些潛在的資金流動，這些資金與跨國毒品走私、恐怖分子的融資活動以及與賭場都存在著直接關聯；於此同時，也有幾個外國執法機構參與在內，然而經過多年討論，許多調查機構雖然對進入賭場的資金表示出高度的關切，但都沒有取得進展。」

隨後，奧爾德森在他的第八十六條文報告中加入結語，確定了克魯斯蒂所提供的訊息屬於高度機密文件。

「奧爾德森清楚這是保密訊息，若被證實及洩露給媒體，將對賭場產業造成毀滅性的影響。」這句話中滿有戲劇性的反諷，它預示著奧爾德森最後下定決心與我分享這份內容敏感的訊息，而這個選擇也改變了他的生活。

這份文件確實對英屬哥倫比亞省的賭博產業產生了影響，而在我取得有關於金保羅的第八十六條文報告之際，它便給了我足夠的保護，讓我揭發銀通集團地下銀行的運作以及賭場在其中的參與後，免受到對方的法律控告或威脅。

整體來說，這是一個令人震驚的可怕操作，犯罪分子在溫哥華，每年為中國、墨西哥、伊朗的販毒集團進行超過十億美元的洗錢活動。在我看來，銀通集團被塑造成一個金融武器，一個有毒的產物，系統性地侵蝕加拿大的經濟基礎和法治，在滿足跨國毒梟之際也滿足中共寡頭政治家們的需求，通過平衡的交易方式將毒資流通到全球各地，同時利用貪污得來的資金，在地下金融渠道尋找讓資金離開中國大陸的出口。

03

溫哥華模式 1.0

當我調查譚國聰時，我發現他早在一九九〇年代末已被勒令驅逐出境，然而實際上他仍然留在加拿大，在河石賭博，並為中國大陸的巨鯨運營一個澳門風格的賭廳。

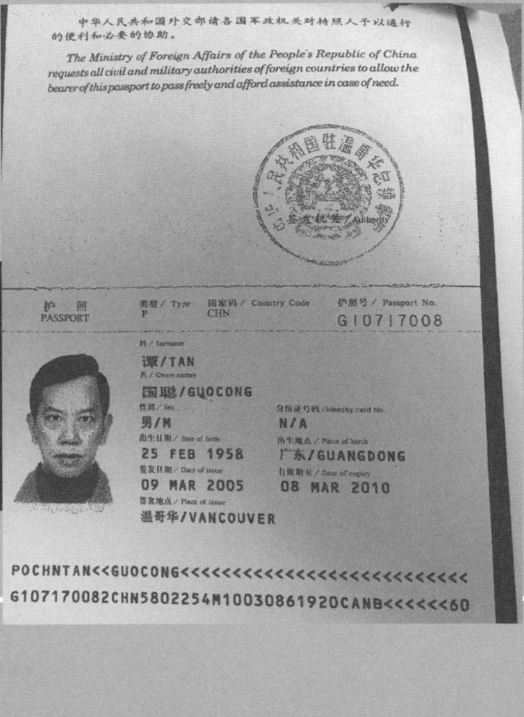

大圈仔頭目譚國聰（Kwok Chung Tam）的中國護照被警方查獲，護照上的名字為「Guocong Tan」。（來源：加拿大聯邦法院）

一九八八年十二月五日，譚國聰（Tam Kwok Chung）正在太平洋上空六英里的飛機裡，由泰國飛往溫哥華，飛機裡的衛生間對於譚來說是個銷毀旅行蹤跡以及身分證明文件的好地方。

飛機穿過濃霧和雨水降落在溫哥華國際機場，這時氣溫攝氏八度，是列治文初冬的典型天氣。譚當時年僅三十，身形修長，相貌英俊，頭髮梳成充滿孩子氣的側分。他走向加拿大邊境官員，緊張同時帶著一定自信，他的妻子和初生女兒早在七月份就從泰國抵達溫哥華，妻子也利用虛假文件申請了難民身分。

然而，譚的形象並不如你所想像的難民，他不貧窮，也不無助——事實上，他非常有實力，在他逗留泰國期間，甚至被拍到與泰國國王會面。

在飛往曼谷之前，譚賣掉了他在廣州的三家工廠。作為廣東省最大的城市，廣州也被稱為「大圈」，是一個巨大且充滿反差的地方，震撼視覺的都會地標附近，就有茂密樹木和盛開鮮花的公園；中國寺廟矗立在老區內的歐洲風情街道。然而，籠罩在新摩天大樓上空的綠灰色陰霾，反映了廣州工業化的可怕後果。這座城市橫跨珠江，一條充滿渾濁淤泥、有著大量藻類以及漂浮豬屍的支流，流過工廠區，通往澳門、香港和南中國海。

譚離開廣州前告訴所有尚未向他還清債務的人，將錢存入他父母的帳戶。

而儘管中國公民向海外匯款限制在五萬美元之內，但譚仍成功將五百萬資金轉移到他在加拿大的妻子名下。這些資金通過神秘的地下錢莊，從廣州流向香港、澳門，最終進入溫哥華。這些交易由全球隱秘的資金池承包，通過家庭成員之間在不易於被監管或檢測到的秘密帳冊上，持續地調整資金和債務，在溫哥華的交易，不久之後會在香港確保退還。

譚在通過溫哥華海關時，承認曾透過一個香港「朋友」經英屬哥倫比亞銀行帳戶匯款給太太，然而對邊境官員來說，要追蹤譚飛往溫哥華的航班，就像要試圖解開他地下資金轉移的秘密一樣。他抵達泰國後乘搭了大韓航空的客機，而邊境官員相信，他可能還額外地坐了一程飛機往香港，但從曼谷上了新加坡航空公司飛往溫哥華後，他的旅行紀錄卻「丟失了」。

但這並不重要，譚知道在加拿大，宣稱自己是難民並不需要任何證明文件，所以他開始編造自己的故事。他告訴加拿大官員，曾在廣州的一家製衣廠印製了一千多件支持民主的T恤，導致中國政府視他為敵人。但譚似乎對經營這個故事不太用心，比如他並沒有說類似「自己是因天安門廣場上的坦克而開始逃亡」，他聲稱自己在中國唯一的真正問題是高額的稅務負擔。「我不得不來加拿大，這是一個好國家」，譚對身旁的官員們說，「我認為我是難民，我已無處可去，賣掉了自己的生意，放棄了自己的執照，我在中國曾享有不錯的生活，但他們對我苛索太多，只因為我很富有。」

譚國聰是一名黑道企業家，在大圈仔幫派中舉足輕重，這個自一九八〇年代組成的中國大陸犯罪集團，已隨著中國公司的急劇成長，在國際舞臺上蓬勃發展。

大圈仔曾在一九八六年至一九九〇年期間湧入加拿大對社會構成衝擊，而譚也是當中重要成員。根據倫敦大學學院的亞歷克斯．鍾博士（Dr.Alex Chung）在二〇一九年對「中國犯罪企業家在加拿大」的研究中，稱譚為「來自中國廣州的非法移民所組成的分散式專業犯罪分子」的一員。

譚及其大圈仔同伴利用了加拿大邊境控制、公民身分以及刑事司法體系的嚴重漏洞，在溫哥華建立了一個據點，用以控制北美的毒品市場。有別於加拿大或世界任何犯罪集團，大圈仔引入澳門式的地下銀行錢莊系統，將滲透溫哥華賭場以及洗錢行動推行至巔峰。

在此過程中，大圈仔是英屬哥倫比亞省賭場和房地產轉化成「毒梟經濟」的最大因素，與此同時，他們在溫哥華和多倫多的權力基礎，令他們把加拿大變成一個跳板，跳去更有利可圖的美國毒品市場，諸如紐約、波士頓、西雅圖、邁阿密、洛杉磯、拉斯維加斯和舊金山——他們在這些地方有操作者和地下賭場。

根據美國國會圖書館聯邦研究部二〇〇三年的報告，一九九〇年代，販毒集團在多倫多的成員數量是溫哥華的兩倍，但他們在溫哥華的實際影響力更大。犯罪學家指出，販毒集團將溫哥華轉化為跨國犯罪的樞紐，毋庸置疑。二〇一五年，加拿大金融交易和報告分析中心（Fintrac）在報告中指出：「溫哥華是洗錢的關鍵樞紐，其中包括國際毒資、來自中國的黑錢（毒品、貪污、逃稅）、跨國犯罪組織以及本地毒資等。」此報告稱，溫哥華特別容易被洗錢活動盯上，不僅因為鄰近中國和美國的地理位置，也因為火爆的房地產市場和繁忙港口，因省和聯邦政府削減經費而無法監管。

二〇〇三年的國會圖書館報告中，將海口疏於監管理的責任，歸咎於尚・克瑞強（Jean Chrétien）的聯邦自由黨政府，一九九〇年代初期，加拿大正致力尋求來自亞洲的投資。「這些有組織犯罪團體據報對加拿大港口有極大控制權，將其利用作毒品走私、失竊汽車進出口、以及貨物盜竊活動的主要渠道。」報告中引用了加拿大參議院委員會的發現，「委員會還提出，尚・克瑞強政府六年之間一直收到有關於加拿大港口狀況的警告，但仍然忽視了執法官員的建議。」

根據加拿大和美國的情報，所有在加拿大境內運作的跨國販毒集團，包括西西里和卡拉布里亞的黑手黨、中東和歐洲黑幫、墨西哥的寡頭犯罪集團，都不及中國的有組織犯罪團體威脅嚴重；其中大圈仔屬於超級掠食者，來自廣州的頭目甚至比巴勃羅・埃斯科巴（Pablo Escobar）曾經擁有的財富和權勢更厲害。

那麼，大圈仔是如何在北美、特別是溫哥華迅速崛起的呢？為了理解他們的優勢以及如何將英屬哥倫比亞省賭場非法化，我們需要看看譚國聰令人驚訝的人生故事。

二〇一七年，譚國聰首次觸動我的神經，儘管法庭紀錄顯示他已多次被禁止進入英屬哥倫比亞彩票公司的賭場，但據我了解，羅斯・奧爾德森到二〇一一年仍會在列治文河石賭場的貴賓廳見到他。

⋯

在奧爾德森的回憶中，這正是向賭業大亨傳達訊息的時候。當時，譚正和一名年輕女子在賭桌上玩百家樂，奧爾德森遞給他一封禁止入場的通知信，並將他們雙雙從扶手電梯護送到地面，那是賭客們玩老虎機的地方。譚並未對此發表任何意見，但他的女性朋友向奧爾德森說：「你犯了一個大錯。」

所以當我調查譚時，便發現他在一九九〇年代末就已被勒令驅逐出境，但他仍然留在加拿大，在河石賭場賭博，還為中國內地的「巨鯨」們提供澳門式賭場服務。譚仍過著奢華的生活，在我看來，他對於針對自己的諸多調查無動於衷。

我必須知道為甚麼。所以我向移民部官員詢問了有關於譚的案件，卻一無所獲，加拿大政府對隱私法採取了非常廣泛的解釋。由此，我將譚的案件與《全球新聞》的布萊恩・希爾（Brian Hill）分享，他一直研究移民案件，並聯絡到一個寶貴的消息來源。

這位政府僱員幫我確認了一件有趣的事實。根據奧爾德森的調查，河石賭場中有幾個與金保羅和譚有關連的貴賓，都已獲得加拿大永久居留權——通過加拿大歷史上最大的移民投資欺詐案。這宗案件發生於二〇一五年，列治文一名叫王迅（Xun Sunny Wang）的移民仲介因協助了一千多名來自中國的投資者，以虛假的護照、工作合約以及加拿大住址騙取入境加拿大，而被判有罪。

二〇一九年這位消息來源人士再與我們會面，並帶同聯邦法院的一份文件，內有大量關於譚在加拿大的詳盡紀錄，堆積在渥太華的移民文件庫中，這些文件紀錄了譚面對被遣返中國時的漫長法庭鬥爭，其中包含了許多未被報道的指控，也揭示了溫哥華模式如何扎根。

我知道根據估算，一九九〇年代在加拿大運作的大圈仔數量多達一千名，但你只需要從譚的文件中挑出幾頁，就可以看到對於加拿大調查人員來說，譚的存在就像一條巨型殺人鯨站在浴缸中一樣顯眼。

一九九一年，溫哥華警察已認定譚是一個重要人物，在一次大規模打擊活動中，警察逮捕了譚和其他四名申請了難民身分的中國人。其中一份報告稱，譚及其犯罪團夥對加拿大富裕的華裔家庭入屋搶劫，「毫無疑問，五名被逮捕者都涉及溫哥華有組織犯罪。」加拿大移民部經理寫道。此外，一九九〇年代初期，溫哥華打擊幫派小組警官道格．斯賓塞（Doug Spencer）曾警告加拿大邊境服務局（CBSA）的工作人員，「譚幾乎可以得到任何他想要的身分，包括其他中國公民名下的文件」。

在英屬哥倫比亞警隊內，斯賓塞的紀錄十分有分量，他不僅備受同伴尊敬，甚至也受到強硬的黑幫分子尊敬。他的同事告訴我，斯賓塞掌握的地下消息來源比溫哥華任何人都多；他了解黑幫的從屬關係以及等級制度，就如同了解自己的掌紋一般，可以通過三、四個電話在三十分鐘內查找到目標。所以許多人認同他對譚在幫派中地位及犯罪資源的看法。

法庭的紀錄顯示，在一項拘捕了二十八名大圈仔的大規模國際海洛因走私案中，加拿大移民官員選擇只點名譚，而與此同時，此案還涉及了兩名被警方線人描述為「難以打擊」的中國及香港頭目。

一些中國商人掌握著全球毒品的運輸路徑、控制海洛因出口至溫哥華的資金，以及將現金收益轉移到全球。而不久前，譚仍被認為是這些商人的下級。然而到了一九九九年，當警察在距離河石賭場不遠處、列治文的一個儲物櫃中查獲了七十公斤的海洛因時，譚成為了加拿大邊境服務局最感興趣的對象。該局在情報檔案中寫道，「亞洲犯罪集團非常強大，警方指他們不僅儲存了大量海洛因，還主宰了毒品在北美街頭價錢。其成員與香港的地下錢莊和緬甸的罌粟田有所聯繫，他們會毫不猶豫地消除眼前障礙，其中一位被禁止進入英屬哥倫比亞賭場的高利貸放貸者，（即譚國聰），還曾與英屬哥倫比亞前省長簡嘉年（Glen Clark）合照，當時他試圖開設一間賭場。」

這張特別的合照在溫哥華警察圈子中享有傳奇地位。一九九八年，斯賓塞參與了針對譚在本拿比住所的突擊行動，溫哥華打擊幫派小組警察默里・菲利普斯（Murray Phillips）在譚的客廳壁爐上看到了這張照片後，隨即叫道：「嘿，道格，過來看看。記得我告訴過你的嗎？這些傢伙關係不淺，看這上面。」

看到這張照片時，斯賓塞的下巴差點就掉下來了，他不得不控制自己不笑出聲，因為這是一幅譚國聰和簡嘉年的巨大肖像，相中兩人十分親密地手挽著手。加拿大邊境服務局的報告中提到這張照片，背景是加拿大皇家騎警的「賭場門（Casinogate）」調查行動。據稱，有幾名溫哥華商人為了確保在本拿比獲得賭場執照，向簡嘉年及其新民主黨政府提供了好處，這些指控在媒體中引起轟動，而簡嘉年也因此在一九九九年被迫下台，但他一概否認自己有過不當行為，最後在二〇〇二年宣告無罪。

「賭場門」在英屬哥倫比亞的賭博歷史中就好比古老的傳說，但有關譚曾參與本拿比賭場執照申請的指控卻從未公開，他也從沒被點名、甚至沒有任何線索顯示，他曾與簡嘉年和新民主黨事件有關聯，因此，這是一個全新和關鍵的線索——大圈仔是否曾經不止一次嘗試控制英屬哥倫比亞的賭場？現有的賭場在表面的合法擁有者背後，又會否潛伏著另一些秘密支持者？譚的檔案引起我諸多提問，令我感覺自己像個考古學家，十分有成就感。此外，文件還顯示了加拿大邊境服務局在溫哥華的調查員謝麗爾・沙普卡（Cheryl Shapka）對譚屢次與政治領袖接觸感到執著。

她寄給溫哥華警隊的一封電郵中說到：「溫哥華警察局找到並扣押了大部分譚的照片，其中包括他在簡嘉年辦公室內二人握手的照片，以及他與泰國國王站在一起或握手的照片。我知道還有許多人看到這些照片，但你知道這些照片後來怎麼了嗎？」

二〇二一年，我詢問簡嘉年有關他與譚的照片時，他說：「我與這個人沒有任何關係、也沒有過任何關於賭場的討論，其實直到最近的新聞報道出現前，我都從未聽說過這個人。」

⋮

事實上，並非只有加拿大邊境服務局的文件證實了譚以及大圈仔的勢力。根據美國政府的情報，警方首次發現廣州犯罪團體的擴張是在一九八〇年代末期，「到了一九九〇年代初，它已經在加拿大各地建立了不少犯罪組織，並掌握了國內的海洛因貿易。」

二〇〇一年十二月的〈美國——加拿大邊境毒品威脅評估〉提出，進入加拿大的海洛因有百分之九十五源自金三角，一個處於泰國、老撾和緬甸交界，並且由大圈仔主宰的地區。犯罪團體將類鴉片物質從中國南部以及香港運輸到溫哥華，儲存在他們的倉庫，在北美分銷，控制價格波動，同時在主要城市收取現金。而如前文所述，美國國會圖書館聯邦研究部在二〇〇三年的報告提出，加拿大存在一些令人擔憂的因素，使得大圈仔得以滲透進北美地區。

「面對犯罪集團可能繼續蔓延之際，考慮到加拿大的邊境管理以及其移民法律的鬆散性，在可預見的未來，加拿大將繼續成為犯罪分子進入美國、或在美國站穩腳跟的理想跳板。這裡仍有許多因素繼續支持犯罪和恐怖團體利用加拿大。」

這份報告強調了在一九八〇年至一九九〇年代期間被譚、其家族以及大圈仔所利用的漏洞，其中，在一九八〇年代中期，加拿大最高法院保證對任何入境且自稱難民的人舉行聽證會——即使這些人無法提供任何支持其說法的證明文件，之後，難民政策便「非常受歡迎」。

而在二〇〇〇年之前，在加拿大申請難民身分的人當中，有六成無法提供完整文件、乃至根本沒有任何文件。該政策暴露出來的缺點，意味著大圈仔能繼續擴大對自己有利益的行動——比如人口走私計劃，因為加拿大僅依靠紙質的身分證明對移民進行審核，而「偽造文件在黑市上的售價大約是一千美元」。此外，該政策還讓大圈

（上）賈斯汀．杜魯道與多位統戰領導人和自由黨籌款人陳卓愉（最右邊）在英屬哥倫比亞省舉行的現金籌款會議上合影。（來源：社交媒體）

仔得以販賣來自亞洲的女性，並在美國設立更多「顯然與多倫多有關聯的性奴隸集團」。

大多數加拿大人希望他們的政府行使人道主義的移民政策，但鬆散的移民審核系統的反面就是帶來其他社會問題，令亞洲女性被迫在北美大城市的地下賭場和妓院中出賣自己的肉體。她們是在大圈仔的高利貸下被債務勒索的受害者，多倫多和溫哥華則作為人口買賣的中心地，為美國黑幫提供性奴。

⋮

面對《全球新聞》二〇一九年因應我們報告的提問，譚不僅否認自己與大圈仔之間有關係，還通過他的律師對我們提出警告。他在二〇一六年七月的一份宣誓書中寫道，「我不曾是黑幫、三合會或任何犯罪組織的一員。」但加拿大上千頁關於他的檔案卻顯示相反的結論，而斯賓塞的警告——即譚可獲得任何他想獲得的身分，帶出了另一個經常出現在重要的中國有組織犯罪分子之檔案中的問題。

這些來自廣州的頭目通常斷言自己是中國共產黨的敵人，若被遣返回國，將遭受政府打壓；但實際上，他們當中許多人反覆地往返加拿大和中國。就像譚的檔案，它讀起來就像一本與中國來往的書，警察甚至在譚的家中發現了中國總領事的名片，以及中國保利科技有限公司副總裁的名片，這是一間陰暗的、從事軍火交易及軍事工業的公司，由中國人民解放軍的紅二代掌控。

另外，簡嘉年並不是唯一一個與譚接觸的加拿大政客，根據一九九二年加拿大皇家騎警的檔案顯示，譚成為了溫哥華支援民主運動聯合會（VSSDM）第六五〇號成員，該會由列治文政壇人物陳卓愉運營，他於一九九三年當選自由黨國會議員、後來成為加拿大多元文化部長、在自由黨中擔任籌集華人商界投資計劃的能手，以及與移民至加拿大的中國億萬富翁，如溫哥華房地產開發商程慕陽有所聯繫，程慕陽正是中國共產黨河北前省委書記程維高兒子。

對於讓譚成為溫支聯成員，以及為自由黨募資的問題，陳卓愉並沒給予我任何回應，但自一九九〇年代早期他開始與譚勾肩搭背之際，警方已開始就譚的財富來源提出根本性的問題——這也是在二〇一〇年溫哥華房地產價格瘋漲後，我不斷追問的問題。

「譚以難民身分在加拿大不到四年，坐擁溫哥華的三套房產以及一家豪華汽車銷售公司——他甚至沒有貸款。他沒有工作，也沒有通過合法渠道申報其財富來源。」在一九九一年一份有關於譚國聰的移民備忘錄中寫道，加拿大皇家騎警對有關譚涉嫌非法賭博、海洛因走私及交易、偷運人蛇、信用卡欺詐以及武器走私等活動，包括譚的財富來源之質疑從沒消失。

二〇〇四年，一名移民部官員寫到：「申請人目前處於無業狀態，在一九九九至二〇〇四年期間，此人沒有提供任何有關他如何養活自己與家人的說明。」

溫哥華警方相信，譚的妻子早在一九九〇年就在本拿比的家中偽造身分文件和護照，然而直至一九九八年，譚似乎對所有刑事檢控都能免疫，直至譚在溫哥華和列治文賭場上張揚的高利貸生意，警方終於突擊搜查他本拿比的住家，並找到帶有消音器和彈藥的瓦爾特（Walther PPK）和魯格（Ruger）半自動手槍。沙普卡的電郵補充還有：「一磅的海洛因，和用於盛裝並標記純度為百分之百的容器」。而觸發這次行動，是源於一名六十歲周太太的投訴，她向譚借了一萬九千美元賭博，輸掉後，要將自己的賓士座駕轉讓給譚，但這還不能夠滿足他；譚的妻子以及一名叫鄭霍秦（Huo Quin Zheng）的男人跑到周太太在溫哥華的住所，表示她仍欠「老闆」錢，周太太拒絕開門，但鄭霍秦找來鎖匠與黑幫強行闖入，威脅若不答應轉讓所有家具就會將她殺死。周太太簽了轉讓文件，大圈仔派了一輛貨車過來，但她最後果斷地報警——這在溫哥華是一起罕見的高利貸案件。

一九九〇年代末，加拿大移民部的官員對於是否有足夠的證據將譚及家人驅逐出境一事存在爭論。直至突擊搜查他的本拿比居所，讓官員改了口風。

一九九八年的某一天，加拿大邊境服務局的戴夫．夸特曼（Dave Quartermain）對譚的事件做出了總結：「譚無疑是大圈仔幫派中的重量級人物，他身上有多項尚未判決的指控，且很可能被判有罪。我可以將他及其妻子都驅逐出境，但我打算等待他的定讞。」

但另一位叫鮑勃．本傑（Bob Benger）的官員則對此不太確定：「從他的職業來判斷，會馬上聯想到將盜竊而來的汽車運往中國、認為他可能是幫派中成員；然而目前為止，我沒有看到任何能夠補充的要點，我必須給他們一個機會。」

對此，夸特曼在一封電郵中提供了大量細節作為回應，不再給予任何想像空間：「譚擁有一家汽車行，銷售的車子是勒索得來的。譚及其手下會在賭場發放現金，刻意接近需要更多賭本的中國人，最後以高利貸的方式借錢給他們；當這些賭客無法償還債務時，就收走他們的汽車，甚至整棟房子。最近他因勒索而遭逮捕的案件，是因他們不僅收走了賭客的汽車，甚至叫來一輛貨車將對方一屋子的家具都搬走。此外，他還持有一本以非法手段獲得的中國護照，經確認，該護照是他使用別的名字向溫哥華中國領事館取得的。在譚住所的搜查行動中，還搜出了一批武器、七盎司的生鴉片／海洛因、勒索所得並寫著支付給譚的二十七萬美元支票、被盜竊的珠寶及一桶桶現金。另外在一個倉庫中的，搜出堆積如山的東方家具。」

曼總結道：「這案子看起來應能定罪，他的妻子也牽涉其中，我們需要在他被驅逐出境前進行有罪判決。」

然而，夸特曼還是對加拿大的法律體系寄予了過多信任。譚的妻子承認自己通過勒索侵佔他人財產，至於譚面對相同的的高利貸以及武器等指控，都因妻子認罪而一一撤銷，其餘對譚的控訴也在案子多次休庭和延期之下消失——延期的原因是譚的妻子稱聲身體有恙而無法出庭。

二〇〇二年一份看起來同情譚的裁決書中，法官認為「休庭並非譚先生的過錯」，並似對在譚家中發現的七盎司的鴉片／海洛因示以理解：「譚一九八八年抵達加拿大，試圖申請難民身分，他有妻子和孩子需要照顧，因此抵達這個國家後不久就被人引誘吸食海洛因並上癮。到一九九八年初，他被勒令驅逐出境，但因為某些原因，指令並未被執行。」

最後，譚並沒有因高利貸的控訴被定罪，也沒有被驅逐出境；但在此期間，暴力卻像詛咒一般跟隨著他。根據警方的紀錄顯示，譚在其溫哥華的住所外遭槍擊，「這是他向其他亞洲犯罪組織成員勒索的後果。」

但譚仍拒絕與警方交談，並對自己的槍傷不以為意。

⋯

回到一九九九年，導致二十八名大圈仔被捕的那起案子，譚因此被控參與海洛因進口及販賣活動，然而，他在二〇〇二年正式宣判無罪，原因是該案件的證據來源於竊聽，法官對此不予受理。

但此案件中提到的機密訊息，已詳細地解釋了大圈仔進行國際毒品走私的方式，當我將夸特曼的電子郵件中有關譚及其同伴的紀錄進行對照後，我終於將溫哥華模式1.0的拼圖連接了起來。自一九九九年以來，該模式在技術上已有許多提升，但現金和違禁品的循環流動仍是不變。類鴉片物質和前體化學品從貪污的亞洲港口進入列治文和溫哥華港口後，分發到整個北美；隨後，由此所得的現金被運回列治文儲存起來，從這裡開始，這些現金再進入進溫哥華的經濟體系，最終轉回中國。

一九九九年的案件指出：「大圈仔進口海洛因的方法之一，就是由乘客把海洛因帶上泰國的飛機，只是要支付這些人一些錢（具體金額已被法官刪除）」。然而，如要運送大量的毒品，就會藏在來自廣州或深圳的船隻船艙內、貨櫃的底部暗格，或包裝成醬油、米粉等，讓它們看起來宛如普通的食品。存放在溫哥華倉庫的毒品現金最終都必須回到香港和中國，以資助更多毒品出口，資料顯示：「靠海洛因得到的所有收益通常回到東南亞，特別是中國，但基於加元不受中國歡迎，所以通常會先轉到香港兌換成港元，再轉移到中國。」他們有許多方法能將現金轉回中國，有些簡單、有些複雜：「海洛因進口商通常將加元現金放進行李箱，叫信使帶到香港；另一個方式是通過與香港有所關聯的加拿大公司，只要將現金交給合作的加拿大企業，然後在香港提取。」後者以貿易方式來洗錢，比例逐年擴大，乃至令他們在加拿大經濟中涉足更多。

然而，若沒有中國官員的祝福，溫哥華模式無法運作。「並非每個人都能策劃海洛因販賣行動，要做到這一點，必須在中國有人脈關係。」在一九九〇年代，大圈仔中有兩個家族人脈最廣，當時他倆的地位被視為更高於譚氏。

其中一組由陳國「阿春」（Kwok「Ah Chut」Chan）、陳國「切斯特」（Kwok「Chester」Chan）以及陳國洪（Kwok Hung Chan）領導。大哥陳國洪負責管理香港的組織，包括操控錢莊運作、將毒資轉移到世界各地，策劃海洛因的運輸等；阿春和切斯特則在多倫多和溫哥華接應。一九九九年，警方在列治文甘比街八五二〇號的小型儲藏櫃中發現由阿春負責組織及運送的七十公斤海洛因，然而，「阿春在中國警隊高層和政府官員中具有一定的影響力」，線人告訴警方，「在中國，沒人碰得了他」。

另一個控制北美海洛因市場的組織，由一名叫李希春（See Chun Lee）的加拿大華人領導，線人表示，李特別喜歡在澳門賭場大賭特賭，一九九九年夏末，正是他的組織「將幾艘載有中國移民的船隻走私到英屬哥倫比亞海岸。」李的組織由他在香港的叔叔吳日（Ng Yat）管理，線人稱他們「每月向溫哥華、多倫多及紐約運貨，源源不絕地進入市場。」線人表示吳日是一個「非常富有、擁有大量物業的國際犯罪分子，執法機構對他束手無策。」這些犯罪組織利用香港毒資在溫哥華及多倫多購買餐館，並在這些餐館洗錢，組織成員整晚都會在這些餐館、政府賭場和地下賭場之間穿梭。

但政府賭場還有一項特別的功能，就是替毒販披上合法的外衣，「他們喜歡在賭場進行貨幣交換，如果被警察攔下，他們便說錢是用來賭博的。」

在二十八名大圈仔被捕一案中，儘管警方收集了大量情報，仍舊在加拿大法院中遭受挫敗。

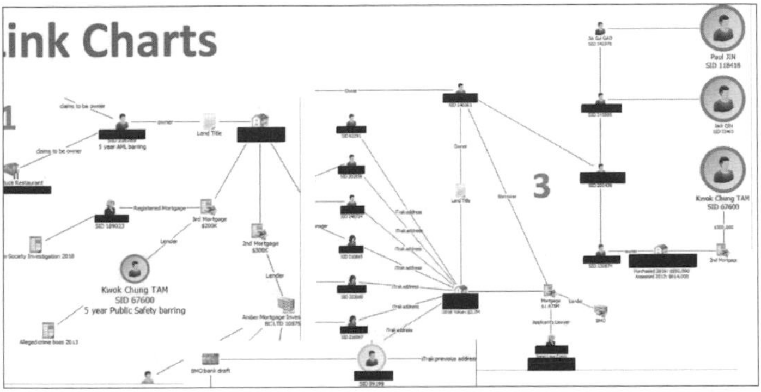

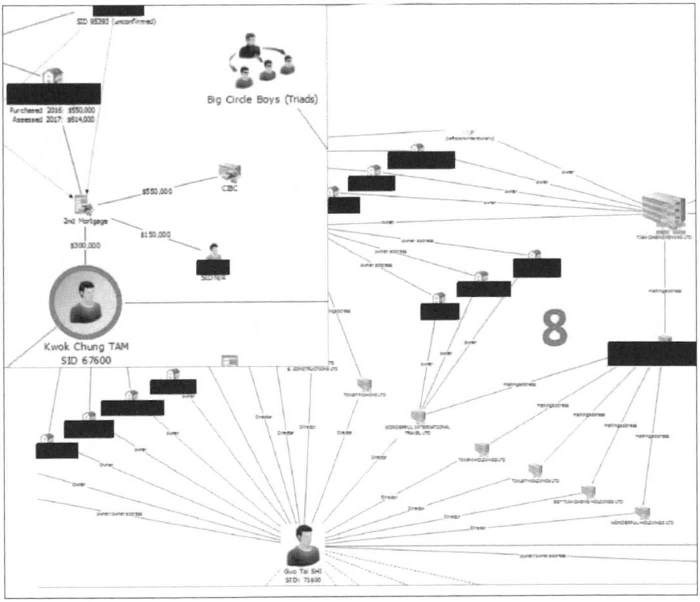

（上）一張英屬哥倫比亞彩票公司的關係圖將大圈仔老大、高利貸譚國聰、金保羅以及多位房地產律師聯繫起來。

（下）英屬哥倫比亞彩票公司賭場洗錢和房地產圖表列出了譚國聰、「嫌疑人 1」石國泰和大圈仔。

如果說這起經過重大調查的案子對大圈仔來說是一次重擊，那麼我們可以仔細地想像一下，類鴉片走私的歷史在加拿大會發生甚麼變化。對於譚以及其他犯罪頭目來說，在加拿大法院的勝利來得正是時候。二〇〇〇年，海洛因的價格在北美與澳洲因不明原因大跌，這也許是毒品頭目所希望的，但不管怎樣，他們已準備轉型售賣化學類毒品，尤其是搖頭丸和冰毒。他們只需要將供應鏈從緬甸的罌粟田，轉移到金三角生產的前體化學品工廠或廣東的工業區。

在英屬哥倫比亞省靠近美國邊境，小型的家庭式毒品實驗室大量湧現；犯罪團體沿用海洛因的運輸路線，將來自中國的化學品送到列治文和溫哥華，在地下實驗室中混合及壓縮成藥丸，再用汽車和貨車沿著西岸往西雅圖、舊金山、洛杉磯，以及向東送到卡爾加里及溫尼伯；他們還將藥丸從溫哥華運到澳洲和日本。一旦大圈仔掌控了藥丸業務，就能為芬太尼的分銷生意奠定基礎。

二〇〇〇年代中期，譚氏在列治文設立了家庭式的小型毒品實驗室，警方搜查了他的實驗室，令他多了一條輕微的刑事檢控罪成。這沒有令他被驅逐出境，也沒有令他不能踏足河石賭場，但在他的移民檔案留下了一條線索，助我在溫哥華模式的調查中得到重大突破。我發現一間由自由黨國會議員經營的律師事務所，參與了譚氏一家有份的公寓開發項目。大圈仔之所以能主導並稱霸全球的毒品交易，除了他們在中國和香港有政治聯繫，看來也因為他們在加拿大有實力雄厚的朋友。

04

香港任務

至少還需要一個更廣闊的視角，去追蹤三合會與中國統治者之間的全方位關係及其現階段對西方的影響。

一九九〇年初期，加里．克萊門特（Garry Clement）認識了一名澳門警員，對方向他介紹了在何鴻燊（Stanley Ho）賭場中較少人涉足的區域。這像極了俄羅斯套娃遊戲，光鮮亮麗的建築內是如同洞穴般寬敞的賭廳、賭廳內又擠滿各地觀光客，而在更深入的房間裡又存在更隱秘的黑暗業務。

克萊門特沿著寧靜的走廊，經過租給新義安三合會的限制區域時，他幾乎能感受到那些守在門口的男人如同刀鋒的目光正落在自己身上。克萊門特是加拿大駐香港領事館的皇家騎警聯絡官，在香港逗留的時間足以讓他瞭解新義安是一個無情且高效行動的組織，只要頭目下命令，就會有手下拿著剁肉刀，如儀式般將惹惱三合會龍頭老大的人千刀萬剮。

在私人的貴賓百家樂房間中，只有一、兩張小巧但裝飾豪華的賭桌，這是壟斷澳門賭業、由香港大亨掌控的澳門旅遊娛樂股份有限公司（Sociedade de Turismo e Diversões de Macau）獲得大約三分之二賭場收入的地方。克萊門特知道，包括何鴻燊和鄭裕彤（Cheng Yu Tung）在內的大亨皆與三合會有所聯繫，以便協助中國毒梟洗錢，然後能不斷向澳門賭場的亞洲巨鯨賭客提供現金，這些賭客的注額荒謬，一些人能一夜間輸掉數千萬元。但他們的墮落不僅僅局限於此，澳門警察還帶著克萊門特經過「金魚缸」，這是一間玻璃房，穿著暴露的女孩如同盤中飧，耐心等待人客挑選，並將她們帶到賭場地下的私人房間。

除此之外，克萊門特也知道三合會、香港大亨、人民解放軍太子黨以及貪腐的共產黨官員在澳門都擁有能讓多方長期互利的協議；而何鴻燊與他們周旋時積累了難以置信的權力。何鴻燊是個高大且時髦的男人，歐亞混血兒，喜愛交際舞蹈、冠軍賽馬和美麗的年輕女性。他與北韓、伊朗以及中國的領導人都有著密切的關係，與這些極權政權進行國家級貿易。他常乘坐著藍色勞斯萊斯穿梭澳門、香港和深圳，看起來就像個政治家。

但在一九九〇年代的澳門，他如何與英屬哥倫比亞的完美洗錢機構銀通國際和大圈仔有所聯繫，以致最終被二〇一七年秋季的《溫哥華太陽報》（Vancouver Sun）揭發？這是因為在一九九〇年代初期，克萊門特在澳門和香港去過的地方及見過的人物，導致了北美洲的類鴉片藥物成癮悲劇。

克萊門特以及少數前加拿大官員知道，像金保羅這樣的男人，其成功之路是加拿大駐香港大使館鋪成的。當時很多香港最富有的人、那些在溫哥華和多倫多購買了極大數量房地產的億萬富翁們，都與三合會有連結；根據克萊門特所熟知的香港警察消息來源，傳聞其中一些大亨本身就是龍頭。

克萊門特告訴我，香港大亨幾乎都有一個窮人發跡史：年輕時從廣東去到香港，在工廠工作，對一些鋼鐵、橡膠、黃金、武器、海洛因等商品進行精明的貿易；然後突然之間，大量的財富如魔法般出現在房地產、飯店、賭場、銀行和運輸領域。當他與移居英國的香港警員討論這些大亨時，他們通常會委婉地說：「好吧，可以說他並沒有以傳統的方式積累財富。」

但對於英國僑民來說，這種評論是一種反諷：事實上，所謂的傳統方式是甚麼？一八三〇年代，蘇格蘭兩位紳士商人賈丁（Jardine）和麥瑟遜（Matheson）從中國出口茶葉，卻通過中國商人和走私犯將鴉片進口到廣州，並賄賂中國官員對此睜一隻眼閉一隻眼，從而發家致富。最終，中國再也無法忽視在廣州、香港以及澳門日益增多的、精神麻木的鴉片成癮者。他們將來自蘇格蘭的整批鴉片扣押後銷毀，並將其「黑色的雜質」倒入香港，逼使賈丁和麥瑟遜趁機遊說英國採取武裝回應。

結果就是第一次鴉片戰爭爆發，香港被佔領並淪為殖民地，由此在中國國民的內心留下一道傷疤；而中國共產黨對該事件的政治宣傳仍是稱為西方羞辱中國的「百年國恥」。因此，以我的視角去思考，要深入了解在溫哥華的洗錢、濫用芬太尼危機之根源，以及探索溫哥華模式中的跨國犯罪，就好像克萊門特進入何鴻燊賭場時的發現一樣，是一場漸進之旅。

你可以將注意力聚焦在特定的時間和人物身上，然後再將目光拉回到更廣泛的視野，讓如萬花筒一般千變萬化的圖像慢慢定格和變得清晰；當這些圖片最終清晰起來時，你便能挖得更深，得到更多答案。最後，你會認識到，如同中國大陸本身一樣巨大的歷史和政治「劑量」，正通過香港這個「針尖」注射入西方，迅速擴散。或正如加拿大皇家騎警的消息來源告訴我的那樣：「這像極了鴉片戰爭，只是局勢反過來了。」

若要選擇一個年份或地點，出現在溫哥華的洗錢模式是否誕生於一九八八年？在像譚國聰這樣的重量級毒梟首次抵達溫哥華、和他的大圈仔同夥謝志樂（Chi Lop Tse）首次抵達多倫多之際？這兩個男人以難民身分抵達後，馬上就被加拿大警方認定為中級毒販子，但看看他們現在的地位，尤其是謝志樂。根據路透社二〇一九年的調查結果，謝志樂如今被全球警方視為金三角區冰毒界的巴勃羅·埃斯科巴（Pablo Escobar）。據稱，他統領著合併的中國三合會團夥，該組織一年的冰毒銷量保守估計就有八十億美元；而另一個更令人震撼的數字源於他巨大的財富，以至可以讓他在澳門賭場一晚輸掉六千六百萬美元，然後只是聳聳肩。

然而，如果你把注意力集中在一九八八年，就必須先回溯至一九六七年中國血腥的文化大革命。當時，毛主席麾下過於激進的紅衛兵遭到清除並關押在廣州，在拘留營中，這些紅衛兵形成了一個類似三合會的新組織——大圈仔。他們最終逃到香港，對五〇至六〇年代與毛澤東和共產黨對抗失敗並逃到香港和澳門的原三合會產生了深刻的影響。

但要深入追蹤三合會與中國統治者之間的全方位關係及現階段對西方的影響，至少還需要一個更廣闊的視角。在針對三合會滲透加拿大移民體系的研究中，聯邦法院記錄了由香港警察三合會專家斯坦利·葉（Stanley Ip）解釋有關這些秘密社團的古老淵源。根據葉的說法，自一六七四年起中國政府針對三合會發起了不同程度的打擊行動，當時，中國漢族的領導人自成一派以反抗滿清王朝，三合會就像影子政府一樣運作著，進一步發展成強大的犯罪社群，控制了地下的金融和貿易渠道，通過關係和暴力行為強制執行契約。

二十世紀，國家領導者和犯罪頭目之間一直保持著隱秘的關係，直到毛澤東及共產黨在與三合會的較量中穩穩地佔據上風並戰勝三合會。然而到了一九八〇年代早期，隨著英國和中國對於香港主權移交展開談判，中國最高領導人鄧小平出於實用主義的考量而有新的安排。

⋯

加里・克萊門特一直夢想著穿上加拿大皇家騎警標誌性的紅色外套；事實上，他最早的記憶是將皇家騎警的明信片釘在他臥室的牆上。他成為加拿大皇家騎警後的首個任務是駐守蘭裡（Langley），一個位於溫哥華東部弗雷澤河谷（Fraser Valley）的分隊。他很快便晉升到臥底緝毒組，這是許多警官都需要花費多年時間才能坐到的位置，克萊門特是最善於培養線人及發掘犯罪情報的人之一，他掌握了為自己創造新角色的技巧，並且能夠輕鬆潛入大型的毒品交易活動。

一九七〇年代，在實行《加拿大權利和自由憲章》之前，你可以積極收集證據打擊大型的犯罪分子；在有組織的犯罪調查中，你必須大膽無畏，且願意不斷地在邊緣試探。克萊門特在這方面擁有百分之百的效率：帶著一箱現金進入漆黑的房間、看著桌子對面帶著槍枝的傢伙、與他們進行交易、最後冷靜地帶著毒品離開。

在他的職業生涯中，他很早就學到了任何人都可能被策反，尤其在擁有巨額毒資的情況下——如他同部門的夥伴，帕特裡克・凱麗（Patrick Kelly），是個非常腐敗的人，以至於一九八四年將妻子從多倫多公寓的十七樓陽臺扔下去，而被判決終身監禁。

克萊門特迅速領悟到的另一件事是，優秀的緝毒警察是有意義的工作，在風險和回報之間取得平衡、置自己的生命於危險之中，耗盡所有時間將殺人犯送進監獄。然而，在溫哥華商業犯罪部門表現出色的人更容易獲得加拿大皇家騎警的提拔，他堅信，比起推動案件進展，這些人將更多的時間投入在獲得商業學位上；而且，別開玩笑了，溫哥華總部內的白領犯罪小組實際上還舉辦了「每周最佳西裝」比賽。

他認為這些人之所以看起來更成功，是因為他們不願意去冒險，他們遠離爭議和政治敏感的檔案，比起警察，他們更像政客或學者。但年復一年地，他們得以在國家警察部隊中不斷晉升，這也難怪加拿大皇家騎警正變成一個政治化的官僚機構。

克萊門特抵達香港之前，曾被要求研究為何加拿大駐香港領事館會如此不願意合作。由此，他發現多倫多以及溫哥華的官員甚至懶得向領事館索取資料，因為他們知道工作人員並不會跟進處理，所以最終的結果是甚麼呢？香港的皇家騎警聯絡處被視若無物，被當成一個虛有其表的郵局，工作枯燥且只負責向總部寄信；而這個「郵局」，卻擁有整個香港、澳門和東南亞的管轄權。

想想，在世界上最多、最強大、最成熟的跨國毒梟集團活動最為頻繁的地區，加拿大的執法力為零。所以一九九一年當克萊門特抵達加拿大駐香港領事館時，他便下定決心要改變現狀。與穿著白襯衫的香港警官和外交官共進盛大晚餐不再是他的選擇，取而代之的是，他大部分的夜晚都在與打擊社會有害活動的督察們打交道，開始與三合會調查局、經濟犯罪和反貪腐單位合作。

不久後，他感覺自己就像是香港警隊的一員，對他倍感信任的警官告訴他，他們以前鮮少與加拿大皇家騎警打交道，但克萊門特對他們掌握的消息所表現出來的興趣，是一個令人欣喜的變化。同時間，他也在了解香港政府內部遮遮掩掩的權力關係。他意識到，要洞悉這與世隔絕的古老文化，他需要一個朋友和導師。於是，他通過一位年長香港紳士找到了這樣一位良師益友，對方是一位元老級人物的兒子，他告訴了克萊門特掌握香港、澳門和中國富豪的消息。

與此同時，一位資深的加拿大外交官布萊恩．麥克亞當（Brian McAdam）正在尋找一位值得信任的夥伴。他於一九八九年被委派到香港領事館，但在這個虛有其表的「郵局」裡負責控制移民工作，他很快便感到沮喪和孤獨，他是個注重細節的男人，渴望　讀和整理情報，也是一名研讀中國歷史的學生。

在克萊門特抵達香港不久後，兩人便在他的辦公室進行了一次長談。

月復一月，麥克亞當逐漸感覺到領事館內部有些不對勁，他告訴克萊門特，他寫了許多情報摘要，但這些文件似乎完全不受到其香港和渥太華上司的歡迎。看起來有一個移民欺詐團體存在，但渥太華卻對此視若無睹。麥克亞當對此無法理解，因為這一切都發生在一九七五年加拿大移民部的醜聞之後，該醜聞是關於呂樂，他曾是香港警隊中的菁英，也是一名三合會成員。呂樂曾向海洛因販子收取高達五億美元的賄賂，但最後隨著香港調查貪污的團隊越來越接近真相，他和家人及時獲得了加拿大簽證並逃到溫哥華。這宗案件令所有負責處理香港與中國移民的加拿大官員都提高了警惕。

根據加拿大聯邦法院提交的宣誓書所述，「由於這次事件，加拿大移民部向加拿大境外所有的移民辦公室發布了處理香港移民申請的操作指南和程序，以應對三合會的威脅。」而呂樂的醜聞在加拿大早已廣為人知，一九七七年《麥克林雜誌》（Maclean's）曾以一篇名為〈說「多行不義必自斃」的人從未與香港警察交流過〉（"Whoever Said 'Crime Does Not Pay' Never Hung Out witha Hong Kong Cop."）揭發呂樂及被稱為「五龍」（Five Dragons）的同謀。

故事以一則軼事為開端，講述了經驗豐富的皇家香港警察對英國來的年輕警察使用的象徵性問候語：「你可以跳上巴士、也可以跟著它跑、或可以站在路中間與它迎面相撞。」巴士象徵了賄賂在香港犯罪區的流動，報道解釋了呂樂及其他四名菁英官員如何逃過一次特別的貪污調查行動，並且獲准移民加拿大。儘管他們在移民前導致香港陷入類鴉片泛濫危機，讓「十萬名癮君子每天花費大筆金錢滿足自己的欲望」。根據這篇報道，加拿大人對「建議一些前香港警察移民到溫哥華和多倫多，並利用他們的非法回扣參與海洛因貿易」感到憤怒。

然而，「五龍」醜聞經過十年後的今天，麥克亞當告訴克萊門特，他愕然發現三合會的菁英成員與領事館內的菁英官員關係十分友好。他們也談及香港入境處處長梁銘彥，據一些有力的情報顯示，梁銘彥是三合會成員之一，同時與中國軍事及間諜網絡有聯繫。

麥克亞當告訴克萊門特，有一名也是三合會成員的香港鋼鐵大亨正在申請加拿大護照，他拜訪加拿大領事館時給工作人員發了裝著現金的「紅包」，用來在香港賽馬會的私人包廂中賭博。麥克亞當表示，有許多大亨在申請簽證時都會拜訪領事館，他們不僅為自己和家人申請簽證，也會為他們的合作夥伴以及投資者進行遊說，並且邀請加拿大官員一同乘坐豪華遊艇暢遊維港。

克萊門特告訴麥克亞當，他所說的十分有道理，自己已經因拒絕接受紅包而惹惱領事館，這在中國文化中是一種嚴重的冒犯，讓一些大亨顏面盡失。他還告訴麥克亞當在領事館內發生的一場小風波：當加拿大官員向澳門賭場大亨鄭裕彤介紹克萊門特時，對方冷冷地拒絕和他握手，揚長而去，但這對克萊門特來說是一種榮譽。他們一致認為，加拿大官員不可能在不提供任何好處的情況下，與這些有權有勢的大亨打交道，這些現金禮物並不是免費的。兩人由此決定，要在另一起「五龍」醜聞震驚領事館前，向渥太華提出明確警告。

05

三合會進入加拿大

道森告訴我，圍繞傅高敦和尚·克瑞強的所有疑問，都發生在傅高敦和他的兄弟被指控向兩名加拿大高級移民官員各給予五萬元現金的調查期間。

到了一九九一年底，布萊恩・麥克亞當已經看到足夠多的問題了。一位希望移民到英屬哥倫比亞省的香港婦女向他致電，並提出了很嚴重的指控。她說，兩名領事館的女性曾提出，如果給她們每人一萬美金現金，將優先處理她的加拿大簽證申請。

因此，麥克亞當對這兩名來自香港的職員進行監視，這次調查還揪出一位共犯。這兩名女性和一名加拿大官員的妻子被跟蹤到一家香港銀行，並存入大量現金。麥克亞當的內部調查還發現，第四名員工的辦公桌裡藏有偽造的加拿大簽證印章。還有一些令人憂慮的跡象表明，領事館內部有人正為臺灣一家由傅高敦（Gordon Fu，音譯）經營的大型移民資訊公司優先辦理加拿大簽證。

隨著疑點越來越多，麥克亞當和克萊門特終於找到一份證據，揭露了驚人的國家安全漏洞。香港三合會以某種形式入侵了加拿大領事館的電腦網絡，這次網絡襲擊使黑幫分子能夠查看敏感情報紀錄，並且能夠刪除加拿大移民部有組織犯罪觀察名單中的警示標誌，三合會罪犯才得以在未被察覺的情況下遷往加拿大。麥克亞當和克萊門特向渥太華的加拿大皇家騎警總部提交了一份報告，要求進行刑事調查。麥克亞當認為，有具體證據可以證明加拿大駐香港領事館嚴重失職。更甚，香港有一些異常現象，可能比網絡入侵更糟糕。麥克亞當告訴克萊門特，他懷疑一些香港大亨與加拿大政府官僚和政客之間存在某些不當關係。

兩人總結了他們了解到的情報，並達成一致的意見。有一群申請加拿大移民簽證的香港人，是世界上最殘忍的犯罪分子，領事館官員有責任阻止三合會頭目將暴力和貪腐引入加拿大。問題是黑幫頭目通常沒有刑事犯罪紀錄，有成千上萬的下屬替他們當替死鬼，還有數十年的洗錢經驗。因此麥克亞當和克萊門特制定了一個方案，他們編寫情報手冊，以幫助加拿大官員調查和甄別三合會同夥，這些人試圖移民加拿大，並在溫哥華和多倫多的房地產中進行巨額投資。

克萊門特向渥太華發出的第一份情報如下：「鄭裕彤通過澳門旅遊娛樂股份有限公司與何鴻燊、葉漢、霍英東直接合作。在執法界裡，存在著許多與何鴻燊及其澳門旅遊娛樂股份有限公司有關的指控，大多涉及該公司對澳門賭業的控制，更重要的是，他們經常與身分確鑿的三合會成員來往。」

克萊門特提醒加拿大皇家騎警的上司，一些消息來源指鄭裕彤的開發公司是「其中一家用於混合非法資產的合法公司」。香港警方的情報顯示，鄭裕彤的房地產集團曾為一些世界上最大的黑幫舉辦會議。「新世界經常成為知名三合會成員聚會的場所。其中之一是由程萬琦領導的世界華人協會，許多來自世界各地、有據可查的三合會成員都參加了這次會議。除此之外，新世界也是何鴻燊的首選地點。」

克萊門特給渥太華寄去了相當於兩本書的情報報告，而麥克亞當寫得更多。但這些報告被加拿大政府所掩蓋，直到一位來自東南亞的民間調查記者來到渥太華，發現了麥克亞當的重磅檔案。

當我二〇〇九年來到《溫哥華省報》的新聞編輯室時，法比安・道森（Fabian Dawson）已經是一位傳奇人物。一九八〇年代，他從馬來西亞移民到加拿大，憑藉在當今編輯室已經過時的「實地報道」（shoe-leather reporting）踏入了新聞業。

他成功了，就像他在《溫哥華省報》辦公室附近的獅子酒吧喝啤酒時告訴我的一樣，當時加拿大鮮少僱用亞洲記者。老派不足以形容道森，他討厭坐在辦公桌前看電腦。他更像是一名情報員，通過深夜在溫哥華的酒吧裡花一整夜與警察和黑社會人士交談來取得獨家新聞。眾所周知，他經常從新聞室消失好幾周，到異國他鄉追蹤線索。他以不可思議的能力讓背景不明的商人與他侃侃而談，從而獲得異乎尋常的新聞報道。

最經典的例子是道森二〇〇九年對香港菸草王朝繼承人億萬富豪何定國（David Kwok Ho）的專訪。何定國一九八〇年代移居溫哥華，隨即買下一個高爾夫球場、一家航運公司、一家勞斯萊斯代理車行以及大量的房地產。他還透過大筆捐款與英屬哥倫比亞省政府建立關係，甚至在溫哥華警察委員會中佔有一席之地。這些都是他二〇〇八年被揭露吸食可卡因以及虐待濫用藥物妓女之前的事。何定國被指控在其溫哥華豪宅內非法禁錮一名女子，並持有一把未登記的格洛克半自動手槍，但他告訴道森，他與貧困妓女參加濫用可卡因的性愛派對，是為要前往受海洛因摧殘的市中心東區進行人道主義援助。道森二〇〇九年在《溫哥華省報》的獨家報道中引述何定國的話說：「我沉迷於幫助他們，下雨時更糟……那是我上車去找他們的時候。」

作為《溫哥華省報》的新手記者，編輯們告訴我，當報道遇到障礙時就去找道森。一般而言，問題在於需要找到好的消息來源，這對年輕記者來說是一個巨大的挑戰。我記得，我會向道森解釋我的情況，而他則會雙手交叉，面無表情，給人一種他寧願在別處的感覺。他時不時會喃喃自語提問，發表一些評論，然後突然咧嘴一笑，急促地列出大約十個名字和電話號碼。

一九九〇年代的溫哥華，道森憑他國際消息來源以及對亞洲政治和商業的了解，他最先掌握了加拿大房地產洗錢的規模。道森從英屬哥倫比亞協調執法組（BC's Coordinated Law Enforcement Unit, CLEU）的亞洲有組織犯罪部門獲得了一份秘密研究報告，從而將「五龍」醜聞推向更高層次。報道說，「五龍」成員之一的韓森，在溫哥華最富裕的社區購買了最少十一處住宅和商用物業。該研究顯示，多達四十四名涉及販賣海洛因的香港警察已經跟隨「五龍」來到加拿大，利用他們的子女和情婦在溫哥華和多倫多進行大規模房地產投資。協調執法組認為這些毒販警察在溫哥華購買了大量黃金地段的物業，道森引述協調執法組報告中的一段話：「目前尚不清楚這些前警察對北美的華人犯罪活動擁有多大的影響力和權力，但由於過去的人脈關係、曾經的影響力、與三合會之間可能存在的聯繫以及非法獲得的金錢，他們絕對有可能影響我們今天所知的中國犯罪模式。」

隨著道森繼續調查亞洲有組織犯罪，他前往渥太華會見了加拿大犯罪情報局的聯繫人，每個人都向道森講述麥克亞當和他的卷宗。他們說麥克亞當的職業生涯在一九九三年從香港被召回渥太華時結束了。犯罪情報局的一些人告訴道森，他們認為麥克亞當在沒有充分證據的情況下指控了加拿大的權勢人物，因而成為被損失慘重者針對的目標，但其他人相信麥克亞當的卷宗中包含了證據確鑿的報告。

道森決定尋找麥克亞當，他們相約在國會山附近的飯店會面。當麥克亞當講述自己的故事時，道森翻閱了香港的卷宗，當中包含了大量的細節和消息來源。道森立即明白，對於渥太華的普通官僚來說，這些內容可能難以消化，更不用說相信了。但對於一個了解東南亞貪腐問題的調查記者來說，這些材料是可信的，裡面都是香港巨頭的名字，包括一九八六年世界博覽會的土地交易在內，他們在一九八〇年代通過大筆交易購買了溫哥華百分之二十的優質房地產。

道森從卷宗中發現一些爆炸性的新聞，他看到加拿大領事官員和職員、香港立法會領袖、加拿大政客和涉嫌擔任中國間諜的名字。他也看到一家可疑的臺灣移民諮詢公司向魁北克的移民計劃注入大量資金，並直接流入了加拿大總理讓．克瑞強的選區。另外，麥克亞當的卷宗中出現了與道森自己的檔案中重疊的名字，因此他帶著這份卷宗回到溫哥華，開始追蹤被麥克亞當引為消息來源的加拿大外交官和皇家騎警官員。

一九九九年，他開始報道渥太華掩蓋真相的重大新聞。

⋮

道森報道，加拿大皇家騎警警目羅伯特·雷德（Robert Read）受命調查麥克亞當的指控，即加拿大大使館的職員曾收受賄賂。其中一些指控涉及三十名加拿大官員，他們被指曾接受一些麥克亞當認為是三合會人物的富豪所提供的賭資，道森報道稱騎警準備提起刑事訴訟，但在一九九九年，加拿大皇家騎警高層突然決定放棄賄賂調查。

雷德對這決定感到失望，因此向道森洩露了一些紀錄。道森報道稱，在原來的調查中面臨刑事指控的加拿大官員名單「已被下令保密，（但這些人）僅受到輕微懲戒後，已晉升為政府高級官員」。但在道森爆出雷德的告密內容後，加拿大皇家騎警解僱了雷德，這導致溫哥華舉辦了一場加拿大皇家騎警法庭聽證會。道森報道了這次聽證會，並了解到另一名負責審查雷德香港移民欺詐調查的加拿大皇家騎警「感到難以置信」，因加拿大移民部試圖掩蓋他的調查。

一份加拿大皇家騎警備忘錄顯示，香港的一名聯絡官曾警告他的上級，如果加拿大皇家騎警繼續調查麥克亞當和雷德的賄賂指控，加拿大大使將「在政治最高層面上高聲吶喊」。道森報道說，加拿大皇家騎警外部審查委員會發現，騎警之所以放棄對雷德的政治敏感調查，是因為他們不想惹惱加拿大外交部。審查發現：「問題在於加拿大皇家騎警故意選擇不追查可能存在的刑事犯罪行為，儘管眾多事例已經使他們注意到，在領事館內部可能存在移民欺詐團夥，並且可能涉及加拿大政府的僱員。」

初接觸麥克亞當和雷德的檔案已是二十年前的事了，道森回顧，得出幾個關鍵的推論。

首先，麥克亞當的文件中披露名單包括中國、香港和加拿大一些最有權勢的人物。道森告訴我，他堅信麥克亞當的文件和雷德的刑事調查涉及了太多金錢與權力。這是加拿大皇家騎警無法根據香港調查找到合理結論的原因。因此，道森做了作為媒體在這件事上應做的事：公佈麥克亞當和克萊門特在一九九〇年代初提交給渥太華的重要文件和名單。正是這些情報報告，最終引發了加拿大皇家騎警和加拿大安全情報局（CSIS）的一項秘密研究——代號「響尾蛇」（Sidewinder）。該研究聲稱三合會、大亨和中國情報人員腐蝕了加拿大的體制與市場。我獲得了一份名為《三合會進入加拿大》的報告，這本該是足以引起渥太華注意的國家安全警告。

報告指出：「我們已經識別了十六名正尋求進入加拿大的犯罪分子，他們是世界上最兇殘無情的罪犯。為了加強三合會組織對加拿大社會的威脅，其成員組成了緊密的犯罪組織，其規模和勢力往往比黑手黨更龐大。」

在道森為《溫哥華省報》和《亞太郵報》撰寫的報道中，麥克亞當提交渥太華的檔案被廣泛地稱為「香港調查」。調查的焦點是香港最富有的大亨：李嘉誠、何鴻燊和鄭裕彤。在道森引用的一份調查文件中，香港警方曾要求加拿大協助調查李嘉誠收購加拿大房地產和公司資產，但加拿大領事館拒絕合作。

道森也報道了一份克萊門特的備忘錄，警告說何鴻燊和鄭裕彤常造訪加拿大領事館。這份備忘錄說道：「在香港，與慈善機構、外國領使和政府官員打好關係，都是合法社會和三合會的一種生活方式，（何鴻燊和鄭裕彤）與許多有據可查的三合會有關……而他們一直是加拿大的主要投資者。」道森的報道又指出，楊受成和電影大亨向華強被視為香港調查的目標，根據美國和加拿大政府的紀錄，他們都被指為是全球最大的海洛因販毒集團之一——三合會新義安的領袖。

報道稱，香港調查還詳細描述了一些三合會成員接觸加拿大領導人的情況。在一九九〇年代，英屬哥倫比亞新民主黨籍省長麥克．哈葛（Mike Harcourt）「受到已知三合會成員霍英東的款待，霍英東的兒子曾因走私軍火在美國被逮捕。」還有例子是溫哥華市長金寶爾（Gordon Campbell，他後來成為自由黨黨魁），曾會晤一位香港政客的兒子，該政客被確認為新義安的高級成員。

在另一個案例中，調查文件聲稱，渥太華拒絕協助香港警方調查由臺灣富商傅高敦持有的帝國顧問公司（Imperial Consultants）詐騙案。傅高敦是魁北克移民投資計劃的重要參與者，加拿大媒體曾經報道過，他曾提議投資到沙威尼根（Shawinigan）一家虧損中的飯店，而該飯店位於總理克瑞強的選區，與克瑞強也存在利益關係。

麥克林在一篇名為〈出售公民權〉的報道提到：「傅高敦通過位於蒙特婁的勒維克．波比安．傑弗裡恩公司（Lévesque Beaubien Geoffrion）進入總理辦公室，這是魁北克處理商業移民最大的投資公司之一。傅高敦採取了非比尋常的手段，親自給克瑞強遞交了一封信，要求總理加快批准他在加拿大的永久居留申請。」

克瑞強的政治對手一直質疑他，在一九九六年和一九九七年努力為魁北克飯店爭取聯邦政府企業貸款，這段時間正是他與傅高敦洽談在沙威尼根飯店投資的期間。但在二〇〇一年，克瑞強在國會為自己辯護道：「我從未涉及利益衝突。」

道森告訴我，圍繞著傅高敦和克瑞強的種種問題，都發生在傅高敦與其兄弟接受調查的時候，因為他們涉嫌向兩名負責調查傅高敦在魁北克移民投資基金的加拿大高級移民官員，各提供了五萬美元現金，但加拿大皇家騎警放棄了對傅氏兄弟的賄賂指控。道森認為這起案件因政治敏感而無以為繼。但事後看來，麥克亞當在香港調查所提出的問題是準確的。圍繞移民投資計劃的欺詐疑雲，導致加拿大在二〇一四年取消該計劃，在魁北克地區則在二〇二〇年暫停。

但在麥克亞當的卷宗裡有一樁案件懸而未決，我認為它凸顯了加拿大國家安全所面臨的極端危險，這就是香港前入境處處長梁銘彥的案件。

一九九〇年代初，加拿大皇家騎警調查了有關這位前處長是中共特工的指控。他被懷疑利用自己在加拿大領事館的地位，協助中國間諜或有三合會背景的中國富豪移居加拿大。麥克亞當的卷宗提到兩名加拿大移民官被派往香港，以確定這位前處長是否為中國情報機關的特工，他們跟蹤他參加了一次三合會老大的餐敘。當時，英國也在調查梁，指他向北京分享尋求移居英國的香港市民敏感資料。一九九六年七月，這位前處長在一片爭議聲中突然辭職。

但此時，他的家人早已移民到溫哥華，更伴隨著致命的後果。一九九三年，他二十二歲的女兒梁思瀚，一名有抱負的演藝人員，被人用十字弩殺害。她當時正離開本拿比的英屬哥倫比亞理工學院，穿過停車場，走近自己的車，槍手瞄準她時，她在車門處掙扎。警方後來發現車門把手被膠水黏住了。謀殺案發生前，她在溫哥華的家人曾多次成為縱火襲擊的目標，這一切都似是三合會發出的警告。

麥克亞當的卷宗將這位前處長與幾位三合會核心人物，以及一名參與中國國營企業的富豪聯繫在一起，這些企業被指曾向伊朗運送武器。渥太華的官員掌握這些資料，但《獨立報》在一九九七年七月報道道指「繞過正常移民規則」的程序下，前處長獲准移民加拿大。為甚麼會允許一名疑似中國特工移民加拿大？渥太華肯定有人能夠回答這個問題。但加拿大移民官員一直對我提交的法律申請中百般阻撓，拒絕提供有關這位前處長的檔案。

⋮

布萊恩・麥克亞當和羅伯特・雷德不是唯一相信渥太華掩蓋香港貪腐問題的加拿大人。加拿大皇家騎警和加拿大安全情報局，根據麥克亞當的香港報告開展的秘密調查「響尾蛇計劃」於一九九七年完成，得出的結論是，加拿大面臨著日益嚴重的經濟滲透和國家安全威脅，這種威脅由中國共產黨、三合會和香港富豪的聯盟網絡所驅使，他們都與中國情報機構合作。還有一個令人震驚的論點：在香港脫離英國統治之前，中共與三合會達成了休戰協議，以確保香港的穩定。

響尾蛇計劃透露，一九八二年五月二十三日，鄧小平在北京會見了李嘉誠和霍英東，他們就香港和中國的未來進行了一次交易。香港很快將由中共掌控，鄧小平要求香港富豪提供合作與商業建議，使中國經濟順利地向資本主義過渡。作為回報，北京將為這些富豪進入中國市場打開方便之門。兩年後，鄧小平公開表示：「黑社會並不都黑，愛國的還是很多。」加里・克萊門特告訴我，他堅信李嘉誠和霍英東在鄧小平的這份聲明中發揮了影響力。

但這種黑暗聯盟並不僅僅是從鄧對三合會的公開支持中自然產生的，響尾蛇計劃稱，在整個一九八〇年代，西方情報機構發現中國的其中一個外國情報機構統戰部，在香港的活動增加，統戰部特工負責促進中共與三合會之間的商業聯繫。他們與統戰部的空殼公司建立了聯繫，使三合會領袖能夠在中國大陸與軍方和革命元老家族合作開展業務。

「早在一九九二年，西方情報部門就知道，前新華社社長黃文放受指示通知三合會老大，如果他們同意不破壞香港的回歸進程和商業活動，北京將保證他們可繼續在不受干擾的情況下從事非法活動。」響尾蛇計劃稱。

根據我在加拿大聯邦法院文件中找到的三合會情報報告，新義安的表現尤為突出。他們在北京與鄧小平的公安部局長陶駟駒合作設立了一家夜總會，在上海也與解放軍軍官合作經營了一些類似的夜總會。這些指控簡直是觸目驚心，但是，一些媒體和學術報告已經證實了北京和三合會老大之間的秘密交易。最值得注意的是一九九七年七月在《新共和》（The New Republic）上發表的文章〈犯罪夥伴〉（Partners in Crime），美國作家弗雷德裡克．丹恩（Fredric Dannen）引用了他對據稱是新義安老大楊受成的採訪，他在麥克亞當一九九〇年代的卷宗裡是其中一個重要人物。據丹恩所言，在一九八九年六月四日的天安門大屠殺以後，楊受成與中國政府官員開始在中國大陸合作參與了許多商業活動。

文章引述楊受成的話：「中國的情況非常糟糕，沒有人想成為他們的朋友。但我們去了那裡，一位來自香港的大亨開始與他們的高層人士成為朋友，並在那裡投資，他們對此表示感激。」

香港犯罪學家盧鐵榮在他二〇一〇年的著作《超越資本社會》（Beyond Social Capital）中重申了響尾蛇計劃裡中共和香港三合會之間具有商業聯繫的觀點。盧鐵榮最具吸引力的案例研究，聚焦於一九九三年香港一家娛樂公司的盛大開幕上。這家公司由電影製作人向華強與向華勝經營，據稱他們都是新義安成員，而這場開幕典禮的主禮嘉賓是廣東省省長葉選平。盧鐵榮的研究中有一張葉選平與向氏兄弟站在一起的照片，他認為，在中國的體制中，這張照片實質上給予了新義安在中國內地經商的許可。要理解盧鐵榮的論點，必須先了解葉選平在中國權力結構中的地位。葉家是中國最有權勢的紅二代太子黨之一，控制著龐大的軍事和工業集團，他們也被認為是中國領袖習近平的支持者。

⋯

響尾蛇報告還提到香港前入境處處長梁銘彥。報告指出：「香港回歸共產黨統治前，已有多個西方情報機構確定他們的國家移民系統受到了中國非法情報機構和三合會的干預，香港前入境處處長面對貪污和非法洩露港人重要個資的指控壓力下辭職，仍要接受調查。」

響尾蛇報告呼籲對中國滲透加拿大體制進行更深入的研究。如果渥太華當初認真對待這份報告，那麼第一份報告本可以列為機密，但這份報告反倒被埋沒，然後洩露到加拿大媒體的手上。批評者對這份報告的缺陷提出了質疑，它遠遠超前於當時，各方面都覺得難以置信。

「這份報告出來得太早了，」一位與響尾蛇報告作者熟悉的情報人士告訴我，「但我也從響尾蛇報告中得知，中國在加拿大的活動非常活躍，而且中國的有組織犯罪和中國共產黨之間的界線非常模糊。」一年復一年，響尾蛇報告的核心指控看來更有先見之明，香港前入境處處長的案件就是一個很好的例子，他最終在二〇〇八年去世，香港政府繼續否認圍繞著他的指控。

但二〇一九年，《南華早報》（South China Morning Post）獲得來自香港廉政公署的解密報告。文件顯示，廉署調查員發現前處長至少與兩名三合會老大有聯繫，因此他才會在一九九七年被迫下台。調查也發現，一九九三年一名香港入境事務審裁處裁判官通過一家由二人共同持有的離岸公司匯了七十五萬港元給梁，而這家離岸公司又與中國的海洛因販運組織有關。

我突然意識到，一九九三年正是他女兒在溫哥華遭到殺害的那一年，也許這是要他閉上嘴巴的警告？

《南華早報》獲得的文件稱：「（前處長）一開始不願意透露某位涉及香港及海外有組織犯罪者的名字，但承認此人是他的密友，並提名其兩個兒子加入當地某個機構。文件還顯示梁是香港賽馬會的正式會員，這讓我想起麥克亞當的卷宗中曾提及，賽馬會是三合會和富豪們試圖對加拿大移民官員施加影響的場所。」

⋯

從香港回來以後，克萊門特的處境比雷德和麥克亞當來得要好，他成為加拿大皇家騎警在洗錢和金融犯罪方面的頂尖專家。但在退休後，當他讀到自己的香港文件時，仍會搖頭感歎。在前往香港之前，他曾經相信沒有人能凌駕於法律之上，「我掌握了大量情報，我幾乎向渥太華分享了如同兩本書的情報，」克萊門特告訴我：「我們可以根據這些情報提交誓章將證據存檔，阻止人們進入加拿大。然而，政治取得了勝利。」

麥克亞當仍保留有關富豪和黑社會的文件，他仍與加拿大安全情報局和加拿大皇家騎警的前同事保持聯繫。麥克亞當的文件和階層結構圖顯示，新義安的年長頭目是一個足以震驚全球銀行界的名字，但這類資料幾乎永遠無法在法庭上得到驗證。

麥克亞當因在加拿大政府的事業受損而鬱鬱寡歡，並出現健康問題。但他仍繼續關注我對加拿大房地產和賭場行業洗錢的調查。他表示，在加拿大洗錢的跨國販毒集團，正在執行當年他在香港提交給渥太華的近三十份報告中所提及的相同策略。

我獲得了麥克亞當二〇一八年所寫的一份非正式報告，在報告中，他驗證並解釋了他的領事館文件來源，同時質疑渥太華哪些人對無視他的嚴重警告，需要負上最終責任。麥克亞當的報告聲稱，這些文件從西方情報機構、駐港西方盟國使館的國安專家、香港三合會調查科、廉政公署和香港皇家緝毒隊編纂而來。

他在二〇一八年寫道：「我們試圖向其他人傳達一個訊息，與三合會勾結的中國情報機構利用金錢和性為誘餌，不懈地收買外國外交官。我們非常清楚地指出，澳門的賭場是由三合會頭目和中共政府的代理人持有，並且有許多工作人員前往澳門賭場，旅費都是由一名三合會頭目支付的。然而沒有人願意聽取加里·克萊門特或我的建議。」

在二〇一八年的報告中，麥克亞當對一份一九九〇年代的報告〈三合會和其他有組織犯罪集團〉的下場，提出懷疑。他從香港提交，以便加拿大邊境官員可以阻止三合會老大提出移民申請。「我們在文件中發現一些人是三合會頭目，擁有數千名追隨者，參與信用卡詐騙、恐嚇、勒索、傷人、敲詐、賣淫、賭博和洗錢。加里・克萊門特設法向加拿大皇家騎警發送了八千多分三合會指南副本，並廣泛分發。但據稱（加拿大官員的名字被刪除）安排……將其銷毀，使其永遠不會在外交部、移民部或國家安全和情報局流通。」

麥克亞當的報告結論指向了三十名加拿大官員中的一名，據報道，在雷德的加拿大皇家騎警調查中，他們躲過了指控，迅速升任至渥太華最有影響力的職位，最終在外交事務、貿易和國家安全方面為總理提供建議。

「如果（加拿大官員的名字被刪除）確實銷毀了這些報告，那麼他是否有意對三合會和中共入侵加拿大做出貢獻……故意扣下並銷毀了據稱極其重要的情報訊息，這些情報旨在確保根據加拿大移民法不得入境的人，將被拒絕入境加拿大。」

對於我調查溫哥華模式來說，這個問題不容忽視。麥克亞當二〇一八年的非正式報告有關於一樁懸案，它指向了渥太華數十年的貪腐。這些資料應該成為全國性調查的一部分，而這項調查將與芬太尼販運、房地產洗錢和中國在加拿大的外國勢力運作有關。

06

餘波計劃

李彼得（Peter Li）不得不「如同裸體站在廣場上進行竊聽」一樣，詳細地解釋有關尹國駒與賴東生的消息——這兩位在澳門被傳言曾是兒時玩伴，但如今卻是宿敵，甚至互相簽署了合同。

澳門
葡京賭場

一九九四年一月，賴東生拜訪了加拿大駐香港領事館，試圖通過申請魁北克的投資移民計劃，成為加拿大的永久居民。同年三月，他將魁北克投資計劃的標準金額三十五萬加元，轉到蒙特婁的勒維克・波比安・傑弗裡恩公司（Lévesque Beaubien Geoffrion）的「#89-17AA-4」帳戶中。這是一間移民投資公司，在商業和移民事務方面與總理尚・克瑞強有所聯繫。當時，尚・克瑞強正受該公司遊說，將魁北克的百萬富翁移民計劃擴大；在整個一九九〇年代，該公司將大量來自亞洲的投資如洪水一般引入尚・克瑞強在沙威尼根（Shawinigan）的行政區。這是數以千計的香港移民遷往加拿大的時代背景，但賴東生的案例非常特殊——他是三合會的龍頭人物，也是澳門賭場貴賓廳的運營者。

賴東生於一九五五年生於廣東，受的教育雖然少，卻能夠在水房三合會迅速崛起；他不像香港大亨，穿著量身定制的英式西裝，有著政治家的氣質——他看上去剛硬、瘦弱，有一雙殺手一般的黑眼睛。憑藉他在澳門賭場掌握地位，他有權決定別人的生死，與中國官員斡旋。

他擁有一家仲介公司，在何鴻燊九家賭場之一——回力球場（Casino Pelota Basca）旗下運作，負責經營幸運貴賓廳（Fortuna VIP room），並且從澳門旅遊娛樂股份有限公司的百家樂賭博中抽取高額佣金。據警方稱，賴東生在澳門還擁有房地產開發、建築、汽車和進出口公司，這些產業都受益於他的洗錢活動。

但實際上，他的業務已遠遠擴展至澳門以外。警方表示，賴東生還向薩伊（Zaire）出售「中國製造的軍火」、從中國進口非法勞工及電子產品、甚至在中國擁有一個香菸品牌，並利用水房勢力「說服」不採用其菸草的零售商。他還為賭場貴賓廳的運營者和放貸者提供討債服務，以縱火、燃燒彈襲擊等手段驅逐租戶。據估計，賴東生在亞洲指揮的三合會成員數以千計，但他將目光放在英屬哥倫比亞不斷擴張的賭場行業上，因為加拿大華人社群的資金大到不容忽視。自一九九〇年至一九九七年，有超過二十萬香港公民移民至加拿大，其中有七萬名屬於投資者和企業家。大多數移民都來自勤奮的家庭，但加拿大調查人員也發現，投資人中有相當大一部分是黑幫分子。儘管澳門已經成為東方的拉斯維加斯，但三合會要的是讓溫哥華成為西方的澳門。

賴東生申請移民時顯然遇到了問題，香港領事館負責控制簽證的官員讓・保羅・德利斯爾（Jean-Paul Delisle）盯上他。德利斯爾自一九七〇年代在加拿大駐牙買加大使館工作，當時聯邦政府對呂樂和五龍的貪污個案發布了秘密警告。透過加里・克萊門特和布萊恩・麥克亞當設計的黑幫審查系統，麥克亞當對賴東生進行了幾項標記：受教育程度不高、據稱是高淨值人士、在澳門從事建築事業。

賴東生曾面臨眾多與三合會活動有關的指控，但都沒被定罪，因此，德利斯爾需要更多情報來完成他的檔案。他聯繫了少數在澳門警隊中被認為不會受賄的人，這些人將賴東生與澳門所有犯罪活動進行關聯，包括走私海洛因、性交易、非法賭博、高利貸、勒索等。而當德利斯爾還在香港收集有關賴東生的情報時，後者在魁北克的投資移民計劃正好停滯不前。賴東生因此選擇另闢途徑，勘察加拿大西海岸的弱點，其中，英屬哥倫比亞省，一個如魁北克一般渴望亞洲投資、擁有天然資源以及房地產經濟的地方，是理所當然的選項。

根據聯邦法院引用了賴東生移民檔案的報告顯示，一九九四年七月，儘管德利斯爾仍持續地調查賴東生與香港三合會之間的關係，但對方仍然可以率領一支十六人的貿易團隊，包括澳門賭場人員及隨從進入溫哥華，其中包括「澳門博彩監察協調局特別督察」。根據機密文件和《溫哥華太陽報》的報道，賴東生帶著其澳門賭博團隊進入英屬哥倫比亞之際，正是「該省審查其博彩政策」的時候。紀錄中指出，「一九九四年七月十二日，與他同行的人員中有三名是已知三合會成員、兩名具有犯罪紀錄。他對英屬哥倫比亞博彩業的商機或許有一些興趣。」

與此同時，澳門賭場的監管制度也在變化。一九九五年一月，三合會開始倒數香港和澳門回歸中國；而隨著亞洲犯罪市場未來的不確定性持續增加，為了能在北京正式接管前搶佔到更多份額，黑幫們對澳門賭場貴賓廳的股份爭奪賽也一觸即發。同年八月，澳門四大三合會代表——14K、水房、和勝和以及大圈仔，組成「四太平」協議，旨在團結一致地抵禦來自香港三合會的入侵。其中，賴東生被選作「四太平」的司庫，因而獲得澳門所有賭場貴賓廳以及為中國巨額賭客提供賭資業務操作的百分之五佣金。

但這短暫的和平，在一九九六年開始瓦解，賴東生和澳門 14K 的老闆，一位性格張揚、暴力，開著藍寶堅尼的人——尹國駒，針對貴賓廳的管控權發生了衝突。

在一次離奇的轉折中，溫哥華警方偶然監聽了幾個三合會成員的電話，使得加拿大情報機構能「坐在前排」觀察澳門動蕩的局勢。警方由此得知，一九九六年十一月澳門發生的一起企圖謀殺事件，令澳門涉及數十億美元的地下經濟腥風血雨。當時，在澳門繁忙的路口，兩名機車騎士企圖謀殺澳門博彩安全部隊中校曼努埃爾・安東尼奧・阿波利納瑞（Manuel Antonio Apolinario）。其中，一個持槍的大圈仔兩次朝他臉開槍，一顆子彈射中下巴、一顆子彈穿過他的身體，差點擊中脊柱。警方認為槍手已迅速逃到了中國，而阿波利納瑞幸運生還。根據加拿大警方的情報，有一位身分不明但明顯對澳門賭場影響力十足的人插手調解，以擺平賴東生和尹國駒之間的衝突：允許雙方激戰十天，勝出的一方將得到何鴻燊賭場所有的貴賓廳掌控權。

結果，兩星期後鬥爭仍然繼續。初期，**14K** 佔上風，但基於牽涉的犯罪資金過多，水房不願退出；而許多澳門警察早就在三合會的發工資名單上，所以賴東生只需僱用更多警察站在他那一方，便扭轉了局勢。澳門也由此陷入一片混亂：街上爆發手榴彈和汽油彈襲擊、砍殺和機車撞人事件不斷；警察經常在地上發現疑似來自大圈仔殺手的解放軍彈殼。這場鬥爭在幾個月內導致了十四人死亡，其中包括一名剛從澳門醫院下班的護士。

在我針對溫哥華模式的調查中，這一段經歷最能反映一九九〇年代加拿大移民系統的盲目和貪腐：賴東生雖然下達了在澳門的暗殺命令，但他實際上與爭鬥保持了一定的安全距離。一九九五年，當他得知自己的移民申請因德利斯爾的反黑幫審查而被卡住，他便正式撤回申請。

翌年，他飛往洛杉磯，在加拿大領事館提出了另一個移民投資計劃，但這次是通過英屬哥倫比亞。為了支持他的申請，賴東生和一些來自中國的男人將資金從香港投入列治文的空殼公司，據稱是要用於加拿大礦業投資。

一九九六年九月，在一次嚴重的國家安全漏洞中，賴東生的申請通過了，前後僅僅三個月。渥太華稱，洛杉磯的工作人員甚至沒有核查由德利斯爾從香港領事館發出有關於他的紅旗警告。我搜查賴東生在渥太華法院的紀錄，顯示是一名加拿大官員為其移民申請蓋上了批准的印章，讓他在一九九六年十月成為了英屬哥倫比亞省的永久居民。

他已準備好迎接澳門的戰鬥，處身在一萬公里以外的東溫哥華，那間一九九四年用五十一萬五千美元購買的房子，與妻子和年幼孩子一起，只需用手機下達命令，就可以指揮一九九六年十一月澳門的激戰。

一九九七年五月，即鬥爭爆發半年後，在澳門繁忙的南灣大馬路上，一群嗡嗡地轟鳴的機車隊圍著一輛綠松石色的小房車，與機車駕駛員背對背而坐的槍手帶著黑色頭盔，從四面八方對小房車掃射，擊破了三面車窗。他們殺死了三名 14K 重要成員，坐在前座的兩名男子倒下，而後方倒下的正是澳門 14K 第二把交椅，也是尹國駒的保鑣。在歷時兩年的鬥爭中，數十名黑幫分子、警察、政府官員以及無辜民眾喪命，這場鬥爭由澳門賭場蔓延至大溫哥華地區的街道及百家樂貴賓廳。

警探帕特里克・福加蒂（Patrick Fogarty）至少得到三次僥倖的突破。一九九七年，大量汽車從溫哥華街道上消失，這異常現象就像聖經中發生的災難一樣。他是個聰明的警探，擁有金黃色的頭髮和厚實的下巴，看起來像是會在審訊室裡扮演壞人、猛敲桌子逼迫嫌疑犯開口的人；但事實正好相反，他總是認為安靜地溝通可以得到更有價值的資料。

福加蒂調查到，中國犯罪組織正在接管西加拿大，他們掌控了毒品的進口和分銷，建立了全球化的聯繫和路線。在英屬哥倫比亞省，他們與各種團體合作，包括越南人、波斯人、甚至地獄天使（Hells Angles，成員大多騎乘哈雷機車的幫會）；以及一些新興的「多元文化」團體，如「一通電話就有」（dial-a-doper）幫派、聯合國（United Nations，一個源於溫哥華的幫派）以及紅蠍子（Red Scorpions）。儘管一些機車幫派仍保持著影響力，但他們不再主宰溫哥華，一些披著地獄天使披風的人甚至露宿街頭。

中國幫派的財富和複雜性已達到另一個層次，大多數情況下，他們不會招搖過市，像磕了類固醇的暴徒那樣趾高氣揚；通常，他們只像生意人一樣開著豐田 Corolla，在裡面掌控著局面。一九九〇年代，他們唯一的困擾是該如何處理海洛因的收益，毒品易於藏匿、迅速流通，緊密度高，但現金龐大且緩慢。一次，福加蒂突擊了溫哥華一所住宅，查獲一堆價值四百萬美元的二十元鈔票。

但年復一年地，他看到毒資轉移到全球越來越容易。只要將錢放在盜竊而來的汽車，從加拿大出口，將其分散到越南及柬埔寨的賭場和飯店開發工程、到中國大陸建設高樓、出售亞洲的房地產，最後通過加拿大進出口公司將錢收回來，並混入賭場籌碼或溫哥華、列治文以及本拿比的住宅中。他們買下廉價的待拆遷房屋，然後大興土木，建造巨型豪宅或多戶聯排別墅。

福加蒂以及瞭解溫哥華洗錢黑幫的官員知道，某些社區的房屋都是靠毒資發展；而每年，黑幫會不斷提升這些用於消化毒資的建設，將通過海洛因得來的資金，深深融入到英屬哥倫比亞的合法經濟體系之中。因此，當福加蒂用心調查國際洗錢系統內部如何快速發展及運作之時，他也在英屬哥倫比亞省協調執法組的亞洲有組織犯罪部門中步步高昇。一九九七年，他調查一項竊車和以貿易為基礎的洗錢案時，得到一個機會展開「竹子計劃」（Project Bamboo）。

對福加蒂來說，一次好的行動總是這樣開始的——有效的許可證。他得到司法批准，可以對疑似掌控著該省的三個嫌疑團夥進行電話監聽。被監聽的一方是北美西部的三合會分支，與世界各地的販毒集團都有聯繫，也被認為附屬於香港和澳門的 14K 幫派。他們每天的目標是盜竊多輛汽車，從溫哥華犯罪活動猖獗的港口，橫跨太平洋運抵香港。

在福加蒂的名單上，王維森（Wilson Wong，音譯）排名第三；上線是他的老闆周國靖（全名 Simon Kwok Cheng Chow，音譯），一個在溫哥華經營撞球館的傑出資本家。對於一個經常在美國、香港、中國、澳門、柬埔寨和越南恆常往返的人來說，撞球館似乎是個細小且簡單得有點奇怪的業務。但福加蒂知道，周國靖實際上是一個大規模海洛因走私商、溫哥華地下賭博業者，也是拉斯維加斯和邁阿密的賭場仲介人。他在英屬哥倫比亞彩票公司的列治文賭場裡擁有廣大的放貸網絡，從事大規模的武器走私、信用卡詐騙活動，並且在洛杉磯和舊金山都擁有業務線。他的業務範圍橫跨東南亞各地，且有一個溫哥華律師隨時為他效勞。

一九九七年六月初，福加蒂在計劃進行期間攔截到一通從香港打給王維森的電話，一個身分不明的男人向他詢問老闆周國靖的下落。這是福加蒂的第一次突破：雖然當時他還未獲授權監聽周國靖的電話，但好在這名來自香港的人無法直接找到周國靖，所以找到了福加蒂正監聽的王維森。這名香港人口操廣東話，顯然備受尊敬，但他代表之人的地位遠遠在他之上。

王維森並不瞭解澳門的情況，這位香港男子後來被確認為大圈仔高層：李彼得。通話中，他首先向王維森確認「通話是否安全」，而對方回答了「是的」。這對福加蒂來說又是一個巨大的突破。李彼得由此放下戒心，開始詢問澳門賭場發生了甚麼，王維森表示不知道，但顯然是在裝蒜，因為他實際上說的是「澳門發生了甚麼戰爭？」

通常，說粵語的黑幫在談論槍械買賣這類犯罪事情時，他們喜歡使用一些代號如「小黑人」，但對於李彼得來說，要解釋澳門史詩般的幫派鬥爭不是一件可以用代號來進行的事情。王維森對亞洲事件的無知意味著他不得不「如同裸體站在廣場上竊聽」一般，被迫長時間、詳細地解釋有關於尹國駒和賴東生——這兩位在澳門據說是兒時玩伴，但如今卻是死對頭、並且向對方簽署了

「合約」（這裡指的合約似乎代表著「格殺令」）。

「王維森，你甚至不看一下香港新聞。」福加蒂自言自語道，「你犯了一個大錯，但我非常感謝你。」

在詳細地解釋了澳門的情況後，李彼得表示自己需要馬上聯繫周國靖，因為香港發出了一份合同，而「老闆」也想要分一杯羹。

賴東生就在溫哥華的某個地方，身在香港的他們手上只有賴溫哥華手機號碼的部分數字。李彼得說到，若溫哥華的大圈仔能找到賴東生並執行他們的合同（指殺掉賴東生），亞洲賭場界某個大人物將支付周國靖一百萬港幣，除此之外，這對大圈仔的前景也十分有利。

一九九七年六月第二周，福加蒂得到了加拿大皇家騎警駐香港聯絡官於渥太華的情報報告，並確認了一個訊息：14K和水房正進行一場大規模鬥爭，而尹國駒計劃將水房從澳門徹底消除；同時，也進一步證實了賴東生「規避了加拿大的移民體系」。

福加蒂對來自加拿大邊境服務局的三合會專家謝麗爾．沙普卡提起此事，沙普卡的上司十分憤怒。因為這表示加拿大移民部內有人犯下了大錯。更糟糕的是，儘管賴東生在香港的申請已被打上紅旗警告，洛杉磯領事館還是為他敞開了大門。福加蒂認為，當中似乎存在貪污，某些跡象表明加拿大有人收受了賄賂，但這是別人的問題。

如今已證實賴東生及其家人身處溫哥華，而香港的黑暗勢力想要他、甚至他家人的命。福加蒂有責任警告賴東生及其家人正面臨甚麼危險，同時防止澳門賭場血洗溫哥華。他已手握足夠證據，並獲得對周國靖和賴東生的電話監聽權。竹子計劃已被擱置，取而代之的是「餘波計劃」（Project Fallout）。

這個獲取情報的機會，對警察來說好比得到了金礦，福加蒂監聽的是世界上最大的犯罪組織內部的指揮結構，他們在商討這場與地緣政治及貿易有關的黑幫戰爭下一步的行動。他將了解到，中國和香港三合會伸入加拿大、美國甚至更遠地區的觸手有多麼深。

根據監聽訊息，第一件事是透過王維森追蹤在拉斯維加斯做生意的周國靖；周國靖已經接受了賴東生的合同，並下令王維森用盡所有手段查找賴東生的住所。這對於福加蒂，相對年輕的加拿大警察來說，是個發人深省的時刻，他驚訝王維森在不少加拿大旅行社、電話公司、甚至政府辦公室都有內應，那麼中國犯罪分子想要調查加拿大的駕駛紀錄，並不成問題。大圈仔可以窺探到加拿大居民的生活、行程，若是他們有需要，居民的行蹤就瞭如指掌。然而，直到六月底，他們都沒找到賴東生在溫哥華的住處。

隨後，來了一通令人難以置信的通話。由於澳門的鬥爭愈演愈烈，導致經濟開始遭受影響，中國政府似乎也開始產生了興趣。六月三十日，溫哥華時間晚上十一時五分，賴東生給中國大陸的一位郭先生打了電話。「郭先生似乎是兩個幫派之間的調停者」，福加蒂在餘波計劃的報告中寫道，「賴東生對此人十分尊敬，命令其手下在七月十日前不要採取任何行動。」

在福加蒂看來，這位郭先生顯然是個影響力巨大的人物，這對美國和加拿大公民來說是難以理解的，中國政府正指揮這些黑幫，而這場鬥爭牽涉幾千人，北京的某個人認為應到此為止。這好比白宮與五大黑幫家族協商，以抑制義大利黑手黨在紐約的紛爭；或渥太華政府與蒙特婁的地獄天使及搖滾機械（Rock Machine）達成協議，以結束魁北克的機車大戰。

福加蒂監聽到郭先生告訴賴東生，他必須聯繫一個人，每天與這位身分不明的人進行兩、三次的交談——這位正是在14K中剛展露頭角的新領袖。翌日，有三位水房成員飛到溫哥華與他會合，福加蒂知道他們是來當保鑣的，而他需要確保加拿大移民部標記並拒絕他們入境。

因此，賴東生致電到美國尋找更多的人，然而其中一名罪犯碰巧正前往舊金山出差，另外兩位則在拉斯維加斯工作。賴東生手下告訴他，有一名客戶在拉斯維加斯某賭場欠下水房一千萬美元，他也因此叫手下毋須去溫哥華，留在當地討債便好。

七月初，福加蒂再次監聽到另一通令人震驚的電話。賴東生致電給一名被福加蒂懷疑是潛伏在澳門警察總部的線人，因他正在調查為何加拿大移民部將其手下拒之於溫哥華機場門外的事情，福加蒂相信，他能利用他在警察和司法部門的人脈關係，將自己名字上的紅旗警告抹去。

然而，賴東生所經營的貪污網絡也出現了問題。他的線人發現，澳門警隊三合會調查部仍在使用一份早該被抹去的文件，當中記錄了三合會的等級制度等消息。「所有人都在裡面，一共有二千八百多頁，但凡有一點聯繫的人都在裡面，一個接著一個，一個不漏。」線人告訴他。

「真是麻煩啊。」賴東生嘆了口氣，然後掛斷了電話。

⋯

懸在賴東生頭上的「合同」變化莫測，福加蒂不清楚來自香港的最終指令是要他的命、綁架他的妻兒、燒他的住所，還是做一些非致命的事情。但香港、中國和澳門的談判結果貌似更傾向於留他一命。

周國靖正等待香港的一張照片，以確認他的住所。與此同時，《溫哥華省報》一則頭條新聞，揭露了賴東生通過洛杉磯領事館進入加拿大的醜聞，甚至刊登了他在東溫哥華的住處。王維森相信，媒體的曝光會讓合同更難以執行，但周國靖已經開始行動了。福加蒂和他的團隊開始攔截到他和一個聲音沙啞、名為喬治（George）的男人之間的通話。他們追蹤了喬治的電話，顯示他的位置在溫哥華一座公寓內，福加蒂與該公寓經理進行了談話，矛頭指向一名可疑的白人男子，他與一名女子同住，喜歡穿著內衣坐在面朝街道的陽臺上。

福加蒂審視了團隊提供的監控紀錄：喬治三十五歲，體重約二百二十磅，有一頭稀疏的褐色頭髮，上臂有紋身。七月中旬，周國靖和喬治到公寓樓前的一輛汽車上長談，他們在電話中談到了「兩件事」和一些「小黑人」。

喬治說：「一把是47式手槍，一把是Tec22。」

「好，你能弄到短一點的嗎？」周國靖問。

福加蒂閱讀兩人之間的通話紀錄時，幾乎忍不住笑出來，這顯然是一個笨蛋與聰明人的交談。喬治是一個完美的例子：一個靠槍械為生並最終會死於槍械的蠢人，不會走到最後；周國靖則完全不同，他總是在不斷進化和重塑自己，這就像在看有組織犯罪版本的「破繭成蝶」。他這類型的黑幫分子十分稀有：一個極度理智的跨國黑幫分子，正在經歷蛻變為大亨的過程。

七月的最後一周，李彼得從香港致電給周國靖，「那個人說，賴東生會活下來，但也會受到警告。」這是一枚燃燒彈或流彈就能解決的事，李彼得補充道，「那個人」將前往柬埔寨，若任何年輕的大圈仔被溫哥華警方找麻煩，可以把他們送到他在柬埔寨的賭場和飯店工作。

就這樣，香港下達了最終的命令和撤退策略。七月二十五日凌晨三時，溫哥華警局調度員報告，賴東生在飛沙景區（Fraserview Drive）二二〇五號的房子遭遇了飛車槍擊事件，共有四聲槍響，但賴東生及其家人並不在屋裡。

三時三十八分，周國靖給喬治打了個電話。「嗨，你喝了幾杯龍舌蘭酒？」

「四杯」
「一飲而盡？」
「對啊，一飲而盡。該死的，我打得真爽」喬治說。
他們兩人都笑了。「所以，一切都還好對吧？」周國靖問到。
「對啊，我要把瓶子裡的蟲子除掉，你知道這個瓶子吧？」
「知道，喬治。」
「你知道我甚麼意思嗎？」
「知道的，喬治。沒問題。」
幾分鐘後，周國靖給香港的李打了電話。「搞定了。」
「已經搞定了？」
「我認為是那個地方，為了安全起見，喝了四杯呢。」

⋮

對福加蒂來說，仍存在一個問題：即香港後續是否會發出更致命的命令，他們之間的合同仍懸而未決。說好的匯款看似尚未給到溫哥華的周國靖，而福加蒂所謂的「大人物」並沒有這麼容易追蹤。在賴東生的溫哥華住所遭到槍擊後，一直隱藏在合同背後的神秘人便前往深圳；八月四日，再到了越南。李彼得告訴周國靖要保持耐心，這位「大人物」的兒子將在八月六日於越南為新賭場舉辦一場盛大的開幕典禮。

他和周國靖提起，「我告訴他，對面的人一直在等那筆錢，他說會在賭場開業後從賭場拿到。」

但澳門的黑幫鬥爭似乎已經平息，而有關於賴東生的案件，加拿大聯邦法院的紀錄引用了《溫哥華太陽報》中一篇隱晦的報道，稱在一九九七年八月七日，何鴻燊告知並承諾香港媒體：「戰爭將在三周內結束。」

由此，福加蒂的「餘波計劃」提出了一些驚人的見解。在澳門，14K 新領導人「街市偉」已經取代了尹國駒。尹國駒對高調的幫派襲擊活動情有獨鍾，引來了太多麻煩。「街市偉公開批評尹國駒的行為，並安排水房和新義安合作，試圖一同結束澳門的戰鬥。」報告寫到，「這項工作在中國政府的支持下完成的。」

福加蒂總結到，「基於街市偉的干預，以及水房和中國政府的合作，將賴東生及其家人殺害並不符合最佳利益。」

對於我正在進行的溫哥華模式調查來說，餘波計劃提供了有力的證據，證明了中國政府、澳門賭場大亨以及三合會之間存在直接聯繫。我必須重申這一點：曾受到渥太華高層輕視的響尾蛇計劃評估，通過加拿大警方這次的監聽成果得到了支持。事實上，中國政府正在控制這些犯罪集團。

在餘波計劃之後，周國靖和殺手喬治最終因一九九八年的一場謀殺案被判有罪，受害者名為維卡什・錢德（Vikash Chand，音譯），他在溫哥華一個停車場更換車牌時身中七槍。根據媒體報道，外界繼續將周國靖視為 14K 尋找賴東生的關鍵人物，但根據我對譚國聰移民報告的調查，周國靖是大圈仔的第二號人物，而譚本身是老大。

「在整個過程中，我了解到有趣的事實，據說是譚國聰主張對付賴東生。」謝麗爾・沙普卡在發給溫哥華警方的電郵中寫道，「如你所知，譚是大圈仔成員。」

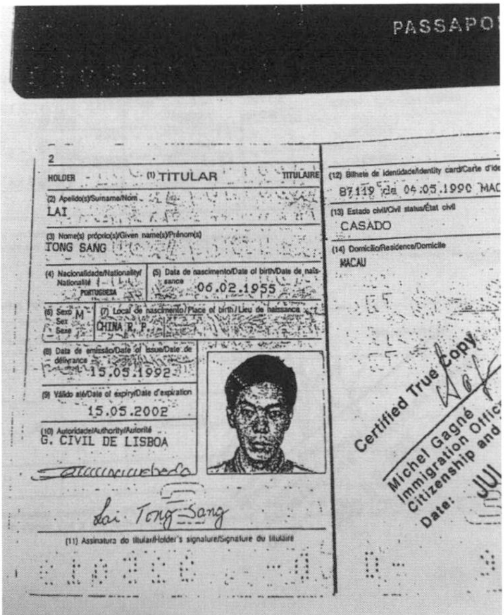

（上）澳門三合會水房龍頭賴東生在溫哥華被大圈仔和 14K 三合會盯上。（來源：加拿大聯邦法院檔案）

07

賭場日記

拉賓的手寫筆記描述了令人畏懼的資深大圈仔，研究了他們的合作及敵對關係，並在日記給予各老大綽號和代號。

英屬哥倫比亞彩票公司的監控紀錄顯示，一名據稱曾為金保羅工作的賭場員工向一名受到皇家騎警調查的河石賭場百家樂巨額賭客交付了價值 50 萬美元的賭場籌碼。（來源：由山姆・庫柏和約翰・華向卡倫委員會進行法律申請而獲得的物證）

「我們決定通過這本日記來記錄賭場發生的事情，大家都很擔心安全，為了自己的幸福，我們認為有必要記錄下這些活動。『男孩們』已經在賭桌上工作了好幾個月，賭局仍在不斷增加，客戶們每天都在花更多的錢，我們覺得百家樂已經失控了，但賭場卻無視我們的警告。工作人員已漸漸意識到黑幫勢力的滲透，主管也因此感到畏懼和不知所措。在過去幾個月裡，五百美元一注的玩家大大增加，我們一直觀察不同的罪犯調查部門，如亞洲犯罪聯合調查組（The Combined Forces Asian Crime Investigation Unit）和加拿大安全局（Canadian Secret Service）。儘管我們未必會向他們求助，但認為應該知道他們是誰，畢竟這涉及黑幫的大生意。我們不確定這種情況還會持續多久，只是希望賭場至少能嘗試制止他們。」

⋯

一九九七年五月，穆裡爾・拉賓（Muriel Labine）知道自己正目睹列治文大加拿大博彩公司賭場發生的重大變化。她是一名荷官督導，一位來自溫哥華郊區的銳利老奶奶。她的工作場所看起來會被合併或被接管，形勢變得危險。賭客帶著黑眼圈進來，一些高額的看起來身上藏了槍枝，有一名黑幫貴賓更曾威脅要殺害一名荷官。部分暴力新賭客來賭場的原因很容易猜到，但有一些卻難以捉摸，拉賓還不知道自己正身處地緣政治重大轉變的前線。

一九九七年，香港主權正式從英國移交到中國手上。自一九八四年英國首相瑪格麗特・柴契爾（Margaret Thatcher）宣佈移交以來，再加上一九八九年天安門大屠殺的影響之下，大批移民湧向西方，情況並持續加劇。一九九九年，中國也收回澳門，面對劃時代的轉變即將到來，澳門在一九九六至九八年發生了一場血腥的地盤爭奪戰。在那裡，沒人是安全的，數十名黑幫成員、政府官員和無辜的旁觀者因此喪生。

一九九七年五月，英屬哥倫比亞政府頒佈了一個重大的博彩政策改革法案——這是一個充滿詩意的悲劇諷刺。因為在同一個月，與尹國駒得力助手有關的暗殺事件讓澳門賭場的暴力衝突蔓延到了該省。那個月，新民主黨首次引入百家樂桌、延長了賭博時間，並提高了賭注上限。一夜之間，每手賭注限額從二十五元增加到五百元，增幅高達十九倍。在某程度上、或出於某些理由——可能是與一九九四年水房頭目的博彩貿易任務有關、與何鴻燊欲拉攏英屬哥倫比亞的政客有關、或與香港大亨及五龍的重大房地產投資有關？總之省政府決定將澳門式的博彩帶到加拿大。而幾天後，拉賓便注意到幾位年輕黑幫分子的到來，她稱之為「男孩們」。

在我看來，或許是出於貪婪、天真、盲目，也可能是貪腐，讓加拿大政客和商人引進了澳門的非法經濟及致命的黑幫戰爭。而不管出於甚麼原因，這都是一個極具壟斷性的利潤。

百家樂桌推出僅僅三個月，列治文賭場的收入幾乎翻了一倍。拉賓發現，賭場的現金大部分都是二十元鈔票，人客用橡皮筋將一捆一千至二千美元的現金綁在一起，以方便攜帶。拉賓一九九二年來到列治文賭場工作前，曾在銀行服務，知道出入銀行的合法資金應該是甚麼樣子，由此，她明白大部分進入賭場的百家樂賭資看起來不像是來自銀行，而是來自高利貸。

拉賓決定深入調查，她收集了賭場的收入表，並拿來與其親眼所見的非法交易進行對比。一九九七年五月，在百家樂改革生效前，列治文賭場的總收入是一百六十一萬七千元，其中大部分資金會歸英屬哥倫比亞政府，而大加拿大博彩公司公司的份額為六十四萬七千元。六月份，推出百家樂後，賭場的收入激增至二百四十九萬元，七月份收入突破三百零三萬五千元，公司的份額上漲至一百二十一萬四千元。

你不可能弄錯，如今高利貸已成為重要的經濟驅動力，工作人員開始稱這些每天會在賭場待上十小時的年輕男人為「人肉提款機」。拉賓意識到，這些人基本上已成為自己的同事，但高層管理人員對此似乎並不關心，這讓拉賓懷疑他們其實也參與在其中，於是她開始收集證據並記錄，她希望能交出一個令人信服的案例，讓當局不得不清理門戶。如同大部分試圖揭示英屬哥倫比亞賭場產業真相的人一樣，她失敗了。但在這過程中，她的關於大圈仔「如何滲透加拿大經濟的重要部分」或許是最為詳細的。二十年後，她的紀錄帶來了改變，拉賓同意與我分享這些紀錄以及她的故事。根據知情人士透露的英屬哥倫比亞政府的一項決策，我與同事約翰·華（John Hua）在《全球新聞》有關於拉賓「賭場日記」的報道，最終說服了英屬哥倫比亞新民主黨政府成立洗錢調查委員會。

起初，拉賓並不知道現金是如何神奇地進入賭場，並在百家樂貴賓賭客手中變成一千元的籌碼。管理層一而再地告訴工作人員，他們看到的是亞洲社區中一種獨特的文化實踐，這並不是高利貸，只是親友之間借錢給對方，但拉賓詳細的日記推翻了這種將貪腐合理化的辯解。

「我們知道，賭桌上不止有一個團夥在進行操作，亞洲荷官和賭場的保安逐漸將資訊告訴我們。『男孩們』有自己的客戶，且專門接待他們，坐在他們身邊，提供客人想要的任何東西，但主要是在客人需要時提供大量的現金或籌碼，一個『男孩』平均會向一個人客提供五千元，而高利貸隨身攜帶著一千元籌碼，直到他們的客戶有需要。我們一直在想，他們從哪裡找來大量的二十元鈔票？就像一口永遠不會乾涸的井。」

但偶爾會如一九九八年八月二日，這口井是會枯竭的。那天，拉賓記錄了發生在男孩及其客戶之間的一系列不尋常互動。

那天男孩們的手頭很緊，他們似乎在拼命為客戶找錢。而那天玩家們也過得很糟糕，他們拿錢的速度遠遠比不上莊家清空他們的錢的速度。

下午三時三十分

男孩們的手機此起彼伏地響起，他們似乎在努力尋找更多的錢。

下午四時

在賭場運營了相當長時間的頭號高利貸——埃爾維斯（Elvis）進來了，他提著裝滿錢的購物袋，示意「男孩們」過去。他們站在小賣部前，由埃爾維斯打開袋子，開始將一疊疊二十元鈔票分發給男孩們，讓他們把錢拿回賭桌上進行交易。

下午六時四十五分

部分男孩們再次聚集在櫃檯前，將交易列表記錄在紙條上，他們將紙條留在櫃檯後便回到工作崗位，而我們設法得到了那張紙。紙張的左側有中文字符，右側寫著五千、二千、一千的金額，在一名中國荷官的幫助下，我們確認了中文字符的意思，分別是「伊朗人」和「日本人」。顯然，這些字符代表了欠錢的人，我們通知了賭場的安保主管，他馬上要求將紙張帶走。

⋮

一旦拉賓了解貸款的發放網絡如何運作，她就想知道更多。這些犯罪經營者的階級結構是甚麼？這些黑幫來自哪裡？一九九八年八月二十七日，她得到了確定的答案。保安告訴我們，其中一個黑幫是大圈仔，我們也向另一名保安證實了這一點。我們仍在努力辨認誰是頭目，他們似乎被其他人隱藏起來，並始終留在幕後。

拉賓的手寫筆記中描述了令人畏懼的資深大圈仔，她研究了他們的合作及敵對關係，更在日記中給予各老大綽號和代號。拉賓及其同事的害怕程度已達到不敢提及他們真實的中文姓名。

顯然，這是一位頂級頭目，工作人員非常害怕哥倫坡（Columbo），尤其是亞洲員工。幾個月前，賭場的管理層告知我們，「離他遠一點，他不是你們想打交道的人。」但他最近失蹤了，傳言說他在美國僞造貨幣而遭到逮捕。他是個身高大約只有五英尺、禿頂、年齡五十出頭，有著人們所能想像的最陰險的長相。他是唯一一個能在賭場內拿到免費香菸的放貸者，曾有人看見他與賭場的副總裁握手和長時間交談，大部分工作人員似乎也被他嚇到了。從其他男孩們對待他的表現就能看出，他顯然就是黑幫中最受尊敬的高利貸之一。

拉賓考慮的問題仍舊是：這些永遠花不完的錢從何而來？

賭場工作人員越來越清楚男孩們為賭場帶來的貨幣金額，其數目高達數十萬，似乎沒有盡頭，被高利貸操作的賭桌無疑讓賭場獲益匪淺。現在經常能看到有人提著裝滿現金的手提袋，更有人覺得將錢財放在普通的午餐袋很安全。

拉賓嚴重懷疑這些高利貸正在洗錢，也有其他員工聲稱他們對此有直接的了解。其中，一位匿名員工強烈地認為，高利貸的主要收入來源是海洛因，而不是勒索。據他所說，只要留心，就能發現交易無時無刻都在進行，比如他曾多次在公共廁所目睹男孩們的毒品交易。

這一觀察結果後來在英屬哥倫比亞最高法院的紀錄中得到證實，秘密線人告訴警察，大圈仔之所以喜歡在賭場進行毒品交易，是因為如果被警察抓到，他們可以聲稱毒資是賭博所得。

拉賓也注意到曾有資深高利貸將裝滿現金的購物袋帶進賭場並分發給年輕高利貸，由他們為貴賓客戶購買籌碼。他們會在賭場現金櫃檯將拿到的二十元鈔票兌換成百元鈔票，再進一步在百家樂桌上換成一千元的籌碼。這種交易程序被洗錢調查人員稱為「煉錢」或「變色」，在毒品交易中使用的二十元鈔票被換成一百元後，更易在大額的銀行交易中被接納。而不論輸贏，賭客都需要償還高利貸的借款，不管是使用個人支票、房屋還是汽車都好。

拉賓繼續深挖，試圖追蹤毒資網絡的等級制度。

日記中，據一名與資深高利貸關係親密的同事說，對方聲稱一名大圈仔每個月需要負責為海洛因販毒集團「清洗」五百萬元。而一名資深的高利貸會有四十至五十名「跑腿」助他將毒資分散給高額賭客。他的工作是每個月歸還三百萬洗錢資金給販毒集團，但他獲准有二百萬的「經營開支」用於支撐賭博的損失。這些資訊尚未在法庭上得到驗證，但如果是真的，就代表大圈仔知道一半「損失」的毒資，流入了英屬哥倫比亞政府以及賭場的經營者手上。

根據拉賓的日記，資深高利貸的跑腿每月能賺取一萬美元，但隨著毒資在賭場裡大量湧現，暴力也接踵而至。

一九九八年九月

我們與安保團隊的成員討論男孩們的時候已變得更加自信，其中一名安保人員坦白，他懼怕與男孩們發生衝突，他確信他們携帶了武器，並坦率地說，「我希望他們能自相殘殺。」

列治文賭場的安保人員都是「硬漢」，他們大部分來自前南斯拉夫，有些人還有軍事背景，所以連他們都懼怕這些黑幫時，那麼百家樂桌上的女性荷官就是活在絕對的恐懼中。根據拉賓的日記以及我對列治文賭場工作人員的訪問，受到騷擾和暴力威脅的員工多屬加拿大華人。

一位賭場監督曾被簡稱為「胖子」（Fat Man）的百家樂玩家威脅，他是一個與黑幫有聯繫的高額賭客。管理層的一些人告訴我們希望能將他趕離，然而，基於更高管理層的恐懼、或對錢財的貪念，他們反對這樣做。這位賭客對賭場監督威脅道：「我要把子彈射進你兩眼之間。」工作人員對此非常憤怒！

一九九八年九月五日

胖子贏了三萬美元，而另一位超級高額賭客「錢先生（Mr.Money）」當天在三十分鐘內就輸掉了超過三萬美元。彩票公司看似尚未意識到黑幫的存在，儘管我們一直認為他們應該是最先知道這些犯罪活動的人，而我們並不打算賭上工作去通知他們。

⋮

接近兩年的時間裡，拉賓和她信任的同事們親眼見證了黑幫的運作，並收集了數量驚人的情報。在某程度上，他們感覺自己就像生活在平行的現實中，與黑幫一起工作，看似奇怪，但又變得平常。有些高利貸為人友善且幽默，有些卻像可以在一秒內殺人，讓人一瞥都不敢，但賭場裡的生活還在繼續。一些客戶被打得鼻青臉腫，一些客戶被洗劫一空，人們來來往往，你不知道他們是否還活著。但你還是會去工作，把工資帶回家，儘管在入睡前內心會感到不安，但第二天醒來後一切又會如常。外界是否知道毒梟經濟正在英屬哥倫比亞省迅速發展，而省政府正從中分一杯羹呢？

列治文賭場的秘密最後曝光了，是因為一個叫「孟帥哥（Pretty Boy Meng，下稱孟氏）」的大圈仔被賭場高利貸槍擊的事件，這次謀殺未遂發生在溫哥華一所中餐廳後室，黑幫分子正在打麻將，一鋪上落高達數萬元。

> 一九九八年十一月
>
> 工作人員正流傳一篇新聞報道，幾乎所有人休息時間都在閱讀，其中一些人對此感到欣喜若狂，但大家都擔心殺人犯會回到賭場，屆時不得不再次面對這個人。如今，我們更關心是否會遭到敵對幫派的報復。這則新聞讓我們得以窺見「刀疤臉（Scarface）」的私生活，他三十五歲，已婚，住在附近一個舒適的社區裡。當我們身邊都是努力養妻活兒

的鄰居，原來有黑幫就在我們眼皮子底下過著正常而且富裕的生活。這個真相讓我們對現實有了更清晰的認知，這些罪犯無處不在，我們最好靠邊站，祈禱自己能免於傷害。因為在這種困境中，我們比任何其他人都接近前線。

《溫哥華太陽報》報道了這起新聞，並為系列報道起了這標題：「本周在英屬哥倫比亞最高法院審理的一起謀殺未遂案，讓人們窺見在大溫哥華地區的亞裔難民社區中，一小部分人的賭博和高利貸神秘世界。」

報道指出，溫哥華著名刑事律師如斯．張伯倫（Russ Chamberlain）正為在拉賓日記中被稱為「刀疤男」、原名嚴海杉（Hoi San Yim，音譯）的人辯護。庭中，張伯倫戲謔地試探孟氏，如何靠年薪三千至六千元的廚房和修草坪工作，買下一輛價格六萬五千元的汽車，他表示是在中國經營汽車業務的母親支付了首付。

張伯倫指出，孟氏不僅是海洛因販子，也是大圈仔的高利貸者，並曾在列治文賭場附近的中餐館通過越南手下向受害者追債。孟氏否認自己是大圈仔，但承認一九九三年從香港飛抵加拿大時，在沒有身分證件的情況下通過了海關；他聲稱之所以到加拿大尋求庇護，是因為之前在廣州一家麵包店工作時曾寫過一些政治標語。

在審理期間，一名叫陳凱海（Kat Hai Chan，音譯）的麻將槍擊案目擊者承認，他在飛往加拿大途中銷毀了自己的入境文件，並在抵達溫哥華後申請難民身分。然而，他否認自己在列治文賭場欠下二十萬的高利貸債務，以及曾在溫哥華唐人街的賭場輸掉了三十六萬元。他告訴張伯倫，自己並不知道甚麼是大圈仔，張伯倫說，「這是列治文的犯罪團夥，涉及賣淫、販毒和放高利貸；其中一個生意是走私人口。」

另一位重點目擊者，人稱「Betty 姐」的甄彤施（Betty Tung Sze Yan）作證說，看到嚴海杉在打麻將途中咒罵並向孟氏開槍，她知道孟氏是一個帶著越南保鑣的高利貸。後來，她推翻了早前說孟氏在槍擊案前欠自己一萬元的證詞，也否認自己是大圈仔的成員以及高利貸者，但審理期間她從廣州來到加拿大的路徑以及關於大圈仔的陳述都已公開。

一九九五年，她抵達溫哥華後便申請難民身分，她告訴加拿大當局，父親是一名民主派社運人士，在中國受到政治迫害。然而，張伯倫提出，儘管甄彤施聲稱害怕中國共產黨，卻擔任過海關政府官員；同時，儘管她正領取加拿大的福利金，但期間仍有能力購買一枚價值二萬五千元的伯爵手錶。

令人意外的是，就算《溫哥華太陽報》一九九九年報道了有關她的犯罪活動，也沒有阻止她飛黃騰達。在她為跨國販毒集團洗錢，並作為謀殺未遂案的目擊證人的同時，溫哥華的重點大學西點格雷學校（West Point Grey Academy）對她敞開了懷抱——當時，未來總理賈斯汀．杜魯道（Justin Trudeau）正在那裡教法語。

據報道稱，甄彤施在該校之所以受歡迎，是因為她能為來自中國大陸的學生提供非常有利可圖的業務，其他大圈仔高層的孩子也就讀這所學校。儘管如此，她仍在加拿大發揮更大的作用。她涉及一場中國外交對峙事件：賴昌星，一名億萬富豪級的百家樂玩家，同時是大圈仔成員，此人因涉嫌貪污而逃亡，重要的是，他身上帶著中國最有權勢人物的秘密。

然而，作為與中國在加拿大外交情報人員有聯繫的三重間諜，甄彤施驚人的生活在十年後才變得清晰起來。二〇〇九年，她在列治文地下賭場外一家荒涼的小型購物中心停車場被發現，在自己的賓士裡，死於槍擊。《省報》編輯法比安·道森，揭露了她與國際間諜網絡之間的關係。

一九九九年，穆裡爾·拉賓已看夠了列治文賭場的事，因孟氏槍擊案所引起的關注很快就消失，一切也回到正常的軌道上。

一九九九年一月

如我們所料，男孩們又回來了。隨著他們數量的增多，警方幾乎束手無策，這些高利貸有自己的計劃和應對警察的方式。他們似乎知道整體的「清洗」活動會在幾周後停止，一切商業活動也將回歸正常。事實上，直到月底，他們回歸到賭場的速度以及數量都比剛開始來得多。在這一點上，我們幾乎要為警察行動的付諸流水而感到遺憾，他們看起來無能為力，整個問題已遠遠超出了我們的應對能力。

08

解放軍巨鯨

賴昌星在香港和加拿大之間轉移財富，好像在英屬哥倫比亞省政府的百家樂桌上扔骰子一樣容易。

賴昌星在廈門的宮殿「紅樓」。

賴昌星有一個簡單的座右銘，他常說：「我不怕政府官員，就怕官員沒『嗜好』。」

所謂嗜好，對賴昌星來說就是女人和金錢。他一九五九年九月在福建出生，這是個南鄰廣東、東接臺灣海峽的沿海省份。他只上過小學三年級，雖然識字不多，但他在中國歷史中一個獨特的時間和地點崛起——個超現實的時空。在這個時空裡，厚顏無恥、奸詐狡猾和個人魅力的特殊結合，可以把一個走私犯變成寡頭。

如同香港的大亨，賴昌星也有他的發跡史。他是廈門一個農民家庭的八個孩子之一，根據中國法律，他本應留在出生地，務農為生。但賴昌星並不滿足於此。在他的創世神話中，一切始於他從親友手中借來的一百五十美元，用以開辦一家小型汽車零件企業。

在一九八〇年代，中國正在快速轉型，尤其是廣東和福建的經濟特區，在鄧小平的改革下，當地國有資產私有化和推動國際貿易的步伐迅速前行。福建經濟自由化的掌舵人是一位迅速崛起的太子黨習近平，他試圖效仿他的父親——革命英雄習仲勛。在省長葉選平的支持下，習仲勛成功在廣東實施了私有化。至於賴昌星，除了一百五十美元的啟動資金以外一無所有，卻像用了黑魔法一樣，使他的製造業務逐年倍增，並且收購了紡織、服裝、印刷和機械等領域的工廠，到了一九九一年，他已是個千萬富翁。

賴昌星多年後證明：「這些企業按照要求繳稅，並被來訪的中央政府官員視為中國經濟發展的典範，此時，福建省國家安全廳副廳長鼓勵我搬到香港，他說我會在那裡享有更多商業活動。」

前往香港後，賴昌星成立了一家名為遠華公司的房地產開發與貿易集團。在香港，他可以進入國際市場，將外國商品運送入內地。到一九九五年，包括上海的貨櫃運輸業務在內，遠華已在香港和內地擁有八個業務分支。與此同時，人民解放軍和中國情報機構也在香港設立貿易公司，據西方情報分析員的說法，這是為一九九七年的香港回歸而做準備。賴昌星在香港不斷擴張的商業帝國與中國情報機關涉及的商業實體緊密相連。

在福建，這個被稱為「賴胖子」的和善農村男孩已經成為億萬富翁和中國現代化的英雄。他資助了廈門的學校和遊樂場，買下了這座城市的足球隊，並開始興建一座八十八層的高樓。他的權勢有多大呢？在廈門，賴昌星擁有一座七層高的宮殿，名為「紅樓」，這是從中國公安部租賃的一個場地，紅樓旁邊還有一個拳擊館供他的私人衛隊使用。在權力最鼎盛的時候，賴昌星的座駕是一輛防彈的黑色賓士房車，據說他以一百五十萬美元買下了這輛車，且被江澤民主席用於一九九七年香港的回歸儀式上。據說賴昌星乘坐他的裝甲賓士出行時，身邊一定會帶著一袋鑽石，並由兩輛賓士六百組成的護衛尾隨，車上還裝滿了美元和勞力士手錶。

賴昌星實際上就是廈門的港口。遠華集團所創造的 GDP 超過了廈門所有其他企業的總和，而他本人能夠左右中國的石油貿易價格。根據報告，他每天從原油運輸中獲利約三千五百萬美元，但他並不是紅二代，他只是個農民，所以他注定只能走下坡路。

賴昌星商業帝國的秘密最終在一九九九年三月開始曝光，當時有一位解放軍高層官員的兒子郵寄了一份對賴昌星不利的檔案到北京。這份檔案最終落到了中國總理、中央政治局常委朱鎔基的案子上。根據來自中國並為加拿大聯邦法院掌握的報告，這位軍二代已經在澳門賭場欠下一筆根本無法償還的高利貸。債務人已經背叛了賴昌星。

證據確鑿，以至於政治局不得不採取行動，但必須謹慎行事。人們擔心賴昌星的貪腐觸及黨的最高層，甚至可能涉及江澤民的高級幕僚。因此，在一九九九年四月二十日，朱鎔基在公安局內成立了一個名為四二〇專案組的特別小組，開始調查賴昌星的行動。

賴昌星在中國和香港到處收買耳目，一九九九年中旬，當四二〇調查的風聲傳到他耳裡時，他的家人已經前往香港，他的妻子透過遠華集團向加拿大遞交了欺詐性的投資移民申請。在此期間，賴昌星仍有一張底牌可打。根據加拿大法院的紀錄，他安排了一場會面，向朱鎔基行賄二十億人民幣，以解散四二〇小組，但是朱鎔基拒絕了。

一九九九年八月十三日，廈門異常潮濕的一天，賴昌星接到了一個「朋友」——香港入境處調查部門負責人的電話，說他奉命逮捕賴昌星，而四二〇小組即將突襲紅樓。賴昌星要麼逃跑，要麼被處決。但是賴昌星在香港的線人有一個計劃。

「他勸我去加拿大，他說在那裡也許我可以解決一些問題。」賴昌星後來作證說。

當晚，賴昌星在廈門登上一艘快艇，衝過漆黑的水域抵達香港；幾個小時後，他的家人便飛往溫哥華。他們持有偽造的香港出境文件，並使用虛假的加拿大旅遊簽證順利通過海關和移民局。一位來自香港的朋友在溫哥華南格蘭威爾（South Granville）有一座豪宅，該地區很受華裔房地產投資者歡迎，而賴昌星的家人則被安置於此。隨即，賴昌星與他在澳門的洗錢網絡建立了聯繫，包括「大家姐」甄彤施、譚國聰以及大圈仔。

他在香港和加拿大之間轉移財富，好像在英屬哥倫比亞省政府的百家樂桌上扔骰子一樣容易。

⋮

對賴昌星來說，紅樓是一把雙刃劍。低層設有四個奢華的飯廳，賴昌星會在那裡以北京魚翅湯、從非洲運來的鮑魚和最昂貴的歐洲紅酒招待他的訪客；在三樓，中共幹部與解放軍將領們在按摩室與按摩浴缸中揮汗如雨地享用「美食」；第四樓則有幾間舞廳和一間電影院。公安局在頂樓設有一個辦公室，五樓、六樓是私人臥室。在這裡，賴昌星把錢和妓女送到客人懷裡，而隱藏的攝像機錄下了影片。這些錄像為賴昌星的帝國提供了寶貴的籌碼，但當四二〇專案組的探員帶著成箱的證據離開時，這些錄像也被用來對付他。

即便按照中國的貪腐標準，四二〇小組發現的內容已夠令人震驚。根據紅樓的紀錄，賴昌星正在經營一個全球走私集團，他賄賂了數以千計的公職人員來促進他的貿易活動，從「蒼蠅」開始，一直上升到「老虎」級別。紅樓的紀錄還顯示，從一九九六年到一九九九年，賴昌星至少賺取了六十四億美金，僅在一九九七年，他的集團就通過香港和廈門運送了三千五百八十八輛偷來的賓士、寶馬和凌志汽車。

根據四二〇小組的證據，賴昌星和他的黑幫分子從事化工原料、電腦、電信設備、橡膠、香菸、柴油、大量原油等貿易。一位同謀證實：「只要能賺錢，他們走私的貨物將毫無限制。」

這是國家級的有組織犯罪。在美國國會圖書館二〇〇三年關於本案的報告中，描述了中國的調查毫無意外地沒有公佈賴昌星的武器與毒品販運；四二〇專案組也沒有詳細描述賴昌星在澳門賭場的三合會活動。但就像錢與性，賭場仲介、放高利貸和敲詐勒索為賴昌星的非法活動提供了支持。逃往加拿大後，他繼續運營在香港的事業。

「（四二〇專案組的）材料表明，賴先生可能涉及竊錄政府官員洩密活動，以實現從事走私活動的最終目標。我收到的訊息表明，在某種程度上，類似的活動在加拿大持續進行。」加拿大政府的律師於二〇〇〇年十一月在賴昌星尋求庇護後表示。

⋮

如果說賴昌星對他與中央政治局之間的問題有所顧慮，那麼他在抵達溫哥華之際並沒有表現出來。他在中國留下了至少十一個住所，一座尚未完工的八十八層高樓和一家價值數十億美元的企業。但至少十年來，他一直在將資金從中國轉移到香港，並且他知道香港、澳門和溫哥華的地下錢莊已經開始運作。

在非法進入加拿大的三個月後，儘管賴昌星沒有加拿大的銀行帳戶，但他的家人在溫哥華南部購買了一幢價值一百三十萬美元的房產，由賴昌星的妻子持有。雖然按照溫哥華的標準來說，這個房子並不算豪華，但卻是筆不錯的投資：在二〇一七年，這套房產的估值為四百三十萬美元。

溫哥華警方從一開始就秘密監視賴昌星，他常常在夜晚的不同時段外出，當他在南格蘭威爾和價格更加高昂的桑拿斯（Shaughnessy）地區，或者列治文農地上的大宅待上數小時時，警方則會把車停在外邊。

警方很快注意到賴昌星與甄彤施的關係密切。他們幾乎每天都會一起前往地下賭場、列治文和溫哥華的英屬哥倫比亞彩票公司賭場。在一九九九年，警方首次將他們聯繫在一起，賴昌星坐在他的藍色 Range Rover 副駕駛座上，甄彤施則在開車。一位加拿大邊境服務局的官員報告稱：「甄彤施女士表示他們曾一起去過一家賭場，並以此解釋出現在她錢包裡大量現金，當車輛開走後，剛盤問過她的警察在賴昌星座位方向的路邊發現了一張假的加拿大身份證，證件上有賴昌星的照片。」

賴昌星知道自己正受到監視。他偶爾在離家後會更換車輛，他擁有許多車輛和司機，都在不同人的名下。警官們注意到，賴昌星會將車保持發動並停在昂貴的日本餐廳外的巷子裡，然後一位年輕人會開車停到那裡，賴昌星則會跳上車，然後離開。

一位加拿大邊境服務局特工在多年後的聽證會表示：「他經常開著豪華房車與其他人會面，有賓士、凌志、寶馬。他進入位於桑拿斯、素里、列治文那些價值數百萬美元的奢侈宅邸，那裡有精密的監控設備。」

如果賴昌星有心潛逃，他有的是辦法。「在我們的培訓中，我們稱之為『反監視』，在南格蘭威爾一幢營運做大圈仔賭場的大廈外，停著約五輛車，大約有二十至二十五人同時離開，包括賴先生。一名身分不明的亞洲女性開著寶馬，阻擋了我們的領頭車，不讓我們追蹤賴先生。」

溫哥華有無數個這樣的非法賭場，對房地產價格產生了一定的影響。賴昌星離開的那座豪宅在二〇〇七年售價為一百七十萬美元，根據英屬哥倫比亞省的土地所有權紀錄，它在二〇一七年以五百九十五萬美元的價格售出。我們無法計算賴昌星在英屬哥倫比亞彩票公司的賭場和溫哥華的豪宅清洗了幾千萬美元，他也在清洗大量販毒資金。例如，紀錄顯示，他以自己在列治文的豪宅抵押了五十萬美元，替一位中國毒販還清了賭債，美國緝毒局稱這位毒販正向洛杉磯的大圈仔供應搖頭丸。

一如在澳門，賴昌星將他的黑錢轉移到海外，將其作為抵押品在溫哥華貸款。轉移過程如下：在賭場裡，賴昌星從大圈仔那裡索取大量毒資；收到現金後，用以購買百家樂籌碼，並通過高價籌碼、百元大鈔和賭場支票將這些資金從賭場的錢櫃中洗淨。然後，賴昌星可以將這些洗白的資金借給他在溫哥華的非法賭場裡的賭徒，賭徒則以支票和其他形式的貨幣、房地產或豪車來償還。他還可以償還自己在中國、澳門和香港等其他司法轄區的賭資貸款，在這些地方，他的財富都被隱藏在地下錢莊或資產中。

這些交易有幾個關鍵目的，包括將資金轉移到香港、廣東或緬甸等地區，大圈仔就在這些地區生產海洛因、搖頭丸和芬太尼。但最初的目的更簡單：掩蓋從溫哥華東區的癮君子手中取得的沾滿鮮血的二十元鈔票，轉移到低級毒販手中，再重新分配到高利貸手上，接著繼續借給貴賓賭徒，經由他們進入賭場現金櫃檯。

至少在文件上，英屬哥倫比亞彩票公司的紀錄顯示從一九九九年九月到二〇〇〇年三月間，賴昌星在列治文和溫哥華的政府賭場進行了至少六十九筆一萬美金或以上的交易。在此期間，他還去了三十次尼加拉賭場，因為他是那裡的貴賓會員。法庭紀錄顯示，他在幾個月內就在安大略的賭場中賭了三百萬美元，並輸掉五十萬美元。

賴昌星前往尼加拉賭場時的旅伴是一個名叫比利・陳（Billy Chen）的溫哥華大圈仔，後來，他證實了安大略賭場經理為他們提供飛往多倫多的機票，並為他們支付了飯店等費用。警方還表示，賴昌星與包括「黑鬼明」（譯註：本名盧全）、「愚蠢的瑞奇（Stupid Ricky）」在內的多倫多三合會聯公樂（Kung Lok）成員一起造訪安大略省不同的賭場。賴昌星還與在薩斯喀徹溫省從事「黃、賭、毒」的大圈仔有所聯繫。

然而，正是在列治文的賭場，賴昌星賭博的習性是如此地猖狂無禮，以至於首次引起了安保人員的注意。一位名叫阿夫拉莫維奇的保安經理告訴我，賴昌星希望每晚的賭注是一百萬美元左右；另一保安經理告訴我，賴昌星要求職員讓他存放五十萬美元在賭場的保險庫中以便他使用。阿夫拉莫維奇感到不安的是，賭場內的一些職員正勸說其他人對諸如賴昌星、甄彤施之類的重要人物視若無睹。因此，他開始秘密向英屬哥倫比亞彩票公司的調查員提交證據。阿夫拉莫維奇並不是唯一對賭場經理抱有懷疑的人。

道格．斯賓塞，一位溫哥華打擊幫派小組的警官，回憶起一個高額賭客的案例，這個人習慣從年輕的亞洲男子那裡拿走一疊疊現金，後來被人以金屬棒毆打至重傷。斯賓塞告訴我：「他的腿被打斷，頭部被踢了好幾腳，我確認了這些年輕人以及他們的老闆，一個被稱作『大家姐』的亞裔年長女性，她的真名是甄彤施。」

斯賓塞前往列治文的賭場，以敲詐勒索罪逮捕了甄彤施。「我找到經理並詢問她最近是否見過甄彤施，她說沒有；但我從她的肩上望過去，便看見甄彤施坐在那裡。於是我上前逮捕甄，給她戴上手銬，並在臨走前告訴經理，我將以妨礙公務罪回來逮捕她。」

根據斯賓塞的說法，他的上級對於甄彤施被捕感到滿意，但同時告訴他最好不要去糾纏賭場經理。斯賓塞認為他的上級不願讓英屬哥倫比亞省的領導人「頭疼」。斯賓塞提到：「賭場內到處都是高利貸，早在我記憶之前，政客們卻視若無睹。」

⋮

紀錄顯示早在二〇〇〇年初，英屬哥倫比亞彩票公司的調查員戈登・博德（Gordon Board）已開始在大加拿大娛樂集團位於溫哥華和列治文的賭場監視賴昌星和甄彤施。博德的調查發現，賴昌星的巨額賭局得到了賭場內許多大圈仔的幫助。他們既是高利貸，也是毒販、現金運送者、籌碼傳遞者和「打手」，可以為賴昌星的交易掩護。

一卷錄像帶揭露了現金流入的情況。博德在二〇〇一年作證道：「在列治文的賭場中，有人看到賴先生在賭桌旁，顯然用光了現金，無法繼續落注，他打了一通簡短的電話，收起電話以後，就坐在賭桌旁佔了個位置。十分鐘後，（一個大圈仔）出現並將一筆現金交給了賴先生。」

另一段影片則揭露了大加拿大娛樂集團位於溫哥華的賭場籌碼流出的情況。從百家樂桌離開稍息，賴昌星在吸菸室裡休息，並等待一個叫「史蒂芬・周」（Stephen Chow）的打手坐下來聊天。錄像顯示，賴昌星會把滿手的籌碼塞給周，然後周將籌碼兌現交回給賴昌星。這意味加拿大的反洗錢報告系統中將完全無法查看賴昌星的交易。他在英屬哥倫比亞賭場中有一小股黑幫分子、親屬和巨額賭客幫他處理籌碼，使他得以匿名洗淨不可估量的巨額毒資。李石（Stone Lee）當時是大加拿大娛樂集團的監控經理，他目睹了賴昌星在百家樂賭桌上投下二萬美元的賭注。李石知道他是中國的頭號通緝犯，因此通知了自己的管理層，結果是甚麼也沒有發生。

最終，基於博德的調查，英屬哥倫比亞彩票公司在二〇〇〇年三月不得不對賴昌星和他的高利貸採取行動。公司的紀錄提到：「甄彤施和賴昌星於二〇〇〇年二月在英屬哥倫比亞的一家賭場捲入了一起事件。當時保安發現他們進行可疑的金融交易和籌碼傳遞，結果雙雙被禁止進入英屬哥倫比亞的賭場兩年。我們有理由懷疑這伙人參與了賭場內外的高利貸活動。」

但賴昌星將禁令原封不動地退了回去，並繼續在加里・傑克遜（Gary Jackson）位於溫哥華市中心的賭場「皇家鑽石」（Royal Diamond）賭博。

「傑克遜先生是否同意支持這則禁令？」二〇〇一年，在賴昌星的難民聽證會上，一位加拿大政府律師向博德詢問。「恰恰相反，他不想遵守。」博德說道：「這是為何必須召開本次高層會議。」

博德解釋，籌碼傳遞的問題非常嚴重，如果英屬哥倫比亞彩票公司或賭場管理層有意無視，可能會受到刑事指控。任何賭場內的一名賭客每天超過一萬美元的交易必須記錄下來，以便加拿大監管機構調查洗錢活動。但如果一個巨額賭客有十個手下為其兌換籌碼，他便可以在不受監管下投注十倍的金額。

在他的證詞中，皇家鑽石賭場的老闆傑克遜對於抵制博德禁令一事做出解釋。傑克遜聲稱，賴昌星只是皇家鑽石賭場約三十名類似賭客中的一員，而其他英屬哥倫比亞省賭場有數百名賭客，他們可能因為類似的交易而受到舉報。此外，傑克遜說，他已得到法律咨詢，《加拿大權利和自由憲章》將保護巨額賭客免受賭場禁令的影響。「我對英屬哥倫比亞彩票公司基於懷疑便將禁賭令強加於客人身上感到擔憂，我覺得這不符合政府或任何一方的最佳利益。」

在我看來，這個回答凸顯了英屬哥倫比亞賭場業者自私的推論，這種推論在當地一次又一次地重複。直到二〇一五年七月，羅斯・奧爾德森與卡爾文・克魯斯蒂會面，並警告英屬哥倫比亞彩票公司的老闆們，加拿大皇家騎警的一項大規模調查將提升對賭場經理提起刑事指控的可能性。

與此同時，在二〇〇一年的難民委員聽證會上，一位政府律師說即使賴昌星被下達禁令，「他依舊感到安全、舒適，並確信將他的家人逐出加拿大的可能性微乎其微。」但是賴昌星並不知道，四二〇專案組安插了一名高利貸間諜在列治文與溫哥華的賭場之中。

…

甄彤施為多方效力，錯綜複雜極難釐清。她曾是加拿大皇家騎警列治文分局的線人，向管控她的人提供三合會情報。在二〇〇〇年，甄彤施面臨被遣返中國時，決定讓加拿大警方知道她父親在中國公安部工作，自己在溫哥華經營大圈仔活動的同時，也在為中國進行間諜活動。

當賴昌星於一九九九年八月抵達加拿大時，甄彤施對北京來說身價一飛沖天。中國領導層擔憂賴昌星會洩露國家機密，於是，他們要求甄彤施接近賴昌星，並替四二〇專案組拉攏他。

這是一位加拿大情報人員的說法，他是法比安．道森的主要線人。「甄彤施遊走於黑幫與我們之間，一些人認為還包括中國情報部門。」道森在二〇〇九年《省報》報道中引述了加拿大皇家騎警官員的話。根據道森的消息來源，甄彤施推進了四二〇小組與賴昌星之間的談判，起初是通過安排中國與溫哥華之間的通話為橋樑。

賴昌星了解北京迫切希望能抓住他。他逃離香港後，他的一些家人遭到了毒打與監禁。但賴昌星知曉自己掌握了強而有力的秘密，這成為了他的籌碼。他知道他的同謀在遠華行動中被處決，國際邊境不會成為中國特務的障礙。

中國有很多方法安插間諜。正如中共在香港建立了無數「窗口公司」——通常是進出口公司——在溫哥華也有許多國家資助的「附屬」公司。其中兩家公司是加鵬公司（Top Glory）以及三聯林業（Tricell Forest Products），前者位於東喜市定的小店面，後者位於加拿大廣場——溫哥華市中心臨海的國際貿易與旅遊中心。根據加拿大法院的紀錄，這兩家公司都是北京國有企業的附屬公司。

二〇〇〇年五月十六日，加拿大駐中國大使館收到一封信，來自北京的中國輕工業進出口公司，宣佈由三聯林業資助的商務代表團將前往溫哥華。信中稱：「敬請向賴水強（賴昌星的哥哥）等三人簽發入境簽證，以便進入貴國進行商業考察。」另一封來自中國糧油食品進出口集團的信件則表示：「本公司一行三人應加鵬公司之邀離開北京，前往貴國。」簽證獲得批准，於是，二〇〇〇年五月三十一日，四二〇小組的三名間諜謊稱自己是商人，並帶著賴昌星的兄弟從加拿大機場一起入境。

甄彤施繼續從各方面打通「關係」，她在列治文的三角洲飯店（Delta Hotel）安排了賴昌星與四二〇特工第一次會面，賴昌星還為自己租了一個房間，為談判做好準備。除了安排會議，甄彤施還通知了加拿大皇家騎警。

道森援引加拿大皇家騎警的消息告訴我：「在列治文的那次飯店會面中，甄彤施安排了這一切。她陷害了賴昌星，然後向加拿大皇家騎警通報了這次會面，特警部門（Special'O'，加拿大皇家騎警的監事單位）跟蹤甄彤施和賴昌星到三角洲飯店。」

六月，賴昌星與四二〇特工會面三次，首次的氣氛非常友好，他幫助特工們找到一家更舒適的飯店，並為他們支付飯店費用。據賴昌星所說，四二〇小組提出了幾個問題。北京方面必須將他帶回去，這毫無回旋餘地，他們也需要某些高層官員的資訊。如果賴昌星自願返回，他們將允許其保留部分財富，歸還身份證給他的親屬，並給予他們較輕的判決；而不似那些同謀，賴昌星可逃脫死刑。

但一周後，賴昌星中止了談判，走進溫哥華的一個政府機構尋求庇護。加拿大皇家騎警的消息來源告訴我，當渥太華與北京之間正暗地裡進行秘密討論時，他的難民申請也獲准進行。最終，加拿大皇家騎警受溫哥華方面的指令，於二〇〇〇年十一月二十三日在尼加拉賭場將賴昌星逮捕。經過長達十一年的法律糾紛，並生產出成千上萬法庭紀錄後，賴昌星終於在二〇一一年被引渡回國。他留下的證據為我提供了文本線索，幫助我繪製出危及西方的中國黑幫、賭徒、軍人和間諜之間的關係網。

一個絕佳例子是這樣的：我通過線上搜索中國政府的紀錄，發現中國特工使用的窗口公司——加鵬公司和三聯林業，與金保羅在列治文經營的按摩水療中心水立方（Water Cube）一起被列入英屬哥倫比亞省國有「附屬」公司名單之中。

…

在賴昌星的難民案子中，首要任務之一是由加拿大律師裁決四二〇專案組對賴昌星的指控——他是一九四九年以來中國最大的有組織犯罪走私集團的主謀——是否有任何依據？賴昌星將他的賄賂說成貸款而非報酬，但收取賄賂的官員提供了大量可靠的證詞，以至於賴昌星無法證明自己無罪。他更描述了為何不可能統計出他所收買的每一個人。

從中國各地準備前往加拿大與美國的官員，會先到香港拜會賴昌星，如果他們來頭夠大，賴昌星會親自接見他們，然後把成堆的美元鈔票派給他們以用於國外消費。如果他們不太重要，那賴昌星會派代表去接洽。

「有些人我甚至都不認識。」賴昌星說道，「其中一些人是朋友介紹給我的政府官員，他們會說：『嘿，如果你去香港，可以去見賴昌星。』這是中國人保留下來的一個傳統。」

賴昌星賄賂了中國各地港口的國安官員，如此一來便可將他的走私船開往大陸。加拿大政府的一名調查員前往中國，採訪了賴昌星關係網中一些最高級別的官員。他的筆錄顯示，一名與賴昌星共謀的廈門海關總署關長承認賴昌星曾造訪他的辦公室，並告訴他中國政府官員開著破舊的車是不合適的。所以賴昌星給他留下了一輛凌志 400 和一張虎皮，賴昌星說「可以辟邪」。

接近賴昌星「薪資名單」頂端的是中國公安部副部長李繼周，他負責全國警察與邊境的管理。李繼周承認，有一次下屬扣押了賴昌星的油船，賴曾致電要求他介入。李繼周承認收受的賄款包括賴昌星給他妻子十二萬一千美元用以在北京開餐廳，及向他在舊金山的女兒匯款五十萬美元，李繼周的家族在當地有「重大商業交易」。這種「貸款」與賴昌星向廈門市副市長在澳洲的兒子匯款二十五萬美元相似，他想建造一所房子。李繼周說，賴昌星在金額較小的花費也很慷慨。他告訴加拿大調查員，有一次他去北京拜訪住在皇宮飯店（Palace Hotel）總統套房的賴昌星，李繼周坐在房車後座，賴昌星走近，打開車門，在座位上留下一疊數千美元的鈔票。

⋮

從來沒有人質疑過賴昌星的賄賂行為。但加拿大法院必須判斷賴昌星是否如同他所說的，只是一個捲入間諜權力鬥爭的受迫害商人，因此允許他講述自己的故事，從他首次前往香港的原因開始。

根據賴昌星的說法，一九九一年，在天安門大屠殺之後，中國國家安全部派他到香港監視學生和民主派團體。隨著一九九七年香港回歸臨近，賴昌星在國家安全部門升遷——獲得了一張可在中國任何地方通行的卡以及下令逮捕的權力——作為他在香港招募了十六名臺灣雙重間諜並給他們工資的報酬。

賴昌星作證說：「我被要求提供臺灣的情報，例如臺灣情報站在香港和中國的位置，以及臺灣企圖購買的武器類型。」他進一步深入情報交易網絡，間諜們在香港地下組織中相互周旋，並安排在澳門賭場見面，交換情報以換取大量金錢。賴昌星更令人震驚的說法之一，是他成功策反了臺灣在香港的軍情負責人，並幫助將五份「重要軍情機密」轉移到北京。

賴昌星舉一例子，他的臺灣軍情來源告訴他，一位解放軍將領曾以五十萬美元在澳門出售情報。「其中一份情報是在一九九六年，當中國威脅向臺灣發射導彈時，臺灣知道北京已經決定不裝備飛彈。」賴昌星在一份證詞中宣稱。根據賴昌星的說法，當北京派出一名姓鄧特務前往廈門的紅樓，以驗證臺灣線人提供的證據時，對方突然逮捕了自己的線人。他聲稱，這觸發了國家安全權力鬥爭，最終迫使自己逃往加拿大。

奇怪的是，賴昌星抵達溫哥華之際，這位鄧先生將自己在南格蘭威爾的房地產賣給了他的妻子、並提供賴昌星大量賭資。鄧先生勉強地在賴昌星的難民案中作證，承認自己在中國有跟賴交易，也為他在溫哥華提供賭資，但否認自己是中國間諜。

中國對賴昌星的間諜指控亦表現得輕描淡寫。「賴昌星提供了一些關於香港與臺灣的資訊給中國國家安全機關，但賴昌星沒有被要求成為其中的成員。」中國政府律師在為賴昌星的難民案中斷言。福建省外事辦副主任要求與他會面。「他說我在廈門太有名了。」賴昌星說道，「（他說）如果他們想讓我去香港為他們做事，我是否願意？我問道：『你希望我做甚麼？』因為六四，他們想我去查看相關的許多學生運動。」

因此，根據賴昌星的說法，當他經營遠華集團時，他也監視香港公民和官僚，並將情報傳至北京。

⋮

二〇〇九年四月十五日凌晨四時二十分，英屬哥倫比亞省綜合兇殺案調查組接到調度員的電話，探員們開車到列治文弗雷澤河旁的貝殼路一處陰暗的工業區。甄彤施中彈身亡，倒在她那輛灰色賓士的駕駛座上。她的車停在王朝俱樂部（Dynasty Club）前，一個大圈仔的地下賭場。

「這只是時間問題。」法比安．道森在《省報》中引述溫哥華警方消息人士的話。消息來源說：「她是個兇悍的女人，當她意識到有人要暗殺她時，會用自己的孩子做擋箭牌……想她死的人很多。」

加拿大聯邦法院的一份文件顯示，賴昌星自抵達溫哥華以後與甄彤施的行動是如何緊密交織在一起。但對我來說，至關重要的是要了解中國的犯罪組織和間諜中心如何在加拿大西海岸建立一個據點。紀錄表明，加拿大的法律和移民系統允許賴昌星逍遙快活十年之久，使用電腦經營虛擬澳門賭場，將年輕女性賣給巨額賭客，無法無天地將大圈仔的毒資洗成房地產，利用一大群「稻草人買家」（straw-buyers）在英屬哥倫比亞省政府賭場內洗錢。

早在二〇〇一年，賴昌星的主要保釋條件一直都是不能與溫哥華以及多倫多的大圈仔和聯公樂來往，明確地說，是大圈仔的老闆甄彤施和譚國聰。但在二〇一一年一份尋求將賴昌星監禁的聲明中，加拿大邊境服務局調查員謝麗爾・沙普卡表明他不斷違反這些條件。沙普卡說，她於二○○九年三月開始對賴昌星的新調查，調查了他在溫哥華與列治文的多處房地產，以及他與活躍於多倫多、洛杉磯、溫哥華主要毒品網絡中的大圈仔之間的廣泛聯繫。

賴昌星的其中一處房產位於列治文市中心，那是一座有大閘的豪宅，用女朋友萍萍的名義在二○○八年八月買下的。幾個月前，一名為賴昌星工作的女性大圈仔成員，因參與可疑交易和偷換籌碼而被禁止進入高貴林的英屬哥倫比亞彩票公司賭場。這座豪宅有一筆五十萬美元的抵押貸款，貸款人是名叫丁亨利（Henry Ting）的大圈仔。加拿大皇家騎警在調查活躍於加州和安大略的可卡因進口團夥時，發現丁亨利經常通過一個手機號碼與賴昌星聯繫，而此號碼曾接過可卡因進口嫌犯的一百一十六次來電。

沙普卡表示丁亨利的抵押貸款是一種常見的高利貸房地產融資方式：「（丁亨利）聲稱他通過放高利貸來養家，向賭客收取利息，尤其是位於列治文的河石賭場。」

根據沙普卡的說法，丁亨利和其他許多大圈仔經常造訪賴昌星一處更豪華的房產，這棟佔地三千五百平方英呎的牧場別墅位於列治文西南角吉爾伯特路（Gilbert Road）上一塊偏僻的農地上，毗鄰大海，周圍環繞著高大的雪松樹籬。賴昌星於二○○八年購入這座豪宅。同一個月，萍萍和賴昌星的兒子在新威斯敏斯特郊區的英屬哥倫比亞彩票公司賭場「為第三者兌現了價值十五萬美元的籌碼」。

位於吉爾伯特路的牧場，花費了二十五萬美元進行翻新，包括新的橡木地板、花崗岩檯面、六百平方英呎的高級廚房以及一個帶有按摩浴缸的主臥室。賴昌星還建造了一個獨立車庫，並在大部分農田上修建了一個可容納超過十六輛車的停車場。車庫內擁有六個獨立臥室，「每個臥室都配有床和電腦」。

沙普卡在書面證詞中說道：「賴昌星以現金支付建築工人，根據他們的描述，鈔票可能是人民幣。」所以，現在賴昌星用大圈仔的毒資建造了一座豪宅，並將其化為跨國洗錢工具。

「加拿大皇家騎警告訴我，他們曾多次對該房產進行監視，並發現賴昌星和眾多不同的個別人士在一起。」沙普卡寫道：「加拿大皇家騎警有情報表明，賴昌星在此處經營一個非法賭場，車庫中的房間是讓年輕女性私下招待顧客的地方。」

根據沙普卡的消息，光臨賴昌星這座賭場的人包括譚國聰和甄彤施。賴昌星擁有能夠與澳門一家來路不明的賭場實時連接的電腦。「人們會來到這處住宅使用電腦玩百家樂，與澳門其他玩家對賭。」警方消息來源指出：「在這裡進行賭博和投注，而賭局實際發生在澳門，賴昌星保證玩家在（列治文）住所內下注的金額將在澳門的賭局中支付。」也就是說，賴昌星和澳門貴賓廳來路不明的人運營了一家中國——加拿大的地下錢莊和賭場。

如果賴昌星的虛擬百家樂賭客贏了澳門賭場的玩家，他將從列治文豪宅中運營的地下賭場銀行進行賠付。「但如果玩家輸錢，他將把輸掉的錢付給賴先生，然後賴先生將負責付款給澳門賭局的運營者。」警方消息來源解釋道。

這些證據對我理解溫哥華模式極富啟發性，這意味大圈仔利用虛擬技術在加拿大經營無國界的華人賭場。賴昌星的貴賓們同樣可以享受到澳門賭場中何鴻燊所提供的豪華待遇。一份書面證詞還指出：「賴先生為正在賭博的玩家提供私人廚師和按摩師。」

當然，賴昌星的賭場是由大圈仔的高利貸資助的，另一份證詞指出：「甄彤施與賴昌星達成協議，允許她在住宅內提供高利貸服務。作為交換條件，她將部分高利貸利潤分給賴先生，而賴先生則安排玩家向她借錢，以繼續賭博。」

但對「大家姐」來說，這份協議非常短暫。警方消息來源相信，賴昌星對甄彤施一直抱懷疑，當他們在賴昌星賭場中就貸款安排上出現分歧時，甄彤施的名聲也受到損害。「在列治文各處張貼的傳單上，甄彤施被指於二〇〇二年九月十五日謀殺了他所謂的老闆。」沙普卡的書面證詞中說道：「加拿大皇家騎警告訴我，她的老闆曾是大圈仔的一個頭目，而甄彤施是他的下屬。在他去世以後，他們相信她已經開始領導自己的大圈仔團夥。」

沙普卡的證詞指出了甄彤施死前與賴昌星發生的爭執：「甄彤施在被謀殺前幾個月屢次與賴昌星聯繫。在她被殺前，她與丈夫曾到賴昌星吉爾伯特路的賭場與他和萍萍共進晚餐。她的丈夫還告訴加拿大皇家騎警賴昌星欠她三十萬美元，但加拿大皇家騎警從賴昌星處證實，他是欠甄彤施十五萬美元。」

甄彤施的謀殺案仍未偵破。但所有關於中國跨國犯罪的驚人細節都沒能打動加拿大移民和難民委員會。二〇一一年七月初，一位仲裁員認為賴昌星沒有潛逃風險，他與甄彤施之間的關係也不是甚麼大問題。在一段特別荒唐的表述中，仲裁員認為甄彤施與溫哥華上層社會有來往，如果溫哥華的知名人士可以與其來往，那麼賴昌星也可以，對嗎？

「甄女士受到西點格雷學校校長的厚待，其他家長也與之友好相處，知道她的財富與她的生活方式，然而沒有理由與她斷絕關係。」仲裁員引用《麥克林》雜誌的一篇文章，並寫道：「文章確實記錄了一些訊息，表明這些人否認他們知曉甄彤施是高利貸。這讓我想到一個問題，賴昌星怎麼會知道，或為甚麼會知道……她是不是一個黑社會老大或一個大圈仔。」在賴昌星的案件中有許多奇怪的法律判決，這就是一個典型的例子。

⋮

賴昌星在二〇一一年七月被驅逐出境，並在中國判處無期徒刑。中央政治局常委會對賴昌星在加拿大法庭之爭深感尷尬，但仍撲滅了門前的大火。顯然，由於渥太華對賴昌星的案件興致缺缺，執掌中國的八名中常委避免了本將面臨的嚴格審查，因此加拿大人錯過了一窺中國經濟制度本質的機會。賴昌星的貪腐程度究竟有多深？答案可能永遠無法在北京的某個小圈子以外得知。

但是，江澤民的盟友，賴昌星全盛時期的中共福建省大佬賈慶林也捲入了四二〇調查，他的妻子被指控收受了賴昌星的賄賂。然而，官方表示賈慶林清白，基於和江澤民的關係，他在二〇〇七年晉升為中央政治局常委。路透社在總結賈慶林那不可思議的晉升時說道：「深陷貪腐指控當中，在中國權力位列第四的領導人賈慶林成為了一個明證，即在共產黨的陰暗政治中，人際關係勝過老實清白。」

在賴昌星的犯罪狂潮中，福建省共產黨的第二大員、副省長習近平的表現更佳。當習近平在二〇一一年朝著主席之位邁進時，有報道稱他被傳喚至北京以說明賴昌星的案件。中國一些媒體暗示，習近平可能也被視作嫌疑人。但在二〇一二年，《南華早報》報道稱：「習近平領導福建期間，在當地工作過的人表示，至少有七百名中央政府和地方官員深陷遠華走私案牽連之際，也很難發現他有任何缺點。」

該報道援引了一位「與福建省關係密切」的匿名人士的話，他說：「沒有證據顯示習近平，繼賈慶林之後福建的第二號領袖，與阿星（賴昌星）有任何關係。包括我們的黨領導賈慶林在內，幾乎所有省政府官員都以與阿星交朋友為榮，但習近平是罕見的試圖與阿星保持距離的高級官員。」

所以北京的官方立場是習近平完全沒有介入賴昌星對廈門經濟特區的貪腐行為，即使習近平直接負責監督當地的國有資產私有化計劃，就是如此。

但是賴昌星一案仍有些問題，凸顯了加拿大尚未了解西方國家面臨的安全風險。遠華案到底涉及甚麼？它真的與賄賂有關嗎？更有可能的是，這似乎是中國所謂「白手套體制（white-gloves system）」和中共利用犯罪分子收集情報的典型案例。賴昌星被允許壟斷中國的原油貿易，因為他接觸到該國的軍艦和港口。他掠奪了中國的共產主義經濟，並將紅利與國家領導人們平分。但除非極有權勢之人在幕後操縱，否則如此大規模的貪腐是不會發生的，這就是白手套體制。

為了掩蓋他們私有化國有資產的所有權，太子黨利用了像賴昌星一樣的解放軍「白手套」。事實上，自從賴昌星流亡加拿大，人們相信與中國情報機關有所聯繫的年輕福建男子葉簡明，在拍賣會「買下」了賴昌星的石油資產，並打造了一個價值約四百億美元的跨國石油集團。在二〇一八年三月葉簡明失蹤之前，當時澳門賭場大亨吳立勝被爆出與聯合國貪腐案件有直接關聯。我將在最後的章節回到這個案例。

那麼賴昌星聲稱參與軍事情報和外國間諜活動是怎麼一回事呢？一位加拿大法官表示這些說法都不可信。但法官顯然不了解有組織犯罪、間諜活動和貪污腐敗如何在中國的體制中匯聚在一起。請記得賴昌星自己也說過，是一位中國安全官員讓他把他的非法勾當搬到香港，並匯報臺灣的情報。這是中共如何與有犯罪集團合作的一個教科書式例子。

曾在美國參議院司法委員會作證的中國軍事與間諜問題專家詹姆斯·穆維農博士（Dr.James Mulvenon）在他的報告《致富不專業》中說明了賴昌星在中國體制中的地位。穆維農在二〇〇三年寫道：「從遠華醜聞開始，關於解放軍參與走私活動的傳聞不絕於耳……有大量報道稱，軍隊猖獗走私的物品包括原油、石油化學產品、塑料、電信設備、槍枝彈藥、化學原料、鋼鐵、電腦、汽車、半導體、假鈔、毒品、香菸、電子產品和食品。」

他還指出，有別於北京在賴昌星難民案中的回應，賴昌星擁有軍方和情報高層職位的標誌，包括他那輛防彈賓士上的白底車牌上印有紅色的賈字，「這通常意味著這輛車為解放軍總參謀部所持有」。穆維農寫道，賴昌星與間諜網絡有關的另一個跡象是「前總參謀部情報部部長姬勝德將軍多次被指控受賄」，作為軍事情報部門的負責人，姬將軍「掌控大量用於情報活動的資金，並掌控著該部門的窗口公司。」

而賴昌星的走私活動還包括時任最高級別的將領——劉華清上將的家人。穆維農指出在遠華醜聞前，「姬勝德將軍曾被指控向劉上將在美國的幾個女兒轉移了三十萬美元。」這三十萬美元最終去到了中國特工和澳門老闆的手上，他們在一九九六年柯林頓——科爾尋求連任的美國總統選舉籌款活動中有參與。

回到賴昌星的引渡案，我認為證據表明他在加拿大的冒險活動遠不止於固有的賭博和販毒，還有更多證據表明該案子為國際陰謀所籠罩。例如，中國新的頭號通緝犯郭文貴，這位備受爭議的億萬地產開發商於二〇一四年逃離中國。如同賴昌星，郭文貴也曾受到自稱商人的中國特工拜訪。《華爾街日報》報道美國聯邦調查局曾試圖將郭文貴培養成一名反間諜，但沒有成功。如今，郭文貴因在媒體和籌款中的奇怪行為導致他面臨聯邦調查局的欺詐指控。

郭文貴在他的住所，紐約市第五大道一棟價值約七千萬美元的頂層公寓裡，持續廣播對中國太子黨的指控。他的一些指控已被證實屬實，但不少指控似乎是誇大之詞。無論真假，郭文貴聲稱自己了解賴昌星及其關係網絡。「賴昌星在暴富以前，他的老闆是姬勝德（解放軍總參謀部情報部長）。」郭文貴在二〇一八年的一篇媒體帖子中聲稱：「在那個時候，姬勝德對我非常好。」但我們無需透過郭文貴的說法來證實解放軍對賴昌星的興趣。

二〇一一年，上海解放軍總參謀部的一支頂尖的網絡戰團隊對美國和加拿大的企業和國安資產發起攻擊，此事受到美國調查人員的監控。這支名為六一三九八的部隊由中共最高領導人指揮，入侵了美國的核設施、聯合國、加拿大和美國政府的電腦以及重要的電信基礎設施。六一三九八部隊還入侵了加拿大移民和難民委員會一名仲裁員的電腦，這名仲裁員正是處理賴昌星案件的那位。此次入侵帶來的影響尚未清楚，但顯然，這次的黑客入侵對中國來說很重要。

這支部隊在加拿大的另一個目標是北電網絡（Nortel），它曾是在世界上佔主導地位的互聯網技術供應商，直到二〇〇九年倒閉，之後華為取而代之，成為中國 5G 技術領導者。

09

非法博彩組織

裡奇・科爾曼（Rich Coleman）沒有回應我多次提出的採訪請求。

賭船「藍鑽石號」

英屬哥倫比亞彩票公司的賭場簡直是一團糟。二〇〇二年，加拿大皇家騎警中士弗萊德·皮諾克接管了該機構的人力資源單位，負責處理線人、警方密探以及證人。這個職位讓他完全掌握了與罪犯頭目關係最密的情報檔案，在他埋頭研究這些文件後，他才恍然大悟，英屬哥倫比亞省的賭場已經失控，用他線人的話來說——就是「狗屎秀」。

皮諾克相信，除了聯邦監獄，大溫哥華地區的賭場是全省黑幫最集中的地方。這就像翻開一塊岩石，就發現一窩拱著身子嘶嘶作響的響尾蛇，而他所指揮的加拿大皇家騎警都知道這個情況。但令人抓狂的是，他們居然沒有計劃如何打擊賭場內的有組織犯罪——是真的一點都沒有。他不理解，這等於把制高點給了敵人，讓他們得到將毒資存入銀行的許可。

作為第三代警官，祖父是波士頓警察，父親是渥太華騎警，這違背了他作為執法人員的所有本能。他有時會回想起在冰冷的加拿大首都成長的經歷，他小學時是個胖乎乎的書呆子，經常獨自度過許多時間。而放學後，校內的惡霸們會跟著他，將他逼到牆角，把他的書丟進雪堆、將他絆倒、把他的胳膊鎖在身後，把結了冰的雪球往他臉上砸。他無能為力，只能默默承受這些虐待，直到他們玩膩。但他記得自己躺在雪地裡，想著「等我長大了，要收拾這樣的傢伙。」而他也做到了。

高中時，他鍛鍊了一身肌肉，加入橄欖球隊；大學時，他高五尺八寸，重二百一十磅，身材像個保齡球一樣。他是一位出色的跑衛，能力足以參與多倫多淘金人（Toronto Argonauts，多倫多橄欖球隊）的選拔。他善於讓別人失誤、能吃苦，但速度尚不足以在加拿大橄欖球聯盟（Canadian Football League）立足。一些朋友說服他去當警察，世界上有甚麼工作比追捕惡霸來得更好呢？於是，他加入了加拿大皇家騎警，且馬上就被溫哥華緝毒部門的刺激工作所吸引：如臥底行動和取締有組織犯罪。將英屬哥倫比亞省說成是個目標眾多的環境，實在是保守的說法。

大約在一九八六年，進入溫哥華的海洛因數量激增，純度飆升，價格暴跌，而市中心東區的人們開始像蒼蠅一樣大量死去。英屬哥倫比亞省犯罪活動的萌芽帶來數十億加元的年收入，黑幫們在該省的山坡和大溫哥華地區的住宅種植點生產數量令人咋舌的大麻。這讓地獄天使、越南幫以及大圈仔多出不少商品，可用來與墨西哥的可卡因集團進行交易。

皮諾克因為善於處理高級線人而聲名鵲起，他毫不猶豫地接近高級幫派成員，試圖將他們納入自己的線人圈子。這是個迷人的世界，充滿令人陶醉的諜報技術。線人會提供許多情報，如毒品的藏匿地點、誰在聯合進口（毒品）、國內和國際的路線如何運作、誰與誰之間有糾紛、誰即將死亡。誰知道真相是甚麼？

一個出色的線人能讓緝毒單位忙碌數十年，幾乎無一例外地，這些線人都是毒梟頭目，都渴望通過向警方提供貨物情報打擊競爭對手。皮諾克曾與地獄天使、西西里和卡拉布里亞的黑手黨、北溫哥華的波斯集團以及俄羅斯人有過合作。他最好的線人之一，是一位資深的中國有組織犯罪分子，他與地獄天使和「獨立進口商」——即溫哥華商人，有許多業務往來。他們有高薪聘來的律師、並與墨西哥和南加州的可卡因生意有所往來。

看到一些著名、且參與政治的溫哥華律師通過販毒集團發財，在海外建立空殼公司並為其財務結構提出建議，這些都讓他感到惱火。皮諾克不惜將竊聽器安裝在溫哥華市中心最高法院附近一家高檔餐廳的真皮靠背椅上。

這座城市就像一個犯罪聯合國，世界上所有最大的犯罪團體在這裡都有一席之地。令人不斷感到驚奇的是，他們是如何投資合作進口貨物，用中國的冰毒交換墨西哥的可卡因，再以此交換產自英屬哥倫比亞省山城（如納爾遜）的紫庫許（Purple Kush）。當倉庫裡放著堆積如山的現金，每個人都很高興，直到有人搶走了別人的資源。然後連續幾周，槍擊事件就成為了溫哥華報章血腥的頭條新聞。

這正是皮諾克的線人——溫哥華最大的加拿大華裔毒梟之一所做的事。當他想讓一個人消失時，他會說：把他放上頭條新聞。由此，在皮諾克領導加拿大皇家騎警線人部門的三年後，他得以消化並吸收了所有的情報，從而得出了一個簡單的結論：該死的，這一切都和賭場有關。所以在卡爾文·克魯斯蒂告訴他，加拿大皇家騎警反非法賭博部門的一個指揮職位即將空缺時，他沒有多想。他非常尊敬克魯斯蒂，也認為是時候好好整頓英屬哥倫比亞彩票公司的賭場了。

⋯

司徒玉蓮及其手下不想登上大加拿大博彩公司的賭船——「藍鑽石號」（China Sea Discovery）前通過金屬探測器，船上的安保人員知道他們不必這樣做，而且理由充分。綽號「澳門大姐大」的司徒玉蓮，在一九八〇年代作為何鴻燊最初開設的葡京娛樂場內第一位貴賓廳經營者，她在香港備受尊敬——實際上，是令人生畏。她的辦公室位於何鴻燊和鄭裕彤所擁有的信德中心，香港大亨們在這裡經營著許多私人房地產、運輸和旅遊業務。許多公司相互關聯，大部分都以某種方式與澳門賭場相連。如信德渡輪，負責載送賭客往返於澳門。

普羅卡・阿夫拉莫維奇是大加拿大博彩公司的保安經理，於二〇〇一年進入南中國海賭業的黑暗中心。他認為正是在這裡，讓公司員工學到重要一課，即他稱作「零麻煩」的澳門式賭博方法，能在幾年內取代英屬哥倫比亞彩票公司的賭場。

該公司的前經理告訴我，他們已認識到中國貴賓百家樂玩家的無限潛能。一位聰明、善於處理數字、謹慎的前莊家兼高層人員——沃爾特・蘇（Walter Soo），在公司迅速崛起。他擔任玩家開發部副總裁一職，對賴昌星這樣的巨鯨賭客來說，他就像造雨人（帶來新商機的人）一樣。在阿夫拉莫維奇看來，沃爾特・蘇似乎是加拿大貴賓百家樂賭博的建構師，也是該公司的「中國分支」。

在中國能賺到的錢比在溫哥華多得多，而英屬哥倫比亞彩票公司百家樂每手五百元的賭注限額是個阻礙。當然，賭博在中國是非法的，而若要接近中國資金的源泉，就不能打破何鴻燊在澳門賭場的壟斷地位。就如多年後，沃爾特・蘇在他的推特帳號上提到的一個解決方案：如果你只漂浮在南中國海之上，那賭博並不違法，只需要一艘船，和一個恰當的計劃。你可以設好百家樂桌，從香港出發，駛過澳門、海南島、越南，再返回香港，公司如此便能賺取巨額財富。

該公司一名前經理在採訪中告訴我：「我們的賭注限額是五百，而我們想要的是每手一萬加元。」另一位叫博基・西基米（Boki Sikimic）的前高管在法庭證詞中表示：「沃爾特・蘇是將所有事情串聯起來的人，他拿著一張寫滿數字的紙走來走去，我們將由此賺取八千萬或億元。那是他的主意。」

但要讓中國巨鯨賭客上船，並不是停靠在香港、在船上掛個賭場的招牌這麼簡單。實際上，這些貴賓必須先坐小船，這意味著需要和仲介進行合作。阿夫拉莫維奇說，他和工作人員會拿到仲介及其貴賓賭客的照片，「一些重要人物通過安檢時，我們不需要真的對他們進行檢查，因為他們都是仲介帶來的玩家。我被告知，這些玩家及其隨從人員可能攜帶武器和大量現金，所以他們不會通過金屬探測器。他們帶有保鑣，都是體面的人物，而仲介也非常規矩，不會鬧事。我只需要在他們靠近時把頭扭向一邊，他們就不會通過金屬探測器。」這就是所謂的「零麻煩」方法。光憑這一項指控，即阿夫拉莫維奇二〇〇四年在德克薩斯州法庭上的證詞，就凸顯了該公司在南中國海中心所經歷的極高回報和風險。

然而，賭船計劃卻搞砸了。而來自該企業的法律文件以及皮諾克警方所提供的報告，將有助我證實監管貪腐的指控與在英屬哥倫比亞省賭場發生的亂局。

…

根據公司和法律紀錄顯示，「藍鑽石號」由大加拿大娛樂集團、德克薩斯州投資銀行Allegiance Capital、香港房地產大亨明嘉福合資創立的。明嘉福是該博彩公司的董事，也是公司創辦人羅斯・麥克勞德（Ross McLeod）的合作夥伴。

他們合共在一搜搖搖欲墜的郵輪上投資了一千五百萬元，據法庭紀錄稱，沃爾特・蘇和明嘉福是賭船的關鍵人物，後者負責吸引香港的投資者。而根據《華爾街日報》的報道，這艘賭船將由明嘉福在香港的金漢旅遊公司運營。但不管是法庭紀錄還是報道，都沒有提到他們背後的人：澳門賭場大亨鄭裕彤。

根據大加拿大娛樂集團員工以及來自香港的報告所示，鄭裕彤是明嘉福的好友，也是他賽馬的合作夥伴。根據我查核公司文件，鄭裕彤是金漢的最終控權人，這家公司也是其新世界發展集團的子公司。前職員們仍記得，在香港賽馬場的優勝圈與鄭裕彤和明嘉福並肩而站的時刻，他們感受到中國人所說的榮耀感——叫作「有面子」。他們表示，鄭裕彤在香港被視為特權階層，與香港第二富豪、房地產大亨李兆基一樣，鄭、明、李三人更合養了一匹賽馬「黃鑽石（Yellow Diamond）」。

大加拿大娛樂集團的期望是，亞洲博彩業的當權者會庇護並准許「藍鑽石號」駛入鄭裕彤信德中心的港口。但鄭裕彤更傾向於保持低調，也許他不想因公開自己與澳門賭場集團的競爭，而惹怒同行的大亨們；也可能是忌諱加拿大皇家騎警所持有的機密檔案，如加里・克萊門特等警官所撰寫的，稱鄭裕彤與澳門和香港三合會有關聯。美國情報指鄭裕彤在何鴻燊的澳門賭場中經營的著三間貴賓廳，「因三合會活動臭名昭彰」，這可能是導致他在二〇〇九年被新澤西州賭場監管者禁止擁有賭場。

無論如何，該公司的前員工知道鄭是關鍵的幕後支持者，一名害怕被起訴的匿名員工接受《全球新聞》採訪時說，「鄭裕彤是最初的合夥人，由始至終都是，但無法進入他的任何基礎設施，讓公司十分失望。你以為自己正在與亞洲一間重要企業合作，但當你真的到達那裡時，卻發現他們並不想被人知道參與了博彩業。」

二〇一八年，在我尚未發布一篇關於〈加拿大博彩公司與博彩大亨涉嫌合作，可能引發新調查〉的報道之前，鄭裕彤被指與大加拿大娛樂集團的海外商業有關一事仍被隱藏起來。但我的報道為英屬哥倫比亞省賭場產業帶來了一個令人不安的問題。對於鄭裕彤和「藍鑽石號」之間的合作，英屬哥倫比亞省的監管機構究竟知道多少？此外，他們是否知道鄭裕彤的商業夥伴明嘉福及其對大加拿大博彩公司的投資？

英屬哥倫比亞省司法部長尹大衛在一則回應報道的聲明中說道，與該省註冊賭場公司有重大關係的投資者都必須經過省政府的審查，以確保其適當性和誠信。他的部門確認了鄭裕彤並未註冊參與該省的賭博產業，並向我證實，鄭裕彤的商業夥伴何鴻燊及其家族曾兩次被拒絕成為該省賭場公司的合適投資者。但鄭裕彤據稱與大加拿大娛樂集團公司在香港合作經營賭船一事，似乎並未被發現。尹大衛在聲明中說道：「有關未註冊個體參與進英屬哥倫比亞省博彩服務公司的指控非常嚴重。」

然而，該省的歷屆政府似乎沒有對此採取任何措施。例如，我就明嘉福和羅斯・麥克勞德在二〇〇二年註冊成立第179號私營公司所提出的問題，政府至今尚未作出回應。而政府進行的文件修訂妨礙了我對這家公司的資料搜索。

我知道的是，明嘉福於二〇〇八年去世，羅斯・麥克勞德則於二〇一一年去世。而在二〇一五年，英屬哥倫比亞省證券監管機構允許第179號的掌權者將手持的三千四百萬股票賣回給大加拿大博彩公司。

通過梳理德克薩斯州的法庭紀錄——特別是阿夫拉莫維奇及其老闆博基・西基米的證詞，我對該公司的前職員進行了廣泛的採訪，由此進一步了解到明嘉福和鄭裕彤的資料。這些紀錄也向我表明，明嘉福與羅斯・麥克勞德及其該公司的關係並不僅僅是加拿大賭場的許可證問題。一九九九年，他們兩人在華盛頓州申請博彩執照時，明嘉福的「個人／犯罪歷史」陳述顯示他在香港曾因貪污而被起訴兩次。

執照文件顯示，明嘉福是大加拿大博彩公司的董事及重要股東。一九八〇年，他被指控賄賂香港一名公共工程人員，即「向其提供前往澳門的免費船票及住宿」，起訴人名叫安東尼・布萊恩・勞倫斯（Anthony Brian Lawrence）。該聲明寫道：一九七九年十二月，明嘉福「向一位名叫愛德華・特雷弗・肯納德（Edward Trevor Kennard）的公務員提供一項好處，即一次全額免費的美國之旅。」這是為了獎勵這位香港公務員「在其公職身分下為香港一個建築工地的發展提出建議」。

明嘉福對這兩項指控皆不認罪，香港控方撤銷了澳門免費遊輪及飯店的起訴，但有關美國之旅的案件仍繼續起訴。明嘉福被判罪名成立後提出上訴，香港上訴法院而後也推翻了對他的定罪。

二〇〇四年，大加拿大博彩公司得以進軍美國，並獲得華盛頓州四家賭場的百分百控制權。

⋯

在他們的合資項目陷入混亂之後，Allegiance Capital 投資行以欺詐罪起訴大加拿大娛樂集團，該律師試圖查明資金是如何通過「藍鑽石號」流動的。

阿夫拉莫維奇作證說，二〇〇一年，他曾在溫哥華機場收到來自大加拿大娛樂集團一名高管開出的總值九十萬的支票，並被要求將此支票轉交給香港一家飯店的其他高管。西基米稱，這筆交易是該公司在列治文進行了高管緊急會議後進行的。他說：「代價非常巨大，他們任何時候都在要錢。」他曾收到過一封可怕的報告，來自中國領土內的海南——一個位於越南沿海的熱帶島嶼，首府設在海口市，人口五萬人。他的員工報告說，一個叫「Y先生（Mr.Y）」的賭場運營商控制了「藍鑽石號」，並扣留了大加拿大娛樂集團的工作人員。

然而Y先生的情況與其他運營商不同，其中一個被扣留者告訴我，他在香港經營著水療中心和卡拉OK，不僅支配了海南，還指揮武裝部隊。我們不清楚他的權利是否獲中國政府正式賦予，但該公司的前經理告訴我，Y先生確實控制了這個擁有八百萬居民、面積達三萬平方公里的島嶼，包括移民、警察、軍隊和資源分配。

法庭上，阿夫拉莫維奇和西基米概述了Y先生的勢力。西基米表示，「我知道那發生在海南，在我們不得不準備匯款時，我收到報告說有人把船開走了，他們帶著所有的錢逃到了香港。他們尚欠中國錢。他們從Y先生那裡得到一些報酬，而Y先生想得到這艘船。我記得有人報告說船上有槍枝，你知道的，每個人都因此感到生命威脅而想要不顧一切地逃跑。」

阿夫拉莫維奇是其中一位將報告送回加拿大提交給西基米的員工。他作證時說道：「我們和Y先生之間——那個黑幫，出現了很大的麻煩。因為他一直在威脅被扣留的公司職員，具體來說，是沃爾特・蘇。Y先生因應自己對該船的投資提出了一些要求，雖然沃爾特・蘇嘗試解決問題，但他只想把錢要回來，如此才能將這艘船從中國解救出來。而就在那場會議之後，大加拿大博彩公司的全體人員都消失了，就像是跑了一樣。」

律師不明白他的意思，「對不起，他們究竟做了甚麼？」

「就是逃離了那艘船。」

「他們逃離了那艘船？」

「是的。」

「因為Y先生嗎？」

阿夫拉莫維奇點頭道，「唯一留在船上的只有我，和我的助手。」

這給大加拿大娛樂集團的管理層上了啟蒙性的一課，明白了中國商業和權力的奧秘。他回想道，「當我們知道他能夠控制海南的海關、警察和燃油銷售時，我非常明顯感受到的是，Y先生在中國是個非常強大的人。」

澳門賭博運營商的標準報告，揭示了他們與中國邊境官員達成了交易。這是為甚麼中國貴賓能迴避資本出口的管制，暗中將資金轉移出國，並在賭場的私人房間接收現金或賭注籌碼。或者，運營商提供中國境外的現金貸款或籌碼賒帳，而大圈仔的執行員將確保貸款能在中國境內還清。這就是澳門模式、溫哥華模式、也是中國跨國犯罪銀行模式，但不管你如何稱呼，這就是貪腐資金如何得以逃出中國，並對毒販進行資助的方式。

無論如何，這顯示了賭博運營商和中國有組織犯罪有關。但在Y先生一案中表明，海南真正的省長可能也是一個運營商老闆，所以他不需要賄賂中國海關——因為他本身就是。

與阿夫拉莫維奇不同，並非所有人都視Y先生為「暴徒」。「他是個小個子，我不認為他是暴徒，」該公司的前職員告訴我，「在我看來，他更像是高層次的政治人物。我們聽聞Y先生的父親在中國是一名革命家，但我們從未確認過。」沒人會質疑Y先生有能力將中國巨鯨賭客送到大加拿大娛樂集團，而作為回報，他當然想從中分一杯羹。

一位前職員說：「有壞人試圖控制我們的行動，他們可以控制中國移民。Y先生也想分一杯羹，因為他能夠帶來許多賭客，他知道這之中有巨大的利益可圖。他是那個島嶼的國王，一切都是他說了算。」

在德克薩斯州的案件中，儘管大加拿大娛樂集團的律師極力反對證詞，西基米還是提到了中國運營商的操作。律師提出問題：「你有沒有觀察到任何你認為與運營商不相符的違規活動？」

西基米回答是的，並開始解釋它是如何運作：「假設你是運營商，將我帶上了船。如果我買了十萬元的籌碼——你會得到五千至一萬。我的手下報告，他們多數不玩，只是拿走那一萬或五千利潤，我不知道百分比是多少，但他們不玩，或只玩幾手便離開。」顯然，根據加拿大反洗錢法，這些交易是有問題的。它們是所謂的第三方交易，交易背後有一個隱藏的賣家。根據反洗錢的監察機構加拿大金融交易和報告分析中心（Fintrac）的說法，這些交易是洗錢的標誌。

即使不是專家，你也能明白，如果出現武裝人員帶著數袋現金上船，而船隻的安保人員卻選擇置之不理，這種商業模式在英屬哥倫比亞省是不符合規定的。

法庭上該公司代表律師反問阿夫拉莫維奇，並告訴他沒有證據能證明Y先生或「藍鑽石號」上任何人攜帶武器。但我在一家航運歷史網站發現了一則可信的報告，證實該公司的員工曾在中國受到運營商的武器威脅。一位「藍鑽石號」資深員工指出：「在首航期間，船上有三名特許公司代表，我發現他們都攜帶武器，其中一名是『海口警察的頭目』。」報告表明，明嘉福及其他人被告知若不遵守海口發出的命令，那「個人後果可能會很嚴重」。但衝突後來得以解決，據阿夫拉莫維奇稱，Y先生和大加拿大娛樂集團達成了協議。

我一直未能聯繫上沃爾特·蘇，向他詢問有關「藍鑽石號」及他在河石賭場引入貴賓廳的角色，但他通過律師，聲稱我在報道中稱其為「河石賭場的執行者」是一種誹謗。而在二〇二一年卡倫委員會上的證詞中，沃爾特·蘇聲稱是羅斯·麥克勞德委派他負責建設河石賭場的華人貴賓廳業務。在我開始報道賭場洗錢問題時，他的上司背叛了他。

蘇在一份調查用書面證詞中寫道：「關於河石賭場涉及洗錢的媒體報道在二〇一七年九月愈演愈烈，而大加拿大娛樂集團此時剛獲得在大多倫多地區經營賭場的合同。大加拿大娛樂集團高層擔心媒體報道將危及這份合同……他們開始疏遠我。」

他也表示，自己從未見過鄭裕彤，也「從未和金保羅有過聯繫……對他的活動一無所知。」但調查組收到的多項紀錄顯示，蘇以及該公司的其他高管多次撰寫機密商業計劃，旨在通過澳門貴賓市場增加河石賭場的利潤，包括將貴賓賭注限額提高至每手十五萬元，並提議與「玩家代理」（疊碼仔）進行交易，將中國貴賓送到河石賭場，他們便能收取費用。

蘇在二〇一四年十月提交的其中一份秘密備忘錄中提議，將河石賭場的貴賓賭桌擴大到之前用來安置安保人員的地方，建立一個「對中國和澳門貴賓來說更具吸引力的內殿」。他的商業邏輯令人驚歎。

「中國中央政府的反貪腐和反資本外逃行動將在二〇一五年升級，」他寫道，「因此，會把相當一部分的澳門貴賓百家樂賭桌轉移到河石賭場……此行動的效果是將富裕的中國旅客分流到溫哥華地區，以避免他們在其祖國受到不必要的關注。美國對非法洗錢的調查行動將繼續，同時加強對在澳門經營的拉斯維加斯公司的監督……因此，中國貴賓玩家將在澳門和拉斯維加斯遭到更多限制……將他們轉移到河石賭場。」如果以上備忘錄不能證明某種形式的視若無睹，我不知道還有甚麼能證明。

大加拿大娛樂集團在面對《全球新聞》進行有關「藍鑽石號」的調查時，並沒有對鄭裕彤牽涉該公司的具體問題以及前員工的聲明作出回應。二〇一八年，該公司回應，「任何試圖從這次的商業冒險進行推論、同時依賴前職員的評論及含沙射影的言論，顯然對你的讀者造成危險。」

還補充道，公司在「藍鑽石號」這個短期合資項目中，只是少數合作夥伴。

⋯

在大加拿大娛樂集團的律師看來，英屬哥倫比亞省的高利貸與「藍鑽石號」一案毫無關聯，但阿夫拉莫維奇卻想多談一些。對我來說，他的證詞支持了後來由皮諾克部門提交給加拿大皇家騎警的報告中的指控，即英屬哥倫比亞省政府潛在監管貪腐一事。

阿夫拉莫維奇被問及二〇〇三年離開大加拿大娛樂集團的原因，他說：「主要的原因是我不想被捲入他們正在進行的一些非法活動，如高利貸，和選擇性禁止放高利貸。」

「選擇性禁止放高利貸是甚麼意思？」阿夫拉莫維奇被問到。「我注意到公司以及總部的一些人，包括我的主管，他們都非常選擇性地決定要禁止誰。在一次保安和監控經理會議上，主管博基·西基米建議我該指導員工看到高利貸時把頭轉向一邊。因為這對生意有利，所以一些高利貸被允許留下，而一些小高利貸者則會被要求離開。」他回答。

根據阿夫拉莫維奇那天在德克薩斯州的證詞，博彩的前安保主管西基米證實了這驚人的說法。管理層對高利貸睜一隻眼閉一隻眼，而英屬哥倫比亞省政府也知情。西基米說道：「繼續下去，我擔心自己以及家人的生命安全。一切交易都與高利貸有關，這個活動，是最大的問題。政府也知道發生了甚麼。」

Allegiance 投資行的律師要求西基米解釋高利貸的運作方式。「我給你一萬元，明天你需要還我一萬一千元。下星期，你得還一萬五千元；兩周後，就是你的車。不管是賓士、寶馬還是其他甚麼車，你把車轉至我們名下，我們把錢借給你，如果你不還錢？我們可能會打斷你一條腿，或採取其他行動。或許是槍擊、或許像有的人被發現死在車裡，這一切都與高利貸有關。因此，這不是一群你想招惹的人。」

他被問及有否將高利貸的情況匯報上級，「我報告過，他們知道。實際上，第一次報告後他們禁止了十九名高利貸。但你禁了十九個，前三名仍然留在那裡，他們又會找來另外十五個跑腿，然後一直這麼幹下去。這只是、或說這就是賭場的一部分。」再來，他被問及高利貸的運作是如何讓賭場獲益？他說，「很簡單，那就是收入。如果你身上沒錢，你就會停止賭博。」

Allegiance 投資行的律師追問有關於指揮鏈的問題：「你說有人告訴你別管高利貸的事，我在問的是那個人的名字，以及他在公司裡的職務，請回答。」西基米點出了大加拿大博彩公司列治文賭場的經理，阿德裡安．托馬斯（Adrian Thomas）。「我們在途中討論過這點，而是的，我們放過了其中一些人，也將一些人踢出去。」

但大加拿大娛樂集團的律師反對他的供詞，稱其「完全難以理解」，所以 Allegiance 投資行的律師再次問：「好吧，你說阿德裡安．托馬斯讓你選擇性對待這些高利貸，是甚麼意思？」西基米回答說：「所以，我們要去將約翰（John）和彼得（Peter）踢出去，因為他們是小角色；而我們會放過麥克（Mike）和艾爾（Al），因為他們是大人物——這樣，好讓大家知道我們有在做事。」西基米有關於高利貸的陳詞被大加拿大博彩公司律師駁回，而這些指控並沒有在審判中得以證實。

二〇〇四年，西基米安保團隊中的另一位成員奈博伊沙．卡拉茲（Nebojsa Kalajdzic）在一則書面證詞中聲稱：「對公司職員來說，高利貸在公司賭場及周圍廣泛存在，是眾所周知，也受管理層允許。我的上司和其他人都告訴我，在看到放貸行為時要『轉向另一邊』；我也知道，一些大加拿大娛樂集團的賭場工作人員和主管正在協助高利貸工作，他們會告訴放貸者哪個賭客輸了、輸了多少錢，由此讓高利貸增加收入。」

卡拉茲還說起，二〇〇二年，他被指派將溫哥華及列治文賭場內一些的高利貸驅逐出去，因為那裡「放貸人和玩家一樣多」。「當我們抵達列治文賭場並告訴該賭場經理我們打算做甚麼時，對方告訴我們忽略掉一些特定且著名的放貸人，只驅逐其他人。」對我來說，這些聲明證明了穆裡爾．拉賓在「賭場日記」中記錄的一些指控。

而在《全球新聞》報道了拉賓的故事後，這些紀錄也作為證據提交給英屬哥倫比亞政府的洗錢調查組。據拉賓稱，因為高利貸和黑幫的存在，她曾對阿德裡安．托馬斯提出對工作場所安全問題的擔憂，但她的投訴被置之不理。最終，托馬斯在列治文賭場和拉賓進行了一次私人會議，他詢問拉賓是否擔心安全問題。

拉賓告訴我：「我說是的，我擔心。我知道賭場裡有黑幫，這裡不再是一個安全的工作場所。」而托馬斯告訴她：「你甚麼都不用擔心，這些只是亞洲黑幫。」拉賓對此感到目瞪口呆，但托馬斯說了一些讓她感到更加不安的話。「他表示『我已經和他們達成協議，他們不會在自己的地盤鬧事』。我簡直不敢相信我聽到了甚麼，他說他已經和其他地方的賭場內幫派達成協議。我完全震驚了，這是我的工作場所，而他告訴我『他們不會在自己的窩裡拉屎』。我的工作場所甚麼時候變成他們的窩了？」

在我對托馬斯的一次採訪中，他並不認同拉賓對他的指控，認為拉賓和他有過節。但他說自己確實和拉賓有過那次會面，而自己或許確實說過「不會在自己的窩裡拉屎」這種話，這樣的語言對我來說也十分熟悉。

在之前的一次採訪中，托馬斯告訴我，他親自向賴昌星、大圈仔甄彤施以及譚國聰發出了強烈的訊息。他回憶道：「我說，這是我們的生意，我不希望與他的手下發生任何問題。我們有安保和後援，他們不會在自己的地盤鬧事。」但是，他一再向我強調他們從未和亞洲黑幫達成任何協議，「如果有人出來這麼說，我會要求知道是誰，並將他們告上法庭，以此證明這絕對是胡扯。我並未進行任何交易，據我所知，公司裡的任何人都從未和任何壞人或黑幫進行過交易，當然也不涉及毒品和放貸活動。」

在這場庭審中，阿夫拉莫維奇還指出賭場職員進行了「不舉報高利貸」的培訓。他直接點出了博彩政策與執法部一名前職員，這位後來一直在大加拿大博彩公司工作的人，「他一直在解釋如何避免將一切報告給當局。」他還稱，自己曾向英屬哥倫比亞彩票公司和博彩政策與執法部舉報許多貪腐指控，包括賴昌星曾強姦了大加拿大博彩公司一名著名職員的親屬。「這兩個機構都告訴我，舉報將會被處理，但現在還不是時候，因為博彩業正在擴張。」

⋮

在盤問期間，大加拿大娛樂集團的律師對阿夫拉莫維奇的證詞提出多次質疑，否認此案件存在不當行為，並進行了庭外和解。但阿夫拉莫維奇相信，英屬哥倫比亞省政府故意無視了自己在二〇〇〇年代初提出的紅旗警告，因此，他決定在二〇〇四年將事件公開，在接受 CBC 的採訪之際揭示他對高利貸的指控。

二〇一八年，他告訴我，「從『藍鑽石號』回來之後，我覺得我需要對低陸平原賭場中的高利貸做些甚麼。因為我在中國領海上航行的賭船看到了一些熟悉的面孔。」他的揭發行動在二〇〇四年吹響哨聲，後果是負責英屬哥倫比亞彩票公司賭場的部長、副總檢察長裡奇．科爾曼對他進行了嚴厲的苛責。

⋮

一九九〇年代末，由科爾曼領導的英屬哥倫比亞省自由黨政府，對新民主黨總理簡嘉年所領導的賭場擴張行動進行了審查，簡嘉年則因賭場執照許可證的醜聞丟了工作。這之後，即二〇〇二年，科爾曼建立了博彩政策與執法部。該部門由前加拿大皇家騎警組成，是一群熟悉嚴重犯罪、毒品走私、黑幫活動的調查員。在英屬哥倫比亞省新的博彩管理法下，該部門理應在大溫哥華地區的賭場安排七名調查員，但從一開始，他們的人手就嚴重不足。

從技術上說，他們被賦予對英屬哥倫比亞彩票公司的監督權，但他們並沒有與警方相同的權利。而英屬哥倫比亞彩票公司的高管們似乎對他們頤指氣使。由此，博彩政策與執法部的領導人不得不立刻就注意到沒人想討論的難題。科爾曼同時監督著兩個部門：賭場管理人和監管機構。他是個高大的男人，身高大約六尺四寸，體型如同國家橄欖球聯盟的防守線鋒。他曾是一位加拿大皇家騎警，後來成為房地產開發商，再轉而從政。與他發生過衝突的人表示，他幾乎沒有時間處理分歧。

博彩政策與執法部的領導們感到當中存在著巨大的利益衝突：讓賺錢機構和監管機構為同一個僱主服務。他們也覺得，比起博彩政策與執法部的高層，英屬哥倫比亞彩票公司的高管更容易接觸到科爾曼。

隨著該省賭博業如「印鈔機」一般的蓬勃發展，一位檢察員於二〇〇七年的報告中首次提出了警告，指博彩政策與執法部和英屬哥倫比亞彩票公司之間存在系統性的問題。「英屬哥倫比亞省的彩票公司是筆大生意。作為合法的賭博產業，自一九八五年以來最大的『贏家』一直是省政府。」報告指出，二〇〇六年大部分的收入來自溫哥華地區的幾家賭場，總收入為二十二億六千萬元。

同時，報告也發現該公司零售商的彩票中獎機率莫名地高於消費者，公司高級管理人員對有關貪腐的投訴心知肚明，但仍未能對系統性的問題進行審計。另外，根據《博彩管制法》第八十六條文規定，彩票公司應該將所有涉嫌犯罪活動的報告上報於博彩政策與執法部，但這並沒有被執行。

二〇〇七年的報告中，檢察員並沒有對賭場進行調查，但僅僅是沒有向博彩政策與執法部提交第八十六條文報告，就是個極其嚴重的問題。執法部的一些人認為，這將讓致命癌細胞一般的高利貸在英屬哥倫比亞省賭場內蔓延。但該團隊並未得到重視，在皮諾克接管之前，已經換過好幾名指揮官。

他的第一個正式行動是與博彩政策與執法部的領導們出席一場在基隆那（Kelowna）度假村舉辦的聯合會議。從他監督英屬哥倫比亞省加拿大皇家騎警秘密線人單位三年的經驗來看，他知道跨國與國內的有組織犯罪已深深滲透加拿大賭場。但博彩政策與執法部並未將賭場視作是犯罪鏈的頂端目標，皮諾克認為他們很有能力，但卻將注意力放在易得手的目標之上。據他了解，綜合非法賭博執法隊並沒有進入英屬哥倫比亞彩票公司賭場的授權，根據和科爾曼部門的規定，執法隊只能涉足非法賭博。

只要仔細想想就會覺得這簡直匪夷所思——加拿大皇家騎警的特別賭博執法隊被禁止進入官方賭場，但高利貸卻可以。因此，皮諾克在會議上站起來，直截了當地說：「我們需要用史無前例的更高層次來打擊賭博犯罪，並將目光放在彩票公司賭場內部。」這一號召並未達到他所預期的效果，現場鴉雀無聲，直到幾秒後傳來一陣嘲笑聲。

回顧過去，皮諾克認為這是結束他警務生涯開端。科爾曼成立綜合非法賭博執法隊的目的，是讓英屬哥倫比亞彩票公司提供每年約一百五十萬元的運作開支。實際上，該團隊不能偏離其創立時的使命，只專注地下賭場、非法彩票、層壓式推銷、非法網絡賭博，以及罕見的賭博活動如鬥雞。對一些調查員來說，懷疑「彩票公司將對高利貸具有破壞性的報告隱藏了起來」，並不是一種出格的想法。

⋯

二〇〇五年，皮諾克接管英屬哥倫比亞省綜合非法賭博執法隊（Integrated Illegal Gaming Enforcement Team），該團隊於二〇〇三年成立，因為自一九七〇年代起，加拿大皇家騎警就有強大的非法博彩調查部門；而直至九〇年代，該省卻僅剩下一名專家。負責該部門方向的咨詢委員會，包括英屬哥倫比亞彩票公司首席執行官、英屬哥倫比亞省聯邦加拿大皇家騎警領導人以及博彩政策與執法部的經理。這項任務中包含資金和監督在內，讓皮諾克以及博彩政策與執法部一些官員感到有些蹊蹺。

董事會會議上曾有這樣一個故事，英屬哥倫比亞彩票公司的代表咆哮道：「我花的錢給我換來了甚麼！」

這則故事是真的，我閱讀了一份內部文件，顯示英屬哥倫比亞彩票公司一位高管曾再三向博彩政策與執法部重申，該員工已確認列治文有一個非法的大型賭場。但執法部採取了甚麼行動？這讓皮諾克感到無比訝異。他知道作為綜合非法賭博執法隊負責人，他的首次發言讓他變得不受歡迎。他從上司對他的指揮態度感受到，對方好像在說「少管閒事，皮諾克，你怎麼回事？」而傳到他耳邊的一些評論也使他大吃一驚：綜合非法賭博執法隊的使命是去剔除一些小型的賭博場所，由此讓那些傢伙進入賭場。甚麼？

在本拿比和東溫哥華，有許多由大圈仔、義大利黑手黨以及地獄天使運營的地下賭場。這是一門大生意，亞洲和義大利黑幫也在經營體育博彩生意。你要麼是瞎了，要麼是傻了，不然不可能忽略這其中的關聯。有組織犯罪並沒有區分出合法與非法賭場之間的界限。

但皮諾克腦海逐漸浮現一個訊息，這僅僅是想想就讓他感覺自己在褻瀆——即英屬哥倫比亞省政府之所以想碾碎非法賭場，只是為了將犯罪所得利潤轉移到英屬哥倫比亞彩票公司的賭場。

他們要打擊罪犯，並非出於甚麼崇高的道德目的。甚至有人直接告訴他，省會維多利亞的上層人士認為，綜合非法賭博執法隊需要將本拿比以及東溫哥華的地下賭場一一根除，「以讓賭客進入合法賭場，在那裡，我們有許多項目協助沉迷賭博的人。」

「胡扯。」皮諾克心想。政府只是想得到那筆收入，但你一定是瘋了，才會認為英屬哥倫比亞省政府對非法賭場流通的贓款垂涎三尺，不是嗎？答案是否定的，其他人也在思考同樣的問題。

隨著皮諾克及其團隊繼續做著一些徒勞無功的事，二〇〇七開始有針對綜合非法賭博執法隊效率和任務的獨立審查。結果稱，英屬哥倫比亞彩票公司對綜合非法賭博執法隊的資助看起來存在利益衝突。審查指出，「一些受訪者對英屬哥倫比亞彩票公司提供的資助感到質疑，因為綜合非法賭博執法隊的工作是負責打擊合法博彩場所之外的非法賭博活動。一些人還對『彩票公司出席綜合非法賭博執法隊的咨詢委員會的適當性』問題感到擔憂，因為會議上公佈了有關調查的機密訊息。」

這一點由博彩政策與執法部調查處主任拉里．範德．格拉夫進一步闡明。他在針對綜合非法賭博執法隊的審查回應中表示，若英屬哥倫比亞省政府及彩票公司認為通過打擊非法賭場而提高合法賭場的廉潔，那他們就錯了。

「對非法博彩執法能如何影響合法博彩？除了從合法博彩業的收入角度來看，無法想像其他原因。通過消除非法博彩的競爭力去保護合法博彩業的資產或收入，並不涉及承信問題，我們認為這甚至會被視為利益衝突。」

格拉夫作出的結論明確地指出：「我們的調查員，在作為證人出庭時被指責『該政府機構設立的唯一目的，僅僅是為了幫助政府消除合法博彩業所面臨的競爭。』」

⋮

皮諾克認為，自己在加拿大這個所謂的法治國家完成了一件不可能完成的事。因為他大膽提出建議，即加拿大皇家騎警應該將目標放在英屬哥倫比亞彩票公司賭場內的有組織犯罪團夥。他成了英屬哥倫比亞省司法機構的替罪羊，感覺自己與科爾曼的副手們存在大量衝突。中一名副手要求皮諾克提供共享加拿大皇家騎警打擊非法賭場的統計數據，令雙方的緊張關係達到高峰。

二〇〇六年三月，皮諾克在回應該要求的信件中寫道，「針對非法博彩活動的刑事統計分析是警方的責任，而非博彩政策與執法部。鑒於我們與英屬哥倫比亞省政府關係的性質，我有責任不惜一切代價保護綜合非法賭博執法隊的運作不受政治干預。因此，讓博彩政策與執法部針對警務事項發表評論是不恰當的。」

收到的回覆，讓皮諾克感覺自己惹怒了政府，而負責處理加拿大皇家騎警的省級警務合同的幾位上級，也直接與科爾曼的副手們直接溝通。皮諾克確信，他的加拿大皇家騎警老闆們正收到不少憤怒的來電，皆有關他針對綜合非法賭博執法隊任務上的看法。他已經厭倦了做一些白費力氣的事，他厭倦了與博彩政策與執法部的衝突、與加拿大皇家騎高層的衝突、與科爾曼副手的衝突。這讓他開始感覺到自己又回到了在渥太華的童年：一個小書蟲，總是被人將臉摁在雪地裡。他想，一切都是因為我拒絕加入這場遊戲，我擋住了他們賺錢的路。

但他已經習慣了接受懲罰，他沒有退縮，而是全力以赴。他向綜合非法賭博執法隊咨詢委員會提交了一份戰略願景，提出了一些他認為可以重創加拿大洗錢行為的建議。他的單位只剩下三個人，他需要約二十五名警官，以便在同時間全面性地、系統性地覆蓋非法與合法的賭場。

因為在最高層面來說，證據很明顯，合法及非法賭場都是同一個經濟體。在英屬哥倫比亞彩票公司百家樂賭桌上，有著與溫哥華豪宅中隱藏賭桌上同樣的高利貸、同樣的幫派、同樣的巨額賭客、同樣的現金流動，甚至連沾滿鮮血的籌碼和莊家都是同樣的。真的就是這麼簡單，於是，他將一切全盤托出。

皮諾克以及綜合非法賭博執法隊新指揮官韋恩．霍蘭（Wayne Holland）的發現都被收錄進一份機密報告，於二〇〇九年一月提交給英屬哥倫比亞省政府。該報告指出，「非法與合法博彩都存在相同的問題，如高利貸、勒索、襲擊、綁架和謀殺。除了以上共有的犯罪問題以外，雙方之間也存在著其他聯繫——在某些情況下，賭場的工作人員會引導客戶去找高利貸，或光顧小型賭館。據了解，賭場內的一些工作人員還在小型賭館任荷官一職。」

這些指控與阿夫拉莫維奇聲稱其在二〇〇〇年代初期向英屬哥倫比亞省政府所提交的機密報告內容一致。他及其同事告訴我，高利貸會刻意接近賭場職員，賄賂並尋求合作。若還有任何疑問，綜合非法賭博執法隊二〇〇九年一月的報告明確指出，合法及非法博彩之間的洗錢問題對英屬哥倫比亞省政府來說是一個嚴重的廉潔問題。「報告中，有關有組織犯罪的部分強調了雙方博彩機構都具有嚴重的潛在問題。非法博彩可以成為犯罪組織的經濟來源，通過滲透合法賭場，還可以輕鬆地洗錢和轉移資金。」

這份報告中的其中一段內容涉及兩項驚人的指控，而在我的調查中，這些指控的重要性不容小覷。經過多年的合法申請，我終於在二〇一九年末拿到這份報告，而這一段內容就像是我所收集的數千份賭場洗錢報告中的最後一塊拼圖——這是確鑿的證據。

我意識到，這一關鍵段落或許也與「藍鑽石號」的慘敗有關；也可能與加里·克萊門特和布萊恩·麥克亞當於一九九〇年代在澳門和香港進行的貪腐調查有關。同時，它也與加拿大皇家騎警提供給我的、早在二〇〇〇年代初於香港和澳門進行的未公開調查消息有關。

英屬哥倫比亞省賭場洗錢問題獨立審查報告於二〇一八年公開後，該消息來源聯繫了我，並稱這項由前加拿大皇家騎警執行官彼德·傑曼（Peter German）進行的審查根本沒有觸及加拿大賭場問題的根本。他告訴我，「從澳門到英屬哥倫比亞省賭場再到拉斯維加斯都存在直接聯繫。」前往澳門調查的團隊，研究了「澳門的一系列賭場，以及中國有組織犯罪幫派在其所擁有賭場的各個部分中所扮演的角色。」

根據我的分析，這關鍵的一段意味著：一個與中國有組織犯罪有關聯的人，在英屬哥倫比亞彩票公司佔有一席之地；英屬哥倫比亞省政府與有組織犯罪有商業有來往，以及政府可能涉及監管貪腐。該報告警告道：「利益衝突和貪腐印象將破壞英屬哥倫比亞博彩業的誠信度。一位涉及亞洲有組織犯罪的人被准許購入一家賭場，雖然根據公開消息該人物已經逝世，但他的賭場夥伴仍與亞洲有組織犯罪有關。而就在股權轉讓的過程中，據稱有關監管調查員在該人物提出購買賭場時，就已知道他們之間的關係。如今，這名監管調查員已從政府部門退休，但仍參與在合法博彩業之中。」

對於我的調查，若報告裡那段炸裂的內容屬實，那就更容易理解「來自中國的貴賓是如何被允許攜大袋現金進入大溫哥華地區的賭場」。原因顯而易見，有組織犯罪的高利貸、有組織犯罪的巨額賭客、有組織犯罪的賭場投資人？毒資通過黑幫進入賭場，進行洗錢活動；再將洗好的錢從賭場拿出來，投入加拿大銀行金庫和賭場股票中。有組織犯罪兩頭獲利，就像一九四〇年代的拉斯維加斯賭場。

這份報告是「受保護A版本」，刪去了被指控為亞洲有組織犯罪人物的身分。據稱，他買下了英屬哥倫比亞省賭場的一部分股份，而那名博彩政策與執法部調查員在從政府部門退休前都對他睜一隻眼閉一隻眼，後來在英屬哥倫比亞省賭場公司就職。但關於該人物的身分有許多線索。

然而，在這本書出版之際，加拿大隱私法阻止我試圖從文件中找尋他們姓名。不像司法官員、或負責英屬哥倫比亞省賭場洗錢調查的卡倫委員會，我無權傳喚可以披露他們姓名的文件，也無權從省政府手上獲得內閣特權文件。但我認為，卡倫委員會必須揭發與亞洲有組織犯罪擁有賭場的指控相關的所有事實。如果不這樣做，委員會便沒有履行任務去調查「監管機構有否貪腐准許有組織犯罪和洗錢活動推動英屬哥倫比亞省的經濟」。

⋮

綜合非法賭博執法隊的報告包含了許多令人震驚的案例，也強調了為甚麼弗萊德．皮諾克認為該單位的任務需要改變。

華裔有組織犯罪是非法賭場中的主要參與者，在京士威道的十二個街區內，至少有九家地下賭場。但基於地點更換頻繁，相關土地的財產所有權難以追蹤，所以難以取締。而在大溫哥華地區中無人居住的豪宅中設有多少賭場，數量甚至沒有提及。在南格蘭威爾一處用作非法賭場的住宅中，綜合非法賭博執法隊發現了八名馬來西亞婦女在此賣淫。其中一位被迫來到溫哥華出賣身體，是償還在亞洲欠下的賭債。正如我在《全球新聞》所報道的，英屬哥倫比亞省前檢察官兼知名評論家桑迪．加洛斯羅（Sandy Garossino）認為，該省內的亞洲有組織犯罪涉嫌亞洲人口買賣及性奴隸活動。

然而，報告詳細描述惡毒的高利貸團夥和大規模洗錢活動與賭場和銀行之間的聯繫，才令綜合非法賭博執法隊提出要增加資源以打擊省內犯罪團夥，得到有力支持。

在大溫哥華地區賭場，至少有七個主要高利貸團夥，其中約有五十名已知人物，曾犯下令人髮指的暴力行徑。報告中記錄到，二〇〇六年五月：「一位經營小型賭館的人，其八歲女兒和六歲兒子曾被人用槍口指著綁架。綁匪告訴孩子，他們的父親欠下了三十萬元的債務。一個鄰居看到孩子從一輛被盜汽車的後座爬出，便報了警。兩名孩子安全獲救。」在另一起案件中，一名非法賭場的職員在其溫哥華家門外被車手綁架，他的頭被蒙起來，並遭到手槍猛擊和多次刺傷，然後丟棄在高貴林樹林的路邊。他被告知，若不償還三萬加元的債務，下次將遭遇生命危險。

同一時期，列治文高利貸李榕（Rong Lilly Li）在河石賭場外遭到謀殺。她是經政府註冊的河石賭場的職員，也在賭場內放高利貸。最後一次出現在賭場監控內，她正從正門走出去跟兩名高額賭客上了一輛金色的客貨車。他們認為李榕手提包裡會有多達三十萬元，所以當她坐下，兇手馮祝明（Chu Ming Feng）及其同夥梁國維（Guo Wei Liang）用一條黑色皮帶勒緊她的脖子。

「你為甚麼要這樣做？我只有一個女兒。」這是她最後嘶啞著說的話。兇手在她的錢包裡只找到了千元的賭場籌碼以及五百元現金，然後將她丟在溫哥華海灘的淺坑裡。馮祝明謀殺罪名成立，但他的同夥梁國維仍然在逃。

另一起案件中，一名女子在河石賭場借了五十萬元。報告指出，「她用房子作為抵押，從銀行借了二十萬元償還，但她仍有三十萬元欠款。高利貸威脅她，若不還錢，將放火燒她的公司和房子，並將她殺害。」

二〇〇七年，溫哥華地下賭場發生了兩起謀殺和企圖謀殺案件。與此同時，列治文線上博彩公司老闆張珀洪（Po Ho Cheung，音譯）在其東溫哥華家外的凱迪拉克汽車內遭槍殺身亡。他的博彩公司與內華達州、哥斯大黎加和英國有聯繫。他二〇〇一年因涉及數十萬元毒資的洗錢活動而被起訴。但後來聯邦檢察官撤銷了指控，因為他們的目標是毒販而非賭場洗錢。他正在協助煉錢活動，將大量二十元毒資從毒販手上轉交到眾多巨額賭客夥伴手中，由他們將這些「骯髒」的小面額鈔票換成乾淨的一千元鈔票。

報告指出：「許多犯罪組織擁有大量小面額現金，煉錢的目的在於減少大量現金的體積。將現金換成大面額鈔票後，這些從非法途徑得來的資金將更容易流入金融體系。這個初步的程序通常還能將骯髒、破損、甚至被污染的鈔票換成新鈔，從而與其最初的來源區分開來。」

報告指出了英屬哥倫比亞彩票公司賭場中大量的現金交易例子。在其中一個案例中，一名溫哥華銀行職員使用現金，一年內在大溫哥華地區的四家賭場買入了四百九十萬元的籌碼。「僅在二〇〇七年六月，他就已購入總值三百二十八萬七千元的賭場籌碼。」另一位經常光顧河石賭場、新威斯敏斯特星光賭場、溫哥華水濱賭場以及本拿比宮殿賭場（Gateway Casino）的男人，共進行了二百八十五次大額現金交易報告，總涉及金額達八百七十萬加元和六萬二千美元。

加拿大皇家騎警知道，這不僅僅是英屬哥倫比亞省的問題。「全國範圍內的許多調查都表明，有組織犯罪成員也利用賭場放高利貸和洗錢，而這類犯罪分子已成功滲透到整個行業。」報告寫道，相信非法體育博彩也與合法和非法賭場有巨大的業務來往。綜合非法賭博執法隊曾收到香港警察求助確認一個溫哥華電話號碼進行，相信與華裔外圍投注有關。一名華裔莊家據說能收受高達二十萬元的賭注，而西西里和卡拉布里亞的黑手黨也參與賭場和外圍活動。

二〇〇一年，一項調查揭示了「每星期高達四百萬元的賭注，整個操作由蒙特婁的里祖托犯罪集團（Rizzuto Organized Crime group）主導。」針對魁北克的目標已被起訴，但英屬哥倫比亞省並未，或許是因為加拿大皇家騎警中沒有非法博彩專家。

報告除了提供英屬哥倫比亞省賭場中令人震驚的證據，也提及加拿大反洗錢系統的虛偽。加拿大金融交易和報告分析中心多年以來不斷向該省的警方提供賭場洗錢以及涉及四千萬元的交易證據。根據加拿大贓款舉報系統，出於隱私法，這由聯邦財政部管理，而警方則不能直接查看這些數據。但他們理應跟進加拿大金融交易和報告分析中心所披露的刑事案件。但報告發現，「由於手上和其他資源的不足，警方管理層表示不對此情況採取任何調查。」

二〇〇九年一月，報告最後提出了一些建議，其中包括制定勒索法，類似美國政府用以削弱義大利黑手黨家族在紐約市的控制。

建議如下：

- 執法機構使用諸如犯罪組織罪、陰謀罪、犯罪收益法、民事充公等打擊非法博彩活動。
- 通過加拿大國稅局調查違法者，剝奪非法博彩所得利潤。
- 通過移民政策驅逐某些違法者。
- 將綜合非法賭博執法隊作為英屬哥倫比亞省所有博彩相關犯罪訊息的中央數據庫。（與博彩有關的犯罪活動由許多不同的警察機構處理，導致行動分散，阻礙情報主導的執法）
- 綜合非法賭博執法隊效仿安大略省內由省級資助的有組織犯罪及非法博彩部門（Organized Crime Section Illegal Gambling Unit），向省內所有執法機構提供服務。
- 由綜合非法賭博執法隊主導，在全省範圍內對有組織犯罪進行協同打擊。
- 綜合非法賭博執法隊所得資源大量增加，包括配備二十五名全職警員和分析人員。
- 指定一名接受過非法博彩及洗錢案子專業培訓的皇家檢察官，負責處理綜合非法賭博執法隊起訴的案件。
- 在加拿大皇家騎警聯邦計劃和英屬哥倫比亞省警察訓練項目中，強制進行非法博彩的培訓。

然而，這些建議都被忽視了。

皮諾克正努力握緊方向盤，他的心臟在劇烈跳動，一陣陣的刺痛感讓他只能靠在駕駛座上。他只開了兩個街區，便停在路邊，強撐著自己。他心想，「我該死的心臟病要發作了。」

⋯

他剛離開綜合非法賭博執法隊的半年會議，會上要面對博彩政策與執法部及加拿大皇家騎警高層，他的上司——負責直接與科爾曼部門維持省級合同的人，在椅子上扭來扭去，當著所有人對著他大吼大叫。

皮諾克坐在車裡喘息，就在這時，另一名指揮官來電：「皮諾克，這樣行不通。最好的辦法就是認錯。」他開車回家，決定離開警隊，但他的計劃是讓他的接班人在二〇〇八年末接手並擴大綜合非法賭博執法隊。針對執法隊效率的獨立審查已經完成，並得出結論：「在此時中止綜合非法賭博執法隊的決定似乎並不合適。」

然而，二〇〇九年四月，政府以英屬哥倫比亞彩票公司面臨經費壓力為由，解散了綜合非法賭博執法隊——這個每年賺取二十六億元，並向政府提交超過十億元的搖錢樹遇到了經濟困難。皮諾克對此感到非常不安，以至於他燒掉了自己的警察檔案。唯一支撐他度過痛苦的，是他希望有一天能對英屬哥倫比亞省賭場的洗錢活動展開公開調查。

皮諾克知道，若被傳喚作證，他要說甚麼。他已得出一個結論，就是他的上司根本不關心公共安全、不關心如何打擊有組織犯罪、不關心嗜賭成癮、不關心謀殺案、被槍械綁架的孩子、數千名海洛因和芬太尼成癮死在市中心東區的人，也不關心溫哥華奢華大樓裡的洗錢活動。他內心深知，加拿大皇家騎警的領導人不會冒著挑戰英屬哥倫比亞省政府，以及危及省級警務合同的風險惹怒他們在渥太華的上級。「這些傢伙根本不在乎公共安全，這一切都是為了最大化增加收入。」他想到。

這些指控難以證明，但皮諾克有一個辦法去驗證他的理論。他派了一位使者——他的女朋友、也是省議員山本直美（Naomi Yamamoto），將訊息傳達給科爾曼。他必須知道他的報告有否上交到科爾曼的桌上；他必須知道根據綜合非法賭博執法隊在二〇〇九年一月提供的有罪確證，有哪個政府會選擇解散這個單位。山本向科爾曼傳達了一個訊息：皮諾克想讓你知道，我們的政府賭場存在嚴重的犯罪問題，他希望與你見面詳談。

由於英屬哥倫比亞省自由黨的規定，山本無法告知皮諾克，科爾曼在內閣會議上對她說了甚麼。但她描述了科爾曼的回應，是粗暴、輕蔑及令人難堪的。皮諾克認為，科爾曼大發雷霆，是因為他不希望讓內閣知道他早已知悉關於英屬哥倫比亞彩票公司賭場內的幫派問題。因此，這場鬧劇將繼續下去。

關於我在《全球新聞》上所報道的二〇〇九年綜合非法賭博執法隊報告，英屬哥倫比亞省前檢察官桑迪·加洛斯羅審查了該報告的細節。「對我來說，任何政府官員得到了這些訊息，而副總檢察長的回應不是向警察提供他們需要的資源，卻反過來解散了這個單位，這令人驚歎。」加洛斯羅說到。「兒童遭到綁架，黑幫為了金錢隨意謀殺；你看得到人口販賣的跡象，婦女被迫賣淫——而省政府知道這一切。他們不僅甚麼都沒做，還主動解散了這個單位。這就像是一種干預行為，以讓警方停止調查貪腐問題。」

加拿大金融交易和報告分析中心前副主任丹尼斯．梅尼爾（Denis Meunier）也對這份報告進行了審查。他稱這些揭發十分具有爆炸性。「就許可證而言，賭場應對業主、職員和任何關聯方進行盡職調查，以確保犯罪販子及其夥伴遠離賭場的所有權和運營。在我看來，如果有關犯罪賭場所有權的指控通報給英屬哥倫比亞省政府或加拿大皇家騎警的任何人，而對方並沒有進行進一步調查，那就存在違規行為。因為他們對公眾負有信託及法律責任。這些訊息十分衝擊。」

科爾曼仍沒有回應我多次提出的採訪請求，但他在二〇二〇年一月提供了以下聲明：「如你所知，大法官奧斯汀．卡倫預計於今年春季針對這些問題展開調查，我相信卡倫會徹底完成他的工作。而正如我之前所說，如有需要，我會配合他的工作。另外，我作為部長，履行了我的受託和法律職責，對此抱有質疑是不正確的。」

10

殺雞取卵

「他輸掉了籌碼，像困在籠裡的老虎一樣四處徘徊了一分鐘，然後匆匆離開了賭場。」

二〇一〇年，溫哥華舉辦冬季奧運會讓加拿大舉國歡騰，該市被譽為繁榮和宜居的全球典範，但來自博彩政策與執法部和加拿大皇家騎警的小部分調查員卻心情迥異。在卡爾文·克魯斯蒂看來，溫哥華就像一條色彩斑斕的熱帶魚，外表美麗，內在卻有毒。在溫哥華富裕健康的閃亮外表之下，來自中國的黑錢正有如洪水般湧入賭場和空置的公寓大樓，以秘密交易為基礎的新金融體系已成為這座城市的經濟重心，其中存在兩種截然不同的流動資金來源——即毒品贓款和來自中國大陸的資本外逃。

二〇一〇年十一月二十四日，博彩政策與執法部賭場調查主任戴瑞·迪克森（Derek Dickson）致函英屬哥倫比亞彩票公司，他在信中寫道他對溫哥華賭場內可疑現金交易的「急劇增加」感到擔憂，這涉及賭場眾多客戶：「這一般牽涉到知名的大額現金交易百家樂顧客，他們通常帶著現金來購買籌碼。我們認為，英屬哥倫比亞彩票公司需要尋求解決方案，以應對明顯增加的洗錢問題，特別是英屬哥倫比亞賭場內大量小面額鈔票的交易情況。」

迪克森提到了一位特別的高額賭客：沙李林（Li Lin Sha），他在短短八星期內用現金三百九十萬元買籌碼。外界認為他在中國擁有煤礦，是金保羅關係網中的頂級客戶之一，他幾乎在兩個月的狂歡都使用二十元鈔票，夜復一夜，他帶著大約二十萬元的現金進來，以一萬為一捆用橡皮筋綁起來，裝在健身袋裡。有一次，他在百家樂中迅速輸掉了三十三萬元，博彩政策與執法部一位調查員在查看了這段罪證監控錄像後對此畫面難以忘懷：「他輸掉了籌碼，像困在籠裡的老虎一樣在房裡走來走去，在大概一分鐘後衝出賭場。」

走出賭場後，沙李林馬上就遇到一輛停在前門的車，對方從行李廂拿出「一個東西」給他，他帶著這個袋子以及內有的三十二萬五千元籌碼，回到賭場繼續賭博。

信中，迪克森通知英屬哥倫比亞彩票公司，他以及執法部主任喬．沙爾克（Joe Schalk）已會見加拿大皇家騎警綜合收益罪案組（IPOC，RCMP's Integrated Proceeds of Crime）的督察巴瑞．巴斯特（Barry Baxter），他表示「對方已充分了解這個問題，並對賭場被有組織犯罪集團用作清洗巨額資金的渠道之行為表示嚴重關切。」

然而，英屬哥倫比亞彩票公司拒絕接受此觀點，並認為來自外國的百家樂高額賭客只要出示身份證、聲稱自己從事某種業務、曾在英屬哥倫比亞官方賭場賭博，那他們的現金就是乾淨且沒有任何問題的。其中讓執法部特別惱火的是，彩票公司聲稱中國貴賓玩家使用現金賭博屬於文化偏好——對他們來說，現金是幸運的，因此侵犯他們的隱私、以懷疑的眼光看待現金袋是不適當的。這種愚蠢的行為讓前加拿大皇家騎警沙爾克火冒三丈，他以及執法部的同事越發覺得英屬哥倫比亞政府實際上非常歡迎那些自稱是實業家的人所帶來的黑錢。

「一個人的『聲明』與真實情況之間可以、也可能存在重大差異，金融機構不會僅僅聽信於個人的『聲明』。」沙爾克在寫信給英屬哥倫比亞彩票公司的高管時寫道。「英屬哥倫比亞彩票公司多年來聲稱他們正在實施『嚴格的反洗錢策略』，然而在過去十個月裡，有關可疑貨幣交易及洗錢事件的報告數量比前一年增加了兩倍多。」

與此同時，加拿大金融交易和報告分析中心紀錄顯示，英屬哥倫比亞彩票公司在二〇〇九年提交了三萬七千萬份大額現金交易報告，即每筆交易至少購入了一萬元的籌碼。二〇一二年交易數目激增至七萬份，而英屬哥倫比亞彩票公司的賭場總收入達到十六億元，幾乎全都是現金，且幾乎都來自列治文和溫哥華周圍幾家賭場「樓上」的私人百家樂房，極大的份額來自極少數的中國高額賭客。你幾乎可以準確地預測到，每隔五年左右英屬哥倫比亞彩票公司的醜聞就會浮出水面，政府不得不去回應媒體如浪潮般的關注。

二〇一一年一月，CBC 報道了迪克森、沙爾克、巴斯特，與英屬哥倫比亞高級官員弗萊德．皮諾克（Fred Pinnock）之間發生的尖銳衝突。據報道，列治文的河石賭場以及新威斯敏斯特的星光賭場在短短三個月內發生了九十起大額現金交易，總金額達八百萬元；而就在該公司賭場的交易數量翻了三倍之際，加拿大其他地區賭場的統計數據卻是保持不變或有所下降。

根據博彩政策與執法部的報告，一名男子曾在二〇一〇年春季帶著價值一百二十萬元的籌碼進入星光賭場，要求工作人員將其換成現金。這位貴賓就是張宇翔（音譯，Yu Xiang Zhang），他想飛往蒙特婁的一家賭場，但擔心海關官員會對他那裝了大約重一百一十五磅鈔票的行李起疑心。報告指出，張宇翔當時是英屬哥倫比亞省最大的賭客，所以當他要求賭場提供一封確認信以表示這筆錢是賭場所得時，工作人員真的提供了這封信。這裡的驚人之處在於賭場的高級職員知道張宇翔受一位叫羅女士（Ms Lo）的高利貸供應現金，她正好是譚國聰以及金保羅的大圈仔網絡中的嫌疑人，與列治文最大的百家樂玩家有所聯繫，涉及現金交付和地下錢莊業務。加拿大皇家騎警一名警官後來查看了迪克森的案件，並表示若警方試圖調查張宇翔的洗錢行為，賭場實際上是給了他一張「免於入獄」的有效金牌。

幾天後，又一名賭客帶著四十六萬元的二十元鈔票進入河石賭場並購入籌碼，賭場報告了這次大額現金交易，但指出「該男子無可疑行為」。

CBC 報社採訪了河石賭場發言人霍華德．布蘭克（Howard Blank），布蘭克表示，賭客帶著二十元鈔票進入賭場並不罕見，列治文賭場在夏季會異常忙碌，因為有「大量來自東南亞和中國大陸的遊客湧入。大部分的錢都來自在這裡有生意的人，他們將錢從公司拿出來，進來賭博。」但對於博彩政策與執法部和警方來說，這種解釋令人啼笑皆非。

CBC 報社也採訪了巴瑞．巴斯特，他指出，當湧入英屬哥倫比亞省賭場的二十元鈔票被記錄為大額交易而非可疑交易時，就已存在一個嚴重的問題，「我們懷疑那是黑錢，賭場行業在這段時期被有組織犯罪盯上，並進行一些可能非常複雜的洗錢活動。」這番公開發表的言論卻讓英屬哥倫比亞法務廳長高利民非常憤怒。

高利民告訴CBC：「是的，我知道他說了甚麼，我不同意他的說法，他在加拿大皇家騎警的所有上司也不同意。」但這並非事實，巴斯特的上司知道、也准許他如此發言。他看過貴賓將大量現金帶到賭場的私人現金櫃檯的錄影，執法部的調查員曾跟蹤這些貴賓到賭場附近的餐館、豪華汽車和停車場，他們會在那裡接收大袋現金，所以巴斯特的上司對此都有所了解。

因此，在二〇一一年一月份，省政府陷入了兩難境地，最新一波的媒體關注浪潮來得非常不合時宜，高利民的部門和加拿大皇家騎警正在就省級的警務服務合同進行談判，該合同將於二〇一二年初續簽。巴斯特的直言不諱給談判帶來了麻煩，難道渥太華的皇家騎警高層人員會允許英屬哥倫比亞省一名中級警官，透過言論表明「皇家騎警已準備去咬餵養自己的手」？

顯然不會。英屬哥倫比亞政府和加拿大皇家騎警的高層之間傳遞了某種訊息，在多年後的一項獨立審查中發現，「加拿大皇家騎警對巴斯特檢察員的言論作出警告，在任何與英屬哥倫比亞賭場相關的事宜中，巴斯特的言論已是多年來最後一次由加拿大皇家騎警官員發表。」

但是，讓加拿大皇家騎警內部的賭場批評者保持沉默，並不是唯一要處理的問題，公眾的憤怒正獲得政治支持，高利民也受到巨大的壓力。「親愛的高利民先生，我想對近來有關於可疑博彩交易的媒體報道表示關切，報道稱有兩家博彩公司在二〇一〇年的三個月內出現了總額達八百萬元的交易，」一位評論員在二〇一一年一月寫道，「令人感到嚴重擔憂的是，為甚麼要等到新聞媒體曝光了這些可疑的賭場交易後，您才採取行動？」

這位評論員的姓名最終在英屬哥倫比亞政府紀錄中被刪除——他提出疑問，為甚麼英屬哥倫比亞賭場不能採用安大略省模式，依賴於省警察。「有組織犯罪成為英屬哥倫比亞賭場運營的一部分，這是個嚴重的問題。為甚麼我們的賭場裡沒有警方在場，並時刻準備對任何可疑的博彩活動進行有效的處理？例如在安大略省，每家賭場都有便衣警察，為甚麼我們的省不能採用同樣的程序呢？」

評論員說，原因顯而易見。「省內賭場的執法明顯不足，而我清楚地看到有組織犯罪團夥正準備通過賭場洗錢。」他也指出，一些人已經注意到由弗萊德・皮諾克領導的綜合非法賭博執法隊消失了。「最近的可疑交易也表明了您在二〇〇九年解散加拿大皇家騎警綜合非法博彩執法單位是個愚蠢的決定，而該小組的消失讓人懷疑您的政府是否真的致力於有意義的非法博彩調查。」

但高利民反駁了評論員意見，他寫道：「我的部門監管省內所有博彩活動，確保博彩公司、人員和設備的誠信，任憑媒體如何報道，我部已制定了多項制衡措施以阻止賭場內的犯罪活動。所有可疑交易，無論金額大小，都會由我部或當地警方進行報告和調查。」但事實卻並非如此，正如二〇〇九年一月由綜合非法賭博執法隊提交給高利民部門的報告所示，加拿大金融交易和報告分析中心向英屬哥倫比亞警方移交了價值數千萬的賭場洗錢案件，卻無人跟進。

然而，英屬哥倫比亞政府必須以某種方式迅速作出反應，因為與加拿大皇家騎警續簽合同的時間已進入倒計時。於是，高利民找來自己部門的高級官員，英屬哥倫比亞民事充公辦事處

（CFO，Civil Forfeiture Office）主任羅伯．克羅克（Rob Kroeker）進行一項審查，並「確定在現金交易方面需要改進的地方。」

克羅克是一名律師，也是前加拿大皇家騎警的官員，他要在二〇一一年二月之前提交報告。從現實角度來看，高利民的部門會在不到兩個月的時間內完成內部審查嗎？我認為不會。但內部文件顯示，公關回應是該計劃的重要組成部分：「潛在利益：此報告將回應媒體自二〇一一年一月以來，對該省在『預防娛樂場所的洗錢活動』之努力的高調批評。」此策略展示了高利民部門面臨的挑戰，特別是與巴斯特的不和——這是由一則媒體報道引發的，報道稱「加拿大皇家騎警懷疑『神秘資金』交易可能代表著毒資洗錢行動。」

政府紀錄中提到：「《溫哥華太陽報》等媒體報道了巴斯特以及高利民之間的分歧。巴斯特對賭場交易中一些被指為『大額』而非『可疑』的報告表示擔憂，他問道：使用二十元鈔票進行總額二十五萬元的交易難道不可疑？街上的普通人都會覺得『這不對勁』，那為甚麼這會被視為大額交易，而非可疑交易呢？高利民表示，巴斯特的立場與其上司並不一致，但隨著加拿大皇家騎警根據訊息自由法公開的文件，高利民的立場也受到了質疑。」

而與此同時，通訊文件顯示，政治對手也在進行抨擊。媒體報道到，「反對黨新民主黨評論員謝恩．辛普森（Shane Simpson）認為，有人攜帶大量二十元鈔票進入賭場卻不引起懷疑令人『難以接受』。」甚至是正在競選英屬哥倫比亞自由黨領袖的聯邦自由黨政治家簡蕙芝（Christy

Clark)也進行了抨擊，「我們不能容忍非法活動在英屬哥倫比亞賭場發生。賭場之所以可以運營、公眾之所以願意接受它們作為政府的收入來源之一，都是出於對政府的信任。我希望這是公正的，賭場的經營需合乎道德和誠信。」

因此，高利民提出的賭場審查將有助於平息這些公關挑戰，而他的部門已準備好反駁那些認為「審查是倉促的內部工作」的評論。「鑒於一月份圍繞著洗錢問題的高調討論和事態的敏感性質，我們希望盡快採取行動，在必要時加強博彩業的誠信度。」該部門在此政策紀錄中寫到，「這就是為甚麼我們動用了內部的工作人員。」

克羅克的審查報告於二〇一一年夏天發布，他表示英屬哥倫比亞彩票公司的賭場擁有充分的反洗錢保護措施，但審查證實了一個顯而易見的事實：「省內的博彩業幾乎全是現金交易，這為有組織犯罪提供了機會。」報告中沒有對省內賭場的洗錢規模進行估算，也沒有提出簡單的補救措施：比如像博彩政策與執法部所要求的那樣，將貴賓使用二十元鈔票（與毒資相關的面額）買入籌碼的金額限制在每筆一萬元以下。相反，克羅克建議英屬哥倫比亞省的賭場研究如何過渡到使用電子資金交易，高利民的部門使用商業方式進行總結：「為預防洗錢活動，博彩業將盡快從現金交易業務中轉型，並對剩餘的現金採取適當的審查行動。這一轉變將尊重、或加強我們所負責的博彩操作及行業的健康發展。」

任何關注英屬哥倫比亞省賭場歷史的人都會對此起疑心。內部紀錄顯示，高利民的部門擔心克羅克的審查會發現博彩政策與執法部在調查賭場洗錢案時並不持有像加拿大皇家騎警那樣的權利。換句話說，在高利民的部門解散了由皮諾克領導的綜合非法賭博執法隊後，就再也沒有人調查賭場的洗錢活動了。

克羅克說：「若不改變，洗錢問題將很少提升到足夠優先的地步，令警方進行調查。」因此，高利民的部門已準備好，以防記者問到：「該省是否有可能為博彩政策與執法部的調查人員清除其中的某些障礙？你們做得到嗎？」

答案是否定的。「某些調查權利理應由加拿大皇家騎警所擁有，」策略紀錄中寫道，「因此我預計，目前不會擴大博彩政策與執法部的調查能力。」

此外，若記者發現克羅克報告中所說的「洗錢活動鮮少驚動警方調查」，並提出「這是否意味著加拿大皇家騎警綜合收益罪案組並未對可疑洗錢行為抱以認真的態度？這是否是你在省級警務服務合同談判中會提出的問題？」時，高利民準備的回答亦是否定。合同談判中肯定不會包括增加加拿大皇家騎警對賭場的管制力，他說：「我相信加拿大皇家騎警會認真對待洗錢行為的調查。」

最後，還有一個揮之不去的問題，即關於英屬哥倫比亞省賭場治理和收入與執法之間的長期衝突。二〇〇七年，英屬哥倫比亞彩票公司在審計貪腐支出時，一名獨立審查員建議將公司和博彩政策與執法部分開成不同的部門，換句話說，賺錢者和監管者不應為同一個主人服務。

然而，高利民的部門也對另一個問題作出準備，若記者問道「我們如何確保政府對來自賭場的收入目標不會凌駕於改進賭場安全性和合規性的行動之上？」該部門準備的答案簡潔且非常歐威爾式（Orwellian）：「英屬哥倫比亞博彩業的治理模式確保會以公開透明的方式進行決策，且不受任何事物影響。」

所以對賭場這個賺錢機器的審查並未帶來任何變化，加拿大皇家騎警不會針對英屬哥倫比亞彩票公司賭場中的有組織犯罪採取行動、博彩政策與執法部的調查員也不會獲得解決跨國高利貸團夥的權利。據說，英屬哥倫比亞省賭場的犯罪問題將被考察，但並不會強制執法。最終，裝滿二十元鈔票的冰球包不會被拒於門外，這場鬧劇將繼續下去，而加拿大皇家騎警和英屬哥倫比亞省將在二〇一二年初續簽為期二十年的省級警務合同。顯然，不對英屬哥倫比亞彩票公司的賭場實施治安管理並沒有成為爭議點，而該省獲得了更多對聯邦警力的控制權。

加拿大聯邦政府在二〇一二年三月的聲明中宣佈：「根據新協議，在聯邦層面做出決策前，英屬哥倫比亞省將對影響警務合同的成本、質量和標準投入更多意見。」

與此同時，二〇一二年末，英屬哥倫比亞省政府宣佈克羅克已從公職退休。沒有大張旗鼓，他被大加拿大博彩公司聘為旗艦列治文河石賭場的合規總監；而巴斯特也被排除在外。二〇一一年底，加拿大皇家騎警綜合收益罪案組被撤資，渥太華給的理由是，聯邦警務必須專注於恐怖主義威脅。洗錢——這相等於跨國有組織犯罪以及真主黨（Hezbollah）等毒品恐怖主義網絡命脈的活動，將被加拿大國家武裝力量完全忽視。

這真是一個悲劇。因為就在二〇一一年末，綜合收益罪案組和博彩政策與執法部合作調查了為河石賭場貴賓服務的中國高利貸網絡。金保羅和譚國聰最終成為加拿大皇家騎警的重要目標，但調查卻隨著綜合收益罪案組的解散而中止，因為博彩政策與執法部並沒有權利調查英屬哥倫比亞彩票公司賭場的洗錢問題。原因是甚麼？華人跨國幫派在溫哥華幾家賭場中已變得非常強大，特別是河石賭場，以至於博彩政策與執法部認為任何洗錢調查都會威脅到他們的人身安全。他們知道這些高利貸幫派十分暴力，這些毒販擁有被規管的武器，甚至設有槍枝店。

因此，在英屬哥倫比亞彩票公司賭場內一切交易都是開放的，清洗毒資的活動也在呈指數級增長。

⁝

二〇一一年二月二十八日，博彩政策與執法部調查總監喬·沙爾克再次致函英屬哥倫比亞彩票公司，警告說「大量顧客使用大量二十元鈔票買進籌碼」所造成的巨額現金負載情況加劇。

「若不採取措施，威脅會繼續增加。」信中寫，並非所有華人貴賓都被當做罪犯，但他們幾乎都是在知情的狀態下與有組織犯罪的高利貸者進行交易。與英屬哥倫比亞彩票公司狹隘的論點相反，他們毋須在百家樂中贏錢才能洗錢。我們相信，無論他們是贏是輸——大部分情況下，這些顧客至少在協助犯罪轉移和清洗他們的所得。」沙爾克寫道，當貴賓通過支票、電匯、轉移個人資產如汽車或房屋所有權，將債務償還給放貸者時，就已完成洗錢了。

但英屬哥倫比亞彩票公司並不想聽這些。因此在整個二〇一一年，博彩政策與執行部以及綜合收益罪案組的合作調查，是唯一阻擋在銀通國際新興的地下錢莊和英屬哥倫比亞彩票公司的洗錢工具之間的屏障。二〇一二年初，在綜合收益罪案組被解散後，銀通國際的超級節點（supernode）金保羅首次因為可疑交易行為被識別為河石賭場的高級貴賓賭客。據加拿大金融交易和報告分析中心報告稱，英屬哥倫比亞彩票公司在二〇一二年十一月二日以涉嫌放貸的違規行為禁止金保羅在其所有賭場活動。報告稱，該彩票公司的洗錢調查人員認為金保羅「對英屬哥倫比亞彩票公司及其娛樂服務提供商構成極大風險。」但事實證明，這條禁令毫無意義。

金保羅及其大批跑腿多年來仍持續將現金交給銀通國際在河石賭場內的貴賓客戶。這如何進行？政府承諾「為預防洗錢活動，博彩業將盡快從現金交易業務中轉型，並對剩餘的現金採取適當的審查行動」，但實際情況卻是如何？紀錄顯示，政府所謂的電子交易研究小組「不斷強調在這方面有進展」，但前線的調查人員並未看到任何進步。事實上，情況恰恰相反。隨著百家樂賭注限額的提高，可疑現金的湧入也理所當然地增加。

二〇一二年，曾在河石賭場工作的羅斯．奧爾德森認為貴賓廳裡充斥著現金交易者，他的證詞後來在二〇一八年對英屬哥倫比亞省賭場洗錢問題的獨立審查中得到反映。他認為河石賭場的高級經理和一些主要貴賓之間存在可疑的友誼關係。所以在二〇一二年，金保羅及其同夥在賭場的運作一直通暢無阻。

於是，本拿比的博彩政策與執法部辦公室開始流傳一種尖銳、諷刺的幽默。「我們知道墨西哥的犯罪團體也有堆積如山的現金等待轉移，」調查人員會開玩笑說，「我們都接受來自中國的大量現金進入我們的賭場，為何不直接在邊境豎起寫著『英屬哥倫比亞賭場開放洗錢』的告示牌呢？」

這只是一個玩笑，但他們當時並不知道這有多合事宜。中國地下錢莊實際上已從哥倫比亞和墨西哥的洗錢者手中接管所謂的黑市披索交易。在這個極其複雜的影子銀行系統中，金保羅及其同夥只是其中一環，該系統利用毒資和國際貿易，將拉丁美洲的毒資從英屬哥倫比亞省清洗至中國，然後再回到墨西哥或更遠的地方。他們幾乎轉移了北美西海岸所有來自可卡因、海洛因、冰毒和芬太尼的收益。

儘管這個笑話的前提聽起來很離譜，但英屬哥倫比亞省實際上確實很歡迎毒資——博彩政策與執行部和英屬哥倫比亞彩票公司的調查員曾聽過高級官員表達類似想法。

這是一個非常誘人的推論。他們認為，無論是政府經營的合法賭場、還是有組織犯罪團伙經營的地下賭場都會出現犯罪和洗錢活動。所有社群都存在犯罪行為，你也無法阻止人們賭博。因此，官員們認為，政府應該打擊非法賭場，將罪犯轉移到合法賭場內，然後像徵稅一樣將黑錢吸乾。通過政府所吸收的黑錢，這筆『利潤』可以用於支付學校、醫院和社會項目所需費用。換句話說，政府賭場將成為一個香蕉共和國（Banana Republic，譯注：意指有廣泛貪污和外來勢力介入的經濟和政治制系）中，毒品經濟的終極洗錢機器。這簡直太瘋狂了。

⋮

二〇一一年十月二十五日下午五時三十五分，一輛黑色勞斯萊斯幻影停在新威斯敏斯特星光賭場門口。這輛車的主人石國泰（GuoTai Shi）是一位中國實業家，他在溫哥華和列治文擁有至少價值三千萬元的房產，如今手提一個裝有七千五百張二十元鈔票的袋子進入了貴賓廳。所有鈔票都用橡皮筋捆得好好，收銀員給石國泰換了十五萬元的大額籌碼，他便坐下開始玩百家樂。據說他是一名不錯的賭客，但當晚手風並不順，晚上七時半便輸光了所有的籌碼，於是他起身打了通電話，然後走向大廳。

金保羅有很多漂亮的汽車，包括一輛賓利，但他有一隊專門用於在賭場停車場交收現金的車隊。在石國泰打完電話不久後，金保羅開著他的凌志休旅車來到了星光賭場，與另一名陌生人將裝有十五萬元的現金袋交給石國泰。金保羅已經是一個被禁止放貸的人，他曾在河石賭場被抓住，但仍舊親自、或通過他的跑腿們將現金送到河石賭場以及星光賭場。不幸的是，調查員麥克．希爾在二〇一二年十月審查了星光賭場的錄像，金保羅因為給石國泰送錢而被禁止五年。但一向厚顏無恥的金保羅，以顧客身分向英屬哥倫比亞彩票公司投訴，表示石國泰是他的老闆，而自己甚至沒有進入星光賭場。「是，你只是在停車場交付了現金。」希爾回答道，金保羅接受了這個解釋，然後掛斷了電話。解決方法很簡單，只要避開賭場的停車場就行。

二〇一四年，英屬哥倫比亞彩票公司調查員之間的內部電子郵件解釋了金保羅及其人脈網如何繼續將數千萬元帶入貴賓廳。一封洩露給我的電郵中寫道：「這封郵件附有在低陸平原賭場運作的前十名放貸者，其中大部分是河石賭場的忠實客戶。金保羅理所當然是頭號目標，目前已被封禁，但仍非常活躍，有許多人為他工作。」但除了為省政府的創造收入目標以外，我在文件中並沒有找到為甚麼要讓彩票公司的管理層允許高利貸資金繼續湧入賭場。

博彩政策與執法部的調查員對此只能旁觀，且幾乎束手無策，他們希望至少能通過限制百家樂賭注的限額來控制可疑現金的流入。一九九七年，溫哥華賭場迎來澳門的大規模洗錢，當時百家樂的賭注限額從每手二十五元提升至五百元。之後賭注上限以倍數增長，最後，英屬哥倫比亞彩票公司和博彩政策與執法部之間有關於百家樂貴賓的衝突達到了頂峰。

二〇一三年十二月十九日，英屬哥倫比亞彩票公司的首席執行長麥克・格雷頓（Michael Graydon）向博彩政策與執法部的官員約翰・馬佐爾（John Mazure）發出一封投訴信，表示彩票公司在二〇一三年九月要求再次將百家樂賭注限額提高至每手十萬元，以迎接農曆新年，特別是在列治文的河石賭場以及溫哥華的水濱賭場（Edgewater Casino）。

格雷頓在信中寫到，「提高百家樂限額是為了『在賭場客流量和收入高峰期為玩家提供更大的便利』，」他對監管機構的冒失感到憤怒，「我們公司被告知任何賭注限額的更改都需要博彩政策與執法部的批准。」博彩政策與執法部對此當然有所顧慮。百家樂是英屬哥倫比亞省賭場主要的洗錢渠道，如果提高賭注上限，就等於打開了更大的閘門，從而吸引到世界上最大的洗錢者。

該省自由黨財政部長麥克・德容收到一份簡報，他在巴斯特風波後就從高利民手中接管了英屬哥倫比亞彩票公司和博彩政策與執法部。這份簡報告訴他，若將百家樂的賭注限額提高至每手十萬元，「博彩業的廉潔」將受到影響。

執法部一名工作人員向他解釋說，「如果我們有所顧慮，便有權制定政策和發布指令，而我們確實對洗錢問題有些擔憂。」簡報顯示，英屬哥倫比亞省賭場在加拿大的賭彩上限方面，是個極端的例外。但要推翻博彩政策與執法部的反洗錢指令，需要部長「簽署指令」插手，英屬哥倫比亞彩票公司最終如願以償。

然而，格雷頓選擇向博彩政策與執法部發出一封霸氣的信，由此留下了一個關鍵的書面紀錄，最終助我證明了政府的貪婪是如何凌駕於洗錢警告的。格雷頓在十二月十九日的信中總結道：「一個非常簡單的決定卻花了十三星期的時間來解決，如果不是高層的干預，英屬哥倫比亞省和彩票公司將錯失一個增加收入的重要機會。」

這些紀錄之所以被披露，是因為當時的新民主黨賭場評論員尹大衛（David Eby），針對英屬哥倫比亞彩票公司未能公開文件一事提出法律訴訟。尹大衛當時正在調查於二〇一四年自英屬哥倫比亞彩票公司退休，並跳槽到溫哥華水濱賭場的格雷頓是否存在利益衝突。「從紀錄中可以看出，儘管執法部已表明仍存在擔憂，但格雷頓先生仍主張提高最大的賭注限額。」尹大衛的在提交給英屬哥倫比亞省訊息披露辦公室（BC Records Disclosure Office）的信中寫道。

英屬哥倫比亞省議會上的辯論讓我看到了拼圖的最後一塊。紀錄顯示，在尹大衛的質問下，麥克·德容否認格雷頓從政府提高百家樂賭注限額的決定中獲得個人利益，而他的部門之所以插手，批准將賭注提升至每手十萬元是為了「公共利益」——為了能最大化賭場的收入。

對我來說，這就是充分的證據，證明英屬哥倫比亞省的收入比洗錢問題來得更重要。然而，格雷頓在二〇二一年卡倫委員會（Cullen Commission）上的驚人證詞表示，英屬哥倫比亞彩票公司在履行其任務——即最大化增加收入之際，也透過接受和匯報大量的可疑交易來監控洗錢問題。委員會的律師對他提問到，是否有充分的理由接受用橡皮筋捆在一起、放進袋子並在深夜放到賭場現金櫃裡、總值二十萬元的二十元鈔票？

格雷頓承認，此類交易顯然是可疑的，但他也說，加拿大金融交易和報告分析中心實際上希望英屬哥倫比亞彩票公司接受這些交易，以便他們能向警方報案，讓他們進行調查。「我擔心的是，我們會繼續與監管機構和利益相關者合作。」加拿大金融交易和報告分析中心堅決否認了格雷頓的回答，表示聯邦監管機構絕不會告訴企業接受大筆現金買入；而格雷頓在調查期間的盤問中也突然變卦，聲稱自己可能是搞錯了。當然，正如現在我們所知道的，加拿大皇家騎警並沒有調查由加拿大金融交易和報告分析中心提交給警方的、有關於英屬哥倫比亞省賭場洗錢的檔案。

麥克·德容領導的改革於二〇一四年一月生效，將英屬哥倫比亞彩票公司貴賓廳最高的總賭注限額（即一個賭客在百家樂桌上所有賭注的總和）——從四萬五千提高到十萬元（見河石賭場貴賓廳更新計劃，附錄A）。巧合的是，同樣在二〇一四年一月，地下錢莊銀通國際投資公司在英屬哥倫比亞省註冊，它位於列治文一座距離河石賭場七分鐘車程的辦公大樓。

在財政部指令的影響下，英屬哥倫比亞彩票公司的收入立即飆升。一年後，該公司的報告稱百家樂高額玩家的「卓越表現」帶來了一億二千五百萬元的創紀錄利潤。但與此同時，博彩政策與執法部曾警告過的「影響」——即前所未有的洗錢潮，已完全被釋放。

英屬哥倫比亞彩票公司賭場的可疑交易數量從二〇一一年的四百五十九起飆升到二〇一三年

的一千〇十三起，其中沒有一起報告受到加拿大皇家騎警的調查。二〇一四年，博彩政策與執法部明顯被激怒了，英屬哥倫比亞彩票公司的調查員聯繫了省內的聯合反黑幫部隊，分享了有關於金保羅和「不受歡迎的賭客」的資料。「僅供參考，我們在河石賭場的主要目標最近極度活躍，實際上他已多次親自將現金送到現場。」

調查員戴爾・托特納姆（Daryl Tottenham）在二〇一四年七月的一封電郵中寫道：「他們的主要車輛是一輛白色的休旅車，停在River Road，大部分時間都避開了我們的車牌識別系統。上星期，金保羅給同一個人送了兩次五十萬元的現金，還有一些更小的金額，每次介乎二十萬至三十萬，所以他是個大忙人。」另一封電郵列出在溫哥華地區賭場混的前十名高利貸者姓名，這些人幾乎都是金保羅的同夥，「大多數是河石賭場的客戶。」

二〇一四年秋天，中國地下錢莊令英屬哥倫比亞彩票公司賭場的可疑現金交易量創下歷史新高，「閘門」已猛然崩堤，每月交易平均達到二千萬元。十月，沙爾克及其執法部的同事發現，據稱是金保羅在河石賭場貴賓廳客戶之一的魏可思（音譯，Kesi Wei）——一名剛在溫哥華購買了千萬豪宅的中國公民，帶著六十四萬五千一百〇五元的小額鈔票進入了河石賭場。而這只是調查員當月看到的眾多「超大額現金買入」的其中一個。

對博彩政策與執法部的一些人來說，這是壓垮駱駝的最後一根稻草。他們向英屬哥倫比亞彩票公司投訴了金保羅和魏可思的網絡，引發了內部調查，而英屬哥倫比亞彩票公司的調查員開始直接向河石賭場的貴賓們進行質詢。但與此同時，河石賭場的經理們則擔心英屬哥倫比亞彩票公司的調查員會對中國貴賓提出質詢。根據該公司洩露給我的紀錄，他們安排了一場會議，「與河石賭場、羅伯・克羅克以及幾位經理會面，討論質詢貴賓們的方法，以及有關現金交付、離開賭場的籌碼以及最近看到的大額現金買入之問題。

「河石賭場的工作人員提出擔憂，若我們要質詢貴賓，希望可以讓工作人員將顧客帶到一個私人房間，參與整個過程……並且如果可以，希望有機會能與顧客直接交流。」他們安排了一場電話會議，參與者包括英屬哥倫比亞彩票公司副總裁布拉德・德斯馬雷、大加拿大博彩公司及河石賭場安全與合規總監羅伯・克羅克、大加拿大博彩公司副總裁沃爾特・蘇（Walter Soo）以及首席營運官特倫斯・多伊爾（Terrance Doyle）。

會議紀錄顯示，「電話會議討論了有關顧客魏可思最近在河石賭場使用大量來路不明的現金和賭場籌碼，這引起了省級監管機構博彩政策與執法部的注意。沃爾特・蘇表示，魏可思持有加拿大十年的訪客簽證，擁有可觀的財富，在溫哥華桑拿斯（Shaughnessy）一帶也購入不少資產。」

德斯馬雷告訴河石賭場的經理們，「這個訊息需要傳達給魏可思及他的所有夥伴，他們必須停止使用來自金保羅等人的現金或未經確認的籌碼。」但即使金保羅感到壓力，他也不會表現出來。

銀通國際的業務蒸蒸日上，而管理層對安全問題也不敢有任何怠慢。根據法庭紀錄，二〇一四年十一月，銀通國際在小額索賠法庭上起訴了列治文的一家承包商，原因是他們位於列治文中心的辦公室入口處所安裝的玻璃「不防彈……而根據合同條款，該玻璃材質必須是防彈的……因此，銀通國際收到報價，並與另一家公司簽定合同，以將現有的玻璃更換成防彈的。」

同年十二月，英屬哥倫比亞省政府開除了博彩政策與執法部的總監喬．沙爾克，以及調查與執行主任拉里．範德．格拉夫。格拉夫剛剛向上司上報了一份驚人的報告，詳細描述了魏可思如何在河石賭場買進一百萬元的籌碼。魏可思在輸掉五萬元後打了個電話，離開賭場坐上一輛黑色的賓士休旅車，但他很快便返回賭場，並從金保羅的手上購買了五十萬元的籌碼，它們「用橡皮筋捆綁並放在銀色的塑料袋內。」

然而，他幾乎在一小時內就輸光了所有，他再次打了一通電話，走出賭場坐上一輛淺色的攬勝（Range Rover），車裡坐的不是別人，正是出於公共安全考量而被禁止進入賭場的譚國聰。他們把車停在入口處，魏可思用行李箱裝著總值五十萬元的二十元鈔票走進貴賓廳。他後來對英屬哥倫比亞彩票公司以及河石賭場的工作人員聲稱，自己甚至不知道是誰給了他這些現金。據卡倫委員會的紀錄所示，他們警告魏可思要小心，因為金保羅涉及參與犯罪活動，而他在使用金保羅的現金買入賭場籌碼、並通過支票償還債務時，相等於在幫金保羅洗錢。魏可思的回答是甚麼呢？他說，他在河石賭場需要現金時會直接打電話到澳門，然後就會有人將現金送過來，這就是他所知道的一切。

拉里・範德・格拉夫的報告寫道，「魏可思剛從中國過來，參與了多起可疑現金交易。譚國聰目前因涉嫌高利貸活動而被禁止進入英屬哥倫比亞省賭場，他也是金保羅的同夥之一。」他還手寫補充了一條附註：「金保羅：已知高利貸者，與中國有組織犯罪活動有關。」

該報告直接送到了博彩政策與執法部總經理約翰・馬佐爾手上，警告說英屬哥倫比亞省賭場的東主可能在為洗錢活動提供便利，而博彩政策與執法部或許沒有盡到確保省內賭場誠信的道德責任。

格拉夫認為監管機構需立即行動，限制賭場在二十四小時內可接收的二十元鈔票數量，而由於許多黑幫在幾家大型賭場活躍，暴力事件也在增加。他警告上司，剛剛發生了一起委託殺人案；另外根據博彩政策與執法部的估算，英屬哥倫比亞彩票公司賭場每年涉嫌的洗錢金額接近二億元。

但馬佐爾對此並沒有回應。他在卡倫委員會上作證，表示沙爾克和格拉夫之所以被解僱，並非因為他們急迫地向英屬哥倫比亞政府施壓、要求打擊數億元的二十元可疑鈔票，而是因為博彩政策與執法部的審計出現了問題。然而在二〇二一年的委員會上，沙爾克與格拉夫及其底下的所有調查員仍然認為，他們是因為揭發了政府的洗錢活動而遭到解僱。

沙爾克告訴我：「我相信，而且我也知道，這是被允許的。英屬哥倫比亞彩票公司可以阻止，作為服務供應商他們本可以阻止這一切，他們並非不知情。所以，如果你用調查的眼光去看待這個問題，這就是共謀。而如果真的是有意放縱，那麼下一個問題是，這一場陰謀從何開始？到哪結束？還有沒有不同的團體參與在內？」

正如在《全球新聞》的報道，我通過訊息自由法得到的博彩政策與執法部報告稱，二〇一五年在河石賭場管理層直接收到有關金保羅和魏可思等貴賓的警告後，賭場工作人員仍在知情的情況下接受了金保羅約四百萬元的可疑現金買入。紀錄顯示，金保羅持續在監控範圍內將現金轉交給河石賭場的中國貴賓。

對此，大加拿大博彩公司首席營運官特倫斯．多伊爾表示，「我不知道有任何員工在知情的情況下接收被禁顧客的現金交易。」在我詢問有關於金保羅的現金交付網絡時，該公司表示，「我們最初在二〇一二年發現河石賭場的可疑活動，便開始進行全面且持續性的監測，並向英屬哥倫比亞彩票公司報告。實際上，查明這些人的身分對當局來說至關重要。」

終於，在二〇一五年二月，英屬哥倫比亞彩票公司反洗錢團隊成員與加拿大皇家騎警會面，並「提出與『在賭場進行現金投放、涉嫌有組織犯罪、名為金保羅的男子』有關的投訴。」

然而就在同一個月，英屬哥倫比亞彩票公司的新任首席執行官金．萊特博迪，似乎一點也不擔心金保羅及其貴賓客戶帶來的風險。在《開拓者時報（Times Colonist）》中一篇題為〈高額賭客每手十萬美元賭注，為英屬哥倫比亞省賭場增加收入〉的文章中，英屬哥倫比亞彩票公司預計二〇一五年的利潤將繼續增加，並稱「多虧了來自中國大陸的高額賭客湧入」。萊特博迪表示，隨著彩票銷售疲弱，「皇冠企業」（Crown Corporation）及其在低陸平原的合作賭場正集中吸引一些熱衷百家樂、且每手下注達十萬元的富有『工業家和商人』。」

這策略讓英屬哥倫比亞彩票公司得以在二〇一四年三月至二〇一五年三月期間淨收入突破了十二億元，「這有賴於高限額賭桌上收入的增加，賭場內增加了私人房間或『沙龍』的數量，也將賭桌限額從每手五千提升至每手十萬。」其中，百家樂沙龍主要面向中國貴賓，他們每次進場的買入額通常為二十萬元，且「更喜歡使用現金交易。」

據報道引用，萊特博迪說：「所以他們來的時候確實都帶著大包小包的現金。我們非常了解他們，知道他們的財富來源、也知道他們的個人資料；出於監管需要，他們有必要與我們共享這些資訊。這些人都是千萬富翁，某些時候還有億萬富翁。」他在位於坎盧普斯（Kamloops）的英屬哥倫比亞彩票公司總部進行員工演講時，也表現出同樣的熱情。

麥克·希爾對此感到不悅，他並不怯於對權威說出真話。自一九九〇年代開始，鮮有加拿大調查員能比他更了解北美洲海洛因和芬太尼的首腦，他參與了一九九〇年代在溫哥華和維多利亞組獲海洛因進口的大案件；在泰國擔任過一段時間的警方聯絡官，負責調查後來規模比「矮子（El

Chapo，前墨西哥錫納羅亞販毒集團毒梟）」更加龐大的加拿大大圈仔，同時也認識金保羅。就在二〇一二年十月，金保羅將十五萬元交給石國泰一事直接導致了希爾在二〇一四年所發布的轟動性的 I-Trak 報告。

該內部報告出於大圈仔網絡的秘密消息來源，他們告訴希爾，溫哥華賭場主要的高利貸者幾乎為所有貴賓賭客提供資金。而幾乎在所有情況下，這些現金貸款會在中國償還，他們能從中獲得佣金——這些高利貸者都是重要的毒品走私犯。希爾由此發現了溫哥華模式的蛛絲馬跡，並上報予上司。

因此，當他坐在坎盧普斯的總部時，根本無法忍受萊特博迪吹噓中國百家樂貴賓玩家所帶來的暴利。（萊特博迪後來在英屬哥倫比亞省的洗錢調查中作證說，他對包括特里·唐斯以及布拉德·德斯馬雷在內合規經理們能監控和報告賭場內的可疑交易充滿信心。）於是，希爾給他的頂頭上司德斯馬雷，也是前加拿大皇家騎警反黑幫官員寫了封電子郵件。他相信，德斯馬雷及其上司正在為高利貸現金尋找一個「替代名詞」，一個除了「毒資」以外的其他東西——因為他之前也向德斯馬雷提過此問題。

二〇一五年三月二十四日，希爾在信中寫到：「我對在坎盧普斯會議上聽到去年我們從高額賭桌上獲得了更多利潤，並不感到驚訝。這似乎與我在同一時期所關注的，賭桌上的大額現金買入及可疑交易的增加有直接關聯。」

他的電子郵件主題引用了二〇一四年的 I-Trak 報告，作為一名非常勤勉的調查員，他向德斯馬雷提供了證據。這份開創性的報告精確地解釋了金保羅、譚國聰以及巨鯨們如何獲得現金和如何在中國償還。「自一九九〇年代以來，報告中提到的所有亞洲人幾乎都是重大毒品調查的目標，我相信這些人向我們的貴賓玩家提供了大量現金。他們、可能還有更多像他們一樣的人，都與太平洋兩岸的亞洲貴賓玩家存在聯繫。而我們所熟知的名字，那些負責將現金帶到賭場的人，只是隨時都能被替代的跑腿，現金運輸量的增加是一個極大的聲譽風險。」

德斯馬雷表示自己已閱讀了二〇一四年 I-Trak 報告：「謝謝，希爾，我記得之前曾看過這份報告。顯然，與毒品有關的問題十分令人擔憂，我們正試圖與警方合作，以應對報告中你所指出的主要參與者。但我不讚成將所有資金提供者都視作與犯罪資金有關，過去我們也曾遇到許多通過其他渠道獲得現金的地下錢莊。在低陸平原地區，房地產、奢侈品、汽車的購買正在加速增長，而非減少。」

但最後的結果顯而易見，德斯馬雷及其上司們不願面對來自中國地下錢莊的可疑資金來源，他們只看到熱帶魚的閃爍的鱗片，被其漂亮的外表迷惑，選擇無視其帶毒的魚肉。

11

毒販之城

根據路透社二〇一九年的報道，在「三哥集團」中的十九人有四名為加拿大公民，其中包括謝志樂。據信，這些來自大圈仔、14K、新義安的高層成員每年會從海洛因、冰毒、搖頭丸、芬太尼的交易中獲利八十至一百五十億。

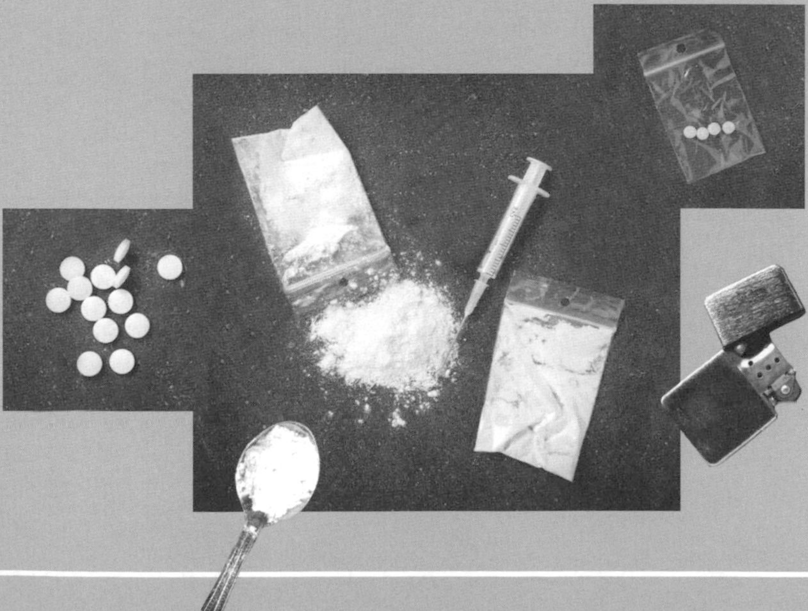

這地方彷彿倒映出了《詩篇二十三篇》中的黑暗意象：「走過死蔭的幽谷」。六個街區與溫哥華的奢華大廈被無情地隔開，海洛因、可卡因和芬太尼統治了這裡，性工作者也消失得無影無蹤。成千上萬的癮君子居住在此，他們身形彎曲、衣服破爛不堪、總拖著虛弱的身影在針頭和針頭之間蹣跚而行；妓女在光天化日之下交換現金和毒品，癮君子蜷縮在小巷子裡注射和吸食毒品。這個地方剝奪了所有人的人性：癮君子、毒梟、皮條客——乃至警察，所有人都會對市中心東區中無窮無盡的殘暴行為感到麻木。溫哥華警察卡爾・多桑傑（Kal Dosanjh）就是在這個地方發現了一名蜷縮在公廁地板上的女人，她雙手被繩索捆綁在一起，半裸著身體，傷痕累累地躺在骯髒的地板。她因未能償還海洛因的債務，所以被一群毒販連續強姦了六小時。多桑傑知道東區的討債人是怎麼工作的，他們會將女人的頭髮剃光，當成行走的廣告，殺雞儆猴，以此告訴他們的客戶若不及時還錢會落得甚麼下場。

但多桑傑將永遠無法忘記公廁內的這個女人，這是他見過最嚴重的毒品暴力事件，近乎死亡。他說：請告訴我是誰對你做了這種事。

「對不起，」女人說到，「他們每天都在這裡，但你不是。」

他告訴她，「但我們可以帶你離開這裡」，但她說：「不，你做不到。」

對多桑傑來說，在東區工作就像在劊水，這些男孩或女孩，或說許多癮君子都是來自極度貧困地區的原住民，這個地方像磁鐵一樣吸引著苦難。新的癮君子不斷湧入，毒品供應似乎是個無底洞，你可以把一個毒販關進監牢，但隨後就會有十個流浪兒童等著填補他的位置。毒販們無所畏懼，因為溫哥華的現行法律和社會態度對他們有利，所以警察與黑幫的對峙每天都會出現，就像打卡一樣。他們變得如此熟悉，乃至彼此都知道對方的名字。比如斯坦（Stan），一個高六尺四寸、重二百六十磅的人，他是紅警幫（Redd Alert）的一員，在團隊中指揮著八十名士兵——這是第一個在東區強制執行毒品債務，並從地獄天使那裡獲得供應的民族幫派。

有時，多桑傑會試圖窺探斯坦的想法，他是個能推舉四百一十五磅的硬漢，所以即使與斯坦面對面站在一起也不會被嚇倒。但更重要的是，他能始終保持冷靜，樂於溝通，偶爾也會試著從不同的角度說服斯坦。緬街和喜市定街道轉角處有一群吸毒致殘的婦女，她們臉頰的骨骼因為每日濫用海洛因而變得萎縮且扭曲，他會指著她們對斯坦說：「也許有一天你也會有女兒，若繼續保持這樣的生活，這些事情終究會回到你身上，你的孩子也將在這裡終老。」而出乎意料的，幾年後斯坦真的打來了電話，請求多桑傑幫他離開這裡。

這是一個里程碑，凸顯了多桑傑對東區的了解。司法體系在此地幾乎沒有影響力，這裡的洞太深了，它們只接受供需關係的支配。

另一件令多桑傑難以忘懷的案件是彼得．霍德森（Pete Hodson），一個來自白石（White Rock）富裕郊區、前途無量的警察，曾是英屬哥倫比亞大學的籃球明星，在白石的基督教圈子內亦非常有名。他本是那種應該在溫哥華警察局中得以快速晉升的人，但他卻與那種把癮君子視為「只是該死的癮君子」的頑固警察混在一起。霍德森開始下班後跟這些警察混，從警車尾廂拿出啤酒暢飲，試圖在東區持續的混亂中放鬆一下。但這些混亂吸引了他，他墮落得如此之快且深，以至於他開始販毒，利用自己的身分、徽章、槍械，和溫哥華警隊的數據庫，他高效率地運作著，甚至請來一名癮君子為他販賣大麻。

當我在《溫哥華省報》報道霍德森的判刑時，一名叫泰森．帕帕斯（Tyson Pappas）的癮君子告訴我，東區一定觸發了霍德森身上的某些東西。他說，霍德森是個對癮君子熱情且友好的警官，但同時也可以變得冷酷惡毒，他曾威脅帕帕斯，若自己失去毒品供應，將對他進行嚴刑拷打。

「我在街頭混的時候比他活得還要長，」在霍德森被判處入獄三年後，帕帕斯告訴我，「你不可能從一個家境優越、體育能力出色、聰明的警員，突然變成一個毒品交易商。他內心還有另一個傢伙，而這個人剛開始出現。」

然而，在東區的非理性環境倖存下來的警察都累積了寶貴的知識。道格．斯賓塞是多桑傑在溫哥華警局中非常尊敬的同事之一，部分原因是，斯賓塞是該警局的犯罪情報專家。在他與消息來源的日夜交談下，他的電話簿分量是警隊隊長們的三倍。

多桑傑和斯賓塞對癮君子有同樣的同情心，他們都願意與黑幫對話，對東區也有著同樣清醒的看法：即這個地方是由高層官員的疏忽和貪婪所創造出來的。他們一致認為，要靠逮捕毒販將東區從毒品的深淵裡解脫出來，那就是一百萬年也無法達成。

⋮

斯賓塞於一九八八年加入溫哥華警隊，這一年也是譚國聰和謝志樂抵達加拿大之際。他的父親在緝毒隊工作了多年，他一直喜歡父親在執勤時待人接物的方式：向人們派發自己的名片，努力將癮君子送進戒毒所。

斯賓塞因此決定嘗試這份工作，他開始在線索室工作，並快速建立起自己的犯罪情報檔案。他在最初就了解到高層貪腐問題，最早一次竊聽是來自多倫多北部光榮會（'Ndrangheta）黑手黨家族的頭目，正試圖與英屬哥倫比亞省一個大型工會的官員聯繫。

不久後，斯賓塞加入了溫哥華針對黑幫的部隊，開始在溫哥華南區培養線人。黑幫遍佈了整個城市，但其行動主要集中在市中心東區，這些人都在與毒癮鬥爭，而黑幫則為滿足他們的需求而打鬥。一九八六年溫哥華舉行世界博覽會之後，香港投資開始湧入這座城市，而抵達溫哥華港口的海洛因數量也開始呈指數級增長。癮君子們喜歡「中國白（China White）」，它不僅非常純淨，也比墨西哥棕毒（Mexican Brown）便宜得多。過量服用案例開始急劇上升，而東區因共用注射器而導致的愛滋病感染率，已上升到原本僅在撒哈拉以南的非洲地區才見到的水平。

東區不僅有人行道和公寓，你也可以在小型公園和綠地中清晰地看到第三世界的景象：人們癱睡在草地上，周圍是破舊的臨時帳篷和生鏽的購物車；騙子和商販在為盜竊而來的商品討價還價；癮君子在注射毒品；酗酒者將酒裝進洗手液瓶裡喝。這看起來就像是戰區難民營，實際上，前來東區工作的護理人員確實接受過戰區培訓，這很好地模擬出他們未來遇到的致命環境。

這是一個完美的封閉環境，適合全年無休工業規模的毒品交易。進入溫哥華港口的高純度海洛因和可卡因數量比北美任何地方都來得多，警察已放棄逮捕持有毒品的癮君子，法院在大部分情況下甚至無法處理毒品交易的案件。斯賓塞認為，英屬哥倫比亞省的政客基本上已將硬性毒品合法化。與此同時，警方開始在溫哥華其他地區看到一些有趣的跡象，即空置的公寓樓及豪華轎車開始變多，這是美國緝毒局特工曾經教過的，該如何識別在邁阿密和巴拿馬等地代表毒品經濟的訊號。

到了一九九〇年代初期，情況變得越發清晰，頂級玩家們越發國際化。地獄天使在一九九〇年之前主導了英屬哥倫比亞省數十億元的大麻市場，但到了一九九五年，該市場落入越南幫手上。這些幫派後來演變成一個隨叫隨到的暴力黑幫：聯合國，他們開始直接與墨西哥犯罪團體進行交易，用英屬哥倫比亞省的大麻換取可卡因，一磅對一磅。這是巨大而互利的交易，因為英屬哥倫比亞省有大量過剩的優質大麻，而哥倫比亞有大量過剩的可卡因。

與此同時，斯賓塞也意識到，大圈仔所參與的是一個不同級別的聯盟——他們的企業實力及關係網是其他人的十倍。他們幾乎沒有甚麼額外費用，因為他們在泰國北部採購的「中國白（四號海洛因）」一個單位大約一磅半，原料成本約五千美元；在運到香港後一單位的成本為一萬一千美元。然而在溫哥華，它能以五萬美元出售給大圈仔的經銷商越南幫；而在紐約和多倫多的經銷商手中，其價格約十萬美元。

在英屬哥倫比亞省，斯賓塞研究了像譚國聰和莫隋雄（音譯，Sui Hung Mok）這樣的人物。要找到他們很簡單，只要去列治文賭場就行，在賭場犯罪和海洛因進口上也無人能與他們相提並論。幾乎所有在唐人街的商業都要交保護費給大圈仔，他們善於吸引年輕人替他們收債以及將毒品運到街上。這就是斯賓塞研習他們等級制度的方法，他和溫哥華東部與南部的街頭混混打交道，一路向上發展。大圈仔總是想遠離街頭，越遠越好。是的，他們在二十至三十歲時的行事就像黑幫分子一樣，但聰明的人如果能活到四十歲，就會開始變得像個商人。他們比地獄天使、卡拉布里亞和西西里黑幫更擅長融入社會，他們之所以不受干擾，是因為大部分加拿大警察不了解亞洲有組織犯罪。一個騎著哈雷重型機車、穿著帶有骷髏補丁皮夾克、重二百七十磅的傢伙；與一個梳著油亮西裝頭、開車帶孩子上鋼琴課、重一百五十五磅、看起來像個會計師的男人——哪一個會引起警察的注意？

然而，正如多倫多亞洲犯罪部門偵探肯．耶茨（Ken Yates）在一九九二年向美國參議院委員會所說，大圈仔在一九九八年抵達加拿大後被公認為「犯罪天才」，令其他三合會顯得很「業餘」。同時，他們還利用加拿大寬鬆的移民法律作為跳板，將海洛因「彈射」到紐約市、舊金山和洛杉磯。他告訴委員會，一名來自廣東、自稱是難民的疑似大圈仔成員，被逮捕時攜帶著一本帳簿，上面記錄了他在一九八八至一九九〇年間向紐約進口了八百至一千二百磅的海洛因，批發利潤達七千二百萬元，而「其中大部分被轉回遠東。」

耶茨警告說，加拿大情報表明，還有更多三合會頭目計劃在一九九七年香港主權移交前移民至加拿大，而加拿大法律基本上對此無能為力。但好在參議院聽聞至少有一位據稱是新義安的頭目——香港的電影大亨向華強在香港領事館所申請的加拿大簽證已被拒絕。

此時，在溫哥華的斯賓塞發現，要真正了解大圈仔，就不能只看他們在賭場的統治地位（這一點誰都看得出來），而是要深入了解他們的高科技技能。溫哥華警察曾突襲過一間位於溫哥華東部的巨獸屋，在這發霉、潮濕的地方發現了上千張詐騙信用卡，每一張額度為一萬元。洛杉磯的特工曾前來，要求檢查由溫哥華警方在大圈仔實驗室扣押的印卡機。兩周後，他們回來告訴斯賓塞，這一台印卡機與加州的一億元信用卡詐騙案有關。還有一次，加州的美國特勤局（US Secret Service）告訴他，列治文賭場的高利貸大鱷莫隋雄，涉及一宗價值一千萬元的假鈔案。所以，大圈仔不僅是將海洛因、人口販賣、性奴隸帶到北美的領頭人，同時也在侵蝕金融機構、將巨額的保險詐騙成本轉嫁給其他人。

另一件讓斯賓塞驚訝的是，對大圈仔來說，殺人只不過是一種金融交易。其中並沒有激情和憤怒，他們說到對加拿大法官、律師、警察的死亡威脅，只需五萬元，槍手能幫忙除掉任何人。而對於高價值的內部目標，如甄彤施或她的前老闆黃宏超（Hong Chao'Raymond'Huang），警方能破案的機會更是微乎其微。他們會派人從香港飛過來，在列治文停車場把槍交給對方，在警察將屍袋拉鏈關上之前，槍手就已經飛回中國了。

最令人震驚的是中國的政治聯繫。斯賓塞在英屬哥倫比亞省受到亞洲有組織犯罪專家，如帕特里克・福加蒂和默里・蘭金（Murray Rankin）的指導。他總是聽說像莫隋雄和譚國聰等人的關係有多密切，包括大圈仔的紅軍背景——加上中國人民解放軍和中國共產黨的貪腐，意味著這些黑幫高層擁有一群極具權勢的強大靠山。但除非親眼所見，否則很難相信，斯賓塞最終在逮捕涉嫌重大勒索案的三名中國人後才明白這一點。他們威脅一名溫哥華商人，要求償還在香港的債務，期間不僅將還款要求發給商人，還拿出其女兒在溫哥華的學校地址。警察跟蹤嫌疑人到唐人街的一家粥店，斯賓塞多看了幾眼停下的汽車，他不得不重複揉搓眼睛確認自己所見，因為其中一名嫌疑人從一輛掛著中國領事館外交牌照的車下來。如此看來，是中國某位相當有權勢的人想認真地追回香港的債務。

多年的觀察，令溫哥華的斯賓塞、福加蒂以及在多倫多的耶茨等警察，較西方犯罪情報更早掌握實情。二〇一七年經我報道後，有關溫哥華模式的地下錢莊、澳洲類似中國賭場的洗錢網絡以及三哥集團（或稱公司）開始廣為人知。根據路透社二〇一九年的報道，「三哥集團」

（編註：毒梟謝志樂的綽號）十九人中有四名為加拿大公民，其中包括謝志樂。據信，這些來自大圈仔、14K、新義安的高層成員每年會從海洛因、冰毒、搖頭丸、芬太尼的交易中獲利八十至一百五十億。他們從中國、越南、香港、澳門、緬甸、新加坡及馬來西亞走私毒品，並通過溫哥華和多倫多將毒品往西方滲透，令他們變得像墨西哥錫那羅亞州（Sinaloa）和哥倫比亞麥德林（Medellin）的犯罪團體一樣富有，但更加複雜、名聲更小。

路透社援引一位熟知三哥集團的警官的話：「東南亞和遠東犯罪團體的運作天衣無縫，他們像一間全球企業一樣運作。」芬太尼的引入、中國及金三角區的工廠基礎設施，配合散居全球各地僑民的地下錢莊深厚能力，讓中國犯罪集團的殺傷力比哥倫比亞和墨西哥的高出許多。斯賓塞告訴我：「芬太尼出現時，我只說了『哇』！他們現在幾乎沒有額外開銷，你可以用一萬七千元買到一鞋盒的芬太尼，然後在街上將它變成數百萬元。」

在路透社披露了有關三哥的報道後，我開始從線人處聽到許多有關謝志樂的消息。只有少數幾位加拿大人知道，謝志樂及其副手在安大略省萬錦市（Markham）有極其強大的基地。我的調查網絡顯示，他的「全球企業」可以追溯回澳門和香港的賭博活動、房地產、建築業，以及溫哥華和多倫多的賭場黑幫。我也發現，三哥與加里・克萊門特和布萊恩・麥克亞當於一九九〇年代在加拿大駐香港領事館所確認的菁英大亨有經濟上的聯繫。這是一個很好的例子。

二〇二〇年，華盛頓哥倫比亞特區的商業情報公司 Sayari Labs 證實，謝志樂的妻子持有澳門一所公司的股份，而該公司已獲准經營博彩業。眾所周知，此行業由三合會主導。此外，這對夫妻還與香港建築業和房地產投資公司有關聯，Sayari 所指認的謝家公司獲得了何鴻燊和鄭裕彤創辦的誠興銀行（Seng Heng Bank）提供融資。該銀行曾在二〇〇〇年代初涉嫌向北韓及澳門的非法毒品和武器交易提供便利，因此受到美國執法部門的調查。《華爾街日報》引用美國特勤局對這間香港澳門銀行的報告，在二〇〇五年報道：「與北韓政府合作的犯罪集團正將假鈔、假香菸和冰毒帶入美國、日本及其他國家。」

這些網絡模式非常重要：賭場、毒販、大亨、房地產開發商、銀行家、武器走私者以及國家行為者。這些都與中國大陸存在秘密聯繫。

⋯

福加蒂不理解的是，警方能清楚地看到溫哥華在一九九〇年代是如何從一個相對較小、且奉公守法的城市，轉變成一個具有能控制全球毒品經濟的毒品之都。賭場輕而易舉地被三合會利用，溫哥華房地產不僅成為毒資的「保險櫃」，還成為活躍的高科技國際毒資轉移中樞。然而，英屬哥倫比亞省的當權者並未採取任何反擊措施。

福加蒂的看法是：溫哥華所有暴力、謀殺活動都只是有組織犯罪為爭奪英屬哥倫比亞賭場和房地產中的洗錢工具而出現的「副產品」。他是這樣比喻的——有組織犯罪就像一艘大船，兇殺案件只是船體的漏洞；加拿大警察僅追蹤謀殺案，就等於只是將船隻裡的水舀出去以及修補漏洞，他們並沒有看到船的整體，也不知道它如何運行。

他告訴人們，有組織犯罪並非建立於毒品之上，它所依靠的是錢。毒品只是阻力最小但速度最快的賺錢途徑，但你必須循環使用它。因此，產生了洗錢這個僱用了上千名溫哥華人的專門經濟行業。

賭場只是最明顯的洗錢機器，就像在市中心東區光天化日之下的毒品交易一樣，實際上你可以直接目睹到犯罪交易。銀行在這之中被利用得淋漓盡致，大圈仔會使用銀行預付卡將資金轉移到加拿大，再轉回中國，所以在加拿大設有分行的香港銀行能發揮關鍵作用。黑幫分子會在四十張銀行卡各自存入九千元，然後利用跑腿飛到溫哥華，在不同的銀行分行取款。你首先委派十名各帶著四十張銀行卡的黑幫成員，讓每人招募一隊「藍精靈」分開提款。由此，你在溫哥華突然之間就有差不多五十萬元，能購買十個單位的海洛因。而現在，你可以選擇向東移動到加拿大、向西進入西雅圖、向下到加州，以便將手上的資金翻倍。你也可以購買一套房，或在列治文、本拿比、東溫哥華等建造一處搖頭丸工場。你將毒品出售、收取現金，將其拿到賭場放貸，然後以支票或銀行卡的形式收回這些錢。之後，再利用「藍精靈」將資金存入各加拿大銀行，並以低於一萬元的電匯方式匯回中國，為毒品進口提供更多資金。

再或者，你可以將資金集中匯到溫哥華空殼公司的帳戶中，並將其投入列治文的信託資金，以購買更多房產。將用毒資購買的房屋抵押做按揭；申請更多的貸款以在溫哥華開發更大的房屋或聯排別墅。反覆進行這個循環足夠多次後會發生甚麼呢？這代表你現在正為溫哥華郊區的中層公寓開發項目提供資金。

在一九八〇年代，即舊溫哥華模式時代，你開始成為英屬哥倫比亞省的毒販和賭場高利貸者，通過「騾子」將毒資送回中國。或許可以進行煉錢，將體積縮小，最後帶著一袋的鑽石和玉石飛回香港。後來，你逐漸升級，將毒資清洗乾淨後放進盜竊而來的汽車一起運回中國，以高價出售。你從加拿大的幾起海洛因陰謀案中逃脫，若事情變得過於「燙手」，便逃到越南，在三合會的飯店工作，只要不惜一切代價避免在美國遭到起訴便好。

但即使是謝志樂——一個被紐約市嚴厲的檢察官以「將海洛因從多倫多引進至紐約」定罪的人，也獲得提早釋放，得以回到加拿大、並在亞洲東山再起。直到澳洲最終在二〇二〇年十二月以驚人的引渡案將其拘捕。我將回歸此案件，這完全說明了加拿大是如何被滲透的。

回到溫哥華模式的最初階段，只要你堅持下去，繼續透過溫哥華和多倫多循環地進口毒品——瞧！你會在五、六十歲從香港回到加拿大，一手提著一袋高爾夫球桿，一手挽著一位香港明星。

現在，你甚至不再是與那些老派香港大亨及溫哥華公寓開發商暗中合作的投資者，你擁有一家與澳門飯店有關的建築公司，還擔任眾多香港上市公司的董事。你公開地在溫哥華開發豪華公寓單位，在香港、新加坡及中國大陸進行預售。這是一個完美的方式，將毒資和預售所得資金混合並投入到在澳門控股的空殼公司。同時，你還可以從開曼群島（Cayman Islands）或英屬維爾京群島（British Virgin Islands）註冊公司的紙面資金轉移成溫哥華的合法信託，以便你可以共同投資更多的豪華大廈。你猜怎麼做？當你在高豪港（Coal Harbour）的新大樓獲得提高建築密度的許可，即允許你在溫哥華寶貴的地平線建造一座五十層的高樓時，市政府正在洗淨你五千萬元的資金。這是如何運作的？

你花錢提高建築密度以興建更多公寓單位，市政府則透過社區附屬設施作為交換。這些資金用於支付溫哥華美麗的公共藝術展示、公園以及日托中心。再想一想，你清洗的毒資正成為溫哥華社區的建設資金，支付雕像、鵝卵石廣場和日托所。這在溫哥華模式的城市建構中一點都不誇張，他們還可以把你的名字寫在公園上。警方看見來自市中心東區的毒資進入東溫哥華廉價的單戶住宅，環繞世界後再投入豪宅、聯排別墅和空置的公寓樓。因此可以這樣說，福加蒂相信這種毒資基礎設施在很大程度上已形成溫哥華「真實」經濟的基石。

有些案例在他腦海十分具有象徵性：一名著名的溫哥華貨幣兌換商使用一處巨大的建築，他將大量大麻送到美國，並讓卡車司機將美元帶回邊境。他們需要將這些資金兌換成加元，於是他們找了一處建築，創立、並註冊了一家貨幣兌換所。這個過程是個系統性的、賭場級的洗錢活動，且非常明目張膽。福加蒂團隊提出以「犯罪所得」為由扣押兌換商的業務，這是一次漂亮的勝利，但仍然反映了加拿大零碎的執法。有趣的轉折是甚麼？毒販一直向英屬哥倫比亞省政府租用這棟建築，這讓他意識到，在省會維多利亞的高層並不想讓這件事曝光。

他記得，自己曾與英屬哥倫比亞高層人士就洗錢問題進行過多次類似的談話。但出於某種原因，他無法讓這些司法官員對打擊專業洗錢基礎設施一事提起興趣；在某些人看來，可交付成果並不值得。而同樣的，賭場就是最明顯的例子，省政府內沒人想處理這個問題。福加蒂已經數不清自己說過多少次黑幫分子正帶著一袋袋的現金進入賭場，他的團隊都對此嗤之以鼻。因為這已經是一種常識：這都是黑錢。

你可以從大街隨機找一個陪審團，給他們看罪犯每晚帶著大把鈔票進入賭場的錄像，他們自稱是進出口實業家，但其收入來源毫無證明。好吧，你告訴我，手提背包裡的三十萬是從哪裡來的？這些大亨從來無法回答這個問題，所以先就此停下，好好思考。任何外行人都會說這有問題，尤其當你將這無法解釋的現金和溫哥華顯眼的毒品走私問題放在一起比較時。因此，對一個負責任的司法管轄區來說，下個問題應是「我們該怎麼辦？」

可悲的是，英屬哥倫比亞省甚麼都沒有做。政府、警察、檢察官、法官、開發商、銀行家、房地產經紀、律師和會計師們甚麼也沒做。福加蒂認為，這已不僅僅是視若無睹，這幾乎等於犯罪。加拿大領袖們顯然沒有與罪犯打交道，也不參與調解澳門賭場的爭鬥，就如福加蒂在水房賴東生與大圈仔及14K成員尹國駒之爭中所看到的那樣。另一方面，英屬哥倫比亞省官員也沒有採取任何措施，以阻止澳門式洗錢活動的滲透。你不能在不採取任何監管措施的情況下，任由毒梟買下加拿大的土地——但他們卻這樣做了。

因此，在福加蒂對於溫哥華模式的比喻中，金錢是萬惡之源。每個人都在賺錢，靠賭場賺、靠房地產賺、靠售賣豪車賺；香港大亨和巴拿馬文件（Panama Papers）中指的公寓開發商建設高密度的城市公園，省級稅收讓每個人都賺得盆滿鉢滿。好人在賺錢，壞人也在賺錢，那這又有何妨呢？

⁝

就像發生在市中心東區的許多事件一樣，只要你將視線從緬街和喜市定周圍的殺戮區移開，那傷害就很容易被忽視。但那些讓人良心過意不去的可怕圖像，並不會因為裝作看不見而消失，二〇〇二年二月，溫哥華郊外一家養豬場內發現數十名吸毒成癮的性工作者之骨頭碎片及DNA。這起事件再次給英屬哥倫比亞省的當權者造成困擾。

自一九八〇年代以來，一名叫羅伯特・皮克頓（Robert Pickton）的連環殺人犯一直在東區肆無忌憚地挑選妓女。他將這些脆弱的女人引誘到郊外的住所，那是他與一群犯罪分子臨時開設的舞廳。當毒品派對結束、客人都離開後，皮克頓會選擇一個目標並結束其生命。有時會使用手銬和刀子、有時會提供一針管實際上含有抗凍劑（antifreeze）的海洛因，最後通過屠宰豬隻的絞肉機處理屍體。皮克頓及其夥伴在一個道德真空的情況下運作，因為警察領導層幾乎沒有注意到東區數十名女性的失蹤——這是一個流動地帶，吸引著加拿大各地、包括原住民保護區的脆弱女性。一九九八年，此案終於展開調查，而儘管皮克頓被列入東區女性失蹤案的嫌疑人之一，他的「狂歡」仍然持續進行，直到一名加拿大皇家騎警新官搜查他的農場。警察最終在該地發現三十三名女性的DNA，但在他因其中六起謀殺案被定罪之前，他在獄中向一名臥底警官承認他殺害了四十九名女性。

二〇〇五年，當我在溫哥華蘭加拉學院（Langara College）修習新聞學時，這則故事——受害者、毒品，以及深不可測的制度過失，令市中心東區冒起，都讓我記憶猶新。我訪問了受害者之一薩拉．德弗裡斯（Sarah de Vries）的姐姐，麥琪．德弗裡斯（Maggie de Vries）。

薩拉是一個年輕黑人女性，被溫哥華西區一個富裕的家庭領養。儘管生活在一個充滿愛的家庭，她仍感覺到自己的格格不入，東區充滿海洛因、性工作的生活深深吸引著她。一九九八年四月，她最後一次出現在喜市定及公主大道（Princess and Hastings），距離緬街僅僅五分鐘路程。薩拉意識到身邊的危險，她留下一本詩集和警告，祈求東區其他女人在被海洛因吞噬之前逃離這個地方。二〇〇二年八月，溫哥華警察致電給麥琪．德弗裡斯，告訴她在皮克頓農場的土壤樣本中找到了薩拉的DNA。她說，這個消息改變了一切，而這句話也一直留在我心中，不斷強調著謀殺案受害者一家所經歷的、改變其一生的痛苦。

最終，英屬哥倫比亞就省內各地數不勝數的女性失蹤及謀殺案成立調查委員會，其中，一名溫哥華前警員的證詞吸引了我的注目。警探羅里默・申赫爾當時（Lorimer Shenher）被委以重任，負責調查一九九八年以來發生在東區的女性失蹤案件。申赫爾從未調查過謀殺案以及領導重大調查，正如我二〇一二年在《溫哥華省報》所做的報道，申赫爾始終無法理解為甚麼司法系統會將一名從皮克頓手下死裡逃生的受害者所提供的證據弄丟。他拿到的第一條重要線索來自皮克頓曾經僱用的比爾・希斯科克斯（Bill Hiscox）。希斯科克斯表示，皮克頓確實殺害了薩拉，而她僅僅是被送到豬場派對的眾多妓女之一。一九九七年，皮克頓曾試圖殺害另一名來自東區的妓女，但該女子在掙脫手銬、與皮克頓持刀搏鬥後逃離其拖車。皮克頓此後仍試圖僱人將該女子抓回來殺害。

這名女子舉報皮克頓謀殺未遂，而加拿大皇家騎警已收集了皮克頓沾滿血跡的衣物、一個保險套、手銬及繃帶，但這些證據都沒有進行DNA檢測，而檢察官最後也撤銷了指控。申赫爾在一九九八年七月找到這名女子並進行了訪談。根據他的說法，該女子表示：「檢察官和警察撤銷了我的起訴，他們說我不可信……因為我是一個癮君子。」

中赫爾在二〇一二年作證時說道：「她的證據沒有被採用，我感到難以置信的沮喪。」

⋯

作為一名新聞系學生，我被市中心東區深深吸引：在一個富裕、且一直教育人們要公正的國家，這個地方的存在非常不合理。當時，溫哥華市長是李建堡（Larry Campbell），他曾是溫哥華緝毒警察及英屬哥倫比亞省的首席法醫。他是一個極具魅力及說服力的人，以至於電視編劇會以他為藍本，當做CBC電視劇的角色原型。李建堡的市政廳採取了自由化毒品政策，其目標是將毒品交易和癮君子限制在市中心東區，並通過提供清潔的針頭、社會住房、收入及醫療支持，以「減少危害」。在這之中，警方的執法本是該政策的主要「支柱」，但實際上街頭毒品的交易卻遭到無視。

在蘭加拉學院，還有另一個引起我共鳴的故事。那是我們的市政政治課，邀請到市議員、《溫哥華太陽報》前記者彼得．利德（Peter Ladner）。我詢問道，溫哥華領袖如何容忍東區的龐大非法毒品市場。

他說：「這是一個價值十億元的問題」，並轉而抨擊了李建堡的政策及其左右手詹健（Jim Green）。詹健負責推動東區的「減少危害」服務，並採用房地產開發模式，建設包括社會住房在內的豪華公寓。基本上，建造更高的建築，其中八成的單位出售予市場，兩成用於癮君子和低收入者。

利德表示，李建堡和詹健的政策實際上利用溫哥華的貧窮和毒品成癮問題，建立了一個產業。並使用了煽動性話語：「貧困的皮條客」。我在學生報《蘭加拉之聲》上公開了報道，詹健看到後致電予我，並威脅道要起訴我誹謗。這是我首次感覺自己已開始觸及到溫哥華房地產開發及毒品政策政治的神經。

另一個讓我難以忘記的市政廳故事，是一場發生在二〇〇四年底的爭議，有關於東溫哥華喜市定公園賽馬場的老虎機。大加拿大娛樂集團希望能安裝老虎機，但李建堡左翼政黨中的大多數成員都對此表示反對。同年，該集團在列治文開設旗艦店河石賭場，其對英屬哥倫比亞省政治的影響力也日益增加。

溫哥華政治中的另一個重要力量，公寓開發商魯洛・沃爾（Bruno Wall）也對在喜市定公園安裝老虎機的申請表示支持。而李建堡、數位親開發商的同事，包括詹健在內從他們的左翼政黨中脫離出來，全力支持賭場和開發商的利益。李建堡的贊成票打破了市政廳的僵局，此後，他組建了自己的政黨——偉景溫哥華（Vision Vancouver）。然而，他在二〇〇五年權力巔峰之際離開了市政廳；二〇〇七年，他被加拿大自由黨總理保羅・馬丁（Paul Martin）任命為參議員；二〇〇八年，他悄悄地成為了大加拿大娛樂集團的董事會成員，獲得豐厚的報酬，負責監督反洗錢的合規性，同時領取他作為未經選舉參議員的薪金。

李建堡被任命後，英屬哥倫比亞省公民就鮮少見到他。他繼續在渥太華提倡毒品自由化，也涉及醫用大麻業務，但他的「減少危害」政策對溫哥華有甚麼作用呢？這取決於你如何看待這件事。

二〇〇九年，我加入《溫哥華省報》，該報正進行一項長達一年的調查，針對市中心東區的社會、經濟以及公共衛生成本。我的同事們發現，政府每年在照顧和安置二百六十名癮君子組織上需花費兩億五千九百萬元。當然，這些項目挽救或延長了一些生命。基於乾淨的針頭和對注射量的監控，讓愛滋病感染率有所下降，而自一九八〇年代以來因吸毒過量而造成的死亡指數似乎也趨於平穩。

然而，這些項目並無法抑制市中心東區的「死亡磁力」，並且可能適得其反。《溫哥華太陽報》發現，二〇一三年，政府為東區二百六十家社會機構和住房提供事項上花費了為三億六千萬元，服務人群大約有六千五百人；其中，大部分人都患有毒癮和心理健康問題。因此，每天都要向這片荒地投入一百萬美元，而這筆錢中至少有百分之七十五來自納稅人。這還是在芬太尼氾濫發生之前。

二〇一三年四月，《溫哥華省報》編輯透露，英屬哥倫比亞省衛生官佩里・肯德爾博士（Dr. Perry Kendall）發出了一份有關於東區出現過量吸食「劣質海洛因」現象的警告。我從位於格蘭維爾二百號的編輯室出發，穿過溫哥華旅遊聖地煤氣鎮（Gastown），向緬街和喜市定方向走去。

這是我為了進行報道任務而經常走的路程，它只需十分鐘，卻總是令我驚歎不已。每走一步，你都能看見日益嚴重的熵增（growing entropy，指一個系統最混亂無序的狀態），從有序的企業區域演變成現在的毒品市場。

我站在東喜市定外監督注射站外的人行道上，採訪了一些癮君子。我遇見一位來自紐芬蘭的年輕男子，他在東區住了九個月，帶著一頂棒球帽，看上去相對地健康和強壯。與大多數經過人行道的人不同，他沒有畏畏縮縮、或不斷地抓撓針眼。東區一名吸毒者麥克・肯內利（Michael Kennelly）說：「我聽說他的威力比海洛因強大約一百倍。這裡大約有十至十五個人告訴我，他們吸食芬太尼過量。」這是我第一次聽說芬太尼毀滅性的破壞力，這位吸毒者的話完美地反映了這一點。

我也採訪了肯德爾博士，他告訴我溫哥華以前出現過藥店的芬太尼被偷竊事件。但新的發展，是警察在街頭發現了非法生產芬太尼的工場，這些產品不只流向海洛因成癮者，黑幫會將搖頭丸和冰毒混合在其中，毫無戒備的青少年攝入這些派對藥丸後可能會造成死亡。肯德爾表示，在二〇一二年，英屬哥倫比亞省因芬太尼致死的案件僅有二十起；但在二〇一三年的前四個月就已出現二十三宗死亡案例。他說，「若繼續保持這個速度，死亡人數可能會增加四倍。」而這確實發生了，芬太尼死亡開始呈指數級增長。二〇一六年，英屬哥倫比亞省宣告進入公共衛生緊急狀態，自該年至二〇一八年以來，全省超過三千六百人因過量吸毒死亡，其中大多數發生在東區。

基於法醫數據，二〇一九年英屬哥倫比亞省公共衛生報告提出：「受到芬太尼、卡芬太尼及其他毒品的污染，毒品供應的毒性將越來越大。溫哥華目前正處於這場公共衛生緊急事件的中心。」該報告充滿了令人悲痛的統計數據，並指出與原住民人口不成比例的死亡人數。對我來說，有一個事實凸顯了英屬哥倫比亞系統性問題的荒謬：癮君子們獲得社會援助期間，芬太尼過量導致的死亡案例大約翻了一倍。他們在拿到救濟金後會立刻將其兌換成現金，然後開始吸毒，然後死去。在這個過程中，加拿大納稅人的錢直接流入大圈仔手中，他們通過賭場和房地產洗錢、在利用地下錢莊將資金轉回中國的化學工廠，以生產和進口更多芬太尼到溫哥華，因此造成更多的過量死亡案例。確切地說，他們更像是「惡性循環仔（The Vicious Circle Boys）」。

但早在二〇一三年，我還未將兩者聯繫起來，市中心東區的存在對我來說不合情理，溫哥華房地產的價格亦是。獨立地看，他們都是不合邏輯的，但當你把他們放在一起時……就是這樣！

不過，我一直都在追蹤來自中國的資金。這就像走進了漆黑的山洞，而每個故事都是一道閃光，當故事越來越多，整個大局便變得更加清晰。一些政府、執法、房地產開發商以及美國金融市場的人也開始關注這一點。其中，一位紐約對沖基金做空的傳奇人物馬克·柯霍德斯（Marc Cohodes），二〇一五年初在推特上給我發了消息：「嘿，溫哥華看起來發生了一些事情！」

我知道他曾在二〇〇八年揭露美國次貸危機中的銀行詐騙一事中發揮了作用，他在《紐約時報》記者格雷琴·摩根森(Gretchen Morgenson)的著作《魯莽有罪》（Reckless Endangerment）

中佔有一個章節。如今，他在舊金山郊外的葡萄酒廠區的大院生活，尋找下一個大賣空。於是，我們開始分享筆記，柯霍德斯在偵測大型欺詐案的經驗有助於提高我的分析能力。

我們都將溫哥華房地產泡沫視為一個巨大的騙局，在某方面類似於二〇〇八年美國的房地產泡沫。但在加拿大西海岸，引發問題的主要因素不是建立在欺詐性抵押貸款上的槓桿債務毒瘤，這些貸款對象是沒有收入和工作的借款人；而是由大銀行、替代性貸款人和高利貸借款，與有組織犯罪、外國貪腐和洗錢混雜在一起。溫哥華的房地產泡沫屬於次級犯罪的借貸。

柯霍德斯在幾年後回顧我的溫哥華房地產調查報告，並告訴我：「當你發放欺詐性貸款時，錢就進了高盛（Goldman Sachs）和華爾街。但在英屬哥倫比亞省，錢會直接流入頑固的犯罪分子手中，這些人涉嫌謀殺、向政客行賄、芬太尼、兒童色情等，都是壞事。」

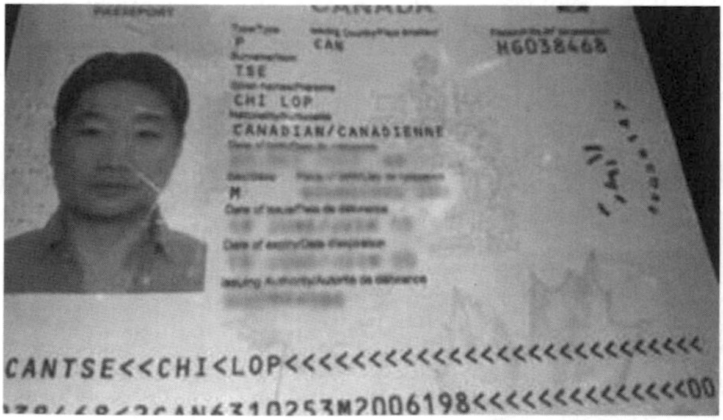

（上）謝志樂據稱是與中國政府有聯繫的超級販毒集團「公司」的頭目，於 1988 年抵達多倫多。警方消息人士將謝志樂與萬錦市和列治文的犯罪網絡聯繫起來。（來源：路透社）

12

奧卡姆剃刀

我訪問的執法人員表示，加拿大皇家騎警和加拿大邊境服務局都知道中國對孫宏偉和太陽商業（SunCom）高層進行的調查。儘管如此，太陽商業在英屬哥倫比亞省的土地交易中卻極為活躍。後來，我通過多位直接知情者發現，在英屬哥倫比亞省政府加強對境外投資者的監管後，孫宏偉的網絡迅速擴展到多倫多的土地交易中。

在袁榮祥的統戰晚會上，找到加拿大皇家騎警鎖定的「嫌疑人 3」孫宏偉（右）的身影。（來源：樂活網）

在溫哥華街區一個通往森林邊緣的死胡同裡，傑森・愛德華・李（Jason Edward Lee）被發現死在自己的汽車後車廂裡。這位年輕的加拿大華裔「錢騾」已經將性命押上賭桌一段時間了。他來往於中國、拉斯維加斯和溫哥華之間，在沉迷賭癮的同時，從事房地產貸款與跨國現金交付。他還欠賭場高利貸一大筆錢。二〇〇九年，傑森・李為他的阿姨（一名飯店工作人員）偽造了一份授權書，以她在溫哥華的房子為抵押，騙取了二十六萬五千美元的貸款。傑森・李的家人聲稱不知道他用這筆錢做了甚麼，但他們知道他碰上麻煩了。二〇一〇年五月初，他披頭散髮地走進母親的家，聲稱歹徒綁架了他，給他下藥，並把不省人事的他扔在溫哥華的一個公園裡，他的時間不多了。他母親最後一次見到他是在二〇一〇年六月七日，而在七月十七日，她報警稱傑森・李失蹤了。

她告訴警方，有幾名越南男子來到家中，說如果傑森・李不盡快還錢就會死。警察於六月十九日找到傑森・李的車，並打開了後車廂。這是起離奇的死亡事件，他穿戴整齊平躺在後車廂中，頭靠在一隻毛絨泰迪熊上，頭上套著一個塑料袋，手腳被扎帶捆綁著。警方在輪胎旁邊發現了兩個已經用過的海洛因針筒，但傑森・李的家人表示他從未使用海洛因；法醫則發現他死於海洛因中毒和窒息，但他們皆無法確定其確鑿的死因。警方認為，由於傑森・李是一個嗜賭如命的人，他意圖為家人贏得保險賠償金，所以選擇自殺並偽造成謀殺的假象。換句話說，對於一個積習難改的騙子來說，這是最後孤注一擲的詐騙行為。

這個理論對我來說沒有太大的意義，也許傑森・李決定在其他人動手之前先結束自己的生命，也許他希望償還因為他的欺詐性房地產貸款而使母親背上的債務。但對我來說，李的離奇死亡案件，與不久前他跟一位著名的溫哥華房地產商人在拉斯維加斯所進行的現金轉帳一樣，充斥著混亂的事實，引出的問題簡直和答案一樣多。

回顧過去，我了解了一件事。二〇一五年九月，我在《溫哥華省報》發表了關於這些案件的報道——〈英屬哥倫比亞頂級房地產經濟的內幕：大量的中國買家、一個死去的騙子和被撤銷的執照〉——匯集了許多溫哥華模式的拼圖，而我在二〇一七年九月將其拼湊在一起。

當有消息稱，向中國買家出售豪宅以賺取巨額費用的房地產經紀劉志元（Julia Lau）在二〇一五年悄悄撤銷了她的執照時，我偶然間發現了傑森．李的案子。我早就清楚劉志元很重要，她來自香港，從二〇〇五年開始銷售房地產。二〇〇八年時她的年收入達到四十萬美元；二〇一〇年以後，據說隨著中國資金大量湧入，她每年銷售一百多套價格超過一千萬美元的豪宅。在一次採訪中，劉志元告訴我她的中國客戶每年農曆新年都飛到溫哥華，從而推高了房價。她說他們不需要抵押貸款，因為他們以現金買房。因此，我在英屬哥倫比亞省法院搜尋了劉志元的名字。

一份二〇一二年的法庭文件提供了許多資訊。劉志元曾對加拿大公共安全部長提起訴訟，因傑森．李涉嫌犯罪而在機場被扣押了十三萬美元現金。但聯邦法官維持了加拿大政府的反洗錢扣押行為，法官寫道：「綜合本案背景，部長對資金來源和流動有所懷疑並不奇怪，他的擔憂有明確而合理的依據。」法官寫道，劉志元與加拿大反洗錢官員的戰鬥於二〇一〇年四月開始，當她請傑森．李購在佛羅里達州購買了一輛二〇〇八年的二手敞篷保時捷（Porsche Turbo Cabriolet）時，根據劉志元的說法，傑森．李將收到一萬美元，用於在美國購買這輛黃色的保時捷並將其運送到溫哥華。

但劉志元的法律文件顯示，她在二〇〇九年申報了六十九萬美元的收入，但並未解釋為甚麼她要將十三萬三千美元匯入內華達銀行在拉斯維加斯永利賭場（Wynn Casino）的帳戶，以加快令傑森．李在佛羅里達完成購買保時捷的合同。「耐人尋味的是，這筆錢存入了賭場的保險箱中。」法官寫道。

劉志元的銀行紀錄顯示，她確實將美元匯入了拉斯維加斯賭場的帳戶，但這筆錢接下來的去向不明，而根據劉志元的說法，傑森．李聲稱他用自己的錢購買並運送了一輛保時捷給她。因此這筆錢已經匯回到劉志元手上。事實證明，保時捷和十三萬三千美元都沒有回到溫哥華。

但出於不明原因，劉志元從她在美國的保險箱取出十萬美金給傑森．李；四月二十八日，她在溫哥華還向一名叫陳脈林（Mailin Chen）的人借了五萬美元現金。陳脈林是一位來自廣東的製藥與房地產開發大亨，在溫哥華進行大量房地產投資，購買了許多豪宅。劉志元聲稱，她將保險箱裡以及從陳脈林處借來的現金（共十三萬三千美元）一併在四月三十日交給了傑森．李。後者則再次前往拉斯維加斯，但在登機之前就被加拿大邊境服務局盯上了，因為他攜帶了十三萬三千未經申報的現金。

傑森．李在機場的審訊室裡告訴加拿大邊境服務局特工，被扣押的現金包括來自高利貸的三萬美元和來自劉志元的十萬美元。他還說自己涉及欺詐性的高檔汽車銷售。最終兩手空空地離開機場，回到劉志元身邊。

據劉志元稱，傑森．李在五月一日晚間來訪，並告訴她這個壞消息：加拿大沒收了作為犯罪所得的十三萬三千現金。劉志元堅稱傑森．李偷了她的錢，而「加拿大政府拒絕歸還贓款」。但在二〇一二年，聯邦法官表示，由於劉志元給予傑森．李的十萬美金存放在家中的保險箱裡，這「在合法來源和被扣押的資金之間創造了一個空白的紀錄」。

加拿大法官發現，劉志元和陳脈林之間一份三萬美元的粗糙貸款文件引起的「問題多於答案」，尚未證實的還有傑森．李聲稱這三萬美元來自高利貸的說法。傑森．李在二〇一〇年五月到六月中旬的經歷仍未查明，據處理另一起案件的英屬哥倫比亞最高法院法官稱，他的死因仍然是一個謎。在二〇一六年，法官裁定傑森．李的母親和阿姨必須向一家抵押投資公司支付二十四萬六千萬美元，因為傑森．李以他家庭的不動產作為抵押，取得了欺詐性的貸款。

我的報道在《省報》刊登後，劉志元強烈反對並堅稱她與傑森．李案件中的任何不法行為以及加拿大對她採取的反洗錢行動沒有任何關聯。但在劉志元的法庭文件中，我還發現了另一些事實。二〇一三年，她對一名房地產經紀人提出訴訟，聲稱她出售本拿比價值一千萬美元的豪宅時沒有收到全額佣金。買家是一位名叫「YZ」的中國建築大亨和房地產開發商。到了二〇一七年九月，我在英屬哥倫比亞彩票公司的羅斯·奧爾德森團隊所調查的三十六位河石賭場貴賓名單上找到了YZ的名字。奧爾德森已經將這些巨鯨賭客與金保羅涉嫌的「跨國洗錢」行動聯繫在一起。

這就是重點。在二〇一五年，我不知道劉志元的客戶包括陳脈林和YZ等中國百家樂貴賓玩家，這些人參與了英屬哥倫比亞省的大規模土地交易，並與河石賭場的大量可疑現金交易有關。

但是，我在二〇一五年九月有關傑森·李和劉志元的報道涵蓋了所有跡象：英屬哥倫比亞省和拉斯維加斯的賭場、未申報的現金、涉及豪車的複雜跨國交易；當然，還有溫哥華的豪宅、現金保險箱以及充當中國大亨仲介的房地產專業人士；粗糙的私人放款欠條、偽造的銀行和抵押文件；來自高利貸的死亡威脅、海洛因針頭，以及一名跨國錢騾的神秘死亡，他有著不良的賭博習慣和額外的業務，包括在加拿大、中國和美國之間運送高端跑車。但我必須明確指出：劉志元斬釘截鐵地說，在這種情況下她並沒有做錯任何事情。她寫道：「一篇報道，試圖將我的成功與洗錢指控、執業疏失和一名據皇家騎警所說不幸自殺的人聯繫起來，這些針對我的指控完全不實並且毫無事實依據。」確實如此。但出現在這個案件周圍的許多參與者和場景都預示著溫哥華模式的出現，即使此時還沒有溫哥華模式這個名字。

⋯

我的調查思維始於一種被稱為奧卡姆剃刀的質問方式：最簡單的解釋往往是正確的。二〇一五年，溫哥華的房地產價格飆升，所有的跡象都指向了中國的資本外逃。然而，中國實行嚴格的出口控制，中國公民每年不得攜帶超過五萬美元出境。那麼這些錢是怎麼流入溫哥華的呢？我的直覺是追蹤大額資金和主要參與者。

大型開發商私下告訴我，英屬哥倫比亞省每一美元房地產中，大約有三十分來自中國。溫哥華的房地產經紀人將所有的市場營銷都對準了中國投資者，以至於市場上出現了投機狂潮。房地產經紀會在私底下談論那些帶著一整箱現金的買家。

但當他們在報道中被引述時，大多數英屬哥倫比亞省開發商和政界要人都否認海外投資是影響溫哥華房地產價格的一個因素。他們的矢口否認往往讓人們覺得海外資金確實就是推動價格的主要因素。你只需要看一下溫哥華房屋的歷史價格走勢圖，其價格很顯然在一九八八年開始在趨勢線上方彎曲，而且它們從未回來過。此時正值八六世博會，當時溫哥華市中心的大部分地區被香港大亨何鴻燊、鄭裕彤和李嘉誠購買，而溫哥華的大多數人都表現得好像錢從天降。

但一位名叫唐納德．古特斯坦（Donald Gutstein）的溫哥華教授發現，當時的社會信用黨政府（Social Credit government）以極低的價格出售了八六世博會的土地，這大約是溫哥華市中心的六分之一。《華盛頓郵報》發表了一篇名為〈溫哥華的新「行號」（The New Hongs of Vancouver）〉的報道。記者們詳細描述了加拿大如何追逐來自亞洲的大量資金，以及多倫多和溫哥華如何以不同的方式發生變化。多倫多主要吸引的是來自香港的中產階級移民，而溫哥華則歡迎香港的舊財閥。某些情況下，這些財富可以追溯到怡和洋行時期。

「抵達的富豪中，最重要的是李嘉誠。」《郵報》在一九九二年報道：「溫哥華的其他大牌華人投資者包括何鴻燊，澳門的賭博和房地產大亨，據說身價十億美元；鄭裕彤，香港最大的鑽石商，擁有規模龐大的連鎖酒店華美達（Ramada hotel）、溫哥華的艾美酒店（Meridien）和新世界海港酒店。」

對美國記者來說，這樣寫沒甚麼問題。但我的《溫哥華太陽報》同事道格·陶德（Doug Todd）告訴我，當時的加拿大記者因有膽量寫有關香港資金的文章而被稱為仇外分子，甚至更糟。陶德告訴我，這種反擊是由溫哥華的開發商主導的。毫無疑問，當時沒有人會寫有關三合會和中國政府與新投資者之間令人不舒服的關聯。

二十五年後，當我真正深入研究內情時才發現，這些資金直接從源頭——中國大陸湧入，但與香港大亨不同，中國大陸的參與者幾乎沒有公開的資料。為了撰寫關於這筆神秘資金的文章，我需要簡單明瞭的證據：名字、面孔、銀行帳戶和交易方式。

所以劉志元放棄了她在溫哥華利潤豐厚的房地產執照，但她仍然通過眾籌這個新興影子市場與她在中國大陸客戶網絡保持密切聯繫。據她自己的紀錄，劉志元在二〇〇九年到二〇一四年間銷售了價值五億六千萬美元的溫哥華豪宅。現在，她可以利用她的超級富豪客戶群進行一種新型房地產交易。她的想法是，中國的眾多買家可以為加拿大的土地交易貢獻一小部分資金。至少，眾籌者在他們的投資文件中如此聲稱。但每個投資者是誰、出資多少、以及他們如何將資金匯入加拿大，只有這些眾籌網路的負責人知道。

但我透過英屬哥倫比亞省房地產貸款紀錄查到劉志元的姓名及其在溫哥華的住所，從而確定了主要的投資者。投資者必須展示他們共同的房地產抵押，才能獲得小型地區銀行和不透明的抵押投資公司融資。我發現劉志元參與了一個與眾多中國大陸投資者進行的本拿比土地整合交易，其中包括在傑森・李的案件中向她借出五萬美元現金的廣東大亨陳脈林。

陳脈林白手起家的歷程讓我想起了其他人，比如賴昌星。根據一部傳記，陳脈林是一名輟學者，在借錢開辦一家名為香格里拉的餐廳前，他曾經營著一家鴨場，但卻以失敗告終。他的餐廳迅速創造了驚人的利潤，他由此將這些利潤重新投入建築、房地產開發和製藥廠。不知何故，大約在二〇〇八年，他開始將其驚人的財富轉移到溫哥華。

通過檢索土地所有權，我發現從二〇〇九年到二〇一五年，陳脈林的英屬哥倫比亞省土地公司曾擁有或轉手了價值接近一億美元的十三處房地產。其中一處房地產是位於溫哥華高檔社區灰角（Point Grey）一棟佔地一萬七千萬平方英尺、價值五千萬美元的義大利風格的豪宅。

劉志元眾籌網絡中的另一個重要人物是一位神秘的男子，名叫孫宏偉。（他有不同名字行走江湖，包括 Hong Sun、Kevin Lin、Sun Hongwei、Kevin Sun）通過調查劉志元與陳脈林的借貸網絡，我發現孫宏偉是許多房地產投資者和土地持有公司之間的關鍵人物。我聯絡了一位商用地產經紀人，發現孫宏偉及其在中國大陸的投資者參與了許多英屬哥倫比亞省的土地整合交易。但我被告知這些中國投資「集團」沒有在加拿大接受記者採訪。

孫宏偉的一個主要投資工具是一家名為太陽商業（Sun Commercial）的公司，而劉志元被列為太陽眾籌控股（SunCrowdfunding Holdings Ltd）的副總裁。我開始整理一份人際網絡圖，將與太陽商業及其相關公司有聯繫的主要和次要投資者連接起來，其中包括一家宣稱在美國和加拿大投資了十億美元的石油公司。但這些房地產和石油公司似乎沒有生產出多少新房屋或原油，而似乎是在囤積土地。

據我在溫哥華所見，太陽商業的商業模式是許多住宅業主將他們的豪宅和公寓集中作為抵押品。他們利用住宅房地產來抵押貸款，然後再利用這些貸款收集土地並重新規劃用途。基本上，他們似乎是利用單戶房產來建造公寓大樓，而出於某些原因，這些大型投資者總是與賭場和現金環繞在一起。有時他們會坐擁集資所得的土地，有時則會將其轉手給來自中國的開發商。通過在數據庫中收集土地紀錄，我發現與孫宏偉有關的公司已經透過這些交易在英屬哥倫比亞省買賣了價值超過五億美元的地產。

透過查詢民事法庭紀錄、土地所有權紀錄和貸款紀錄，我得以看到一些投資者的名字。在英屬哥倫比亞省的房地產文件中，有些名字有多個不同的寫法。這是一個重要的警告，他們可能正試圖避免被稅務和反洗錢機構發現。問題太多了，而且為甚麼他們不接記者的電話，以解釋他們的開發計劃呢？

二〇一六年，在為《省報》撰寫了一系列有關太陽商業各項交易的報道後，我為《郵報新聞》（Postmedia News）介紹了孫宏偉並總結我的發現。「在英屬哥倫比亞的許多房地產巨頭為了推銷項目都主動尋求媒體聚光燈的時代，孫宏偉更喜歡留在幕後……但在研究了數百頁與孫宏偉有關的企業、法律和土地文件後，一個視覺隱喻幫助我更專注地理解情況。孫宏偉周圍圍繞著一些關鍵人物、豪華住宅和擁有高層建築潛力的大溫哥華房地產。這些人、住宅和土地與大約十四家投資公司有聯繫……在高度流動的關係中，個人姓名、公司地點、公司名稱和董事職位不斷地變化。」

在我繪製的太陽商業人際網絡圖中，一些房地產比其他的更加引人注目。孫宏偉的商業夥伴，列治文的房地產經紀人丹尼斯．佘購買了一幢都鐸（Tudor）風格的溫哥華豪宅，此前的業主是大圈仔重要人物黃宏超，於二〇〇七年被槍殺於家門外。黃宏超被謀殺前曾是甄彤施的老闆，他是加拿大最大的海洛因、冰毒和化學前體進口商之一，與中國、香港、美國和澳洲有著犯罪關係。據消息人士透露，如果黃宏超還活著，他現在的地位與影響力相當於大圈仔的謝志樂與譚國聰。

我還發現英屬哥倫比亞彩票公司關於非法賭場的調查紀錄中提到，在列治文有一座價值九百五十萬美元的豪宅，是一處擁有馬廄的奢華農莊。這些紀錄被大量修訂，而且沒有說明調查人員為何對這座豪宅感興趣。

我手上有不少線索，在我研究思維中，有另一個方法是模式識別。當你看到足夠多的徵兆和關聯時，你就可以進行類似情報評估的工作，這可以引導你尋找證據。你所看到的關係網絡是透明的還是完全不透明的？它的主要目標是甚麼，次要目標是甚麼？以此類推。它的存在意義是甚麼？當你識別出大魚以後，許多答案就會隨之而來。我對英屬哥倫比亞省列治文市的孫宏偉有一些概念，但對他在中國的背景仍缺乏了解。

而法比安·道森知道一個能幫助我的人。作為《省報》的副主編，道森經常與我一起調查來自中國的神秘資金。自一九九〇年代以來，他一直在追蹤有關香港富豪的類似文件。當我繼續探查溫哥華房地產時，道森告訴我，他接到了兩位英屬哥倫比亞省政治關係最密切的公寓開發商打來的電話。

這些商人對我在報道中質疑中國的房地產投資感到憤怒，更試圖讓我不再發聲。我知道他們是溫哥華報紙的頭號廣告客戶，但道森知道我提出的問題是正確的。在我收集孫宏偉在北美商業利益的資訊時，道森知道他的消息來源——前加拿大皇家騎警國際組織犯罪指揮官馬爾許（Kim Marsh）——也正在對孫宏偉進行國際調查。

通過在香港和中國的情報來源，馬爾許了解到孫宏偉與中國工商銀行（ICBC）一樁涉及五億美元的銀行醜聞有關。

⋯

孫宏偉在成為大亨之前，也有一個非常熟悉的發家模板。他一九六八年六月出生於吉林省長春市；一九八八年之前是一位時髦的年輕理髮師，一直在吉林市做生意，直到二十多歲時他抓住了「重大的機遇」。「據報道，他的生活在這一刻被一位親密的夥伴（他的母親），一位工商銀行吉林分行的高級銀行職員所改變。」專門從事反洗錢調查的 IPSA 國際公司表示。在一九九〇年代，孫宏偉以某種方式迅速在吉林積累了大量前國有工業資產，他名下包括至少十四家公司在內的吉林企業集團在幾年內收購了半導體工廠和各種工廠，以及製藥和零售連鎖店。但根據吉林銀行貸款審計，其中有許多危險訊號。

我發現，在二〇〇〇年十一月，深圳證券交易所宣布孫宏偉和吉林藥業集團被吉林市人民法院裁定在一項公司合併中違反了民事法，涉及「佔有、使用和處置」吉林一所化工廠。而據《財新》——一家擁有中國警察這一良好訊息來源的的中國調查雜誌——報道，孫宏偉與一家「不存在」的企業簽訂了「可疑」的投資協議。此外，正如馬爾許的文件——《政治曝光：公開資料顯示，吉林恆和集團有限公司董事長孫宏偉曾是二〇〇一年吉林市全國人民代表大會的代表》——所示，孫宏偉在中國東北地區擁有強大的政治關係。儘管如此，二〇〇一年，孫宏偉的吉林企業集團仍躋身中國民營企業百強之列。

但大約在二〇〇〇年，中國最大的銀行——中國工商銀行進行全國性貸款審計時，據稱發現了吉林分行與孫宏偉旗下許多公司存在違規行為。我在《鄄報新聞》曾引用《新浪財經》的報道，提及中國工商銀行審計委員會的指控如下：「自一九九四年以來，吉林恆和企業集團有限公司及其十三家分支機構採用各種手段串通欺詐銀行，截至二〇〇二年底，該集團在中國工商銀行省分行的貸款總額達二十八億人民幣。」然而孫宏偉並未遭到逮捕，並且顯然已經離開了中國。

孫宏偉如何來到加拿大，迷霧重重。他的居留卡顯示他是中國公民，上面標註著「二〇〇一年四月五日溫哥華」，但社會保險卡似乎是在大西洋省份（Atlantic province）發行的，大概是在愛德華王子島（Prince Edward Island）。我曾與幾位懂華語的人交談過，他們都知道這個人，也了解他的生意。一位列治文的政治人物告訴我：「孫宏偉在這裡已經有一段時間了，他非常善於避開聚光燈。」另一位消息人士告訴我孫宏偉於二〇〇一年來到蒙特婁，但覺得那裡「太冷了」，於是在南溫哥華定居，後來再搬到列治文。

在溫哥華的華裔社區中，人們相信孫宏偉在中國擁有巨額財富（據稱他也喜歡吹噓這一點），但沒人知道他如何將這筆財富轉移到加拿大。不過，孫宏偉的一位房地產合夥人告訴我，他在英屬哥倫比亞省只是延續了他在中國北方所使用的方法。「他是個機會主義者。你知道的，在吉林，他低價買下工廠，然後以房地產的價格出售，接著轉身離開。現在，他從購買農地到炒房、再到炒商業地產，行動非常迅速。如果來自中國的開發商想要在溫哥華發展，孫宏偉會先買下地，接著再賣給他們，他既神秘又聰明。」這位溫哥華房地產經紀人說道，並且還提出了另一個看法：「在溫哥華，不只是孫宏偉，還有數百個與他類似的人。」這是我所有可靠情報來源都同意的說法，無論他們是執法人員、房地產開發人員還是地下錢莊參與者。

我訪問的執法人員表示，加拿大皇家騎警和加拿大邊境服務局等機構都知道中國對孫宏偉和太陽商業高層進行的調查。儘管如此，太陽商業依舊活躍於英屬哥倫比亞省的土地交易。後來，我透過多位直接知情的線人得知，在英屬哥倫比亞省政府打擊海外投資者之後，孫宏偉迅速將網絡擴展到多倫多的土地交易，而這正是我和馬爾許二〇一六年七月追查過的同一網絡。

馬爾許在《郵報新聞》中報道：「本案所描述的作案手法與一些利用加拿大房地產市場洗錢的活動相似，這種情況引發了許多問題，包括簽證審核過程、銀行合規性、公開公司審查和各種監管機構到底發生了甚麼。」孫宏偉並未同意就該報道中的指控接受採訪，但他透過溫哥華的律師詹姆斯・卡皮克（James Carpick）做出了回應。卡皮克表示：「據我的委託人所知，在中國，並沒有針對孫宏偉（以該名稱或任何其他名稱）的『中國警方的逮捕令』，同樣，也沒有任何與此相關的加拿大皇家騎警文件。」

在那篇報道之後，馬爾許和他的聯絡人發現了一些有趣的事。消息人士指出，孫宏偉與中國駐溫哥華領事館很熟悉。另一個消息來源表示，馬爾許曾與中國銀行業官員分享了他公司的調查結果，但由於某些原因，他們對孫宏偉案件中的資金動向沒有興趣。與此同時，我為《郵報新聞》撰寫的報道〈認識在英屬哥倫比亞省參與價值數億房地產交易的神秘大亨（Meet the Mysterious Tycoon at the Centre of Half-a-Billion in B.C. Property Deals）〉引起了溫哥華房地產市場的廣泛關注。二〇一六年底，英屬哥倫比亞大學法學院邀請我就我的研究成果發表演講。

在一群律師中，穿著牛仔褲和西裝外套的新民主黨住房與賭場事務評論員、未來的英屬哥倫比亞省律政廳長尹大衛也在其中，還有幾個人我猜是警官。我告訴與會者，依我之見，英屬哥倫比亞省的眾籌房地產市場似乎在快速增長，而且存在巨大的洗錢風險。土地就如股票一樣被交易，大多數買家幾乎都是匿名的。各種涉及影子銀行的前端和附加交易似乎存在聯繫，而加拿大官員卻沒有追蹤這些資金。

我說道：「無從得知這些土地的投資者是誰，當眾籌購買一塊土地時，如何判斷資金是否非法與合法混雜呢？」我看到尹大衛坐在人群的一側，在我說這句話時熱情地點頭。在我完成演講，並走回位於格蘭維爾街二〇〇號的《溫哥華太陽報》新聞編輯室時，一名自稱是加拿大情報分析師的男子攔住了我，要求與我在外面簡短地說幾句。

他說：「你剛才說的都是正確的，你知道他參與賭博嗎？這是我的檔案。」我說不知道。但如果孫宏偉涉及賭博，那就說得通了。孫宏偉的合夥人，一位溫哥華房地產經紀人在英屬哥倫比亞最高法院民事案件中聲稱，孫宏偉在二〇〇三年左右抵達溫哥華後，曾計劃在英屬哥倫比亞省建立賭博網絡，同時建立一個面向中國市場的房地產投資網絡。

情報分析師沒有贅言，只是告訴我應該繼續深入研究此案。這類人也讓我得知，通過在英屬哥倫比亞省提出針對性的訊息自由申請，可能會揭示與列治文、中國大陸和澳門賭場高利貸有關的中國貴賓網絡。

⋮

我開始了解主要參與者和他們的資金，正如美國傳奇避險基金經理保羅・都鐸・瓊斯（John Tudor Jones）在一九八七美國公共廣播公司紀錄片《操盤手》（Trader）中的名言：「整個世界不過是資本的一張流程圖。」

我可以想像那幅景象，將中國大陸視為一片金錢的海洋，周圍環繞著一座佈滿地下洞穴的高山大壩。金錢通過這些地下隧道湧出，滲入溫哥華房地產市場不斷擴大的氣球中。但是，這筆錢究竟是如何進入溫哥華房地產市場的呢？當我與馬克・柯霍德斯談論這個問題時，他說金融系統基本上與水管系統沒有甚麼區別，這兒有大大小小的管道和處理流動的閥門。你必須了解，那些薪水不菲的專業人士——金融守門人——操控著所有的水龍頭。

因此，我需要循序漸進的證據來解釋中國和溫哥華之間的交易是如何發生的。我知道投資者經常捲入英屬哥倫比亞省的房地產爭議案件中，法律界人士告訴我，涉及中國投資者的案件數量在英屬哥倫比亞法院中不斷增加。我發現，當參與者在法庭上互相爭論時，他們必須出示機密紀錄為自己的案件爭辯。有時，英屬哥倫比亞省證券委員會（British Columbia Securities Commission，BCSC）這個通常負責調查溫哥華大量低價股詐騙的監管機構也間接捲入這些房地產糾紛。

這就是二〇一五年的情況，一名溫哥華牙醫向英屬哥倫比亞省證券委員會投訴遭受金礦初創公司的詐騙。但不可靠的黃金股僅是本案中一個次要的洗錢方案——一種小型的連接管道。對我來說，這個案例提供了對「溫哥華模式」有史以來最詳細的房地產洗錢情況描述——當然，這還不包括後來我發現的賭場因素。

在二〇一六年《溫哥華省報》的報道〈跟著錢走（Follow the Money）〉中，我和同事丹・富馬諾（Dan Fumano）都同意不點名這位牙醫，他解釋了他的案件：「它揭示了一個巨大而複雜的網絡，還引發了一個問題：是甚麼資金推動了溫哥華房地產業的發展？這又如何顯示了該城市的房地產行業受到監管？」簡單來說，該案說明了溫哥華的騙子們正利用匿名銀行匯票欺騙投資者購買假黃金和石油股票。這些匿名銀行匯票，讓中國大陸投資者得以將資金存入加拿大頂級銀行購買房地產。

英屬哥倫比亞省證券委員會並未從更宏觀的角度來看待這件事情，而是發現這位牙醫被欺騙進行了「複雜的交易，（其中牙醫的）這筆錢被存入一位與他沒有任何關係、也從未聽說過的女性的銀行帳戶。」後來我發現，匿名的銀行匯票騙局被廣泛用於將錢洗入英屬哥倫比亞彩票公司的貴賓賭徒帳戶。

在牙醫案中，關鍵人物是列治文賭場高利貸者鄭錫賢（Shek-Yin Cheng），他是大圈仔金融犯罪團夥中的能手。鄭錫賢是龐大網絡的節點，連接了股票詐騙者、列治文貨幣交易所、中國大陸購房者、溫哥華房地產經紀人和加拿大大型銀行。由他經手，三張總額為五十萬美元的匯票於二〇一四年十二月存入了溫哥華西部的一家蒙特婁銀行（BMO Bank of Montreal）。不過，無論從中分得多少，鄭錫賢都沒能活到享受收益的時候。二〇一五年六月，他被發現死在了列治文一座寺廟外的停車場中。目擊者告訴警方，一輛黑色休旅車停在他的車旁，向鄭錫賢的車開了二十槍，然後迅速逃離現場。

這可能是某次洗錢交易的餘波。多年前，卡加利警察局的經濟犯罪部門抓到鄭錫賢，他為許多從溫哥華派遣到艾伯塔的幫派工作，從賭場帳戶提取現金，並使用假信用卡購買奢侈服裝和電子產品。艾伯塔警方從鄭錫賢身上查獲了四十七張假信用卡、八張假駕照以及一萬六千美元現金。

我向溫哥華的商界華裔線人了解更多關於鄭錫賢的消息。一位從事保險業的女性告訴我，鄭錫賢利用列治文的零售店出售從加拿大各地偷來的奢侈品，也在列治文賭場放高利貸和洗錢。

不過，她並不認為鄭錫賢是個黑幫分子。這位女士告訴我：「他站在真正的商人和流氓之間，他洗錢並賺取利潤。他常說，『如果錢能解決問題，那就不是問題了。』」最終，他沒有足夠的錢來解決他的問題，他的謀殺案仍然是未解之謎。紀錄顯示，鄭錫賢仍欠加拿大七十萬的補繳稅款。

無論如何，當我將情況歸納總結時，看起來鄭錫賢給大圈仔的主要任務就像是啟動水泵。基本上，他需要竊取和詐騙人們的錢來創建一系列金融工具，從而讓中國大陸投資者將資金存入英屬哥倫比亞省的銀行。這筆錢可能與加拿大投資者和專業人士有所關聯。這樣一來，中國和加拿大之間實際上沒有資金往來，中國投資者可以將資金存入中國的有組織犯罪集團，並在加拿大以匿名銀行匯票支付。

根據英屬哥倫比亞省證券委員會的調查紀錄，情況是這樣的：這位溫哥華牙醫想要賺點快錢，為家人購買了一個投資性物業。在一次聚會上，他遇到了一位能言善道的投資專家，自稱阿茲姆．維拉尼（Azim Virani），這是維拉尼在多宗股票交易騙局中使用的其中一個別名。他告訴牙醫，溫哥華一家金礦公司即將上市，牙醫可以在兩個月內賺取最高百分之四十的利潤，他只需給維拉尼一張十二萬美元的匯票，維拉尼會處理剩下的事情。為了達成協議，牙醫在香格里拉飯店的一家牛排屋會見了維拉尼，香格里拉飯店是一棟豪華公寓大樓，與高豪港川普大樓隔街相望。

牙醫很困惑一件事：為甚麼他必須在匯票上以張鐘雲（Zhongyun Zhang，音譯）的名義進行投資？他不知道這個人是誰。維拉尼向牙醫解釋：「兄弟，我這樣做了很多次，而且有很多不同的方式，這有助於我避稅。」牙醫接受了維拉尼的理由，在二〇一四年十二月十七日填寫了一張匯票，這位股票詐騙者把這張價值十二萬美元的匯票交給了鄭錫賢。

牙醫告訴調查人員，他從未直接與鄭錫賢打過交道，但他確實認識他。「我見過他幾次，當我向朋友描述他時，我會說他是一個能夠直視你的眼睛，眼都不眨就捅你一刀的人。」牙醫說道。有了這位溫哥華牙醫的匯票，鄭錫賢現在在溫哥華有了足夠的洗錢匯票可以為一位中國房地產開發商支付首期，這是後者希望踏上溫哥華房地產市場的第一步。

於是，二〇一四年十二月下旬，溫哥華房地產經紀人魏明良（Liang Ming Wei，音譯）走進了富大（Floata）寬敞的用餐大廳，這家熱鬧的點心餐廳位於唐人街孫中山花園對面。幾個月來，魏明良一直很忙。夏天，他在西溫哥華為其客戶張鐘雲開設了一個銀行帳戶，這位客戶自稱是中國的運輸主管。為了在蒙特婁銀行開戶，張女士曾來溫哥華並簽署文件，聲稱她的加拿大地址是房地產經紀人魏明良位於本拿比的家。兩人修改了英屬哥倫比亞省的土地所有權，將張女士的名字添加到抵押文件上，並聲稱她自己是一名「家庭主婦」；她的銀行文件聲稱她是加拿大公民。這一切都是虛假的，但對於張女士來說，為了規避加拿大的洗錢法和稅法，這是必要的。

作為張女士的房地產經紀人，魏明良曾告訴她，溫哥華的房地產市場正在飛速發展，她需要立即向一家加拿大銀行存入五十萬美元，以支付定金並獲得融資。當調查人員問魏明良為何「要通過這樣一個繁瑣的交易將資金從中國轉移到加拿大」時，他的回答很簡單：「中國銀行不提供此類服務。」他沒有說明，中國公民向加拿大轉帳五十萬美元的金額是中國法律允許的每年五萬美元限額的十倍。

我還在該公司紀錄中發現，張鐘雲於二〇一四年十二月在溫哥華成立了一家房地產開發公司，翌年三月，魏明良與該公司簽訂了一輛二〇一四年款勞斯萊斯鬼魅的租賃合同，該車零售價為三十六萬元。魏明良涉及的主要交易發生在唐人街。列治文的RTY國際貨幣兌換公司（RTY International currency exchange）的老闆打電話給他，並稱張女士已在一家中國銀行存入三百萬元人民幣。現在她準備在列治文兌換為五十二萬一千四百七十加元，但貨幣兌換公司老闆告訴這位房地產經紀人最好不要在RTY國際兌換張女士的匯票。相反，魏明良被指示與該貨幣兌換公司老闆的兄弟在富大酒家內的桌上見面，這個繁忙的餐廳為一場不起眼的交易提供了掩護。在富大，魏明良拿到了三張總計四十七萬美元的銀行匯票，開票人為張鐘雲，外加一張五萬美元的支票，三張銀行匯票均來自不同的受害者，其中包括溫哥華牙醫。

這些資金被存入了張女士在西溫哥華的銀行帳戶，供她準備購買房產。沒有任何紀錄表明參與房地產交易欺詐核心業務的人面臨了甚麼後果，因為英屬哥倫比亞省證券委員會不負責監管此事。但在我的報道中，我確保包含了英屬哥倫比亞省證券委員會在股票欺詐調查期間對張鐘雲進行訪談的紀錄，這時她的蒙特婁銀行帳戶已被凍結。儘管她的回答很可笑，但她很聰明，懂得裝傻。

當她被問到開設蒙特婁銀行帳戶期間為甚麼要謊稱加拿大是她的居住地時，她假裝不知道。「我不記得了，也許當時銀行職員建議我填寫加拿大的地址。」張鐘雲回答道。有人問她為甚麼把房產經紀人在本拿比的地址作為她自己的地址。「我真的不知道，那是甚麼樣的地址？」她甚至無法確定二〇一四年十二月三十日存入她帳戶的四十七萬美元的資金來源。

「那筆錢是從哪裡來的？」調查員指著銀行紀錄和用來存入帳戶的三份銀行匯票問道。

「我不知道。」

「那是你的帳戶，你怎麼會不知道？」「我記不清了。」

「你有可能存入這筆錢嗎？」「我不記得了。」

「那麼，你知道為甚麼這三個你完全不認識的人要把錢存入你的銀行帳戶嗎？」

「我不知道。」

儘管當時的英屬哥倫比亞省自由黨政府沒有對我的報道發表評論，但內部紀錄顯示他們密切關注明顯涉及的有組織犯罪網絡。為了這篇報道，我採訪了溫哥華新民主黨議員尹大衛，他正密切關注我的洗錢調查，並關注溫哥華房地產經紀人監管上的寬鬆規定。尹大衛告訴我，一些房地產內部人士一直在他的灰角辦公室抱怨，外國買家明顯使用房地產經紀人的地址和帳戶在加拿大購買房屋。尹大衛告訴我，他還在關注一種騙局，即外國買家從加拿大賣家那裡購買房屋，但他們的房地產經紀人已經預先安排了多個未來的買家在排隊。因此，一棟單戶住宅將被購買，然後購房合同會被多次轉手給匿名的買家團體。這迅速推高了房價，而且，正如一位溫哥華房地產經紀人告訴我的：「為洗錢創造了完美的工具」。尹大衛在採訪中說道：「我對你案件中的事實感到非常擔憂，我擔心這不是一次性的事件，這可能是一種系統性、常規的情況。」

尹大衛是正確的。不僅如此，透過追蹤來自中國的資金，你似乎總是會發現一個相互關聯的參與者網絡，其規模越大連接的節點就越多。就張女士的案例而言，我最終發現她的房地產開發公司，與幾家與中國共產黨有直接關係的溫哥華房地產開發商有聯繫。

⋯

鄭錫賢和 RTY 金融（RTY Financial）案件只是其中一宗房地產交易，但它指向了一個龐大的網絡和規避中國資本輸出法的方法。你在中國有錢，想在另一個國家買東西，所以你去找犯罪組織。以海洛因資金為基礎建立的龐大地下錢莊被用來將各種資金轉移出中國，其中大部分是涉及毒品與貪腐的金錢，但其中一小部分或多或少是合法收入。無論你是芬太尼販子還是電腦程式設計師都不重要，你在中國存款，然後從犯罪銀行獲得信用額度，稍後，犯罪分子會在西方國家付錢給你。那你是如何拿到這筆錢的呢？鄭錫賢案讓我看到，賭場和貨幣兌換所被當作自動取款機。我的罪犯情報來源會談論黃金大道（Golden Mile），它實際上是一個圓圈——圍繞列治文市中心三號路和威斯敏斯特高速公路交界處的幾個街區，我的線人說這是北美華人地下錢莊的中心。我在溫哥華模型地圖中標記的許多企業——RTY 金融、銀通國際、幻影安全（Phantom

Secure）、郭文貴集團——都在五分鐘步行範圍內，這對於攜帶著大量現金和銀行匯票的賭場幫派來說肯定非常有用。

我的一些最佳消息來源親身經歷了溫哥華模式，一些人與我曾報道的人進行不正當的交易；一些人遵守自己職業操守，並對那些玩弄骯髒手段而出人頭地的同行感到不滿。他們中的大多數人無法暢所欲言，否則就會受到公寓開發同行的排擠。在這方面，我發表過最貼切的言論來自一位溫哥華開發商，他告訴我，在溫哥華房地產中，每一百萬美元的消費中有三十萬來自中國大陸。

他告訴我：「我擁有自己的企業，開著德國房車，穿著義大利製造的手工西裝，喝著好酒，與我來往的人們都希望每個閘門都敞開，如果我們切斷了買家來源，他們就失去了佣金。對於很多當地人來說，維持現狀是非常重要的。」

而我常常發現，當我發表了有離岸資金的報道後，會有新的消息來源聯繫我。二〇一六年底，我在《溫哥華太陽報》工作時從一位知情律師那裡得到了一個消息，內容是一宗涉及位於黃金大道中心的列治文律師事務所案件。列治文律師郭紅（Hong Guo）是一名前中國政府僱員，在我寫了六篇與她案子——聲稱她的員工從她的信託帳戶中盜取了七百五十萬美元——有關的報道後，終於威脅要提起誹謗訴訟。這對許多房屋買賣交易產生了影響，許多來自中國大陸的買家起訴了這家律師事務所。郭紅聲稱她的員工將部分資金轉換成銀行匯票，然後存入了英屬哥倫比亞彩票公司賭場的貴賓賭徒帳戶，再轉換為現金。我發現，在這起大規模信託帳戶被盜案發生前不久，被郭紅指控的會計師李子昕（Zixin Li）實際上與郭紅合作成立了一家空殼公司。對我來說，這看起來像是一個警示。接下來，我發現另一名律師事務所員工的法庭文件稱，李子昕據稱一直在該律師事務所運營一個未申報的現金帳戶。對我來說，這是另一個重要的警示。

郭紅向加拿大皇家騎警投報了她的信託基金盜竊案，聲稱李子昕和另一名名叫潘倩（Qian Pan）的員工通過英屬哥倫比亞賭場洗錢，以便將資金轉送至珠海。他知道這座透過橋樑與港澳相連的廣東城市被譽為亞洲地下錢莊業務的超級節點，這就像是洗錢的百慕達三角區，無數的資金從這個金融犯罪黑洞消失在世界銀行體系的雷達之外。

皇家騎警的消息來源表示，郭紅的說法與事實不符，但他們對她與中國警察的關係感到好奇。她的一名員工表示，郭紅聲稱她的父親是一名中國解放軍官員和房地產開發商。列治文不少人都從郭紅那裡聽過這個故事，這一切對我的消息來源來說都很有趣。從情報評估的角度看，郭紅在中國有著良好的人脈關係，處理中國和加拿大之間的大筆資金轉移。

我決定親自去郭紅的辦公室問一些問題。接待處安裝的安全攝像頭是第一個線索，讓我覺得這是一家獨特的法律事務所，一個帶有感嘆號的標誌警告顧客他們的行為正在被記錄。

我坐在郭紅辦公室的角落裡，她身體前傾，靠在一張翼背皮革椅上；她背後的牆上裝有一幅美麗的傳統中國山水畫，還有玉器藝術品和一尊優雅的長頸鶴雕像。我們計劃做一篇報道，因此，我們的長鏡頭相機專家尼克・普羅凱洛（Nick Prokaylo）被派駐在三號路外，我知道普羅凱洛能夠拍到不情願被拍攝的對象。我靠指著我身後排列的照片來打破與郭紅的僵局，照片上有英屬哥倫比亞省省長簡蕙芝（Christy Clark）、前自由黨總理尚・克瑞強和未來的自由黨總理賈斯汀・杜魯道。郭紅自豪地談論這些照片，並表示她已告訴克拉克要歡迎更多來自中國的投資。

我多次拜訪了律師事務所，而郭紅邀請普羅凱洛進入內部拍攝照片，採訪變得越來越奇怪。有一次，在我就一宗涉及數以千萬計來自中國的神秘資金流經郭紅法律信託帳戶的案件進行提問時，她開始哭泣。她說她擔心一些人在利用她的弱點，但我提起這件軼事並不是為了取笑她，對於一位富有的專業人士來說，這是極不尋常的表現，這似乎是一種旨在博取同情的戲劇性演出。

但在我們的討論因她那封包含大寫句子和感歎號的個人法律威脅信而停止之前，我收集了一些有趣的答案。郭紅在威脅要起訴我之前，她承認了自己與珠海警方關係密切。我下一次見到她是在二〇一七年末，那是在她辦公室舉行的一場奇怪的記者招待會上，她宣布自己與中國警方的調查導致李子昕和潘倩被捕。據報道，李子昕的家人後來向渥太華求助，聲稱「中國當局拒絕承認其加拿大公民身分」，並且「在中國監獄中面臨不公平和不人道的對待」。

與此同時，二〇一六年底，列治文一位操普通話的商人聯繫了我，他說正在關注我對郭紅信託基金盜竊案的廣泛報道。他的專業領域是為列治文的房地產開發提供次級融資經紀服務，而他很快就用一個令人震驚的指控引起了我的注意。他聲稱他已向英屬哥倫比亞省律師協會投訴郭紅，但投訴後不久，他就遭到了幾個暴徒的毆打，他還指稱對方是列治文一家按摩院老闆金保羅的合夥人。此外，他表示自己回到律師協會並報告了這一襲擊事件，但律師會似乎並未來認真對待他的指控。

於是我就這些問題反覆向律師協會提出質疑，但要獲得答案非常困難。最後，我在二〇二〇年收到了回覆，證實這位次級抵押貸款經紀人確實曾投訴自己遭到襲擊一事。回應中說道「律師協會可以確認收到了一份投訴，該投訴提出了幾個問題，所有問題都得到了調查，具有足夠訊息支持紀律行動的問題已轉交給紀律委員會，並採取了行動。」

二〇二一年，在回答我關於此案和其他案件的問題時，郭紅寫道：「我不知道律師協會目前對我或郭律師事務所進行的任何調查，無論是直接還是間接地與金先生或他的妻子魏曉琪有關。我也不知道是否有關於洗錢、放高利貸或任何這類犯罪行為的投訴被調查……至於對投訴人所謂的攻擊事件，你的電子郵件是我第一次聽說此類事情。」

郭紅補充道：「我與（彼得）傑曼先生在他英屬哥倫比亞賭場調查期間見過面，最近還與卡倫委員會的律師會面，所有人都對我能夠提供的小幫助表示感謝，並從未有任何跡象指我有不當行為。」

所以，二〇一六年末是我第一次聽說金保羅的名字，而這與郭紅在列治文的律師事務所有關。該公司聲稱每年進行約七億美元的住宅房地產交易，主要針對中國大陸投資者。他們還參與了大量的商業交易，為在西加拿大尋找海港、淡水資源、工礦資產以及玉石的中國大陸投資者進行投資。他們也參與了公寓開發的土地整合。據我估計，他們每年在英屬哥倫比亞省進行約十億美元的投資。

而郭紅的事務所也捲入多起民事糾紛。最讓我感興趣的案件是涉及郭紅本人，被某次級房貸經紀人向律師協會投訴她，以及一些透過香港和英屬維京群島運營資金的中國投資者案件，其中涉及到我之前接觸過的貨幣兌換機構：RTY 金融。

當律師在法庭上對訴訟當事人進行訊問和交流時，法庭程序中的筆錄提供了引人入勝的細節。他們描述了一系列複雜的交易，最終導致二〇一三年七月的三個列治文開發地成交。在這筆交易的準備階段，郭紅，次貸融資專家和薛國禮——前高貴林市市長和聯邦自由黨國會議員，同時還曾擔任加拿大移民法官——曾在英屬哥倫比亞省境內四處尋找重大土地交易。薛國禮因引介郭紅的中國大陸投資者參與他英屬哥倫比亞省市級政治同僚所推薦的交易而賺取了仲介費。

在 RTY 金融案中，來自中國大陸的一些投資者計劃在列治文市中心的林蔭大道（Minoru Boulevard）建造公寓，他們還收購了溫哥華惠斯勒度假村附近的冰川泉水，並計劃將瓶裝水運往中國。來自北京的兩名男子是主要參與者：一位名叫徐先生，據其公司文件顯示，他是一位持有伯利茲簽證的中國公民；另一位是持有澳門和香港出入境簽證的中國公民李先生。這些人與香港公司——Sparkle Long 和 Double Wealth International 有聯繫。巴拿馬文件資料庫顯示 Double Wealth 與香港和英屬維京群島有關；我在巴拿馬文件中沒有找到 Sparkle Long 的資訊，但案件文件顯示它也在英屬維京群島註冊。

中國投資者在加拿大購買土地和資源並沒有任何問題。文件顯示，數千萬美元已存入郭紅的法律信託基金，用於資助冰川泉和林蔭大道土地整合交易。對於這筆錢是如何進入加拿大的並沒有任何解釋，但它們確實已經聚集在郭紅的信託帳戶裡了。

根據法律文件，中國投資者在建築融資方面遇到問題，無法從加拿大大型銀行獲得資金，因為「整個交易看起來很可疑」，因此他們不得不向三線區域銀行尋求融資。這就是次級房貸經紀人的出現的地方，林蔭大道的交易在二〇一三年七月獲得貸款前瀕臨失敗，但他聲稱郭紅給他的仲介費不足並提起訴訟，引發了一系列英屬哥倫比亞最高法院的索賠和反訴。對我來說，這是一筆豐富的紀錄寶庫。

法律文件顯示，列治文次貸經紀人曾質疑，轉入郭紅法律信託以資助林蔭大道公寓開發的二千萬美元到底歸誰所有。郭紅的客戶，來自北京和伯利茲的徐先生聲稱這二千萬美元是屬於他的，但第三位投資者嚴先生提交的紀錄稱，二千萬美元中的大部分來自李先生以及香港公司 Sparkle Long 和 Double Wealth International。

「李先生在這些公司參與了甚麼？你的錢是通過李先生輸送的嗎？」一位律師詢問徐先生。

徐先生：「我不想回答，因為我不想談論我的錢。錢來自哪裡並不重要，它來自香港，那是我的生意。」

「你怎樣獲得你聲稱從中國到溫哥華用於投資的二千萬美元？」律師追問道。

徐先生回答：「我不會向你提供在中國的文件。」

但律師再次試探，「我在問你，是否有任何東西可以證明或證實這筆錢來自哪裡，以及如何到達加拿大。我在問你，除了你的證詞之外，你是否有電子文件或其他形式的文件，可以解釋或向我們展示這筆錢是如何到達加拿大的，誰給了你，是誰提供的，它是如何到達這裡的？」

徐先生堅持道：「沒有文件。」

但其他案件紀錄顯示，嚴先生指控郭紅和一些投資者在列治文公寓開發交易中欺騙了他，而他越來越急於償還他在中國大陸的投資人。我在法庭檔案中發現了嚴先生和郭紅之間的簡訊，其中嚴先生暗示他的安全受到威脅。

當我向郭紅詢問這些微信簡訊的情況時，她說她相信嚴先生在中國面臨著來自高利貸的嚴重威脅。

法庭文件中的其他簡訊顯示，嚴先生曾試圖解決與徐先生在林蔭大道土地交易中的分歧。二〇一六年一月，他們商量在澳門或香港見面。徐先生向嚴先生傳送簡訊：「嚴先生……使用第三方受讓人（你不必露面），這樣實際付款將以現金形式進行……簽署其實可以在香港進行，我們以後的討論最好是面對面或透過微信進行！……如果有人不懷好意向監管部門投訴，那麼將會導致干預、延遲或終止！」

我還獲得了一份極為有趣的郭紅信托帳戶在林蔭大道交易中的照片，它顯示，二〇一三年七月，RTY 金融收到了五十六萬美元的費用。我在很長一段時間裡都不明白 RTY 是怎麼賺到這麼多錢的，畢竟它只是一家小型的貨幣兌換店，但後來我從鄭錫賢案中得知其與一項為中國房地產投資提供便利的犯罪計劃有關。那 RTY 金融會不會是一個與郭紅律師事務所有聯繫的地下錢莊渠道呢？

最後，二〇二〇年，當郭紅的一名前員工以其未支付工資起訴她時，其法庭文件顯示了 RTY 金融是如何融入這個謎團的。該員工呈交了一份信託帳戶帳本，顯示每筆約五萬美元的數十筆款項從中國匯入郭紅的信託帳戶，用於林蔭大道公寓交易。所有這些款項背後的姓名似乎都來自中國大陸，其中一些似乎與列治文主要賭場的貴賓客戶相符。這些交易中，中國銀行赫然在列，當然，還有 RTY 金融。

來自英屬維京群島公司 Sparkle Long International 的法律指示：「我寫這封信是為了指示您，

請為 RTY 金融有限公司準備一張金額為五十六萬美元的支票，作為與購買股票（用於林蔭大道公寓交易）相關的佣金。」

對我來說，結論非常明確。在鄭錫賢案中，RTY 促成了一項地下交易，讓中國大陸投資者將五十萬美元的首付存入西溫哥華的銀行帳戶，以購買溫哥華的房屋。在林蔭大道交易中，RTY 金融為數百萬美元得以匯入郭紅法律信託提供了便利——每筆交易為五萬美元——以便中國大陸投資者在列治文市中心開發三塊土地。看來 RTY 金融是一個地下銀行節點，促進了大規模地下錢莊和眾籌的整合。許多中國人提供了自己的名字，以記錄從中國「合法」出口的五萬美元現金，這些錢在加拿大匯集，提供給參與公寓開發的中國投資者。

我在《溫哥華太陽報》上報道了林蔭大道的交易，通過重點關注這個案例，以突顯由於最高法院的一項裁決，即所禁止加拿大律師向加拿大金融交易和報告分析中心報告可疑金融交易所導致的更廣泛問題。

亞當・羅斯（Adam Ross）是加拿大國際透明組織（Transparency International Canada）二〇一六年一項研究的作者——這份研究表明大約一半的溫哥華豪宅是透過利用不透明的法律機構所擁有的。他告訴我，加拿大律師在「自我監管」方面失敗了。「法律協會聲稱已制定了防止洗錢的規定，但它們是軟弱、不透明的，幾乎從不強制執行，」羅斯說道，「除非律師協會對其成員提出更多要求並開始執行這些規則，否則數十億美元將繼續通過律師的信託帳戶被洗去，而不會產生任何後果。」

…

蔣以誠（Yicheng Jiang）雙手合十，微微鞠躬，我也向他做了同樣的動作。他幾乎不會說英語，我也不會說中文，所以我們隔著幾步距離，繼續微笑、鞠躬。我能感覺到他在努力克制著激動的情感。他說了謝謝，握拳像是在說「堅持戰鬥」。然後他走進了英屬哥倫比亞省證券委員會聽證會，在那裡他將為他失去了一切重要的東西作證。

「有時候，我想殺了我自己。」蔣以誠抽泣道。他在證人席上渾身顫抖，他在受害人影響陳述中的每一句話都使他的內心感到痛苦。他的淚水在劇烈的併發之間時斷時續，所以當他終於能說話時，聲音聽起來就像尖叫一樣。我想我在報道故事時只哭過兩次，一次是在《溫哥華省報》，我不得不報道一位北溫哥華婦女的葬禮，她和她六個月大的女兒在薩圖納島附近的一次飛行艇墜毀事故中喪生。在極少數情況下，故事的情感會壓垮你。當蔣以誠悲痛欲絕地作證時，我開始哭泣並寫下筆記。

他哭著說道：「就是因為兩個孩子我才不能死，連我兒子都對我說，『你不是說加拿大是法治國家嗎？』」那是二〇一七年四月，距離蔣以誠和許多來自中國大陸的投資者報名參加英屬哥倫比亞省的投資移民計劃已有八年，這個計劃是由一個叫黃世惠（Paul Se Hui Oei）的溫哥華有勢力商人運作。

對於所有中國投資者來說，結局都很糟糕，但顯然，沒有人比蔣以誠更痛苦了。他說，他失去了家人的畢生積蓄、妻子父母的積蓄以及共同投資者的錢——這一切都是因為黃世惠。

「我不知道我還能這樣活多久。」蔣以誠哭道。他告訴法官，他的妻子已經失去了所有希望並試圖自殺；儘管她已經康復，但仍堅持與他離婚，讓他獨自撫養他們的孩子。她告訴蔣以誠，他是冒著一切的風險去加拿大尋找海市蜃樓。

那天，當我坐下來記筆記時，我為蔣以誠的人生悲劇所震撼，但我也知道，他的案件是我調查溫哥華模式的關鍵一環。在我堅持探究中國的地下錢莊如何將資金轉移到溫哥華房地產的努力下，我於二〇一六年底已經掌握了大約九成的情況。但我缺少一位願意承認使用「黑市」交易並解釋國際銀行如何參與其中的投資者證詞，而已經一無所有的蔣以誠自願提供這個證據。不僅如此，他還將矛頭指向了為溫哥華模式提供便利的加拿大律師、政客和企業。

這個移民騙局的核心涉及六十四筆總值一千三百三十萬美元的投資轉帳，經由黃世惠的幾家加拿大公司和聯邦自由黨政客蘇立道（Joe Peschisolido）的列治文律師事務所進行。中國大陸投資者被告知，他們將成為溫哥華地區一家回收業公司的股東，被告知說不僅能發財、還將受惠於黃世惠的高層政治關係，更快獲得加拿大公民身分。

但回收廠卻破產了。英屬哥倫比亞省證券委員會發現，黃世惠最終挪用了至少五百萬美元的投資者資金來滿足他的個人需求。我發現被挪用的資金包括對英屬哥倫比亞省省長簡蕙芝的政治獻金。英屬哥倫比亞省證券委員會的律師表示，黃世惠曾與政界人士交往，以迷惑中國投資者；甚至將投資者的錢花在塑造自己極端富有的象徵——讓自己和妻子開著賓利和藍寶堅尼——這都有助於建立他的國際聲譽，而且確實奏效。

黃世惠的故事中有不少《大亨小傳》（The Great Gatsby）的影子。《紐約客》（New Yorker）曾不加批判地報道他，稱他是中國超豪富二代在北美投資時的財務問題解決者。《紐約客》的這篇文章捕捉到溫哥華的頹廢，但迴避了背後的骯髒犯罪行為。一位名叫趙利（Li Zhao）的男子——《紐約客》文章中一位漂亮女孩的父親——最後槍殺了他的親戚苑剛（Gang Yuan）並將其肢解。苑剛在溫哥華和西溫哥華擁有價值數千萬的豪宅，我還發現他是一名涉及雲南一個大型貪腐案件中的煤礦大亨。我獲得了一份大型關聯圖表，顯示苑剛是與英屬哥倫比亞省皇家騎警進行的一項大規模調查有關聯的黑勢力大亨之一，這項調查涉及國際野生動物非法捕獵和賭場洗錢。

所以黃世惠的故事只是眾多例子之一，記者在報道溫哥華房地產新聞時，可能會觸及地下錢莊和有組織犯罪，從而成為國際頭條新聞。

但並非所有黃世惠的客戶都是超級富豪。蔣以誠的案例告訴我，財富相對較少的人有時會冒著不幸的風險，將他們的儲蓄轉移到中國之外。他們不得不依靠有組織的犯罪團夥，有時候也會引火燒身。在眾多其他投資者中，我選擇關注蔣以誠，是因為他的法律文件詳細記錄了匯豐銀行向加拿大的電匯。蔣以誠提供了一份帳本，顯示蘇立道律師事務所的信託帳戶中有數百萬的可疑交易。

因此，我們在《溫哥華太陽報》會講普通話的同事蔣長欣（Chuck Chiang）協助下，得以了解蔣以誠的故事。蔣以誠告訴我們，二〇〇九年見到黃世惠時，黃世惠及其美麗的妻子散發著高雅的氣質。他們開著一輛賓利來接蔣以誠，並將他帶到列治文的一間辦公室。黃世惠向中國投資者展示了《What's In》雜誌的剪報，文章顯示他從英屬哥倫比亞省省長手中接過自由黨頒發的獎章。這篇文章提到了黃世惠在他的計劃中使用的移民和回收公司，報道還刊登了他們夫妻倆與川普的合影。蔣以誠告訴我們：「他們非常清楚地提到了他們與政府的關係，（黃世惠）提到英屬哥倫比亞省省長和高級聯邦部長與他有著『非常特殊』的關係。他提到簡蕙芝，還有包括蘇立道在內的一些國會議員。」

其他投資者後來也證實了蔣以誠告訴我們的事情，投資者陳巍（Wei Chen）在英屬哥倫比亞省證券委員會上作證說：「黃世惠說這個項目得到了省政府的大力支持，並向我們展示了與這位女省長的許多照片，他表示，英屬哥倫比亞省政府將利用這個項目去中國吸引移民。」

蔣以誠說，在列治文的某個晚上，當投資者在一家海鮮餐廳會見了黃世惠和蘇立道後，誘惑變得更大了。他告訴我們，正是蘇立道的法律信託和這位列治文聯邦政治人物的聲望給了他們更多信心，「黃世惠跟我們談過這個信託帳戶，他告訴我們這個律師在溫哥華乃至加拿大都是非常有名的。」

問題是如何將投資黃世惠用於回收工廠的四百萬美元，從中國轉移到加拿大。蔣以誠被說服成為其他六位投資者的聯絡人，「就像我們在中國的眾籌概念一樣。」他說：「我們和黃世惠談過，他說有人急於投資這個項目，這種（地下錢莊）在中國很常見，用於在境外購買房地產。」

因此，從七位投資者那裡聚集而來的資金將以蔣以誠的名義匯到加拿大，在蔣以誠對蘇立道提出的訴訟中所提交的一份秘密帳本也顯示了其他六位隱藏投資者的名稱以及每個人的出資額。「我們只需要提供投資者名單，接下來黃世惠會為我們處理移民事宜。」蔣以誠說道。

對我來說，這顯然是一筆非常不透明的交易，似乎將加拿大的反洗錢法逼到了絕境。國際銀行紀錄上只有蔣以誠的名字，但他身後的另外六位投資人又是誰呢？如果他們是罪犯或貪官呢？這種交易方式肯定會讓官員得以匿名將錢洗到加拿大。根據二〇二〇年自由亞洲電台的報道，蔣以誠聲稱他的共同投資者確實與中國共產黨有關。

他說，在他們將「喀斯開計劃」（譯註：Cascade，即前文所述的回收公司）中的損失歸咎於他，因他和他的孩子成為了中國「獵狐行動」（Fox Hunt）的目標，這是中國安全部隊的一項非法秘密行動，以被指控將資產轉移到外國的公民為目標。

如果通過蘇立道律師事務所進行的交易，實際上是為了方便中共黨員移民加拿大，那將為此案增添一個全新的角度。但讓我們專注於地下錢莊方面。如果此類交易進入加拿大法律信託機構，但加拿大律師沒有法律義務向加拿大金融交易和報告分析中心報告，這是否違法？

蔣以誠只是遵循一條從中國到加拿大的秘密金融隧道，這條通道對於無數人來說是敞開的，這要歸功於最高法院的一項裁決。此外，他說他是在黃世惠的誘導下完成交易的，並向我們具體解釋了交易的運作方式。蔣以誠說道：「現在，由於中國對境外資本設置了出境限制，我們很難單獨把錢轉移出國。因此，最好將我們的現金集中到一個地方，然後透過地下錢莊尋找機會將資金轉移到加拿大。」

蔣以誠表示，他將自己和其他六名投資者的人民幣交給了「代表中國地下錢莊的重要人物」，自己是透過親戚認識了這位地下銀行家，大家都按照預定的匯率將人民幣兌換成美元。他解釋道：「所以我直接將（人民幣）轉給那人或轉至他要求的任何帳戶，然後，銀行就會發揮他們的魔力——我也不知道怎麼做的——把錢弄出中國，美元現款將轉到我在香港或加拿大的匯豐銀行帳戶。」其他消息來源告訴我，這神奇的手段涉及地下銀行家，他們有人脈在澳門賭場和香港銀行工作，能夠將錢秘密轉入帳戶。

有時，在我們對蔣以誠的採訪中，我覺得他可能一直在淡化與他所謂的「社群管道」地下錢莊打交道的嚴重性，但他在英屬哥倫比亞省證券委員會作證期間卻更加清晰地說明了與犯罪組織打交道的代價。他告訴英屬哥倫比亞省證券委員會：「這相當於香港人所謂的美元黑市匯兌交易，這是高風險的，一開始我們並不知道這些路線。所以當我們兌換了一定金額後，社群裡的人就捲走了錢，我們因此蒙受了損失。」

在被地下銀行家偷走一部分資金後，蔣以誠了解到「根據社群規定」，他的投資團隊必須支付每筆交易百分之十五至二十五的「黑市保險」費用，這筆費用將根據當前的市場情況而波動。對我來說，這表明一九九〇年代，有組織犯罪從非法流出中國的數萬億資金中獲取了龐大的利潤。中國公民支付了這些地下交易中的主要費用，這些在中國境外的交易中，往往是其他國家的毒品販子提供資金，但他們幾乎不支付任何費用。因此，我很容易理解我的警方線人所告訴我的內容，中國地下錢莊網絡頂端的超級罪犯在中國境內擁有巨大的政治權力，並且對外國販毒集團也具有強大的影響力。他們不得不這樣做，因為他們控制著如此龐大的資金。

⋮

我從蔣以誠的案件了解到從一九八〇年代「五龍」逃往加拿大以來，無數資金如何從香港和中國轉移到加拿大房地產。是幾百億、幾千億還是更多？我無法回答這個問題。但我可以說，無論金額多少，大部分資金都通過包括加拿大銀行在內的犯罪金融管道流入，並使得強大的販毒集團得益。

我還注意到，英屬哥倫比亞省證券委員會發現來自中國投資者的資金流入了黃世惠的移民公司 Canadian Manu，其中兩萬一千七百三十二美元的投資者資金從 Canadian Manu 帳戶流向蘇立道的公司。蘇立道在涉及中國投資者的民事案件中一再否認有任何不當行為，英屬哥倫比亞省證券委員會案件中更沒有提到他。不過，我仍打算繼續調查。

我發現當時的省長簡蕙芝和其英屬哥倫比亞省自由黨曾收到一筆三萬七千八百八十八美元的政治獻金，這些資金直接來自喀斯開——即前文所述破產的回收廠公司。黃世惠的會計師列出了二〇一一年十二月一日的交易，內容為「省長簡蕙芝宴請貴賓」。該會計師接受了英屬哥倫比亞省證券委員會律師的詢問，表示：「嗯，他與自由黨的人有來往，所以我猜這是黨的宣傳活動，他確實告訴我，這是為了推廣喀斯開公司。」

這筆政治獻金是否來自非法地下錢莊在中國進行的洗錢活動呢？這不是英屬哥倫比亞省證券委員會需要回答的問題，但對卡倫委員會來說可能是一個值得研究的好問題。在英屬哥倫比亞省證券委員會一案中，黃世惠被指控欺詐，英屬哥倫比亞省自由黨則表示將退還這些資金。

此外，還有多個消息來源的證詞指出，賭場存在來自中國和香港的資金流通。例如，一位喀斯開的投資者——香港的余寶珠（U Po Chu，音譯）女士——除了喀斯開的投資外，還向黃世惠提供了近七百萬美元。帳目顯示，余寶珠從喀斯開項目所得的投資回報是以其他人的名義進行，而這些支付款項被轉移到了拉斯維加斯的賭場。

為甚麼溫哥華回收廠的投資會流經拉斯維加斯？黃世惠的會計師作證說：「這些錢是付給拉斯維加斯的，這是應余寶珠的要求，因為她經常前往拉斯維加斯，而她希望把錢帶回香港，所以，她請黃先生將錢轉至拉斯維加斯。」

紀錄顯示，僅是余寶珠就有二十八萬八千兩百九十一美元的款項進入了永利、百樂宮（Bellagio）飯店、米拉吉（Mirage）飯店和美高梅國際。「作為會計師，當你看到數十萬美元的個人支付款，聲稱用於償還投資者卻流向拉斯維加斯賭場，這是否引起了你的懷疑？」一位英屬哥倫比亞省證券委員會質問黃世惠的會計師。

「嗯，我確實考慮過，但我把它交給了黃先生處理。」她回答說。

我也在思考著這個問題。因為我後來發現，溫哥華一家私人房地產貸款機構涉及英屬哥倫比亞彩票公司賭場的可疑交易，而金保羅的高利貸網絡也向黃世惠提供了大筆貸款。黃世惠告訴我，他被迫接受英屬哥倫比亞賭場貴賓貸款，以支付喀斯開案件中的法律費用。

我思考的另一件事是，黃世惠與加拿大政界菁英的接觸。這對加拿大的民主意味著甚麼？黃世惠是想為他的回收廠項目爭取利益嗎？他是否試圖在加拿大投資者移民計劃中施加影響？政客之所以對黃世惠趨之若鶩，是因為他的政治籌款能力以及從中國獲得大量財富的能力嗎？反之，他是否因為與加拿大政界菁英的關係而獲得了中國投資者的青睞？也許以上都有可能，因為「關係」無處不在。

我查閱了捐款紀錄，並發現黃世惠和他的妻子已向英屬哥倫比亞省自由黨捐贈了超過六萬七千美元。自從二〇一四年賈斯汀．杜魯道接掌聯邦自由黨以來，夫妻倆還向該黨捐贈了八千四百七十七美元，黃世惠向保守黨提供的捐款則較少；他還告訴我，至少有一位聯邦保守黨議員黃陳小萍（Alice Wong）支持喀斯開計劃。然而，黃陳小萍的辦公室強烈否認與黃世惠案有關。此外，二〇一五年七月，黃世惠的公司在列治文贊助了一次選前餐會，賈斯汀．杜魯道也出席了，前者向出席的者介紹杜魯道並擁抱了他。但杜魯道在演講中大肆宣揚中產階級選民綱領，很可能並沒有打動到那些開著藍寶堅尼的人。

與此同時，蔣以誠告訴我，杜魯道當選總理後，黃世惠通過微信向蔣以誠發送了自己「擁抱杜魯道和慶祝的照片」。蔣以誠說：「對我來說，這個意圖很明顯；他是在告訴我不要在加拿大招惹他，就像是『看看我和總理的關係，我們就像哥們一樣。你只是一個連加拿大的移民身分都沒有的華人而已，不要敢到加拿大來惹事。』」

所以到二〇一七年夏天，我已經整理了一份作品。對我來說，從中國湧入的資金表明存在嚴重的貪腐現象，顯然在中國、加拿大都是如此。越來越多的人要求我談論我的發現，我同意參加在維多利亞舉行的反洗錢會議，談論蔣以誠案。幾個月來，我不時與羅斯．奧爾德森交換電郵，他提到了金保羅和譚國聰的名字。

二〇一七年八月，奧爾德森向我介紹了一起英屬哥倫比亞省民事充公辦事處處理的案件，此案涉及加拿大皇家騎警的調查，主要目標是列治文農地上的一座大型豪宅。涉嫌的大圈仔成員彭立新（Peter Lap San Pang，音譯）被指控與金保羅的網絡和其在安大略省萬錦市的人脈一起運營列治文地下賭場。我發現，來自廣東的彭立新及其團夥在加拿大歷史悠久的大圈仔中地位相當於譚國聰和謝志樂。這一切都指向了一個肮髒的循環，現金、賭場籌碼和澳門賭客在英屬哥倫比亞彩票公司賭場以及列治文和萬錦市的非法賭場之間流動，其中夾雜著類鴉片物質和武器的販運，以及房地產洗錢。在省會維多利亞，我和奧爾德森在演講之前一起喝了咖啡，他告訴我，我正在為加拿大做重要的報道，當時也稍微談到了他與卡爾文·克　斯蒂的會面。當我回到溫哥華時，他安排轉交了極其機密的英屬哥倫比亞彩票公司文件，這使我能夠整合過去在溫哥華模式報道的所有內容。

這是我破解金保羅網絡所需要的最後一份資料。

13

白銀與黃金

奧爾德森告訴我：「金保羅顯然是律師事務所最大的客戶。」在維多利亞，我們坐在咖啡廳，談論了另一件讓我大吃一驚的事。博彩政策與執法部一些調查員對英屬哥倫比亞政府的廉潔已失去信心，或認為加拿大皇家騎警中存在內鬼。他們相信，針對金保羅展開的列治文賭場突襲行動已被洩露。

英屬哥倫比亞彩票公司的監控記錄了金保羅和幾名河石賭場的中國貴賓賭客，在星光賭場停車場與貴賓項目經理會面。

根據卡倫委員會的證詞，金保羅等人在討論星光賭場設施的潛在投資，其中一名賭場經理也拜訪了金保羅的水立方按摩店。

有那麼一瞬間，《溫哥華太陽報》主編哈羅德．孟洛（Harold Munro）似乎快氣炸了。這是在二〇一七年九月十五日，我在該報編輯部會議室內，與孟洛和專題編輯哈蒂普．喬哈爾（Hardip Johal）面對面坐著。我剛列舉了一連串的證據，至少可以說，這聽起來一定令人難以置信。我追蹤多年的線索迅速匯集成一個龐大的故事，而我正在努力解釋這一切。

二〇一七年初，線索被導向博彩政策與執法部一份調查文件中，這是我一直在挖掘的、與中國大陸房地產開發商有關的賭場洗錢網絡。英屬哥倫比亞政府的消息來源發來郵件：「彭立生（音譯，Lap Sang Peter Pang）與大圈仔有關，你可能還想看看叫金保羅和譚國聰的人，他們都是列治文重要的犯罪分子，涉嫌非法賭博、勒索、高利貸、販毒、地下錢莊以及收購房地產。」

根據這些線索，我提出了訊息自由申請，期待能在幾天內收到博彩政策與執法部的大量文件。但在九月十二日與羅斯．奧爾德森的會面後，我便已掌握了大量證據。

坐在費爾蒙飯店（Hotel Fairmont）附近一家咖啡店廳，看著維多利亞內港（Victoria's Inner Harbour）的風景，奧爾德森和我談起加拿大皇家騎警對金保羅的調查。我們談到奧爾德森的團隊如何繪製了列治文和溫哥華的財產所有權地圖，由此發現大圈仔和中國大陸的貴賓們擁有大量的土地和財富。而根據奧爾德森的情報，遍佈在列治文農田中的豪宅經營著非法賭場，它們都與英屬哥倫比亞彩票公司賭場內的高利貸有著直接關聯。

他告訴我，河石賭場有數百萬美元的高價值籌碼失蹤，這本質上都是英屬哥倫比亞政府的貨幣，正在非法和官方賭場之間流動。這令溫哥華和中國的有組織犯罪地下錢莊的價值儲存來得更加便捷——相比一個裝滿二十元鈔票、總值二十萬美元的冰球袋，攜帶四十個價值各五千美元的籌碼更方便。我們討論了他是如何看待中國大陸的高額賭客與中國官員之間的政治聯繫，我也知曉，一些警察認為跨國有組織犯罪已腐蝕了英屬哥倫比亞省一部分的機構。

奧爾德森告訴我，皇家騎警存在一個情報理論，認為金保羅與中國共產黨存在聯繫。他說，自己一開始很難相信這個理論。但在二〇一七年，列治文房地產律師郭紅（Hong Guo）主導了警方在珠海的一次「調查」，並導致其僱員潘倩（Qian Pan）和李子昕（Zixin Li）遭逮捕一事後，這個想法逐漸變得可信。奧爾德森告訴我：「金保羅顯然是律師事務所最大的客戶。」

而在維多利亞，我們坐在咖啡廳談論了另一件讓我大吃一驚的事。博彩政策與執法部一些調查員對英屬哥倫比亞政府的廉潔已失去信心，或認為加拿大皇家騎警中存在內鬼。他們相信，針對金保羅展開的列治文賭場突襲行動已被洩露。

我們正在討論一件值得公開調查的醜聞，因此，我一回到溫哥華便收到了奧爾德森安排轉移的機密文件。這些是調查金保羅和中國貴賓的官方政府紀錄，數量龐大，此行動是全球性的，更是一個畢生難忘的新聞。

哈羅德・孟洛在晉升成《溫哥華太陽報》主編前曾是一名調查記者。根據我的經驗，孟洛喜歡重大且厲害的新聞，而新聞越大，他的審查問題就越嚴格。他會像律師一樣向你提問，尋找漏洞。因此，在九月十五日的會議上，我正試圖將極其復雜的訊息簡化，而孟洛看起來就快要失去耐心了。我可以想像到他心裡在想甚麼：我們到底要怎麼證明這一點？

經過一番盤問，我們陷入了僵局。我深吸一口氣，從活頁夾裡抽出一張紙，將它推到孟洛面前。這是一份第八十六條文報告，是當英屬哥倫比亞彩票公司工作人員發現潛在的犯罪行為時，必須向博彩政策與執法部提交的法定表格。這是奧爾德森於二〇一五年七月未經編輯有關於金保羅「銀級」調查的簡報。孟洛開始皺著眉頭翻看文件，我則坐在一旁等待。報告只有幾段，但每句話都很有分量。大約三十秒內，孟洛的情緒明顯好轉；讀完報告後，他笑了。

我們討論了奧爾德森的文件，以及它們如何與隨時會抵達的博彩政策與執法部的紀錄相互支持，他讓我放下其他報道，專注於英屬哥倫比亞賭場的文件。除了與會者之外，沒人知道我手上掌握的爆炸性資料。與此同時，我們並不知道英屬哥倫比亞政府正因我向博彩政策與執法部申請的披露文件而發生內訌。這場衝突圍繞著博彩政策與執法部的委託，他們通過法務會計公司 MNP 對河石賭場完成審計。

這是一份關於「允許可疑現金湧入英屬哥倫比亞省賭場」問題的高級報告，實際上，這是一名會計師針對加拿大皇家騎警針對金保羅的調查所做出的概述。數月以來，我一直為了獲得這份報告及博彩政策與執法部上千份的相關紀錄而進行談判。但出於某種原因，英屬哥倫比亞省司法部長尹大衛決定在我得到披露文件前，向所有媒體發布 MNP 的審計報告。英屬哥倫比亞彩票公司的高管們對此感到恐慌。

後來，我通過訊息自由法取得一封郵件鏈，顯示他們試圖「修改」這份審計報告。九月二十日下午五時五十九分，英屬哥倫比亞彩票公司董事會主席、也是該省前律政廳長的畢士美（Bud Smith）——給彩票公司總裁金・萊特博迪與合規主任羅伯特・克羅克發了電郵。

「同事們，我剛接到部長辦公室的電話，顯然，訊息自由法（FOI, Freedom of Information）流程將發布有關洗錢的審計報告，」畢士美寫道，「部長想親自發布，所以打電話提前通知。我說，若即將被發表的內容與我所想的一樣，是安永會計師事務所（Ernst and Young）的報告，我相信大約在同一時間完成的加拿大金融交易和報告分析中心的報告可能修改了 MNP 的部分結論。」

萊特博迪回信寫道：「畢士美，部長的助理也給我打過電話，這是 MNP 的審計報告。它不包括我們管理層的回應，這是一個問題。這充其量只是一份充滿挑戰的報告，由博彩政策與執法部委託編寫。」

這封郵件顯示，從二〇一一年至二〇一五年八月在河石賭場擔任合規主管的克羅克對 MNP

的結論提出了異議。他寫道：「該審計時間涵蓋二〇一三年九月至二〇一五年八月三十一日，僅關注了河石賭場的部分交易……在將FOI方案提交給部長之前，博彩政策與執法部並未諮詢我們——我當然也沒有機會對刪除的內容發表意見。」

克羅克後來在英屬哥倫比亞洗錢調查中作證，他在擔任河石賭場主任時，加拿大金融交易和報告分析中心對該公司反洗錢控制措施的反饋是積極的，而大加拿大娛樂集團「正不斷努力改進其控制措施。」與此同時，尹大衛的員工也持續收到有關MNP審計的恐慌郵件。「山姆，我已經看過你發過來的（MNP）文件，」萊特博迪在九月二十日一封發給高級助理山姆．葛弗雷（Sam Godfrey）的訊息中寫道，「報告中沒有管理層的回應讓我們非常擔心，為了提供平衡與更多觀點，我們通常會這樣做。」

九月二十一日星期四，我得知MNP文件——也就是我所申請的訊息自由的一部分，將在星期五上午被公開發布。我已為此新聞工作數月，而現在官僚正試圖管理訊息的傳播方式。我並不知道英屬哥倫比亞彩票公司高層試圖破壞這份報告，但我非常擔憂。

星期四晚上，我致電予一位政府官員進行投訴，我能做的事情不多，但經過安排，MNP報告的受限副本當晚就被送到了我手上。這份報告在極大程度上進行了刪減，並未透露任何具體名字，但英屬哥倫比亞彩票公司對它感到厭惡的原因仍非常明顯。出於一項有關「河石賭場於二〇一五年七月開始接收大約一千三百五十萬美元的二十元鈔票」的調查，博彩政策與執法部委託了

MNP對河石賭場進行審計。

該審計將這筆資金與列治文賭場的高利貸和「亞洲高額貴賓」聯繫在一起，報告指出，河石賭場的員工「培養了一種接受大量現金交易的文化」，而因為這些貴賓都來自中國，員工難以判斷他們的財富是否合法。審計報告提出：「中國國民……佔河石賭場中已確定高風險人群的大多數。採訪證實，貴賓們的確都是富有的非加拿大居民，或在中國和溫哥華具有產權的商人，來到此地賭博。貴賓玩家使用大量來頭不明的現金進行潛在的地下錢莊業務，該行為已越發普遍和易於接受，這讓他們在處理資金時更加便捷，特別是他們無法將資金匯入加拿大時。」

這一切都與英屬哥倫比亞政府對可疑資金的視若無睹有關。報告指出：「接收高額現金已成為該省多年來不斷增長的問題之一，英屬哥倫比亞彩票公司對該省的收入負有責任……而服務供應商也僅專注於提供收入。」

我在星期五早上爆出了MNP審計的故事，但真正的工作是從星期六早上開始的。我擁有一份提到了具體人名的文件，即加拿大金融交易和報告分析中心的超機密紀錄，得以讓我將賭場高利貸大圈仔和中國巨額賭客與主要房地產借貸網絡聯繫起來。我可以揭開幾十年來一直被掩蓋的騙局，講述加拿大有史以來皇家騎警最大的反洗錢調查行動，而我們只有一星期的時間完成這一切。

九月三十日（星期六），我的報道刊登在《溫哥華太陽報》獨家頭條新聞，文章是這樣開始的：「二〇一五年十月十五日，一名騎警肩背一把步槍，帶著一把破門槌衝進列治文一家辦公室。門在他身後關上，將他鎖在裡面，他正位於一家高端匯款公司——銀通國際的大堂，四周都是防彈玻璃。在第二道玻璃門後，一名婦女匆忙打了個電話，同時將幾部手機藏起來。她桌下放著一個塞滿成捆現金的保險箱，而這位高大的騎警正焦急地數著秒數，猜測這位婦女是否會打開內門。據加拿大皇家騎警聯邦組織犯罪單位和中國公安部宣稱，這是當天在列治文進行的十次警察突襲行動之一。作為一項重大調查的一部分，該調查揭示了與中國大陸、澳門和英屬哥倫比亞賭場有關的大規模洗錢和地下錢莊網絡。現在，我們即將講述的調查內幕，促使了英屬哥倫比亞律政廳長於上星期下令對英屬哥倫比亞彩票公司進行獨立審查。」

這篇報道聚焦於金保羅，盡管我多次嘗試透過律師與他聯繫，但從未成功採訪到他，然而，金保羅留下了大量罪證的蹤跡。透過對商界和執法人員的數十次採訪，並在獲取和研究了從一九九〇年代初到二〇二〇年的數千份政府、法律和公司紀錄後，我了解到金保羅的背景及其在一個延伸到北京的全球犯罪網絡中扮演的角色。

…

賈施寶（音譯，Shibao Jia）來自中國東部山東省一個非常貧困的家庭。他的生活十分艱苦，但拳擊拯救了他，使他變得堅韌頑強；他告訴人們，健身房給了他一個去處，沒錢時教練會讓他在地板上睡一覺。

一九八〇年代，他曾是中國奧林匹克隊的潛力選手，雖然沒有完全晉級，但他學到了很多。他說，若中國在職業拳擊領域投入更多資金，他可能會留在那裡；但相反的，他來到了加拿大。一九九〇年代，他在抵達加拿大時已接近三十歲，他給自己取了個英文名字：Paul King Jin（金保羅）。他的同事們說，他在蒙特婁呆了一段時間，直到攢夠了開辦列治文按摩水療中心「水立方」的錢。

水立方的聯合董事是一位來自廣東的重量級三合會成員，彭立山。據加拿大皇家騎警和博彩政策與執法部的情報，彭立山從列治文和萬錦市的非法賭場網絡中獲取了巨大的利益，其名字也曾在一九九〇年代溫哥華的多項海洛因和武器走私調查案中出現。根據秘密線人的說法，彭立生在大圈仔中的地位與譚國聰和謝志樂相當，並且顯然在金保羅之上。一位情報來源告訴我，彭立生曾在列治文非法賭場出現問題時毆打金保羅，並讓他「振作起來」。

金保羅及其家人，包括他的妻子、父母、姪女，頻繁地在他所經營的企業中來回更換及擔任董事一職，其中有水立方及其綜合健身房「夢想戰士」（Warrior Fighting Dream）。但其他董事名單的地址則在北京、青島、廣州和哈爾濱等地。

在進入加拿大的十年後，金保羅在列治文黑社會的地位已接近頂層，但根據加拿大皇家騎警的文件和情報來源，還有比金保羅或彭立生地位來得更高的人。他們是在中國擁有礦場、摩天大樓、船隻、森林以及公路的商業巨頭；是與中國政府、軍方和司法界菁英有緊密聯繫的人；可以出入青島、哈爾濱、北京、上海、廣州和香港港口。

一位情報人員告訴我，換句話說，加拿大正發生某種權利轉移。在溫哥華模式早期，說粵語的南方犯罪團體可能擁有更多的自治權；但在二〇〇八年後，由中國北方支持的重量級人物，似乎增強了他們在溫哥華和多倫多網絡中的影響力。這是金保羅為之服務的中國國家行為者，他們都是他的贊助人和老闆。

加拿大的商業關係建立在罪惡樂園之上，而華人社區和加拿大皇家騎警的情報來源告訴我，這是一個強大的關係網。你想要到我在列治文的水療中心和一些女孩玩玩嗎？沒問題。想要在官方賭場玩百家樂？那更好，可以在我們的私人貴賓房下注，然後在列治文的貨幣兌換所兌現贏利。參加一次有嚮導的狩獵之旅，殺幾頭黑熊怎麼樣？我們與一些加拿大官員有「特殊」關係，所以不要擔心，一切都能妥善處理，我們甚至可以將北極熊的標本和獵槍送回中國給你。想在溫哥華開發一些房地產？簡單。想在我們的中國——加拿大友好協會籌款活動中與加拿大政界菁英打交道？搞定！

對金保羅來說，這已超越了社交網絡的範疇，他的關係網之緊密，需使用電腦網絡術語去形容更為適合。金保羅可以被稱為「超級節點」——作為許多人和市場的交匯點及重要促進者。

根據我的文件和列治文一位會說普通話的人，他認識金保羅並目睹了他的行為。金保羅在這樣的生活中找到了自己的使命：作為權貴們的掮客，也是中國政府在加拿大活動的推動人。正因為如此，賈施寶在中國有了地位。他從健身房的地板上崛起，能坐上中國高級餐廳的最佳位置；他擁有了不少資產，如一個工廠、銀行帳戶、房產、蒙古的一座礦山——這些都證明了他與權貴幹部們的關係。

所以當皇家騎警最後詢問他在列治文賭場裡的表現時，他吹噓了自己與「高級官員」的聯繫：「在中國，我太重要了，對吧？警官是高級別的，非常高，總理也足夠高級了，我在中國的同學都是非常高級的人。」據皇家騎警的說法，他在列治文擁有一系列高檔汽車、多套公寓、一座豪華巨大的非法賭場和兩位保鏢。

英屬哥倫比亞彩票公司甚至有一份名為「豐田計劃（Project Sienna）」的文件，該名字據稱是以金保羅的車隊命名，這些車輛用來在合法與非法賭場之間轉移現金，包括河石賭場失蹤的一千三百萬美元籌碼。

早在賈施寶（即金保羅）來到加拿大前，皇家騎警就知悉海洛因的運輸路線以及溫哥華內像譚國聰一樣的重要級人物。一九九〇年代，北美警方也已經知道地下錢莊存有海量的海洛因，而這是一項龐大的生意。但對於金保羅這一代的大圈仔來說，要達到下一個水平，英屬哥倫比亞彩票公司是一個必要的基礎設施。

這是一個簡單的程序，如果溫哥華和列治文的百家樂賭注限制能與澳門競爭，那英屬哥倫比亞省官方賭場對跨國巨鯨來說將十分有吸引力。因此，自一九九〇年末至二〇一四年，英屬哥倫比亞的賭注限制成倍提高。儘管出現了多次洗錢預警，百家樂賭注仍從二〇〇〇年前的每手二十五美元，二〇一四年達到了毀滅性的每手十萬美元。當然，可疑的現金交易也在成倍增長。

英屬哥倫比亞彩票公司首席執行長麥克・格雷頓像監工一樣監督著他的高管，他簡短的電郵就像鞭子一樣刺人。他命令高管們要達到收入和成本目標，否則他們的獎金就會消失——高管們是否出於財務動機才對著裝滿可疑毒資的球袋視若無睹？

大概在二〇〇七年，博彩政策與執法部開始注意到中國北方巨鯨賭客的到來。整個產業都蕩起了漣漪，山雨欲來，可疑現金交易也在逐年激增。然而，加拿大皇家騎警調查員花費了十年時間，才完全了解背後的運作。

⋮

銀通國際就在眾目睽睽之下隱藏了起來，這是一個極其厚顏無恥的操作——它就在眼前，在列治文律師事務所走廊旁邊。

這就是為甚麼皇家騎警能夠記錄到列治文市區銀行及河石賭場之間頻繁的往來。他們只要跟蹤金保羅的豐田車隊，該車隊每天都有繁忙到不可思議的日常活動，從銀通國際到金保羅的地下賭場、到郭紅的律師事務所、再到列治文各個中餐廳，金保羅和他的保鑣總是在移動，有時還帶著他的孩子一起。

二〇一七年末，即加拿大皇家騎警突襲銀通國際的兩年後，警督布魯斯．沃德（Bruce Ward）在溫哥華一個會議室中向一群私人聽眾進行了簡報。聽眾裡包括美國特勤局特工、金融專業人士以及加拿大警察。這之中的訊息對於五眼聯盟（Five Eyes Intelligence Allies）來說非常重要，特別是澳洲、美國和加拿大。而我獲得了沃德這場演講的秘密錄音，讓我得以深入了解加拿大皇家騎警的電子海盜（E-Pirate）調查，並幫助我消化手上所擁有的所有被洩露文件的關鍵紀錄。「銀通國際提供犯罪分子非法洗錢服務，」沃德說，「他們如何促進毒品的購買和進口？通過幫助毒梟將毒資在世界各地轉移。」

他對大家解釋道，要了解銀通國際的網絡，皇家騎警必須先了解加拿大的亞洲有組織犯罪及其與中國的聯繫。他說，「這不是一個受指揮和控制的有組織結構，它更像商業關係，因為其運作方式與正常的企業並行。」

加拿大皇家騎警情報人員通過監視和秘密線人了解到，毒梟、高利貸、非法賭場經營者與英屬哥倫比亞彩票公司的洗錢者、律師、房地產經紀、貸款經紀人、移民詐騙和貪腐政客等之間所建立的網絡都在進行互惠互利的交易。「所以，你作為該群體的一分子之所以被信任，是因為，比如你在兩年前為某些人做了成功的交易，」沃德說道，「所以，無論是哪個黑幫，如果你願意這麼稱呼他們——商人，他們會有很多計劃。因此，有很多的網絡。」

隨著對這些網絡的了解，我不斷完善自己跟蹤行動者的技巧。在黑幫分子、政客和專業人士之間，照片是一個重要的宣傳手段，這些網絡行動者喜歡上傳他們在中國領事館官員和加拿大政客參加的盛大晚會上，舉起紅酒杯的照片。在了解毒品元素後，政治元素將成為我下一個研究對象。

而溫哥華的毒品網絡一直存在一個問題：如何處置儲存在倉庫中的大量毒資。沃德說：「所以，這種網絡促進了銀通國際的業務。因為他們能夠提供專業的洗錢服務，為進行毒品交易、需要將現金轉化為『可融資工具』的朋友辦事。」

但他們首先需要收集現金，加拿大皇家騎警情報局正盯著聚集在列治文市區幾個街區的企業，它們被視為北美毒品交易網絡在地理上的「超級節點」。而銀通國際就在這張熱圖的中心，距離河石賭場有十分鐘車程。

二〇一五年四月，當皇家騎警發現銀通國際的位置時，該臥底團隊確認至少有四十個不同的組織進入了列治文某個辦公樓，並攜帶著「裝滿現金的手提箱」上到銀通國際的三樓辦公室。沃德說，其中大部分組織都在進行海洛因、可卡因和冰毒的交易，該公司每天收集的毒品銷售現金總額約一百五十萬美元。皇家騎警認為他們是幸運的，能在芬太尼危機尚未爆發之前發現地下錢莊，並繳獲超過九百萬美元的現金。沃德說：「過程中，我們搗破了四個金庫，這些錢上面附有危險的芬太尼粉末，所以在芬太尼危機爆發前將這筆錢沒收實在太幸運了。」

銀通國際不是諾克斯堡（Fort Knox），他看起來就和一家高檔牙醫診所沒甚麼不同，有著透明的玻璃和皮革沙發。但很少人知道，他們的牆壁是防彈玻璃所製，而在辦公室後方滿地散落著現金箱子。除非工作人員找到快速移動現金的方法，不然堆積在公司的鈔票在幾周內就會堆到天花板——而這正是銀通國際的天才之處。在中國大陸，每個公民每年的出口額不得超過五萬美元，他們的銀行系統中有著極致的、被壓抑的供應，在尋求將這道金融壁壘打破。而金保羅、銀通國際和一些中國實業家有個解決方案——一個名為「澳門」的商業模式。

⋯

這座坐落在珠江三角洲西岸的璀璨城市被稱作中國的拉斯維加斯，原因顯而易見。幾個世紀以來，澳門作為國際交易的中心，曾是葡萄牙的殖民地，後來變成中國大陸所禁止惡習的發洩口。它作為中國共產黨的特別行政區，擁有賭場合法化、大部分歸咎於賭博業的 GDP 成績、以及豪華得讓拉斯維加斯都黯然失色的賭場獲利能力——每年生產三百至四百億美元，收入至少是內華達州賭場的三倍。這便是中國那百分之一的菁英政治人物和紅二代前來賭博和購物的地方。

據中國內的廣泛報道，貪腐官員曾與香港和澳門的三合會串通，通過地下賭博運營商將國家資金轉入和轉出澳門。該醜聞甚至深入到中國政治局，那些管理世界第二大經濟體的少數中共高層那裡，正如前國家公安部部長周永康和薄熙來的案件便說明了這點。薄熙來是華北地區深受歡迎的省長，被認為是習近平的競爭對手，在兩位領導人因貪腐指控被定罪之前，有報道稱他們與澳門幫派和有組織犯罪存在聯繫。在周永康一案中，他控制著中國的警察和安全部隊，調查員將他、他家人和一名被稱為「劉漢」的房地產和礦業大亨聯繫在一起。

在被指從「小混混升至億萬富翁」之前，劉漢就已積累了六十四億美元的財富，並在澳洲和美國經營礦山。他被判多項罪名（包括謀殺），於二〇一五年被處決。他錯就錯在過於魯莽和暴力，儘管他擁有一大批豪華汽車和貂皮大衣，但他所謂「實業家」的外表很容易就被看穿。在他去世前，他在中國經營著非法賭場，並通過澳門合法賭場洗錢，同時進行武器販賣和提供殺手服務的事已眾所皆知。

周永康、劉漢和薄熙來，都在習近平發起的大規模反腐調查中被打倒；二〇一五年，基於對習近平反腐調查的擔憂加劇，澳門的GDP下降了百分之二十六。但就連習近平的家族也與貪腐、離岸財富和外國賭場有所關聯。二〇一九年，澳洲媒體的一項聯合調查揭示，習近平的表弟齊明（Ming Chai）被證實是澳洲賭場的貴賓賭客，與一位著名的犯罪組織老大有聯繫。而這些仲介與中國對外影響和間諜網絡相連接。

所以就是這些貴賓賭客群體，幾十年來靠著從中國底層社會榨取資金、與毒梟，高利貸和外國間諜組成聯盟，幫助澳門累積大量財富。

⋮

二〇一四年，隨著英屬哥倫比亞彩票公司對金保羅在河石賭場的監視，銀通國際與澳門式洗錢的調查終於成為焦點。

我從加拿大金融交易和報告分析中心處獲得的機密紀錄顯示，金保羅在二〇一二年因涉嫌可疑交易以及參與犯罪組織的放貸行為被英屬哥倫比亞彩票公司賭場劃入黑名單。根據彩票公司紀錄，他的其中一位夥伴在加拿大皇家騎警的有組織犯罪列表中被稱為「嫌犯一號」，而金保羅被稱為「嫌犯二十二號」。嫌犯一號自稱是造船工人，嫌犯二號自稱是中國餐飲大亨，嫌犯三號是我這幾年來一直關注的、來自中國北方的眾籌開發商。

但不管怎樣，英屬哥倫比亞彩票公司的禁令對金保羅來說毫無意義。「此電郵附上了在低陸平原賭場工作的前十名高利貸名單，其中大部分是河石賭場的客戶，」英屬哥倫比亞彩票公司二〇一四年的一份機密紀錄指出，「當然，金保羅是首要的目標，目前被禁止進入賭場，但卻非常活躍，有許多人為他工作。」彩票公司在金保羅的調查文件中寫道，他與百家樂的貴賓玩家有緊密的聯繫；且經常光顧本拿比的金殿娛樂場（Grand Villa Casino）和新威斯敏斯特的星光賭場。由奧爾德森提供的另一份紀錄聲稱：「二〇一五年六月，金保羅收到來自金殿娛樂場的幾通電話。」

紀錄還表明，博彩政策與執法部調查了該賭場貴賓的員工與金保羅的會面，當中討論了在星光賭場貴賓廳的投資事宜。金保羅正為一名未知的中國房地產大亨打掩護，賭場一名律師稱：這次會面的真正目的是新威斯敏斯特賭場附近一個房地產開發項目。該公司的一名貴賓女招待員因將金保羅的中國巨鯨賭客，傅先生（Mr. Fu）介紹給「知名高利貸」而受到調查。

二〇一四年，奧爾德森一位英屬哥倫比亞彩票公司的同事指出：「大多數由金保羅提供現金的賭客都是知名的貴賓玩家，擁有豐富的賭博經驗和可觀的財富，大多是亞洲企業。而金保羅為顧客提供的大量現金幾乎都是被捆綁起來的二十元鈔票。」

卡爾文・克魯斯蒂的聯邦有組織犯罪單位花了一些時間，才將河石賭場和銀通國際在列治文市區的「現金屋」聯繫起來，此突破發生在二〇一五年四月二十九日。「我們再次對我們的『朋友』進行了四天的全天候監視，並發現了一些有趣的情況，」一位警探在寫給英屬哥倫比亞彩票公司賭場調查員的電郵中寫道，「我想知道你在過去一周內是否有新的發現？」

幾周內，加拿大皇家騎警將這些線索都連接起來：金保羅的團隊正向河石賭場的中國貴賓提供現金、這筆現金來自銀通國際、而毒品交易組織每天都從加拿大西部帶著裝滿現金的手提箱去往列治文。在其中一個案例中，一名來自艾伯塔的毒梟被逮捕時，還帶著裝有一百萬美元現金的手提箱。但這些賭場貴賓從何而來，金保羅又是如何與他們取得聯繫的呢？隨著加拿大皇家騎警的調查擴張到加拿大之外，答案逐漸變得明顯——你只要跟蹤金保羅從溫哥華起飛的航班，就能找到答案。

布魯斯·沃德在二〇一七年九月向他的私人聽眾解釋了電子海盜中有關國際調查的部分：「讓我們找到主要目標（銀通國際）的是一個涉足『生產巨鯨』的人。巨鯨是高端賭客，因此金保羅的專長是去澳門工作、並識別出會去澳門的中國富商，再將這些人吸引到加拿大賭博。」

當他遇到這些非常富有的人——比如經常光顧澳門威尼斯人飯店（Venetian Macao）的房地產開發商高嘉（Jia Gao，音譯），金保羅會告訴他們自己是加拿大仲介，能在列治文照顧他們。

他們是如何將資金從中國轉移到加拿大的呢？這是一個巧妙的騙局，實際上，資金從未跨越國界。金保羅和銀通國際在列治文和中國都有一大筆毒資，而貴賓的資金則存在中國的銀行帳戶中。金保羅和銀通國際會與貴賓賭客簽定合同，將定金從原來的中國銀行轉入由銀通國際控制的中國銀行。這讓貴賓們在地下錢莊系統中取得信用，從中國飛到列治文後，只要撥打金保羅的熱線，他們便會被安排在河石賭場附近的停車場，與金保羅的代理人見面；而他們要做的，就是將大包小包的現金拖進貴賓廳。

金保羅在每筆轉帳中向澳門貴賓們抽取百分之三至五的「地下服務費」，他在列治文進行十萬美元的現金支付之際，貴賓則同時將十萬五千美元從自己中國銀行轉帳到銀通國際的中國銀行。沃德提出：「他使用銀通國際作為銀行帳戶，在得到那筆現金後將其分割成當天的訂單。然後將這十萬美元放進冰球袋子裡，帶進賭場交給巨鯨賭客。」

交易也可以反過來進行。若賭客是販毒集團的成員，或在中國地位較高、是擁有關係的人——比如一個有權有勢的官員，那他們可以直接前往列治文，承擔賭債。一袋袋被用於購買賭場籌碼的現金，稍後也將從這些貴賓的中國銀行轉帳到銀通國際的帳戶上。

或說，交易也可以通過非法賭場進行。例如，金保羅於英屬哥倫比亞最高法院中的文件表示，他攜帶著裝有二百六十八萬美元現金的大包包進入列治文的咖啡廳，並將其轉交給一位早被加拿大皇家騎警記錄在案的中國房地產開發商。這位開發商卻反過來說，這筆現金是他在金保羅的非法賭場賭博時所得。這位在列治文擁有房產的巨鯨賭客以期票作擔保，其房產將被用作洗錢計劃中的債務轉移。英屬哥倫比亞彩票公司調查員還發現，金保羅的網路會通過貨幣兌換所為河石賭場的巨鯨賭客提供現金補助。而根據加拿大皇家騎警和博彩政策與執法部的紀錄，這些貴賓會將他們的賭場籌碼兌換成支票，並將資金存入加拿大銀行，以購買溫哥華的房產。這是讓毒資滲入豪宅最簡單的方式。

總而言之，銀通國際的複雜程度已超越想像，因為他們的交易路線及種類似乎無窮無盡——但核心服務卻非常簡單。他們在相隔數千英里之外的黑市錢莊對信貸和債務進行調整，這些交易從未被記錄在政府的分類帳上。

羅斯．奧爾德森在二〇一五年九月所提交的洗錢報告中這樣解釋道：「通過與貴賓玩家進行有關彩票公司的調查性訪談，該公司能確定大部分玩家都欣然承認不知道自己所用現金的來源，且在可疑的情況下以利息很少或根本沒有利息的可疑方法償還債務。」文件表明，「這顯然存在跨國洗錢行為。」

因此，這些人至少要承認說他們並不知道金保羅的現金從何而來。但他們並不傻，他們知道澳門的遊戲規則。他們是毒梟嗎？他們押注的方式就像金錢是永不枯竭的、像他們根本不在意輸贏；他們的真實目的就像只是為了讓現金在賭場保持流動、像就算在表面上輸了，也算是贏了一樣。或者，像只是失去了做生意的成本。

沃德在描述一名知名的中國實業家時，他的聽眾笑了起來。他說：「我們在兩年的時間內採訪了一位重要賭客，他在賭場內輸了共五千七百萬美元，目前住在加拿大，但在中國有一系列的礦業公司。因此，他沒將損失的五千七百萬美元一事告訴他的妻子，並非擔心妻子生氣，而是擔心妻子會為了要『回報』他，也花掉另一個五千七百萬。」

此評論十分有趣，但我不認為加拿大皇家騎警在這位礦產家口中得到了直接的答案。我發現，在英屬哥倫比亞彩票公司紀錄中被稱為最大賭客之一的知名礦業家，參與了金保羅團隊在拉斯維加斯、溫哥華和中國進行的複雜現金和房地產貸款交易。換句話說，這就是溫哥華模式的地下錢莊，甚麼樣的商人會如此下注？據博彩政策與執法部稱，英屬哥倫比亞任何時候都有六十至八十位如此規格的巨鯨賭客：每次下注十萬至一百萬美元。這些名字每個月都會更換，通常一個商人會賭上幾個月，回到中國，再回來繼續。

博彩政策與執法部消息來源說到：「河石賭場的工作人員允許這些行為，而英屬哥倫比亞省彩票公司沒有採取任何行動。我相信，這幾乎是一種鼓勵，讓他們飛過來、為其安排房間，而我們只能質問加拿大金融交易和報告分析中心說『你在做甚麼？』」

加拿大皇家騎警得出了類似的結論，沃德在二〇一七年說到：「若你能為這些現金的源頭提供簡單的藉口或解釋，他們就會很高興。事實上，只要他們高興，甚至不會填寫加拿大金融交易和報告分析中心報告。我舉個例子，英屬哥倫比亞省彩票公司在我們處理電子海盜文件的前一年，已確認大約有一億八千萬的美元現金流入河石賭場。這是大包小包的現金，我們和商人們談過，這不是文化問題，因為在加拿大，沒有任何理由攜帶比你我更多的現金。」

羅斯・奧爾德森和博彩政策與執法部特別警員斯科特・麥格雷戈（Scott McGregor）所準備的博彩情報文件，描繪了英屬哥倫比亞賭場內的巨鯨賭客及其助手的慘淡。奧爾德森在二〇一五年一份為英屬哥倫比亞彩票公司管理層準備的文件中寫道：「有人在該省受監管的博彩業中涉及為玩家提供贓款，刑事調查可能會揭示與省內賭場直接相關的犯罪元素……彩票公司和服務供應商管理層應擔心被指控『有意無視』。」

續那次評估的兩年後，麥格雷戈為博彩政策與執法部撰寫了一份長達十一頁的情報報告，起因是河石賭場一位貴賓業主因涉嫌洗錢交易而被調查。「（二〇一七年末）那是一次由第三方大規模買入的事件，一名全新的客戶帶著價值二十萬的百元鈔票進入，等待領取籌碼。在得到籌碼後，他一手也沒有賭過，，徑直離開了賭場。」麥格雷戈的報告寫道，「此事件讓河石賭場因違反監理規定而受到調查，該案子具有高度的可疑性，而博彩政策與執法部正在進行的調查，是確定服務供應商的員工、當地顧客、外國顧客和非法活動之間的第一步關聯。」

然而，直到二〇一七年末，加拿大皇家騎警對銀通國際貴賓們真實身分的了解仍非常有限。一位高級騎警告訴我：「當我們打倒一頭大象，或在這種情況下——打倒一隻巨鯨，我們一次只能砍下一條腿。」

到了二〇一九年，奧爾德森在總結其公證檔案時，呈現了銀通國際更明確的畫像。他寫道，二〇一四至二〇一五年，在英屬哥倫比亞省的芬太尼危機促成公共衛生緊急狀態之際，英屬哥倫比亞彩票公司賭場每月接受的可疑現金交易數額達到一千七百至二千二百萬美元。「作為彩票公司調查和情報團隊負責人，我所收集的證據表明，該領域的許多貴賓都參與了犯罪活動，包括毒品貿易，在房地產、賭場和其他行業涉嫌洗錢，」奧爾德森寫道，「其中，也顯示個體參與政治的證據，跡象表明，政府對執法工作的干預可能存在貪腐。」

因此，二〇一五年十月十五日，沃德的團隊突襲了列治文的十個地點，包括位於庫尼路（Cooney Road）5811 號辦公樓的銀通國際投資公司。從多方面來看，這是一次非常成功的突襲行動。銀通國際使用高科技運作，加拿大皇家騎警扣押了一百三十二台電腦和手機、交易分類帳、保險櫃、點鈔機、超過七百萬美元的現金以及記錄了大規模現金交易的安全攝像機錄像。

在我得到的秘密音頻中，沃德說到，「我們非常幸運，因為此案由一個監視小組開始，但他們不了解這其中發生了甚麼。我們沒有機會通過小組了解此業務的內部情況，但此業務有自己的安保系統，而我們有權扣押他們兩周內的錄像。」

在提交給卡倫委員會的、加拿大皇家騎警超過千頁的監視和扣押紀錄中，概述了金保羅各方面的行動細節。警方還扣押了許多銀行紀錄，房地產本票以及金保羅的房產抵押文件，同時包括由郭紅準備的法律文件，據稱是金保羅及其妻子魏曉琪（Xiaoqi Wei）用來抵押溫哥華豪宅以獲得大額現金的登記文件；其中一份價值一百二十萬美元的房地產本票，是屬於金保羅河石賭場的一位貴賓。金保羅的妻子接受了有關涉案律師的訪問，一位溫哥華警探問到：「那麼，在保羅沒有拿回錢的那段時間，他們最終有沒有把錢還給他？」

「不一定，」魏曉琪說到，「有時候，一些人只是把他們的房子轉給我們。」

「所以是那個律師（郭紅）幫助推動或安排了簽約？」

「是的。」

監控紀錄顯示，金保羅曾多次進出郭紅的辦公室。他每天忙著巡視車隊，帶著手提袋進出餐廳、從銀通國際收回現金袋，然後在停車場進行現金投放、在水立方按摩水療館跑進跑出……這是光顧金保羅非法賭場且賭輸後，顧客前來付款的地方。

加拿大皇家騎警也扣押了扔在垃圾袋中的「記有評分表的收據」、RTY Financial 的紀錄以及槍械店西海岸狩獵（West Coast Hunting）的收據。警犬搜查了金保羅的五輛汽車，包括賓利歐陸、一輛紅色的保時捷 911、和白色的豐田賽娜——對這些車進行的毒品殘留檢測均呈陽性。監控紀錄顯示，在列治文好市多（Costco）停車場的一起複雜交易中，一輛登記在 YZ 名下的車輛，且據稱是芬太尼毒販、與金保羅有房地產貸款的人似乎做了反監視機動，接著從金保羅車後箱的行李中交換了一個袋子。

證據之多令人難以置信，但早在二〇一五年十月，就已出現令人擔憂的跡象——即調查最終會出現內訌。據稱，針對地下錢莊的突襲行動當場抓獲了工作人員，但對非法賭場的打擊則無果。「他們有兩家同時進行的非法賭場，同為共謀的商人為境外賭客提供非法賭博服務，」沃德展示了兩所豪華住宅的照片並解釋道，「這是正在建造的一些非法賭場，每個地方都裝有大量監控攝像和系統，但在我們進行清查時，有一個地方正在關閉。」

四天後，即十月十九日，奧爾德森從一名英屬哥倫比亞高級警官那裡得知，加拿大皇家騎警擔心彩票公司在突擊行動開始前先行採訪了金保羅網絡內的巨鯨賭客。這次的突襲目標位於列治文南部四號路，是一座佔地二十多英畝、僻靜且龐大的莊園。該莊園是市內第二有價值的地產，價值約一千萬美元。加拿大皇家騎警似乎在質疑英屬哥倫比亞彩票公司將計劃洩露給貴賓們，好讓他們聯絡金保羅並把即將發生在大圈仔賭場的突擊計劃告訴他。

四號路的地下賭場設有網球場、游泳池、六個完整的浴室和二十九個監控攝像頭，但卻被匆忙遺棄。奧爾德森在與英屬哥倫比亞省高級官員的會面紀錄中寫道：「由於行動遭到破壞，我們討論了共享訊息的敏感性。四號路的原始搜查日期被標記在日曆上（十月十四日），擔心的點是政府比高級官員知道的更多。」

加拿大皇家騎警向省政府提供了所有資訊，除了玩家名單和賭場位置則給了博彩政策與執法部。我們知道有向部長作書面簡報，同意對玩家進行訪談以突顯出金保羅的參與，然而，賭場位置全都給了博彩政策與執法部。我們認同大部人都對這次行動的細節都有所了解，但需重申並沒有人（據我所知）知道行動的任何日期。」

因此，根據奧爾德森二〇一五年的紀錄，看起來有一個或許與中國官員有聯繫的中國販毒集團，已獲得由加拿大皇家騎警掌握的、最敏感的警察情報和行動細節——這是加拿大有史以來最大的跨國洗錢調查行動。而就奧爾德森所知，目前仍沒有跡象能表明是誰幹的。「在警方對英屬哥倫比亞列治文進行了一系列突擊搜查後，我參與了一些對話，其中部分執法人員認為，突擊行動受到了洩密事件的影響。」他在二〇二〇年寫道，「可能是他們的內部人員，也可能市政府的內部人員。」

大圈仔可能可以接觸到加拿大最敏感的執法計劃，這實在是一個悲劇，而考慮到銀通國際據稱在中國、墨西哥和伊朗擁有的規模龐大的顧客和業務，這真是令人恐懼。

在布魯斯．沃德二〇一七年的演講中，他解釋了銀通國際為巨鯨賭客提供現金借貸服務的另一面，即它已演變成一個金融巨頭，據稱每年能在進出口毒品業務中清洗和轉移超過十億美元。這一切都來自列治文市區的一座辦公大樓。

在播放視頻證據時，沃德解釋了毒販如何立即將加拿大堆積如山的贓款兌現到中國、墨西哥和秘魯銀行帳戶中。這始於一通電話和一次對贓款金庫的訪問。一個女人站在辦公桌後面，拿著一部手機和帳簿，就這樣——沒有任何配槍的保鑣。沃德邊播放視頻邊說：「這是毒販提交現金的典型事件，她接到一個電話，出去接待一個值得信賴的顧客。拿著幾百、或五十面額的現金，但絕大部分都是二十元的鈔票。他們的關係就是這樣——值得信賴，打來的電話都這樣說：『我帶著……』，在這個案例中，是一百四十萬美元。而在現金還沒進入這個門之前，工作人員就會把這筆錢電匯到中國。」

換句話說，正如銀通國際在列治文犯罪銀行的帳簿中記錄下一筆現金交易時，它會同時以電子方式發出指令，從銀通國際在中國的銀行抽出一筆資金打入毒販的中國銀行。

視頻顯示，毒販在列治文銀通國際的辦公室放下他裝有現金的旅行袋，沃德說：「然後，她用手數了數，將其記在帳本上，反覆核對錢數與他們在電話裡說的一致。五分鐘後，就是她的下班時間，她走出去，鎖上房門。那個地方沒有保安，因為沒人知道那裡有錢，也沒人敢去搶劫。」

根據加拿大皇家騎警的法證調查，銀通國際在加拿大的第一年就將二億二千萬美元的現金轉化為融資工具。這大部分資金都是通過英屬哥倫比亞賭場和巨鯨賭客洗白的，但其中有二千萬美金提供給了列治文市區的貨幣兌換所。這充分說明了大圈仔如何通過將贓款和乾淨的貨幣混合在一起，並慢慢滲透進亞洲的銀行。

「這無疑會引起人們的擔憂，並且會成為未來的巨大隱患。因為這是一項合法的業務，代表著你和其他人能在不同的國家之間轉移資金。」沃德在錄音中說到，「他們的做法是在收銀台下放一個裝有現金的保險箱，你奶奶給你匯了三萬美元作為生日禮物，你進入那家公司，他們就能以電子方式將那三萬美元匯到你的銀行，或提供你現金（並給顧客溢價），所以你會得到三萬一千美元（現金）。那麼，他們從哪裡合法地獲得現金？從銀行；但他們從哪裡非法地獲得現金？從有組織犯罪團體。我們該如何區分它們？」

因此，銀通國際已透過英屬哥倫比亞賭場和房地產掌握了非法洗錢、勒索、賣淫和毒資等手段，以此利用那些想將中國財富投資到加拿大的巨鯨。

但銀通國際進軍與中國最大的巨鯨有關的販毒供應鏈物流，似乎是其增長最快的業務。當加拿大皇家騎警搗毀列治文的地下錢莊時，它已經在中國開設了六百多個銀行帳戶，而這些帳戶還在成倍增加。

沃德指著交易紀錄說：「銀通國際開始做的事正在促進毒品的購買和進口，這是一個典型的要求。銀通國際指示把錢從他們自己的銀行轉到毒販的銀行中，我們看到的證據表明，在中國有六百多個帳戶都『被餵養』、或受制於銀通國際。因此，他們會代替你行事：替你在中國開設一個帳戶，你在列治文提交十萬美元現金，他們會將九萬五千美元匯進你在中國的銀行。」

談談這顛覆性的創新。在溫哥華，毒梟與武漢或廣州的芬太尼前體供應商可以通過銀通國際，將資金匯到販毒集團在中國的帳戶。這些資金將導致更多的芬太尼進入溫哥華，而毒品會被出售、現金被收集起來、資金被電匯到中國，周而復始。如果這些毒梟在墨西哥或秘魯有可卡因供應，他們就可以從加拿大銀行將錢轉到毒梟在拉丁美洲的銀行帳戶中。由此，加拿大的毒梟就可以在拉丁美洲或中國購買毒品，且不必承擔帶著一箱子現金登記的風險。中國製造商製作虛假的貿易收據掩蓋電匯，這是中國有組織犯罪的變體，被聯邦調查局和美國緝毒局稱之為黑市比索交易。

這也被稱為貿易洗錢，即把毒品貨物偽裝成合法產品，或與合法產品混合在一起。在銀行看來，北美的進出口商家購買的是衣服、咖啡豆或電子產品，但實際上他們買的是可卡因或芬太尼。「如果你在銀行工作，你就是在為洗錢提供便利，」沃德指出一條銀線紀錄，說道，「他們足夠老練，將這些都隱藏在虛假的收據背後。我給一個來自中國的人開了收據，據說他賣了些甚麼給我；在這種情況下，我付的錢其實是給了秘魯。然後，供應商就會放行，將毒品運走。」

這一切意味著溫哥華已成為一個全球性工具，用來購買、出售和運輸可卡因、海洛因、冰毒，同時用來清洗本地和國際的房地產收益。而在英屬哥倫比亞省運作的不僅僅是大圈仔和中國巨鯨，我的加拿大皇家騎警消息來源發現，世界上最暴力的毒梟——包括華金・古斯曼，即「矮子」的錫那羅亞州販毒集團（Joaquín "El Chapo" Guzmán's Sinaloa cartel），和與伊朗有所關聯的毒品恐怖主義網絡，都在溫哥華繁殖，同時利用銀通國際這個出色的洗錢機器。

因此，當我在二〇一七年末爆出一個又一個故事時，加拿大皇家騎警和英屬哥倫比亞省政府陷入了困境。他們無法控制這些訊息，我知道，警方相信中國的跨國黑幫已經腐蝕了英屬哥倫比亞省的大部分機構，他們擔心的不僅僅是英屬哥倫比亞彩票公司的賭場。

加拿大皇家騎警想召開記者會，告知加拿大公民他們在「電子海盜」調查中了解到的情況，但當高級警官向新民主黨政府進行該計劃的簡報時，記者會卻被取消了。

BRIEFING BY / OBJECTIVES	Within British Columbia
Briefed in the office by Det/Cst UGANEC. Objectives are to locate Paul JIN to establish his lifestyle and surface any evidence of illegal activity.	

TARGET(S) / RESIDENCE:	• JIN, Paul King • 8100 Fairbrook Cr., Richmond, BC
ADDRESSES ATTENDED:	• 8100 Fairbrook Cr, Richmond, BC • Water Cube, 103 – 4411 No.3 Road, Richmond, BC • Yue Delicacy Restaurant - 8077 Alexandra Road, Richmond, BC. • Opertune Autobody - 8060 Capstan Way, Richmond, BC. • European Classic Furniture – 5000 Minoru Blvd, Richmond, BC. • Kings Auto Spa - 4451 No 3 Rd, Richmond, BC • Modern Reflexology -165-4811 Hazelbridge Rd, Richmond, BC. • Kirkmond Rd and Francis Rd, Richmond, BC. • Pacific Business Center – 5811 Cooney Rd, Richmond, BC. • Pho Lan Beef Noodle Soup Restaurant – 6950 No 3 Rd, Richmond, BC. • Costco Wholesale – 9151 Bridgeport Rd, Richmond, BC • River Rock Casino Resort Hotel - 8811 River Rd, Richmond, BC • Husky Gas - 9060 Bridgeport Rd, Richmond, BC.
VEHICLE(S) OBSERVED:	• BCL AD333G 2015 Bentley Continental white • BCL 603 MMK 2014 Toyota Sienna white • BCL 630DNT 2003 Mazda Protégé black • BCL 558MVJ 2014 Toyota Sienna white.
UNKNOWN(S) OBSERVED:	U/F#1 (Front passenger of BCL 603 MMK) - Described as an Asian

（上）加拿大皇家騎警電子海盜監控紀錄顯示，2015 年夏天，臥底在英屬哥倫比亞省列治文追蹤金保羅時觀察到的地點和車輛。（來源：加拿大皇家騎警在卡倫委員會上提交的證詞）

14

已知的已知

由彭建邦（Patrick Brown）領導的安大略省保守黨要求安大略省自由黨政府暫停多倫多賭場合同，但對方仍不顧英屬哥倫比亞省爆發的醜聞，繼續推進與大加拿大娛樂集團的項目。為甚麼？這是否又是一個視若無睹的例子？

參議員李建堡
(Larry Campbell)

當我們帶著電視攝像機走去李建堡（Larry Campbell）參議員時，他睜大雙眼。他是加拿大的立法者，同時又是大加拿大博彩公司的高薪董事以及河石賭場的經營者，自二〇一七年秋天，我還在《溫哥華太陽報》工作時就曾多次請求李建堡針對其雙重身分發表評論，但他對我的疑問始終不置一詞。一年後，我在渥太華省的《全球新聞》工作，於是等到參議院年度首次會議，並決定在他工作的地方——國會山接近他。當他爬上通往參議院陡峭的樓梯時，《全球新聞》的攝影師麥克．黑斯利特（Mike Haslett）輕輕推了推我，我們便快步向他走去。

二〇〇四年，李建堡作為溫哥華市長投下了決定性的一票，批准了大加拿大娛樂集團在喜市定賽馬場安裝數百台老虎機一事；二〇〇五年，他被任命為自由黨參議員；而在二〇〇八年，他成為了大加拿大娛樂集團的董事，自那時起出現了大量的洗錢活動。根據可疑交易紀錄和對博彩政策與執法部線人的採訪，我估計自二〇〇八年起有多達二十億美元的可疑資金流入英屬哥倫比亞彩票公司的賭場，其中大部分現金來自高利貸，但可疑資金還包括非現金帳戶，即特殊貴賓也會通過匿名銀行匯票和電子轉帳方式提供資金。

而英屬哥倫比亞彩票公司所謂的「反洗錢貴賓帳戶」，則幾乎完全被來自中國以及與列治文河石賭場高利貸有生意來往的巨鯨賭客使用。比起一袋袋的現金，貴賓的銀行帳戶理應是兩害相權取其輕的選擇，但高利貸卻在通過列治文的銀行和贓款兌換所為這些帳戶提供資金。因此，我已經證明了英屬哥倫比亞省是加拿大賭場洗錢中一個巨大的異數，而河石賭場在該省內又是另一個異數。

所有來自加拿大皇家騎警和博彩政策與執法部的證據顯示，河石賭場的貴賓廳就是這場問題的集中點。而李建堡作為大加拿大博彩公司安全與合規委員會主席，這意味著他是其中一個有責任確保河石賭場不會發生洗錢問題的人，我認為他必須為此作出負責任的回應。因此，回到二〇一七年十月，我已多次嘗試取得河石賭場高管——包括其總裁羅德·貝克（Rod Baker）和李建堡的評論，直到《溫哥華太陽報》一位同事給了我李建堡的私人手機號碼。

眾所周知，他有心情接受記者採訪時便是個風趣迷人的角色，他接聽了我的電話，但這一定是因為他在等另一位記者，因為在我表明身分後，對方出現了短暫的停頓。然後我聽見他說：「對不起，我不在加拿大，我聽不懂你在說甚麼。」

電話被掛斷了，我在幾分鐘後打回去，但他並沒有接聽。若不是因為他是加拿大參議員、前加拿大皇家騎警禁毒組官員、溫哥華市長和首席法醫，這通電話會顯得非常滑稽。但李建堡有責任回答加拿大公民的問題，為甚麼洗錢者會在他的眼皮底下滲入河石賭場？而他在逃避。

二〇一八年九月，如今我在渥太華省，有更多能力對聯邦政客提出疑問，我知道加拿大賭場的洗錢問題不僅僅發生英屬哥倫比亞省。二〇一八年五月，我在《全球新聞》的第一篇報道就是調查多倫多地區幾家賭場與大加拿大娛樂集團的合同授權。此事件引起不少爭議，因為安大略省的合同在二〇一七年發布，而當時該公司的旗艦業務河石賭場正在接受英屬哥倫比亞律政廳長尹大衛（David Eby）的洗錢審查。

由彭建邦（Patrick Brown）領導的安大略省保守黨要求安大略省自由黨政府暫停多倫多賭場的合同，但對方仍不顧英屬哥倫比亞省爆發的醜聞，繼續推進與大加拿大娛樂集團的項目。為甚麼？這是否又是一個視若無睹的例子？

這是另一個要向李建堡這位被聯邦自由黨任命的人追問的問題，但他就是不想見我，所以我們在這裡守株待兔。李建堡走到階梯的頂端，在大堂停了下來，頭上是高聳的柱子，拱門下方的石牆掛著英國皇室成員和知名立法者的畫像。在進入參議院前，他需要簽署一份文件，我趁他彎腰簽字的縫隙將手上的麥克風遞到他面前：「李建堡參議員，很抱歉在此刻打擾你，我們是《全球新聞》。你作為大加拿大博彩公司的合規總監，可以告訴我們你對出現在河石賭場的洗錢問題有甚麼看法嗎？」

「我不知道你們在說甚麼。」他喃喃自語，沒有看向鏡頭，但他的臉似乎正變得通紅。

「參議員，你本該為加拿大人民服務；但在作為大加拿大博彩公司董事的時候，你又必須為股東們服務，請問之間是否存在利益衝突？」他在文件上簽好字，沒有回答我的問題，就走過大廳前往戒備森嚴的參議院會議廳，我們則拿著攝像機緊隨其後。在他走過警衛之前，我只能再問一個問題。

「參議員，你能告訴我們作為大加拿大博彩公司的董事，你得到了多少收入嗎？」

他沒有回應。

九月二十八日，《全球新聞》刊登了我的報道。「英屬哥倫比亞省河石賭場被稱作國際有組織犯罪團體的洗錢中心，」我寫道，「在整個問題中，參議員李建堡收取了超過八十萬美金的現金補償，並作為大加拿大博彩公司董事持有價值約二百一十萬美元的股票。」報道指出，根據加拿大法律，參議員被允許擔任私營公司的董事，並領取相應的報酬。但是，這之中難道沒有更深層的道德隱患嗎？

「隨著與賭場洗錢有關的公共安全和社會問題在英屬哥倫比亞省掀起波瀾，民調結果也顯示公民要求公開調查的呼聲已越來越高。李建堡是否能有效地擁護該省社會可能提出的『賭場改革』？」我在報道中問道，「還是他會像過去一年多許多賭場的發言人一樣，聲稱該省賭場已充分地遵守了現行法律？他會捍衛英屬哥倫比亞公民，還是大加拿大娛樂集團的股東們？」

他仍舊沒有回答這些道德問題。正如前美國國防部長唐納德・倫斯斐（Donald Rumsfeld）曾說過的，在評估一個知識領域時，有我們「已知的已知（known knowns）」，即是我們已發現和了解的事物；但同時也有我們已知但不了解的事物，即「已知的未知（known unknowns）」。

我們知道，這些被迴避的事實是完成情報評估的關鍵拼圖，李建堡參議員知道有關於河石賭場的合規性問題，這是一個巨大的「已知的未知」，為甚麼他不想回答我的問題？

我必須繼續挖掘證據。我的線人稱，英屬哥倫比亞政府持有爆炸性文件，能證明河石賭場內部存在嚴重的廉潔問題。一位對大圈仔網絡有深入了解的前溫哥華警官曾提交過一份二〇一四年英屬哥倫比亞彩票公司的報告，而另一位線人也表示，英屬哥倫比亞彩票公司有各式各樣的紀錄顯示高利貸黑幫、貴賓們和高級職員之間存在聯繫。

多年以來，我一直在進行訊息自由申請，但英屬哥倫比亞彩票公司似乎在用盡一切手段避免我得到任何可以證明該省賭場存在貪腐行為的紀錄。我不斷對他們施加壓力，二〇二〇年，我提出申請，要求拿到「自二〇一三年一月一日至二〇一八年一月一日期間，英屬哥倫比亞彩票公司所有報告、筆記、玩家訪談或電子郵件，包括涉嫌貪腐以及與有組織犯罪及其成員有直接聯繫，涉及貪腐、賄賂、影響、附屬或推動人」的文件。

最後，我從彩票公司那裡得到幾封高度刪節的電郵，但其中的紀錄已有足夠的線索證明我的資訊是可信的。這個過程讓我確認了一些本就顯而易見的事，即要揭露該省賭場貪腐的真相，只能依靠洩密文件和積極的新聞調查，因為政府絕不會自行披露這些破壞性訊息。二〇一四年，英屬哥倫比亞彩票公司發言人勞拉・皮瓦巴卡克（Laura Piva-Babcock）給首席執行官金・萊特博迪發去一封電郵，寫道：「僅供參考，大量洩露文件中流出的訊息主要指向了張議員。」

這封內部電郵引用了CTV新聞台有關於本拿比市內政客理查張青，在河石賭場遭到羅斯．奧爾德森調查之報道。「作為一名市議員，張青是本拿比社區警政委員會的一員，他最近投票支持在本拿比金殿娛樂場安置更多老虎機。」郵件寫道，「二〇一一年，他在列治文河石賭場的一次外出引起了彩票公司的注意，並指出其活動可疑。而博彩政策與執法部調查發現，賭場內一名高額賭客給了他十萬美元的籌碼。」

CTV調查記者李美靜（Mi-Jung Lee）的報道還引用了一些紀錄，稱張青「被認為是高利貸」，且有「大量的歷史……在籌碼和現金交換和可疑交易上。」她的報道並未列出另一個潛在的衝突，即以張青在本拿比市政廳的職位，他有權對團體的土地開發計劃投票，這些團體包括英屬哥倫比亞賭場貴賓們和加拿大皇家騎警的調查對象。而據我所知，張青在任期間，這些團體正在本拿比徵集土地。

然而，張青否認了「河石賭場高利貸」的指控，此後便離開了政壇，我也無法聯繫他以獲取評論。

另一條被重新編輯過的英屬哥倫比亞彩票公司文件指出，河石賭場的高級職員和加拿大皇家騎警的調查對象都存在貪腐問題。二〇一三年十月，奧爾德森寫信給英屬哥倫比亞彩票公司賭場調查員：「史蒂夫，你能將在河石賭場外觀察到的涉及（被刪減）和（被刪減）那起事件的I-Trak號碼提供給我嗎？」

然而，這位調查員表示工作人員雖已針對潛在的貪腐調查進行討論，並將監視觀察結果記錄下來，但「鑒於該主題的敏感性以及所涉及工作人員的層級」，彩票公司並未編寫正式的事故報告。

郵件中寫道：「我致電給我們加拿大皇家騎警的聯絡人，他之前正在調查其中一些人（被刪減）……而皇家騎警小組正忙於處理其他文件，這份文件只能被擱置在一旁。」我收到的另一份郵件稱，一位對大圈仔有特別了解的英屬哥倫比亞彩票公司調查員從加拿大皇家騎警那裡得到了「關於（被刪減）和張青在（被刪減）的某場會面。」

這些紀錄都表明了貪腐問題所涉及的人物，包括賭場高層職員、一名英屬哥倫比亞省政客以及跨國有組織犯罪團體，但由於多處刪減，我們沒有足夠的訊息以得出任何結論，同樣的，我發現在最大的貪腐指控中也缺少了關鍵的個人與公司識別訊息。以下是二〇〇八年期間，由前加拿大皇家騎警弗萊德·皮諾克及其綜合非法賭博執法隊在解散不久前所提出的一項驚人指控，內容指向一名博彩政策與執法部僱員，此人在從政府部門退休並入職賭場前，允許一名幫派成員購買了一家賭場的部分股份。

加拿大皇家騎警報告寫道：「亞洲有組織犯罪能取得更具體的連接，是/曾透過一個與他們有關、且被允許購買賭場的人物所進行的。公開消息顯示該人物已去世，但他的賭場業務仍與亞洲有組織犯罪有聯繫。」那麼，遭到指控的賭場是英屬哥倫比亞省中的哪一家？這位前政府僱員的身分是？哪家賭場僱用了他們？哪位亞洲有組織犯罪分子「被允許購買一家賭場」，以及誰是他的「賭場商業夥伴」？

我向大加拿大博彩公司提出疑問：河石賭場是否就是加拿大皇家騎警指控中提到的賭場，對方卻回覆道：「我們對你所暗示的指控一無所知，並且建議你繼續向讓你產生此結論的人詢問此事。」但加拿大皇家騎警對此也不予置評。

李建堡參議員自二〇〇八年以來一直擔任大加拿大博彩公司董事一職，他是否能就這些問題提供更多訊息？可惜的是，他不會給予回應，所以我們將不得而知。然而，這裡有一個巨大的已知事實，即已有審計表明賭場在李建堡的領導下存在著系統性的合規問題。

我在二〇一七年的訊息自由申請中獲得博彩政策與執法部掌握的審計報告，顯示從二〇一五年一月至十二月三十一日，溫哥華地區內幾家賭場共接受了六百七十萬美元的「違禁現金」，而河石賭場佔其中總數的五百三十七萬美元。該審查也發現「賭場在知情的情況下接受了來源可疑的現金……而在所有接受可疑現金的事件中，行業存在可疑活動的跡象。」二〇一五年，博彩政策與執法部的紀錄顯示，這筆現金中大約有四百萬美元歸咎於金保羅——但此期間正是他被禁止入場，而電子海盜調查仍在進行之際。不管怎麼看，這項發現似乎都很糟糕，這也作為我的問題依據，支持我去到國會山接近李建堡參議員。

然而，對我來說，博彩政策與執法部的審計還有一些更耐人尋味的東西，它表明了「煉錢」——即毒梟洗錢的過程，將二十元鈔票換成百元鈔票以減少堆滿在倉庫裡的現金體積，該舉動可能在河石賭場內被系統性地進行著。

他們的報告指出，英屬哥倫比亞彩票公司的反洗錢指南建議「為防止顧客以洗錢為目的進行煉錢」，省內賭場在支付賭客時應使用與購買籌碼時相同面額的貨幣，但河石賭場管理層卻認為「可以使用大面額鈔票支付原先用小面額鈔票購買籌碼的顧客。」因此，為了確認河石賭場是否在煉錢，博彩政策與執法部的審計員設計了一個巧妙的會計分析方法，他們查看了賭場貴賓廳和賭場金庫之間的流動資金，這也是為甚麼我如此看重此次審計的原因。他們的數據表明，河石賭場貴賓廳不僅是英屬哥倫比亞彩票公司的主要收入來源，更是巨鯨賭客被利用來進行洗錢的集中點。因此，該部門嘗試將河石賭場的貴賓廳分離開來，並檢查英屬哥倫比亞省被黑錢問題影響最嚴重的金融管道。

他們檢查了貴賓們從二〇一五年七月一日至十二月三十一日存入的現金，李建堡碰巧於同年六月升任大加拿大娛樂集團合規委員會主席，這意味著博彩政策與執法部正在檢查的管道是由他負責監督的。

通過審查，他們發現貴賓們在短短六個月內就使用了總值四千萬美元的二十元鈔票購買籌碼，這十分令人震驚。博彩政策與執法部稱，這些二十元鈔票中有百分之九十九直接從河石賭場貴賓收銀窗送到賭場金庫，換句話說，這些鈔票不會被返還到貴賓廳。它們只能用在加拿大經濟的小角落——貴賓廳內，成為中國公民在百家樂桌上每手高達十萬美元的賭注。想一想吧。賭場的金融管道設計為自動將貴賓們存入的二十元鈔票運送到賭場金庫，博彩政策與執法部相信，這些鈔票幾乎都來自列治文的高利貸，就像穆裡爾·拉賓在一九九〇年代期間在列治文賭場工作時所相信的那樣。

審計員也發現，還有價值九千萬美元的百元鈔票從河石賭場金庫向上轉移到貴賓廳的收銀窗；同時也發現貴賓們將五千萬美元的百元鈔票存入貴賓廳的現金櫃檯，以方便購買籌碼。但是，所有的百元鈔票幾乎都被留在貴賓廳內循環使用，並未被轉移到賭場金庫中。這讓我回想到美國著名對衝基金經理保羅·都鐸·瓊斯（John Tudor Jones）的名言：「整個世界不過是資本的一張流程圖。」

如今這句話可以應用到河石賭場貴賓廳的流程圖上，審計員能確認的是：進入貴賓廳的二十元鈔票會立即「被消失」到賭場金庫中；而來自賭場金庫的百元鈔票則會留在貴賓廳與貴賓們帶來的百元鈔票一起循環流通，不會被收入金庫。正如我在《溫哥華太陽報》寫的：「這表明在河石賭場中，不被貴賓玩家需要的二十元鈔票會從賭場中被去除，只留下他們需要的百元鈔票以供使用。」

審計員總結道：「我們的分析發現，幾乎所有用二十元鈔票購買籌碼的顧客在被支付時都沒有得到相同面額的鈔票，所以我們有理由做出『河石賭場正通過高額現金進行煉錢』的結論。」

紀錄顯示，大加拿大博彩公司和英屬哥倫比亞彩票公司都對審計結果提出質疑，前者也在電郵中多次向我表示，該公司嚴格遵守了加拿大的反洗錢規定。然而，該指控的威力不可低估，因為博彩政策與執法部的審計是在描繪一副可怕的圖像，而這幅圖像的標題是有意洗錢。

有時，視覺性的比喻會更有助於理解這個情況。首先，我們能將貴賓廳想像成一個投幣洗衣店，只要喜歡潔白襯衫的客戶便會光顧該洗衣店，他們帶著一袋袋沾滿泥巴的襯衫進來，將髒衣服扔掉，然後帶著鮮亮乾淨的襯衫離開。百元鈔票就像白襯衫，二十元鈔票是骯髒的襯衫，貴賓們則是這所洗衣店的顧客。這之中，洗衣店的存在就是為了將髒襯衫變成白襯衫，即將二十元鈔票變成百元鈔票。

這幅圖像的下一部分仍是一種假設，但它也概述了尚需要進行審查的一部分流程。我能想像到，這些佈滿泥濘的襯衫會被送到洗衣店地下室的一個大水泥房裡，而後被裝進裝甲車送往另一個更大的水泥房，也就是加拿大的五大銀行。而後，裝滿潔白襯衫的裝甲車會回到洗衣房，將一塵不染的襯衫運上樓，交給貴賓廳裡的顧客，每個人都很高興，加拿大的經濟也在增長。但是，這樣做的代價是甚麼？誰是最直接的受益者？是誰有意設計了這樣一個系統？

我最終了解到，亞洲犯罪組織對購買該省賭場的興趣並不僅限於之前所提到的案例，如二〇〇八年前加拿大皇家騎警綜合非法賭博執法隊皮諾克所引用的案例、或一九九〇年代「賭場門醜聞」，即加拿大法院文件所指出的，譚國聰試圖干涉賭場執照申請一事。

因為就在二〇一五年，英屬哥倫比亞彩票公司調查員李石審查了一段金保羅與新威斯敏斯特星光賭場員工會面的視頻，該員工告訴他，金保羅正在詢問該賭場老闆一項投資提案。但後來星光賭場的老闆表示那次的會面實際上在討論賭場附近的房地產開發，與貴賓廳投資毫無關係。所以究竟發生了甚麼？這是一個巨大的「已知的未知」。

⋯

另一個已知的未知，是安大略省的賭場合同。

通過訊息自由法，我發現在安大略省政府授予大加拿大博彩公司合同以及多倫多活拜賭場（Woodbine casino）一項重大的擴展計劃後，該省的酒精和博彩委員會（Alcohol and Gaming Commission of Ontario，簡稱 AGCO）調查員開展了一項調查。調查員特別關注了我於二〇一七年秋季在《溫哥華太陽報》中曝光的，有關於河石賭場貴賓廳涉嫌洗錢交易的指控，其中涉及一位貴賓業主。

安大略省省警（OPP，Ontario Provincial Police）警探丹・麥克唐納（Dan MacDonald）電郵至博彩政策與執法部，表示他必須與「加拿大皇家騎警就河石賭場進行的所有相關調查」進行協調：「正如你知道的那樣，大加拿大博彩公司在安大略省購買了幾家賭場……照理來說，現在我需要找出英屬哥倫比亞省發生了甚麼。」麥克唐納在寫信給英屬哥倫比亞省反黑幫和非法博彩部門的肯尼・阿克斯（Kenneth Ackles）時說道。

因此，安大略省賭場監管機構正在監控與英屬哥倫比亞省和大加拿大博彩公司新賭場合同有關的調查。問題在於，為甚麼安大略省自由黨政府隨後便允許合同繼續執行？以及為甚麼在二〇一七年末，安大略省進步保守黨（PC Party, Progressive Conservative Party）停止敦促政府凍結這些交易？

正如我在《全球新聞》所報道的，該黨在彭建邦領導期間曾在議會中對自由黨展開猛烈的抨擊。據我所獲得的郵件顯示，該黨前主席瑞克・戴克斯拉（Rick Dykstra）曾發出題為「貪腐的博彩策略」的訊息，並引用了英屬哥倫比亞省的洗錢調查。

他在給彭建邦的信中寫道：「我們應該在眾議院追擊這些傢伙，我們可以證明他們的過程是貪腐的、也能對他們的整個策略提出質疑。我剛與安大略省博彩局（Ontario Lottery and Gaming Corporation）前負責人鄧肯・布朗（Duncan Brown）交談，他說，僅僅基於這一點就可以淘汰大加拿大博彩公司。」

我在《全球新聞》的調查顯示，一家在大加拿大博彩公司中投入大量賭注的多倫多對沖基金一再遊說保守黨停止他們的批評。而此對沖基金「彭博森（BloombergSen）」，至少可以說，他們確實有著強大的連結和影響力，其董事會成員包括安大略省自由黨和保守黨的重要贊助人，包括加拿大前保守黨總理布萊恩．穆爾羅尼（Brian Mulroney）的女兒卡羅琳．穆爾羅尼（Carolyn Mulroney）在二〇一八年參選保守黨前也曾是彭博森的副總裁。

二〇一八年十二月，在彭博森不斷加強對保守黨的遊說之際，該公司在大加拿大博彩公司至少投資了八百萬的股份。同月二十日早上八時十四分，該黨競選總幹事瓦利德．索里曼（Walied Soliman）收到一封來自彭博森創辦人桑傑．森（Sanjay Sen，音譯）簡約的電郵，題為「保守黨仍在議論大加拿大娛樂集團」——內容指向對沖基金和該黨之間的幕後討論。該郵件附上《環球郵報》十二月十九日的一則報道，內容有關保守黨財政評論員傅達禮（Vic Fedeli）的發言，他表示儘管英屬哥倫比亞省和安大略省尚在進行調查，但大加拿大娛樂集團還是獲得了另一份安大略省合同，並且涉及多倫多以西的幾家賭場。

二十日，索里曼將彭博森的電郵轉發給彭建邦，並說道：「所以他們仍在堅持遊說我，但實際上我已經改變了看法，我想我們應該對此進行反擊……昨天我收到了一些令人非常不安的訊息……總之，長話短說，我不贊成從傅達禮的陣營中撤退，我越來越覺得這之中存在問題。」

然而，保守黨在彭建邦、或剛於二〇一八年六月當選總理的新領袖道格．福特（Doug Ford）的領導下，並沒有繼續攻擊大加拿大博彩公司；卡羅琳．穆爾羅尼也為該黨贏得一個席位，並被任命為總檢察長。大加拿大博彩公司受到與安大略省新合約（包括多倫多活拜賭場擴建）樂觀情緒的提振，其股價於二〇一七年末至二〇一八年初得到大幅飆升，截至二〇一八年五月，彭博森的股票價值約四億二千美元。

安大略省政府是否對大加拿大博彩公司是「有毒的澳門式特級洗錢機器」之證據視若無睹？這些問題後來都在卡倫委員會的紀錄中浮出水面，而與此同時，我們也可以將以下數據納入考量。

我與《全球新聞》調查組的同事布萊恩．希爾（Brian Hill）和安德魯．羅素（Andrew Russell）一起，在二〇二〇年一月報道了二〇一八年安大略省賭場內可疑現金調查的驚人躍升。通過訊息自由法獲得的安大略省省警數據顯示，該省的潛在洗錢調查數量增加了一倍多，自二〇一七年的九百四十五起增加至二〇一八年的二千二百二十六起，並且在二〇一九年仍繼續呈上升趨勢。

安大略省總警司比爾．普里斯（Bill Price）告訴我們，他所在的賭場調查部門對可疑交易的調查增加了百分之一百四十，部分原因是來自多倫多地區增多的博彩活動，以及警方加強了對博彩活動的審查。「如果你把老虎機設置成一個有賭桌的完整賭場，那便會自動出現更大規模的交易，從而衍生出可疑交易報告」比爾．普里斯說道，「活拜賭場本身就是從老虎機設施變成一個完整賭場的例子，因此也改變了其動態。」

二〇一七年，數據顯示安大略省省警在活拜賭場共記錄了八起可疑交易調查；二〇一八年，即大加拿大娛樂集團簽訂了新合同並擴大博彩業務後，該調查紀錄增加至五十八起；而自二〇一九年一月至八月，在活拜賭場工作的警局調查員共記錄了七十六起可疑交易調查。

我們要求大加拿大娛樂集團就可疑交易調查的劇增作出回應，「從根本上來說，我們的職責是識別和報告不尋常的大額現金交易」該公司在聲明中說，「為了在安大略省履行此角色，我們的義務是遵守所有法定規則和條例，甚至超越這些要求，以確保遵循堅固的（反洗錢）制度。」

然而，普里斯告訴我們，就如在英屬哥倫比亞所看見的洗錢方式——以大額現金進行「煉錢」，也發生在安大略省賭場中。他說：「煉錢最基本的例子是，你帶著一萬美元進入賭場……最小限度地下注，然後找收銀員換回九千美元，你由此拿到一個賭場收據，基本上就洗了九千美元。」

在二〇一九年退休的加拿大皇家騎警卡爾文．克魯斯蒂告訴我們，中國大陸的毒梟在英屬哥倫比亞賭場嚴厲打擊黑錢後就作出了調整，「相關的犯罪網絡並未受到影響，他們仍在出售毒品，並以此賺錢，」他說，「洗錢就只是他們犯罪的產物，和死去的孩子以及貪腐政客一樣，那些黑錢終究會找到縫隙。」

我們從加拿大犯罪情報局聽到了同樣的消息，二〇一九年，加拿大皇家騎警發現了一個新的國際洗錢服務組織，利用賭場、房地產、地下錢莊、空殼公司、貿易洗錢和稻草人買家運作，警方認為，此專業的洗錢服務每年清洗的資金達「數億以上」。而在我看來，安大略省和英屬哥倫比亞省的洗錢團體與銀通國際地下錢莊的運作完全吻合，準確地說，是作案手法。

⋯

我在一無所知的情況下開始了我的「跨國地下錢莊之旅」，最初開始評估溫哥華那炸裂的房地產價格時，我的腦海中從未有過這樣一個古老的概念：即使用全球各地的毒資作為貸方和借方。對我來說，房地產和賭場洗錢之間的聯繫在二〇一三年甚至還是個未知的未知，但我的模式識別自二〇一五年開始一直在告訴我甚麼，直到二〇二〇年六月，我終於確認了那是甚麼。通過對中國大陸房地產開發商和眾籌者的觀察，我偶然發現了能定義「溫哥華模式」的賭場巨鯨和高利貸。

二〇一五年九月十六日，英屬哥倫比亞彩票公司反洗錢調查員戴爾．托特納姆給奧爾德森及其老闆布拉德．德斯馬雷發送了一封電郵，其中包括一份聯邦法院的判決書：〈劉志元訴加拿大公共安全部長〉，並提到我於九月十四日在《溫哥華省報》報道的：「走進英屬哥倫比亞頂級房地產經紀人的世界」。

托特納姆在郵件中寫道：「這篇文章很棒，涵蓋了完整事件的始末，」「但作為參考，其中部分主要人物是（被刪減）。」

我曾指名道姓地提到劉志元的房地產客戶和眾籌合夥人，而此經過編輯的英屬哥倫比亞彩票公司紀錄顯示，我提到的人都被視為貴賓或高利貸。儘管英屬哥倫比亞彩票公司對托特納姆的郵件進行了多處刪減，仍有足夠的內容證明賭場調查員已對劉志元及其網絡提出紅旗警告。該郵件也顯示，彩票公司高層於二〇一五年就被警告過，稱「此多產的中國大陸房地產投資者網絡涉及可疑賭場交易。」

郵件指出：「有關劉志元文章的主題是（被刪減），然而，她的『朋友』從（被刪減）哪裡得到了一些錢，還有在I-Trak也是（被刪減）……這還有一個不錯的（被刪減）……以及另一個玩家是具有（被刪減）的玩家……並且（被刪減）。」

我在《溫哥華省報》報道了劉志元及其代理人傑森·李那無法確定來頭的十三萬三千美元現金已被加拿大扣押，而我在報道中提到的「朋友」和托特納姆所指的人，是廣東前鴨農陳脈林。抵達溫哥華前，他在中國南方的工廠和房地產開發領域迅速積累了大量財富；之後也迅速買下了溫哥華市內最昂貴的幾棟豪宅，與劉志元和孫宏偉一起投身於眾籌開發和土地整合。

在劉志元訴公共安全部長一案中，有跡象表明托特納姆的重點是陳脈林。我未能通過陳脈林在溫哥華的開發公司（包括鼎業集團，Global Dingye）聯繫到他，請他發表評論，因此陳脈林仍是一個謎團。他在溫哥華的房地產開發領域的足跡越來越大，他的高樓大廈遍佈城市，還在溫哥華市區擁有一家飯店——乃至他的兒子陳鼎（Ding Chen）也登上了《南華早報》的頭條新聞。只因這位年輕人在 Instagram 動態上發布自己使用陳脈林的信用卡購買了一輛價值五百萬美元的訂製布加迪奇龍（Bugatti Chiron）。這為陳氏家族在加拿大的交通機庫錦上添花，而該機庫內還包括一架價值五千萬美元、機身上寫有「Ding」金字的公務機龐巴迪挑戰者（Bombardier Challenger）。

那又怎樣？我們有任何具體的理由能質疑陳脈林在列治文的財富和關係嗎？是的，有。二〇一七年九月十四日，一名男子將一輛銀色賓士休旅車停在河石賭場外，提著一個裝著二十萬美元現金的銀色袋子進入賭場。

他被河石賭場的貴賓項目經理高麗莎（Lisa Gao）接待並護送到一個私人現金櫃檯，而後兩人躲在裡面，男子將四大捆現金放在櫃檯上，拿出被橡皮筋綁著的一捆捆百元大鈔。這就是贓款的包裝方式，因為銀行不會用橡皮筋發放二十萬美元。電子點鈔機呼呼地數著鈔票，最後顯示了鈔票的總數——共兩千張鈔票，然後，男人走到一張百家樂賭桌前，高麗莎將河石賭場一個紫色天鵝絨袋子交給他，裡面裝著四十個賭場籌碼，每個籌碼價值五千美元。這名男子毫不下注，便帶著價值二十萬美元的籌碼走出了河石賭場。

他是陳脈林的代購者，陳脈林早已被禁止進入河石賭場，而這筆交易顯然違反了加拿大的反洗錢法。但事情並非如此簡單，因為調查還發現，陳脈林計劃將這些賭場籌碼分發給幾名來自中國的遊客。為甚麼？為甚麼河石賭場的高級僱員要為一名被禁的貴賓提供這筆交易？博彩政策與執法部調查並吊銷了高麗莎的執照，但該省政府並未對大加拿大博彩公司這次嚴重的違信事件採取任何行動，洗錢交易僅僅以「參考目的」被提交給加拿大皇家騎警的犯罪情報局。

陳脈林和高麗莎的案件中有太多未知因素，但當中有個我們都知道的事實，那就是這一切都在李建堡參議員的監督下發生。

⋯

二〇一九年七月，《全球新聞》國家調查小組舉行了一場會議，加拿大公共衛生局丟出了殘酷的新統計數據。自二〇一六年一月至二〇一八年九月，有一萬三百名加拿大人死於類鴉片物質過量問題，僅二〇一八年就有近四千人死亡。芬太尼過量中毒事件大多發生在英屬哥倫比亞省、艾伯塔和安大略省，但溫哥華市中心東區是這場全國性悲劇的中心點，這導致了該省的預期壽命在現代歷史中首次因芬太尼過量問題而出現下降趨勢。

我的同事史都華·貝爾（Stewart Bell）問了一個簡單的問題：「是誰在通過販賣能殺死加拿大人的芬太尼而致富？」

我說，我想我們能回答這個問題。加拿大有很多罪犯都在販賣芬太尼，其中絕大多數來自中國大陸，而很多貨物都是以小型的郵包寄過來的。但根據我在英屬哥倫比亞省的線人所稱，在北美進行芬太尼貿易的頂端人物就是在英屬哥倫比亞賭場大肆洗錢的人。這圍繞著大圈仔的網絡，而這個由超級犯罪分子組成的鬆散聯盟自八六年世博會以來就一直在溫哥華港口運送海洛因。他們也沒讓加拿大郵政局閒著，將大量的芬太尼和冰毒原料運進溫哥華。

所以我的線人說，如果你想了解芬太尼在北美引起的死亡案例，可以先想像一張熱度圖，上面是被工廠環繞著的城市，如武漢和廣州；從中國南部出現大量的紅色的線條，它們流過整個美洲，就像電信網絡圖一樣。細小的紅線降落在北美，巨大的紅帶則撞上英屬哥倫比亞和墨西哥的港口，這代表了芬太尼的運輸路線及相對數量。

我向我們的團隊介紹了我自二〇一七年以來收集的犯罪情報檔案，指出了中國大陸實業家與金保羅的聯繫。金保羅是個大人物，也是河石賭場的巨鯨，但他的中國朋友讓他看起來像條小魚。

我們的國家新聞團隊總編輯詹姆斯．阿姆斯特朗（James Armstrong）要求我、史都華．貝爾和安德魯．羅素一同解決貝爾的問題，目標是找出在芬太尼貿易中「大開殺戒」的毒梟首腦。

現在我有機會更深入地挖掘羅斯．奧爾德森在二〇一七年九月交委託給我的紀錄，這些文件解釋了在卡爾文．克魯斯蒂向他丟出銀通國際地下錢莊這顆重磅炸彈後，他在二〇一五年夏末所採取的行動。奧爾德森的團隊挖掘了英屬哥倫比亞彩票公司資料庫中的情報和可疑交易紀錄，並將其與加拿大皇家騎警有組織犯罪情報作整合，以此圈出了活躍在河石賭場中「最有毒」的貴賓賭客。此名單涵蓋了河石賭場中與金保羅的現金交付活動有明確關聯的三十六名巨鯨賭客，他的報告稱，加拿大皇家騎警懷疑金保羅供應給河石賭場貴賓的現金與「跨國販毒」有關。

二〇一五年十月，加拿大皇家騎警以他們正在進行毒品進口和販運、經營非法賭場以及在合法與非法賭場洗錢等合理理由，對金保羅及其同夥執行逮捕。因此，我所掌握的情報，即在金保羅河石賭場貴賓網絡中的中國實業家名字——是極其敏感和機密的。但若奧爾德森沒有和我分享這些紀錄，英屬哥倫比亞省經濟的貪腐程度將永遠不會被揭露出來。所以他認為自己改變了英屬哥倫比亞省賭場的歷史，就是這個意思，他提供了揭露溫哥華模式的關鍵鑰匙。

我通過英屬哥倫比亞最高法院數據庫和產權查詢網站調查了這三十六名貴賓，尋找有關土地所有權、民事充公案件和投資者之間的糾紛。當出現巨鯨賭客和各種空殼公司有關的標誌時，我便對其公司董事及貸款安排進行辨別，將豪華汽車租賃、犯罪紀錄搜索、與房地產律師的聯繫、土地整合和公寓開發交易的結構關聯起來。

例如，通過匹配用於租賃一輛二〇一八寶馬 XDrive 的本拿比地址獲取銀行紀錄，我得以進一步確定英屬哥倫比亞彩票公司其中一名僱員就是一所空殼公司的董事。該公司被用於清洗一家列治文非法賭場的收益，此賭場據稱由大圈仔、金保羅和彭立山共同經營。簡單地說，只要將公開紀錄和彩票公司高度機密的紀錄拿來互相參照，便可以得出突破性的結論。

我發現許多中國大陸的巨鯨賭客都接受了金保羅的巨額現金，並在河石賭場進行了數十次可疑交易，且同時在英屬哥倫比亞擁有大量土地。他們還從金保羅及其同夥手上得到奇怪的巨額短期房地產貸款，我們花了一些時間才弄清這些貸款的目的，因為它們非常複雜，且本就是為了混淆視聽而存在。

基本上，這就是借方與貸方串通一氣，像購買賭場籌碼一樣購買了溫哥華豪宅。但有時高利貸就真的是高利貸，他們提供你五十萬美元現金，你將房產以本票的方式作為抵押，然後在中國、或在加拿大以匯票和支票的方式還債；如果你不還，他們就會動粗。但通常，高利貸和借貸者都是同幫派的成員，他們利用稻草人買家和賣家操縱房產售價以方便洗錢。

在利用豪宅吸收完毒資後，房主會從同一網絡的高利貸手上取出更多私人貸款，以此讓黑幫得以購買更多的溫哥華房產。接著，他們會為房屋增值——暗地裡用毒資收買承包商，建造或翻新手上的豪宅，將炒賣房屋利潤存進銀行。在這之中，高利貸、借貸者和承包商都是芬太尼販運系統中的一部分，通過地下的金融管道在溫哥華和中國之間不斷循環資金。

他們如此厚顏無恥，以至於利用英屬哥倫比亞省法院讓房地產洗錢看起來像是合法的民事糾紛；英屬哥倫比亞最高法院中的一些案件更明確地將英屬哥倫比亞賭場、澳門賭場、賣淫業和中國大陸龐大的房地產財富相聯繫。

為了揭示溫哥華瘋狂飆升的房產價格的黑暗核心，英屬哥倫比亞最高法院的一份檔案提供了一批寶貴的文件。此案例涉及一名叫高嘉貴的（Jia Gui Gao，音譯）男子，他是奧爾德森所列舉的三十六名河石賭場貴賓之一，在該賭場進行了二十八筆可疑交易。

我的犯罪情報來源指出，高嘉貴在中國大陸曾是一名警官；法庭文件則指出他在中國擁有巨額的房地產資產；而在加拿大皇家騎警針對販毒組織的一項大規模監視行動調查文件中，稱他涉及了英屬哥倫比亞省賭場洗錢、人口和武器販賣、以及大型狩獵等活動。加拿大銀行業消息來源也向我證實，主要嫌疑人通過在列治文的房地產和武器公司進行可疑的跨國電匯，在加拿大皇家騎警調查層級中，高嘉貴被列為嫌犯十九號，金保羅則是嫌犯二十二號。

英屬哥倫比亞最高法院紀錄也指出，高嘉貴在溫哥華至少擁有五棟豪宅，自二〇一五年來，他出售了其中四棟並得到四千八百萬美元的收益。在溫哥華西部的山上，他的豪宅生動地描繪出了導致溫哥華陷入吸毒過量危機的病態。自二〇一五年以來，他以該房產作為抵押進行了二千八百萬美元的貸款，由此進行溫哥華房地產的開發項目，其中一筆價值八百萬美元的貸款就來自於金保羅。

在所謂的還款糾紛中，金保羅聲稱他「為高嘉貴墊付了用於房地產開發的款項……但高將錢花在賭博和女人身上。」法庭文件顯示，英屬哥倫比亞省和艾伯塔省內還有許多高利貸以西溫哥華的房產為生，其中一位被稱作「WZ」的高利貸在高嘉貴所持有的房產中有九十五萬美元的貸款。

實際上，他作為被英屬哥倫比亞彩票公司禁止進入賭場的大圈仔之一，曾在二〇一六年一次芬太尼販運調查中被溫哥華警方抓獲。當時他在溫哥華一處停車場，正從自己的白色攬勝後廂卸下一個裝有五十一萬三千美元現金的手提箱。他的夥伴YZ，是另一名為高嘉貴的房產抵押提供了五百三十萬美元的高利貸，也在同一次芬太尼販運調查中被抓獲。在英屬哥倫比亞彩票公司的黑名單中，金保羅的合夥人MH也為高嘉貴提供了三百二十萬的貸款。

英屬哥倫比亞省一位高級警官表示，關於芬太尼現金充公一案，「他們就像一切都無所謂一般離開，只是說了『好吧，我們就帶上高爾夫球桿吧。』」

據消息來源稱，自一九八〇年代滲入加拿大的海洛因大圈仔首腦，與如今的中國芬太尼和冰毒犯罪團體之間完全存在連續性，包括擁有加拿大公民身分的億萬富翁、亞洲毒梟——謝志樂。這些毒梟並不自認為大圈仔，但他們都屬於同一個網絡，其毒品的路線和洗錢方式並不會改變。他說：「參與其中的一直都是同一批人，只是不幸的是，他們做的越久，看起來就越合法。他們所做的就是買下待拆房屋，進行翻新、建造豪宅，我知道一個案例，一個中國大陸的海洛因頭目自己在溫哥華洗了八套這樣的房子。」

我通過英屬哥倫比亞最高法院的各種案例和產權紀錄（如芬太尼現金充公案）鞏固了毒品販運、毒品實驗室、毒品現金沒收、賭場高利貸和溫哥華豪宅洗錢之間的連接。在其中一個案例中，英屬哥倫比亞省產權紀錄顯示，一名中國造船商——被指認為嫌犯一號，在列治文和溫哥華建造了多處大型豪宅和度假勝地，他在英屬哥倫比亞彩票公司黑名單中被認為是金保羅的高利貸同夥，也是金保羅的三十六名貴賓之一。

而另一個至關重要的案例則讓我取得了列治文非法賭場和溫哥華房地產貸款之間的關聯。法庭文件顯示，金保羅曾向中國大陸一名飯店大亨發放了五十萬美元的貸款，以在溫哥華南部建屋子，這位借貸人及其溫哥華的地址都與一所名為「溫哥華國際華人協會（Vancouver International Chinese Association）」的空殼公司有關，該公司租下列治文農田上一座龐大的豪宅以開設地下賭場。

警方表示，這座位於西達韋路八八八〇號、價值四百九十萬美元的豪宅是由一名與彭立生有關的萬錦市婦女所購買，但實際上是由彭先生及其朋友們在此處經營賭場、用金屬棒毆打高利貸受害者，以及進行更多其他血淋淋的罪行。英屬哥倫比亞彩票公司情報小組告訴我，這家賭場就是大圈仔的產業，而對我來說，這所房產正是證明警方情報洩露的線索之一。它於二〇一五年十月被買下，而就在幾天前，加拿大皇家騎警突襲了金保羅位於列治文另一個角落的農地莊園，卻發現那複雜的非法賭場已被遺棄，還找到了圈出突襲日期的掛曆。

我有時會告訴別人，當我整理這些網路時就像是在腦海建立一幅「FBI目標牆」，用紙筆畫下參與者，包括他們的企業、空殼公司、房地產、家庭成員、政治捐款、隸屬關係以及刑事和民事充公法庭文件之間的聯繫。只要你掌握了那些大型交易的時間軸，就可以看到它們之間的因果關係。在地圖頂端畫上那條「最大的魚」，以此向下延伸，便會看見底部的人似乎常不小心把自己的手「弄髒」，但站在頂部的人看起來卻很「合法」。

我的「FBI目標牆」上有大圈仔高利貸、河石賭場貴賓、中國工業家、警察、軍隊和共產黨員；也囊括了所有合法與非法賭場，英屬哥倫比亞省官方賭場中與大圈仔賭場有關聯的工作人員；還有芬太尼、搖頭丸和冰毒的販運者。當金保羅的黑幫夥伴在向列治文和本拿比一所實驗室運送一桶芬太尼前體被抓獲時，我便相應地得到了中國錢莊和數百個銀行帳戶的資料；當芬太尼販運者從河石賭場巨鯨賭客那用「稻草人買家」購買槍枝而被抓獲時，我又掌握了加拿大巨大的怪獸組織大圈仔的資訊。

擁有數十年警察經驗的多位消息來源告訴我，他們是掌握芬太尼的主要人物，是造成加拿大類鴉片死亡人數達到戰爭程度的人。但我需要一個更大的數據集，他們往加拿大運送了多少芬太尼？這個網絡利用溫哥華房地產洗了多少錢？經過幾個月的努力，我的好運終是來了。

⋯

警方的情報結果令人驚歎，其方法優雅且有力，結果十分震撼。

加拿大皇家騎警從傳聞中得知，來自中國大陸的黑幫主導著溫哥華的豪華房地產市場，在電子海盜調查進行期間，警察分析員開始了解到在溫哥華和中國之間循環往復的販毒收益及其規模之龐大。但他們需要確鑿的數據去估算問題的規模，不然他們如何向渥太華的政治主子尋求更多的資源來打擊洗錢活動呢？

研究人員懷疑有大量的資金正湧入溫哥華價位約一百至三百萬美元的房屋，但他們沒有時間或資源去研究每年高達兩萬多宗的房地產交易。因此，他們僅專注於高端交易，並選擇了二〇一六年作為研究目標。他們考察了溫哥華地區在該年份所有價值在三百萬至三千五百萬美元之間的房地產，如今，他們得到一個擁有大約一千二百筆財產交易的數據庫，同時掌握了買家的姓名和融資方式。

加拿大皇家騎警的研究人員將這些房地產文件、犯罪紀錄數據庫、警方正在進行的調查以及嫌疑人網絡的機密情報互相參照。得出的結果，是對英屬哥倫比亞省的經濟提出了嚴厲控訴。

警方情報部門認為，在二〇一六年售價超過三百萬美元的房產中，有百分之十以上的銷售與有犯罪紀錄的賣家有關，而這其中百分之九十五的交易涉及了中國大陸的犯罪網絡。這些買賣大多都是現金交易，且通常放在妻子和孩子名下。結論是，二〇一六年期間溫哥華地區有超過十億美元的高端房產交易與中國有組織犯罪有關。這是個驚人的發現不僅僅是所謂的冰山一角，更暗示了整個系統中存在更多洗錢行動，更重要的是，我們要記得，加拿大皇家騎警只研究了高端交易、只關注了豪宅，便有如此發現。然而，據傳聞稱，大規模的洗錢活動也存在價格低於三百萬美元的房產——別是在溫哥華公寓中，預售單位就像煎餅一樣在海外被「翻炒」。

另外，再加上以下這點：根據加拿大警方情報，加拿大的十六個高威脅有組織犯罪團體中，其中十個就在英屬哥倫比亞省，包括三個提供跨國洗錢服務的犯罪團體。這意味著英屬哥倫比亞省比加拿大其他省份有更多的菁英犯罪組織和洗錢團夥，包括墨西哥和中東犯罪集團。此外，還有地獄天使、英屬哥倫比亞省「隨叫隨到」的暴力幫派，如紅蝎子。他們將大量的犯罪資金轉移到價值低於三百萬美元的住宅。

十億美元的豪宅洗錢已是個確鑿的結果。然而，根據線人的消息稱，加拿大皇家騎警並沒有資源對這些洗錢活動進行刑事調查，以上都只是警方情報，皇家騎警正因缺乏資金而束手束腳。我也由此相信，這是為甚麼我可以通過安全和保密的訊息傳遞獲得各組織的研究結果，在我對溫哥華模式的調查中，警方的秘密研究成為了有助於改變該省歷史的「已知的已知」。

為了深挖這項研究的影響，我獲得一份與賭場巨鯨網路核心相關的產權清單，這對於加拿大人來說是最重要的訊息。文件指出，這些豪宅通過銷售芬太尼、冰毒、可卡因，以及賣淫、勒索、非法賭場和金融詐騙的收益所購買。

列表上其中一處房產，是位於桑拿斯一所價值二千二百萬美元的住宅，由高嘉貴所擁有，他是河石賭場的貴賓、澳門賭客，也是加拿大皇家騎警賭場犯罪名單上第十九號嫌疑人。房產紀錄顯示，高嘉貴於二〇一一年以七百五十萬美元的價格購得這所位於馬修斯街（Matthews Avenue）的豪宅；在他和高利貸網絡開始通過該房產進行多筆現金貸款後，這所豪宅最終於二〇一六年以二千二百萬美元的價格出售，其中高達一千四百五十萬美元的收益令人髮指。對我來說，價格走勢會帶來更廣泛的影響。一些房地產專家告訴我，將燙手的資金投入溫哥華高級街區進行清洗可能會影響整個市場，助長投機狂潮，推動溫哥華地區的基準價格上升。

另一個出現在秘密調查中的房屋是位於桑拿斯一所價值一千七百萬美元的豪宅，根據研究發現，該產權擁有者涉及芬太尼進口和出口，而有了與產權相關的名字網絡，我便可以直接進行對國際公司的搜索，並繪製產權擁有者的概況。

二〇一八年十一月，我們在《全球新聞》的調查系列中報道了一篇名為〈芬太尼：製造殺戮〉的文章：「房產和貸款文件顯示，產權擁有者在溫哥華地區至少擁有九所總價值超過六千萬美元的房產，此人自二〇一四年以來在大溫哥華地區徵集了數百英畝的住宅用地，計劃在溫哥華開發一座豪華公寓。」

他們一家都是中國政協委員，還提議在大溫哥華地區開發住宅區。我發現，他們與中國工業界（至少在字面上）以及廣東和海南的大型建築業務有關聯，其公司與巴拿馬文件和香港股市的離岸銀行業務之間的關係就有如蜘蛛網一樣密不可分。他們也很愛國，其中一位英屬哥倫比亞學生（也是該家族中一位開著藍寶堅尼之人的後代）表示，家族的族長將自己的國際事業奉獻給了「祖國」。

因此，通過調查產權擁有者及對電子海盜消息來源的採訪與了解，我能勾勒出房地產洗錢網絡的輪廓，並詳細描述其作案手法。「洗錢網絡的核心是一個以中國為基地的強大幫派——大圈仔，其最高級別的首腦便是從加拿大芬太尼死亡危機中牟取暴利的國際毒販，」我們在報道中寫道，「根據警方情報，該犯罪網絡由大溫哥華地區內數百名富有的犯罪分子所組成，包括黑幫、實業家、金融逃犯以及中國的貪腐官員。他們被一個地下錢莊計劃聯繫在一起，中國的貴賓賭客和黑幫同夥在中國和英屬哥倫比亞的列治文之間進行秘密的資金轉移，以資助芬太尼在加拿大的進口和販運。」

但賭場與販毒集團往列治文的港口和倉庫運送了多少芬太尼呢？我需要一個龐大的案例來了解其規模，通過線人的指引，我查閱了幾個與中國販毒集團有關的民事充公案件，將加拿大史上最大的芬太尼和冰毒前體充公案聯繫在一起。我們報道到：「西達韋路八八八〇號一所有著巨大黑色鐵門和金色獅子雕塑作為門面的、宏偉的紅灰色建築——其背後的購買動機據稱與毒梟網絡有關，警方最終將該建築與一批重達八十五噸的毒品前體（包括芬太尼）聯繫在一起。」

該民事充公案件描述警方在二〇一六年十一月二十三日突襲了列治文一家化學研究公司，並逮捕一名據稱是被中國販毒集團利用的加拿大商人。兩天後，警方抓住了另一名被指認為金保羅同夥的男人，正在實驗室之間來回奔波。

報道中寫道：「二〇一六年十一月二十五日，官員們在GW將桶裝物放入其日產 Pathfinder

時將其逮捕，並搜查了他的汽車，由此充公一些包含酮（NPP）的鼓，『酮』是中國生產芬太尼所需的前體原料。」

當中並未明確提及警方充公了多少酮，而加拿大皇家騎警的搜查令也已被法院封存。但拿二〇一七年麻薩諸塞（Massachusetts）一起與此無關的充公案作為對比，幾個重達五十公斤的酮可以生產一千九百萬顆芬太尼藥丸；而根據美國緝毒局的數據，這些藥丸在市面上的價值可達五億七千萬美元。

因此，我們有理由相信GW在被逮捕時帶有類似分量的酮——而這僅僅是他其中一次行動。據加拿大皇家騎警稱，自二〇一四年至二〇一六年，這位與中國販毒集團合作的加拿大商人已收到了八十五噸的前體原料，可是同樣的，由於該法庭紀錄也已被封存，因此不可能計算出此次充公的前體的混合量。由此，我也無法斷定這座堆積如山的前體原料在加拿大被製成了多少芬太尼和冰毒藥丸。

但根據知情人士的消息，可以肯定的是這些有毒藥丸的數量對加拿大社會產生了巨大的影響，且不僅限於加拿大。我們所談論的是裝滿藥丸的貨櫃，其在街頭的價值達數億美元，從而讓中國跨國販毒集團的收益也達到同等的水平。而該販毒集團正將這些從中國進口過來的前體原料製成藥丸，再從列治文和萬錦市出口到日本、澳洲和美國等國家。

這就該提到一位前加拿大警長、參議員弗農・懷特（Vernon White）對我說的話，他是加拿大國家安全與情報議員委員會的一員，因此他的觀點對我來說意義重大。他曾表示，若北京有意採取行動，大可以關閉中國國有的芬太尼生產工廠，而加拿大應對中國提出制止毒品流動的要求，否則將面臨貿易制裁。懷特說到：「我從事警務工作三十三年，從未見過任何東西有芬太尼這麼高的利潤。這是一個安全威脅，如果恐怖分子每年殺害五至六千人，我們便會有所行動。」

我在國家安全和情報委員會的消息來源也是這麼說的，中國完全有能力阻止芬太尼流入西方，只要它想。對我來說，這又延伸出許多問題。民間、警方和軍事情報的人們開始懷疑中國的芬太尼是否代表一種敵對的國家行為，為甚麼大圈仔在中國是觸不可及的？為甚麼他們能夠向全球運送致命的類鴉片物質？

因此，我再次找到我的線人們，他們既了解加拿大皇家騎警的洗錢研究，也了解大圈仔的組織結構。他們告訴我，中國毒梟在中國共產黨高官的庇護下控制了化學工廠和海關。一位國際警務官員告訴我：「我們在英屬哥倫比亞識別出許多參與者，但這一切都由中國內部最高層級的人員指揮，他們都是觸不可及的政府官員。」

在我們的芬太尼系列報道中，發生了很多事情。我的報道指出，中國貪腐導致了溫哥華住宅負擔能力和芬太尼過量的危機，當然也有更多其他因素，比如加拿大銀行、賭場和監管機構等也都牽涉其中。在溫哥華，房地產投機是一種普遍的生活方式，其受益者眾多，但我的研究表明，這受到了中國跨國有組織犯罪的推動，包括房價的上漲亦是。

我在《全球新聞》的報道上寫道：「針對大溫哥華地區住宅能力負擔危機的（警方研究）結果是，中產家庭因高房價而『被擠出』這座城市，」我引用了溫哥華房地產離岸資金先驅研究員甄瑞謙（Andy Yan）的專業意見，「一些分析師認為，近年來從中國湧入的大筆資金導致大溫哥華地區的房價與該地區中位家庭的收入（七萬二千美元）脫節，此工資在加拿大城市中排名最低，在北美排名第五十位。」

西門菲沙大學城市項目主任甄彤施用以下這段話總結了其中的含義：「這是我們房地產的金融芬太尼。你發現了十億美元，當它很可能在銀行系統中被放大，所有的黑錢、灰錢和合法資金通過當地機構級聯在一起，最後被製成一個有毒的香腸（混合物）。因此，這是國家安全問題，也是國家金融問題。」

我在《全球新聞》所做的分析中採用了奧卡姆剃刀概念，將房價、毒品死亡和可疑交易串聯起來，它們之間的相關性不足以證明其因果關係，但當你看到三或四個數據集被優雅地排列在一起時，它必定能說明些甚麼，這就是我所看到的。根據英屬哥倫比亞法醫數據，二〇一三年，當溫哥華房價曲線垂直上升時，芬太尼過量死亡的圖表也在急劇上升。二〇一四年，芬太尼的致死率開始呈指數級上升，資金湧入房地產，芬太尼則湧入了市中心東區，而這趨勢與英屬哥倫比亞賭場的情況如出一轍。

博彩政策與執法部數據顯示，可疑毒資交易自二〇一〇年開始成倍增長，二〇一二年，該省賭場的可疑現金交易數目達六千四百萬美元；二〇一五年更是該省賭場洗錢的高峰年份，有一億七千六百萬美元的可疑現金交易，其中包括一億三千六百萬的二十美元鈔票。同時，這也是英屬哥倫比亞省房地產創紀錄的一年，溫哥華地區的房價在二〇一五年飆升了百分之三十以上，一些富裕郊區的上升幅度更近百分之四十。據估計，中國在二〇一五年有一兆美元的資金外逃，此前所未有的數目也讓地下毒梟銀行必須以創紀錄的交易量運轉，以促進跨境資金的轉移。在這個贓款的超新星縮影中，河石賭場貴賓廳在二〇一五年七月接受了一千三百五十萬美元的二十元鈔票，因此引發一次歷史性的博彩政策與執法部審計行動。由此，我們回看金保羅和銀通國際。

有關警方對洗錢研究的故事總結如下：「隨著溫哥華毒梟首腦賺得盆滿缽滿，城市的房地產價格飆升，芬太尼危機已從貧困的溫哥華市中心東區的病態中心蔓延到全國各地，並留下了毀滅性的死亡人數。」這是一個相當慘淡的評估。

但正如幫我記錄電子海盜目標層級的執法人員所說，加拿大皇家騎警在桑拿斯所研究的豪宅都是由市中心東區的芬太尼死亡所資助的。「這是一個簡單的循環，福利星期三（譯注：Welfare Wednesday，指市政府援助弱勢的支票通常於每月指定的星期三派發）的開銷最終會讓那些加劇負擔能力危機的人變得更加富有。」他告訴我。

就是這麼簡單，死亡發生在緬街和喜市定，豪宅被建在桑拿斯和西溫哥華。

二〇一八年十二月，在《全球新聞》發表了〈芬太尼：製造殺戮〉後，掀起了一股支持英屬哥倫比亞省洗錢調查的風潮。在這些有影響力的支持者中，有七萬二千名來自政府僱員團結工會的成員引用了這則報道，向新民主黨政府施加壓力，要求促進調查。而在加拿大皇家騎警針對豪宅洗錢研究的報道刊登幾天後，我收到來自線人的一條簡訊，他是其中一位曾站在英屬哥倫比亞省賭場洗錢的警方告密者，簡訊說到：「你有一大批支持者，看來這下必須進行調查了。」

15

受損節點

在溫哥華，洗錢確實是萬眾矚目的焦點，但在這之外顯然還發生了甚麼，大圈仔和中國的聰穎玩家從賭場開始，涉足並滲透加拿大經濟的軟肋：房地產與金融界。

2019年9月，親中暴徒包圍在加港人舉行祈禱會的教堂，溫哥華回族文化藝術俱樂部負責人走近溫哥華記者。（來源：鮑勃・麥金的YouTube截圖）

直到我親眼見證之前，我都無法相信線人告訴我的一些事情，他們十分了解刑事情報和地緣政治，他們談起中國、伊朗、墨西哥和俄羅斯等地犯罪組織和國家行為者的趨向；談及我在加拿大所揭示的洗錢影響遠比芬太尼死亡和在溫哥華、多倫多和蒙特婁飆升的房價深遠得多。

他們說，跨國洗錢危害民主，侵蝕法治，對國家安全造成了威脅，但你必須看得更深入，去看看是誰站在這些跨國罪犯的背後。更確切地說，看看是誰站在罪犯上方並撐起一把保護傘？這些令他們感到挫敗，因為加拿大擁有卓越的刑事情報，但無論是皇家騎警還是安全情報局，對中共、大圈仔乃至謝志樂超級販毒集團的了解從未進入審判階段。

我的消息來源所描述的，基本上就是二十年前備受爭議的響尾蛇計劃情報報告中提起的現代版地圖，所以當撰寫響尾蛇計劃的人看到我的報道中有關於電子海盜和金保羅事件時，他們的警鐘徹底被敲響了。

加拿大安全情報局前亞太事務主管米歇爾朱諾・卡蘇亞（Michel Juneau-Katsuya）認出了他早在一九九〇年代就發現的轉移點，原本在中共掩護下秘密運作的黑幫、間諜和工業家如今有了新的匯聚。

二〇一五年之後，我的消息來源開始看見中國地下錢莊的頭目與伊朗毒品——恐怖主義網絡的國家行為者們「擦肩而過」。例如，在提交給卡倫委員會的電子海盜監控紀錄中，顯示來自中東犯罪組織的嫌犯進入了金保羅停在非法賭場和水立方來回的車輛；也有中東有組織犯罪嫌犯成為了金保羅及其上司的保鑣。據情報專家稱，就連錫那羅亞的販毒集團也參與其中，但中國的國家行為者無疑就是幕後主使。

在溫哥華，洗錢確實是萬眾矚目的焦點，但在這之外顯然還發生了其他事情。大圈仔和中國的聰穎玩家從賭場開始，涉足並滲透加拿大經濟的軟肋：房地產與金融界。然而，北京設計了一個高科技的長時間遊戲，讓溫哥華被塑造成毒梟、國家行為者和網絡罪犯的全球技術節點。

這十分引人入勝，但我還是謹慎對待這些訊息，畢竟它們聽起來就像是間諜小說中的情節。

作為加拿大人，也出於我與生俱來對這個國家的袒護，儘管我揭露了英屬哥倫比亞賭場和房地產的大規模洗錢，但根植於我成長過程中的信念仍讓我相信這個國家是正直、穩定的堡壘。貪腐、戰爭和間諜陰謀是發生在其他國家的事情，所以儘管我會興致勃勃地聽取這些地緣政治的犯罪線索，但仍會在內心想：「這裡是加拿大，等我親眼見到再說。」

然而，我的觀點正在漸漸轉變，因為從國家安全角度來看，溫哥華一些進行中的重大交易確實毫無道理。二〇一七年八月，我與《郵報新聞》的同事道格・銓（Doug Quan）合作撰寫了一篇名為〈一家與中國人民解放軍有關的神秘公司如何在英屬哥倫比亞省立足〉的報道，講述了中國保利集團（China Poly）——一所由紅二代家族掌控，市值九百五十億美元的軍火貿易、房地產和工業巨頭如何讓溫哥華張開雙臂歡迎它。我們報道了中國保利在全球多次被指控涉及貪腐和走私案，以及其深度參與了習近平新帝國主義「一帶一路」基礎建設計劃一事。它的品牌形象將世界描繪成一盤圍棋，在此中國古老的遊戲中，勝者可以對敗者稱霸、佔領及主宰其領土。該集團經常涉足於第三世界獨裁者和軍火貿易商的可疑勾當，更被美國指控協助伊朗發展導彈計劃。

一九九〇年代，中國保利集團一名加州代理人在將兩千枝卡拉希尼柯夫自動步槍（AK-47s）走私到美國時遭到逮捕，而在進行國家安全調查期間，該集團的一位「太子」（即太子黨成員）拜訪了白宮，並捲入了「中國門（Chinagate）」募款醜聞。這起政治影響案件圍繞一些澳門賭場的大亨以及三合會成員，其中一些人還是我在賴昌星網絡研究中熟悉的人物。我也發現，澳門大亨與中國保利集團簡直是如影隨形，比如：何鴻燊曾砸下數百萬買下一個具有極大宣傳價值的物品，只為將其送給中國保利集團。這個物品是一個青銅豬首，於二〇一六年十一月保利文化（Poly Culture）的藝術館開幕式上展出。

我們《溫哥華太陽報》所描述的場景如下：

> 在溫哥華警察全副武裝的注視下，與會者欣賞了四個罕見的生肖銅首——虎、猴、牛和豬，它們曾是北京頤和園的裝飾品，自一八六〇年頤和園被英法聯軍摧毀以來，這是中國首次將被掠奪又遣返回國的文物展示在中國以外的地方。保利文化在此開設藝術館及北美總部，是當地政客——尤其是自由黨立法委員兼英屬哥倫比亞國際貿易廳長屈潔冰

（Teresa Wat），在進行了一場密集的幕後交涉後求之不得的結果。這在政府文件中被譽為一次「重大的經濟勝利」，也是「英屬哥倫比亞與中國關係重要的一天」。

因此，我能看見我的消息來源所說的國家行為者活動的模糊輪廓，而我的直覺告訴我，中國是出於宣傳目的才選擇在溫哥華展示其曾被掠奪的文物。這好比習近平政權在西方領土插上了一面旗幟，十二生肖銅首原先代表著中國在鴉片戰爭中的敗北及民族恥辱，但如今，英屬哥倫比亞的政客卻悄悄地為習近平的「一帶一路」鋪上一地紅毯。

另一件一開始讓我難以置信的，是消息來源談到了中國與墨西哥之間的聯繫，最終我也發現他們的說法絲毫不誇張，因為實際上中國國家行為者確實在與北美的錫那羅亞販毒集團進行合併。

而另一些極其可信的加拿大安全情報來源更是讓我大開眼界，他們評估到：中國政府似乎對墨西哥販毒集團有影響力。一位加拿大皇家騎警線人告訴我，他們必須這樣做，因為中國地下錢莊幾乎經手了拉丁美洲所有的販毒資金。

這是一種工業級的貿易洗錢活動，中國商人通過將毒資轉換成工業產品，從而把墨西哥販毒集團的資金轉移到全球各地，只要將產品運送到毒梟需要資金的地方，產品便會被出售，收益則被存入銀行。這之中就是在賄賂政客、購入武器、生產和出口更多的毒品；而與此同時，中國國有工廠會將堆積如山的芬太尼前體運往墨西哥港口。

一如既往地，我能通過一個典型案例掌握其中的關係，於是我研究了美國政府關於一名所謂的中墨巨鯨葉真理（Zhenli Ye Gon）的案例。這位出生於上海、同時作為墨西哥和中國公民的製藥大亨於二〇〇七年在其墨西哥城的莊園內遭到逮捕，根據美國法庭紀錄，警方在他主臥室的密室中發現了一批軍用武器以及重達兩噸、總值二億七百萬美元的現金。是的，我們先稍停片刻想想這其中的訊息。這是說在一個偌大的房間，裡面有著美元、港幣、比索、歐元、加元等貨幣，它們被整齊地堆疊到天花板一半高度的地方……這都是葉真理從冰毒生意中得到的收益；此外，他在中國貌似是個非常有影響力的人物，曾在由北京司法部管理的華東政法大學（East China University of Political Science and Law）接受教育。

這是在大量芬太尼前體開始進入溫哥華和曼薩尼約的前十年，但早在二〇〇〇年代，葉真理就已經是錫那羅亞販毒集團最大的化學供應商，每年會從中國一所製藥公司進口至少五十噸冰毒前體。他的案件上處處留有溫哥華模式的特徵，每星期利用墨西哥貨幣兌換機構將數十萬美元轉移到匯豐銀行的帳戶上，再將錢轉移到內華達州。法庭紀錄顯示，短短三年內，他在拉斯維加斯至少賭掉了一億二千五百萬美元，每手百家樂下注十五萬美元；根據《華爾街日報》報道，他與由澳門威尼斯人謝爾登·阿德爾森（Sheldon Adelson）經營的威尼斯金沙集團關係要好，以至於該賭場還給他提供了一輛勞斯萊斯。

葉真理後來逃亡美國，在那裡遭到被捕後被引渡回墨西哥，而儘管他否認了所有指控，墨西哥仍在二〇一九年將其毒品豪宅進行拍賣。他堅稱自己從中國進口化學品是出於合法目的，同時聲稱自己在墨西哥貪腐政客的指使下用現金收益贊助了墨西哥的競選活動。他的控訴遭到了墨西哥官員的激烈否認，但這種說法對墨西哥公民來說卻是合理的。據報道，甚至有人印製了寫著「我相信那個中國人」的車牌。像這樣的案例——連好萊塢編劇都難以想像的情節，讓我明白我的消息來源所說的並非空穴來風，他們只是走在了時代的前沿。

與此同時，我得知美國政府已開始關注我有關中國在溫哥華擴大房地產版圖的報道，更有消息指出，美國國務院的一些人擔心中國跨國犯罪集團正試圖在溫哥華建立屬於他們的北美據點。

然而，加拿大皇家騎警和安全情報局似乎有些力不從心，在應對中國複雜的金融活動一事上並沒有實際的反擊手段。這導致美國聯邦調查局和緝毒局的勢力在英屬哥倫比亞省中逐漸增加，對我來說，這似乎也表明著加拿大在西海岸的主權正逐漸受到侵蝕——至少在某程度上是的。你可以看到對習近平「一帶一路」計劃的擔憂，但此類中國基建交易卻受到未開發國家無足輕重的獨裁者所歡迎。我知道這些交易曾在二〇一六年被推銷給英屬哥倫比亞自由黨總理簡蕙芝的政府，當時她與屈潔冰、中共官員和廣東及香港的房地產大亨進行了會面，而該省政府最終在二〇一八年批准了一個價值一億九千萬美元的一帶一路進出口中心，這在北美尚屬首例。

儘管如此，據我在加拿大的情報來源稱，美國國務院認為一帶一路計劃是中國進行間諜活動和貿易洗錢的主要途徑。為了回應這本書提出的問題，簡蕙芝作為現任國際商業律師事務所貝內特瓊斯（Bennett Jones）的高級顧問，表示：「多年來，加拿大的優先任務一直都是加強與中國的貿易關係，包括一九九四年由尚．克瑞強總理所領導的、具有突破性的加拿大訪華團隊。麥克．哈葛省長曾是該代表團的成員之一，自那以後，每位英屬哥倫比亞省省長都保留了到訪中國的習慣，並努力加強兩國之間的商業關係。」

因此，溫哥華模式的地緣政治影響開始變得意義非凡，但我仍無法接受「中國有組織犯罪與在溫哥華的中共成員是一夥的」這個事實。

要說我內心真正出現「這不可能發生在加拿大，但不可爭辯的證據已擺在我眼前」的聲音，是在二〇一七年末，這是我開始報道電子海盜故事之後，一些從未聽說過的消息來源開始聯繫我。其中一位線人告訴我，我應該看看溫哥華東部靠近美國邊境的一個莊園，那邊有著驚人的財富。他們說，這座位於奇利瓦克（Chilliwack）的莊園是河石賭場中某位巨鯨賭客所有，此人物似乎參與了難以想像的洗錢活動。他那巨大的地下室中有數十輛豪車和軍用車輛被堆疊在起重機上，包括紅色法拉利、黑色勞斯萊斯、白色賓士和綠色的軍用吉普車，這是一個馬力十足的停車場，甚至足以讓墨西哥大毒梟「矮子」都感到羨慕。但真正震驚我的是其工業類的收藏照片，裡面甚至有一輛紅金色的消防車、一個大型掛式卡車、一台老式火箭發射器和地式機槍。

另一個對加拿大皇家騎警武器販運調查情況十分了解的消息來源，向我證實了上一個消息的真實性，據皇家騎警的武器數據庫顯示，該巨鯨確實擁有加拿大最大的私人武器儲藏庫，其莊園長期有狗和無人機在巡邏，他每次出現時身邊也總是跟著兩名攜帶武器的中國男子。他表示，目前由加拿大皇家騎警和安全情報局所組成的加拿大皇家騎警綜合國家安全執法小組（INSET）正饒有興趣地監視著該莊園，但我肯定加拿大皇家騎警在渥太華的總部知道這名自二〇〇八年二月十五日就進入溫哥華，並在加拿大累積了大量資產的中國公民。此人的護照來自香港，雖然他自稱自己的收入來源是中國的一家餐館，但卻有情報稱此人在中國擁有鋁礦——若不是在北京有著完美的關係，沒人能在中國擁有礦產。

當我使用英屬哥倫比亞彩票公司機密的反洗錢數據庫，調查此人的資料時，另一個令人震驚的檔案出現了。據稱，這位中國人民解放軍老兵在河石賭場每晚能兌換二十至三十萬美元的現金，還有皇家騎警稱他是金保羅的上級，開著一輛多用途的迷彩悍馬車，上面有寫著「老虎」的專用牌照。

我獲悉這位引人注目的男子——袁榮祥（Rongxiang「Tiger」Yuan）被溫哥華的追隨者稱為「將軍」，他高大、方顎、英俊；事實上，（根據微信視頻上顯示的）當他在其莊園裡的卡拉OK室悠閒地喝著美酒，唱著對祖國的頌歌時，確實身穿軍服。

儘管我已努力嘗試聯繫袁榮祥，以詢問其與金保羅有關的眾多紀錄，但卻從未成功，所以他為何被加拿大皇家騎警機密調查列為「嫌犯二號」的原因也無從得知（該文件點名了河石賭場貴賓賭客與高利貸，包括被列為嫌犯二十二號的金保羅）。袁榮祥通過他的律師否認自己參與了任何犯罪活動，並以誹謗罪起訴了我在《全球新聞》的報道，當中概述了我自加拿大皇家騎警和英屬哥倫比亞彩票公司的消息來源所提供的調查紀錄。他表示，自己是一名成功的商人，多年來作為加拿大華人社區的活躍分子與許多人有所接觸。

我也在收集和評估照片及證詞的過程中發現，他在北京顯然備受尊重，比如能在溫哥華的國際贊助活動中與中國總領事坐在同一個包廂的座位上、在溫哥華與中國明星和記者共進晚餐，甚至在所謂的現金籌款活動中與總理賈斯汀·杜魯道打交道。

（上）24 歲的袁榮祥在其中越戰爭日記中的照片，發表在中國人民解放軍情報部門的刊物上。

這些訊息似乎遠遠超出了加拿大歷史上的任何常態，當你看到一名解放軍老兵涉嫌參與英屬哥倫比亞賭場大型洗錢活動、與加拿大境內最兇殘的中國高利貸打交道，而且在北京舉辦在溫哥華的政治影響活動中表現活躍時——這說明其中存在值得調查的問題。我知道加拿大皇家騎警和安全情報局正在省內關注這位「將軍」，但渥太華的領導人對此似乎渾然不覺。

我所掌握的訊息引起了全國關注，消息來源告訴我，袁榮祥身邊有一位名為庫沙（Kousha）的伊朗人是他的「肉盾」，這位紋身健美運動員在加拿大的驅逐紀錄中留下了犯罪紀錄。在一起案件中，庫沙因威脅殺害一名溫哥華警官而被定罪，他對這位警官及其家人進行種族迫害，並宣稱他「如此憎恨猶太人，乃至能將自己的快樂建立在他們的痛苦上，因為他知道自己能使對方感到懼怕。」

一份來自加拿大皇家騎警的機密關聯文件顯示庫沙是中國年輕男子「肯尼（Kenny）」的僱員，此人曾跟隨袁榮祥出現在公共場合，並且在袁某的莊園裡存放了受限制的武器。曾有一張莊園內的照片，顯示了庫沙將手指放在一把德國MP4〇衝鋒槍的板機上，那麼，為甚麼袁榮祥會在被持槍歹徒包圍的同時與中國領事館的領導有密切的關係呢？我必須搞清楚這個結合了國家行為者與有組織犯罪嫌犯的人物對加拿大安全的影響。因此，我諮詢了不少國際專家，如文達峰、周安瀾（Alex Joske）、澳洲的克萊夫・漢密爾頓（Clive Hamilton）、紐西蘭的安妮・

（右）據稱是袁榮祥「肉盾」的伊朗人坐在袁榮祥位於英屬哥倫比亞省弗雷澤河谷一處住所的軍用吉普車上。（來源：臉書）
（左）存放在袁榮祥奇利瓦克莊園內的車輛。（來源：《奇利瓦克進步報》（Chilliwack Progress））

瑪麗・布雷迪（Anne-Marie Brady），以了解習近平所謂的間諜與政治干預的「法寶」：統一戰線工作部。

直至二〇二〇年，我已看到足夠多能消除我內在疑慮的線索，我的消息來源說的都是對的，而加拿大人必須知道這些消息。

⋯

我自二〇一八年末開始聽到電子海盜的問題，這是加拿大歷史上最重大的洗錢案件，聯邦審判於二〇一七年九月被提出，於二〇一九年一月開庭審理。

正如我在《溫哥華太陽報》所寫的，加拿大皇家騎警突襲銀通國際在列治文市區的辦公室以及金保羅在列治文的莊園和豪華公寓時，查獲了一百三十二台電腦和手機，同時包括三十太字節（terabytes）的數據。若將這些電子文件轉換成紙本，這大概能寫滿三百萬本電話簿，當中涉及大量法務會計內容，可追溯到中國六百個銀行帳戶的交易。然而，由於證據大部分都是中文，加拿大皇家騎警需要依靠翻譯人員和渥太華聯邦檢察官小組的合作，這起案件似乎就這樣被一拖再拖。

海明威（Ernest Hemingway）的小說《太陽照常升起》中有這樣一位人物，他描述了「巨大的爆裂背後通常有著無數次的割裂」，該人物被問到：「你是怎麼破產的？」他回到：「分兩種階段，先是逐漸地，然後突然就崩塌了。」而這就是電子海盜「內爆」的方式，二〇一八年十一月底——即我們在《全球新聞》報道〈芬太尼：製造殺戮〉系列新聞前一周，我曾與一位政府消息來源跟進有關案件的最新情況，他們說這當中出現了一些問題，加拿大皇家騎警和檢察官不小心暴露了一位警方線人的身分，他們正擔心此線人會受到生命威脅，消息來源說：「任何情況都有可能發生。」

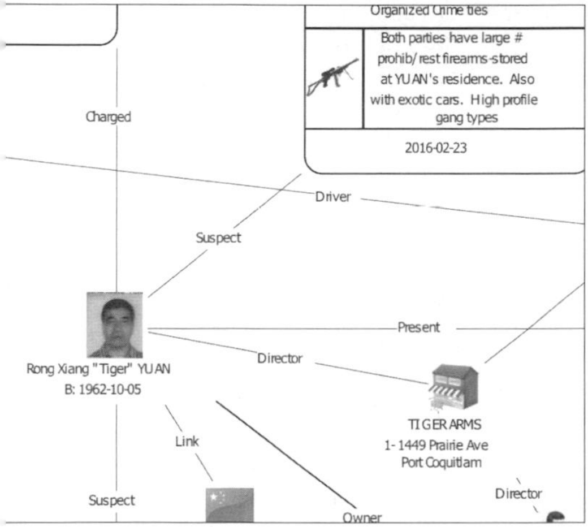

（上）袁榮祥（左一）和領事館總領事佟曉玲（右二）於 2019 年中國政府附屬機關的活動中與統戰部領袖會談。（來源：伊娜．米歇爾（Ina Mitchell））

（下）作者從加拿大皇家騎警一份代號為「觀察計劃」（Project Watch）的圖表中獲得的資料顯示，袁榮祥因有組織犯罪和武器調查而成為加拿大聯邦警察的目標。

而就在十一月二十八日，我們報道〈秘密警察研究發現犯罪網絡於二〇一六年利用溫哥華住宅清洗超過十億美元〉一事的兩天後，加拿大皇家騎警丟出了他們的重磅炸彈——「電子海盜一案因歸檔過程中出現的多種原因而遭到擱置，其性質將不予討論。」

然而，英屬哥倫比亞的公眾對此重大案件的失敗原因興趣極大。二〇一八年十二月，CBC一名記者獲得一份表示證據披露程序錯誤的法庭文件；而在二〇一九年一月，我確認了我在幾個月前得知的訊息。「《全球新聞》獲悉，加拿大皇家騎警針對英屬哥倫比亞列治文地下錢莊的大規模調查（該錢莊估計每年洗錢超過十億美元）之所以在十一月被喊停，是因為聯邦檢察官不小心暴露了一位線人的身分，為了確保此人的人生安全，不得不暫停此案件。」

一位消息來源告訴我，關鍵的問題是渥太華根本沒有提供足夠的資源在訴訟中處理如此龐大的證據，僅僅是電子海盜中需要翻譯的中文證據就已超出工作人員的承受範圍。在「向金保羅的辯護律師洩露線人身分」這一驚人的失誤存在著一個結構性的問題：加拿大的證據披露要求程序非常有利於資本雄厚的跨國犯罪者。除此之外，在我看來，加拿大顯然極度缺乏創新的敲詐勒索法律，早幾十年前，聯邦調查局就已需要藉助新的法律工具打擊黑手黨對紐約市經濟控制。但儘管出現了這些系統性的法律問題，一些官員仍認為電子海盜的失敗存在更陰險的原因。

他們開始回想二〇一五年十月發生過的事，當加拿大皇家騎警戰術單位衝進列治文一處農田莊園內的非法賭場時，該賭場已被完全廢棄；更不祥的是，他們還在掛曆上發現有一個日期被圈了起來，而那正是警方最初的搜查日期，英屬哥倫比亞的高級警察因此擔心行動計劃已遭到破壞。我在羅斯·奧爾德森的原始調查筆記中發現，來自博彩政策與執法部經驗豐富的官員確信加拿大皇家騎警的行動已被嚴重洩露，有人將他們的計劃交給了關係要好的大圈仔、警務圈內也有傳言稱電子海盜的突襲行動曾被維多利亞的高級官員拿來公開討論，那在這之中是否存在著更深層次的政治問題呢？我無法斷言，但我的消息來源是這麼認為的，這之中的問題顯然多於答案。

然而，電子海盜的失敗削弱了新民主黨政府對洗錢調查的抗拒，根據二〇一八年末的民意調查，該省有大約百分之八十的公民希望調查繼續。我們在《全球新聞》的報道表明了加拿大司法系統中存在著漏洞，所以儘管警方知道誰是溫哥華芬太尼過量以及住宅負擔能力危機的始作俑者（即洗錢者和毒梟），仍無法阻止這些罪犯。

正如我的同事傑西·費雷拉斯（Jesse Ferreras）在二〇一九年初所報道的那樣：「電子海盜失敗後，省長賀謹便表示『英屬哥倫比亞的法治已經失敗』。」

二〇一九年五月，賀謹宣佈成立卡倫委員會進行調查，並任命最高法院大法官奧斯汀·卡倫為專員，對於在《全球新聞》跟進洗錢案件的每個人——特別和我一起參與了許多電視報道的同事約翰·華來說，這是一種回報。我們的報道被認為「在面對強大的金融利益打擊下仍實現了調查新聞的最高目標」，但我也知道全國性的洗錢調查必不可少。我在渥太華進行報道時曾表明「溫哥華模式」屬於全加拿大的問題，在中國和中東經營地下錢莊的跨國毒梟，與多倫多、蒙特婁和溫哥華的房地產和貿易活動有著千絲萬縷的關係。

最終，美國緝毒局的一項重大調查幫助我了解了「貪腐是如何使有組織犯罪蔓延到整個加拿大」的。

⋯

二〇一七年十月，我第一次了解到五眼聯盟對阿爾達夫・卡納尼（Altaf Khanani）和法爾扎姆・梅迪扎德（Farzam Mehdizadeh）的調查。當時我正在多倫多的一場會議上，等待向金融人士談談我有關電子海盜的報告，在我之前是一位高級加拿大皇家騎警斯科特・多蘭（Scott Doran），他正在發表一篇有關「監管加拿大大型銀行反洗錢活動所面臨的挑戰」之主題演講，而由於我在飯店輾轉反側了一夜，所以正處於一種半夢半醒的狀態。大加拿大博彩公司的律師在這之前給我發來電郵，警告我不要發表演講，但我不打算理會這封毫無根據的誹謗威脅，加拿大的銀行家們也想要聽我談論能對國家構成嚴重威脅的問題。但我不得不承認，我是有點心不在焉，直到多蘭的投影儀滑到一張人頭照，並表示他們是五眼聯盟的目標時，我才連忙打開錄音機。這意味著強大的西方情報聯盟將以上兩位男人視為嚴重的國家安全威脅，而上面正是巴基斯坦公民卡納尼，和一個五十七歲的多倫多貨幣兌換所老闆梅迪扎德的照片。

多蘭解釋道，加拿大皇家騎警部門至少從二〇一五年就開始監視梅迪扎德，跟隨他從多倫多到蒙特婁，一年內往返了共八十一次。蒙特婁是東海岸毒品走私通道的關鍵港口，表面上仍由義大利黑手黨所控制，但中東和中國地下的銀行家在蒙特婁處理毒資的次數已越來越多。

梅迪扎德每個月大約要去拉瓦勒（Laval）八次，黎巴嫩的毒梟會將現金存放在那裡，他每趟路程能收集大概一百二十萬美元，在將現金塞進後車廂後，便送到波斯僑民的貨幣兌換所。這些兌換所聚集在多倫多北部地區的士刁士路（Steeles Avenue）和央街（Yonge Street），商店後方的密室會被用來存放大量的「現金磚」，此處大量的秘密資金池被用來抵消從伊朗和迪拜轉出來的不可估量的地下資金。一名在多倫多經營貨幣兌換所的消息來源說，二〇一〇年對伊朗銀行業的制裁助長了這些地下金融網絡，二〇〇九年時多倫多只有五家伊朗貨幣兌換所；二〇二〇年卻已超過七十家，這與列治文那些由大圈仔經營的錢莊非常相似。

二〇一六年三月九日，加拿大皇家騎警被授權以國際洗錢罪名逮捕梅迪扎德；四月十七日晚上十時二十五分，在他沿著四〇一號高速公路離開蒙特婁時，安大略省警在安大略湖畔旁的沙洲省立公園（Sandbanks Provincial Park）附近的昆特灣區（Quinte County）將他攔下。

皇家騎警的一份書面證詞表示，嫌犯似乎並不驚訝，「他甚至主動透露自己擁有一大筆錢……大概一百三十萬美元。」警方在油門踏板旁發現成捆的現金，並在後車廂發現一個裝滿五十捆現金的黑色冰球袋、一個裝了二十一捆現金的藍色背包、一個裝有三十七捆現金的皮質旅行包。幾天後，警方搜查了他的在北約克的豪宅和央街的貨幣兌換所，查獲了大量銀行紀錄和帳本文件，其中諸如電匯、銀行匯票、與加拿大各大銀行及多倫多金融企業的大額貸款與交易證據，這些文件千絲萬縷交匯在一起。

梅迪扎德面臨十六項刑事指控，加拿大皇家騎警稱其僅一年時間就在多倫多和蒙特婁洗了一億元，但此案仍存在許多疑點。我發現，加拿大皇家騎警之所以知道梅迪扎德，完全是因為美國緝毒局和澳洲聯邦警察傑出的工作，二〇一四年十月，加拿大皇家騎警情報主管在美國緝毒局位於維吉尼亞州的秘密總部接收了相關的簡報，當時有數十名來自美國、英國、加拿大、澳洲和紐西蘭的調查員和分析師。

自二〇〇八年來，美國緝毒局一直在將秘密特工送入真主黨毒梟洗錢組織在麥德林、杜拜和巴拿馬城的分會，由此發現一個由梅迪扎德這樣的商人所組成的網絡，負責在世界各地為被伊朗國家資助的犯罪分子收取毒資，諸如多倫多、溫哥華、紐約、洛杉磯、雪梨、巴黎、墨爾本、邁阿密和倫敦。美國緝毒局通過滲透到金字塔頂端而破獲此案，他們說，卡納尼作為主謀，每年為拉丁美洲的販毒集團、中國三合會、蓋達組織（Al-Qaeda）、塔利班、印度毒品恐怖分子達烏德．易卜拉欣（Dawood Ibrahim）和真主黨清洗一百六十億美元。而最讓美國緝毒局擔憂的是卡納尼與伊朗和真主黨之間的關係，警方稱他為地下錢莊的「高盛」，而考慮到其網絡據稱處理了巴基斯坦百分之四十的外匯交易，警方的形容也並非誇大其辭。

於是，美國緝毒局的臥底特工開始試著瓦解卡納尼的哈瓦拉（Hawala）網絡，他們裝作是毒梟頭目，一步一步地取得他們的信任。卡納尼就像一個隱秘的黑社會之神，他將一切行動放到一個巨大的算盤上，只需要動動手指推動上面的珠子，確保世界各地秘密錢莊裡貸方和借方之間保有平衡就好。若錫那羅亞販毒集團想從蒙特婁的可卡因交易中收取一百萬美元現金，他們就會致電卡納尼，後者會派遣其在多倫多的兌換交易員去提款；然後，讓墨西哥的貨幣交易商將這筆資金以比索的形式支付給錫那羅亞的販毒集團——並從中扣除百分之三的手續費。所以，這些資金從未跨越任何國境。或許在不久後，錫那羅亞的販毒集團會需要再次將資金轉移到多倫多，或用以購買武器、或用以賄賂邊境防軍，屆時，卡納尼會讓他們把比索存入墨西哥貨幣交易員名下；這次，他在多倫多的貨幣交易商將支付北約克的墨西哥毒梟代理人一百萬美元現金——同樣扣除百分之三的費用。這顆珠子大規模地從墨西哥滾到了加拿大，而當卡納尼的網絡將迪拜電匯和全球紡織貿易混合在一起時，情況將變得更加複雜。

但簡單來說，這就是卡納尼如何使用具備古老重商主義的哈瓦拉系統，將毒品和武器轉移到六大洲。

美國緝毒局以其非線性思維為傲，比起四處追捕隨叫隨到的黑幫，他們對供應鏈物流的探究更符合軍隊手段。如果想挽救被炸彈、槍枝和類鴉片物質過量奪走的生命，就必須阻止運載毒品和武器的船隻；而要做到這點，就必須先阻止為毒品和武器貿易提供資金的洗錢者。因此，他們的計劃是誘使卡納尼在五眼聯盟所在的城市販運假的毒資，由此將其拿下。該秘密行動由澳洲的納稅人預先提供了一百多萬美元的資金，「利用澳洲提供的資金，我們與卡納尼的合作遍佈全球各地，」一位美國官員告訴我，「我們告訴他多倫多有一定數量的毒資，並詢問他『你有人可以過來進行提款嗎？』然後他就給了我們一個聯繫電話。」

這位美國的線人說，美國緝毒局特工由此發現澳洲的洗錢合同與加拿大的毒品交易相連接，只要在墨爾本提取現金，便可以將一批可卡因從溫哥華送到多倫多。此次調查證明了五眼如何通過剷除主要毒梟的金融幕後黑手來瓦解其行動，同時也揭示了加拿大皇家騎警高層存在著非常嚴重的問題。我的消息來源說，回想起來，這似乎可以追溯到二〇〇八年。

當時，美國緝毒局特工曾前往渥太華與加拿大皇家騎警的高層會面，他們竊聽到哥倫比亞毒梟頭目與哈利法克斯（Halifah）、溫哥華與卡爾加里的真主黨代理之間的一通「犯罪電話」——涉及了加拿大可卡因運輸和現金流動。

美國緝毒向加拿大皇家騎警移交了關鍵目標和確鑿的證據，但後者並不想對毒品恐怖主義的嫌犯進行竊聽行動。「他們不願意監聽任何電話，我們對此目瞪口呆，」一位美國消息來源在二〇一九年告訴我，「這真的很讓我困擾。真主黨跨國販毒恐怖主義大大地利用加拿大，已是鐵一般的事，但加拿大皇家騎警當時卻明確表示不想進行任何有關洗錢或販毒的打擊行動。因此當我看到如今的溫哥華，我理所當然地回想起當初的那一切。」

我也有多個消息來源向我證實了這一點，即加拿大皇家騎警對伊朗所支持的犯罪目標似乎有莫名的遲疑。但渥太華最終仍同意參與對卡納尼和梅迪扎德的設圈行動，畢竟你不能在身為「五眼聯盟」合作夥伴的當下，還拒絕調查一個據說每年為世界上最惡劣的恐怖分子和毒梟清洗一百六十億美元的超級罪犯。但這對美國政府來說卻很難推動。一位美國線人告訴我：「我們確實不得不推動他們在多倫多丟下這筆現金。」

但這最終還是失敗了，與我一起進行卡納尼調查的同事史都華．貝爾被告知，梅迪扎德在二〇一六年獲保釋後的某個時候返回了伊朗，但加拿大皇家騎警拒絕告訴我原因。

所以讓我們再次回顧一下，在多倫多，五眼聯盟洗錢調查的關鍵目標在審判前突然消失了；而在溫哥華，也有一個規模更大的跨國洗錢案件在審判前幾周被宣告失效。

⋯

二〇一九年九月，加拿大安全情報局特工審查了加拿大皇家騎警一名民間情報官員卡梅倫．奧迪斯（Cameron Ortis）在渥太華的公寓，發現數十台加密電腦，以及能說明奧迪斯正計劃將五眼的行動透露給卡納尼網絡的證據。加拿大皇家騎警最終宣佈對他提起訴訟時，一些警官心裡可謂是五味雜陳，他們首先感到如釋重負，而後則是怒火中燒。

他們認為，奧迪斯長久以來受到加拿大皇家騎警高層（或是「老男孩俱樂部」）的溺愛，戲稱他為馬基雅維利（Machiavelli）書中提到的「金童（Golden Boy）」或「王子（The Prince）」。現在回想起來，對於一些曾與奧迪斯共事過的人來說，加拿大皇家騎警拒絕調查真主黨毒品目標的奇怪現象終於有了合理的解釋。

奧迪斯帶著一副玳瑁眼鏡，有著冷酷教授一般的魅力；長得有點像杰瑞米・艾恩斯（Jeremy Irons），只是他個子更矮、更結實。二〇〇七年，他從英屬哥倫比亞大學研究所被直聘到加拿大皇家騎警的部隊中，並得以迅速晉升，負責領導一個被稱作運籌（Operational Results 或 Operations Research）的秘密情報單位（具體名稱取決於你問的是誰），當中配有大約十幾名與奧迪斯同樣的民間分析師。他們利用五眼共享的「高端」內部情報推動了加拿大司法系統的發展，這些情報來自敏感的人力資源及攔截訊號收集到的絕密訊息，高危的源頭或許包括了真主黨內部的臥底特工，甚至是中國大陸與政界有連繫的大亨。這些情報鮮少能用於加拿大刑事訴訟，但加拿大皇家騎警專員鮑勃・鮑爾森（Bob Paulson）認為，奧迪斯和他一眾傑出的幹部正巧妙地利用這些情報，將加拿大皇家騎警提升到了聯邦調查局的水平。

二〇一六年，鮑爾森及其副手們將奧迪斯晉升為加拿大皇家騎警國家情報中心主任，他成為皇家騎警中第一位掌管加拿大御寶級秘密的平民。由於加拿大法庭的出版禁令，我不能將知道的訊息全盤托出寫進報道，但憑藉我對五眼案件的早期了解以及從加拿大和美國法庭之外的渠道所獲得的訊息，有助於我可以繼續進行報道，因為這對加拿大人來說至關重要，他們需要知道一個強大的情報分析能帶來多大破壞。

概括來說，聯邦檢察員未經證實的指控聲稱奧迪斯至少自二〇一五年起就開始與外國實體或恐怖組織共享加拿大皇家騎警的計劃，調查人員正開始排查他涉嫌竊取和加密的大量機密數據，其中包括能危及加拿大國家安全和主權的訊息。

從現有指控來看，尚不清楚奧迪斯除了與由國家支持的黑幫和全球洗錢者打交道，是否還有為敵對國家工作，但我的訊息顯示，他據稱曾向卡納尼在多倫多聘用的貨幣交易商出售加拿大皇家騎警的戰術。二〇一五年，他被指控與梅迪扎德聯繫並提供了有償的特別行動計劃——這都是加拿大皇家騎警跟蹤他來往蒙特婁時所見；同時，他也被指控兩次與梅迪扎德的商業夥伴沙利姆·赫納雷（Salim Henareh）聯繫，此人也是一名貨幣交易商，參與了多倫多大型商業房地產投資。

想想吧，卡納尼據稱是恐怖主義嫌犯的首要資助者，也是實際上將槍枝、毒品和炸彈運送到全球各地的網絡的一部分。加拿大皇家騎警本應保護加拿大人免受洗錢的危害，但根據指控，皇家騎警中最有影響力的領袖奧迪斯——卻在庇護洗錢者。加拿大皇家騎警一位消息來源告訴我，卡納尼使用的貨幣交易商與重大的房地產開發有所牽連，更重要的是，捐款紀錄顯示沙利姆·赫納雷在自由黨的現金籌款及慈善產業中非常活躍；而根據內部紀錄顯示，他同時也是伊朗加拿大會（Iranian Canadian Congress）中一名有影響力的社區領袖。

其律師在本書出版前夕向 Optimum Publishing 發送了以下通知：

一、赫納雷先生與卡納尼先生及其商業交易無任何關係，無論是非法或合法；

二、赫納雷先生不是卡納尼先生的商業夥伴。梅迪扎德先生曾在二〇一〇及二〇一一年期間像其他上千位客戶一樣，光顧過赫納雷先生的一家貨幣兌換所；所有以梅迪扎德先生名義進行的交易都已按照法律規定報告給加拿大金融交易和報告分析中心。這些交易後來都在正常情況下接受了加拿大金融交易和報告分析中心的徹底審計，其中涵蓋二〇一〇和二〇一一年期間的交易，並且沒有發現任何違規行為。

三、赫納雷先生未被指控與奧迪斯先生有任何的不當行為，他從未向後者購買任何訊息或任何其他東西，並且已就此事件與加拿大皇家騎警進行充分的合作。

二〇二一年，聯邦調查局公佈了對赫納雷的刑事指控，稱其與一些貨幣交易商參與了國際陰謀，旨在進行「代表伊朗的秘密交易」。該指控於二〇二〇年十月在洛杉磯被提起：「在此計劃中，被告據稱在美國、伊朗、加拿大、阿拉伯聯合大公國和香港創建並使用了七十多家幌子公司。與此同時，被告還向金融機構作出虛假陳述，以掩蓋代表伊朗進行的價值超過三億美元的交易。」

該局稱，其中一筆交易為赫納雷二〇一二年在多倫多經營的一所貨幣兌換所，他利用一家位於香港的幌子公司「代表伊朗秘密購買了兩艘價值二千五百萬美元的油輪。」儘管如此，赫納雷的律師回應稱：「關於美國公開點名赫納雷先生的起訴事項，任何美國或加拿大當局從未就起訴書中的問題聯繫過我們。另外，赫納雷先生堅持否認起訴書中的指控。」

一位對五眼卡納尼調查有所了解的美國消息來源告訴我，奧迪斯案件所帶來的損害是無法計量的，「當中最嚴重的點在於它讓人們對國際情報共享的整個基礎產生了懷疑，奧迪斯試圖與卡納尼共享加拿大情報這一事實說明了一切。當你所掌握的數十億美元的洗錢活動與殺害了數十萬人的恐怖組織有關，人們通常會說『這不可能，我們決不能讓這種事再次發生』。」

除了貪婪，目前仍沒人知道奧迪斯這樣做的動機，當中究竟有多深不可測？有甚麼可能因此受到損害、會對誰造成甚麼影響？

奧迪斯所領導的部門正負責編寫有關來自拉丁美洲的可卡因、以澳門和中國為基地的跨國黑幫、以及全球各地武器販運的報告。有消息稱，他在其職業生涯早期曾領導過以中國和伊朗為主的複雜調查，因此有大量證據表明——他或許正被全球洗錢者和網絡犯罪所吸引。但在我看來，他究竟為誰工作是個無關緊要的問題，他所掌握的網絡世界就是一個由罪犯、間諜以及國家行為者匯聚在一起進行秘密交易的地方。

但其中一個具有啟發性的消息是，奧迪斯於二〇〇六年撰寫的碩士論文探討了由「受損節點」引起的國家安全漏洞以及連接香港和中國深圳黑幫與駭客的「電子黑市」，其中段落如：「在數字時代，跨國有組織犯罪是否能對國家安全造成威脅？本章節介紹了兩個先前不同、且隱藏在網絡之間的關聯，即系統入侵者以及跨國有組織犯罪。」

諷刺的是，奧迪斯本人看起來就像是一個被入侵的「受損節點」，但他是甚麼時候開始迷失方向的呢？我知道調查員一直追溯到他在英屬哥倫比亞大學唸書的時期，對我來說，他對亞洲國家支持的犯罪研究似乎就是個不錯的開始。

奧迪斯會說普通話，他的論文稱，他通過研究所的學術研究與中國大陸官方消息來源建立了聯繫，並經常在該校的學術網絡展現親中訊息。例如，二〇二〇年，《環球郵報》報道稱該大學教授包義文（Paul Evans）被加拿大華為公司視為「關鍵意見領袖」之一，因為他有助於「阻止中國電信巨頭受禁加入加拿大 5G 網絡」，而他正是與奧迪斯共同發表有關「受損節點」論文的導師。

包義文告訴我，奧迪斯曾與香港、臺灣及中國大陸的專家合作。「這是一篇複雜又極具獨創性的論文，遠遠超出了正常政治學的研究範圍，還與數十位國際關係專家進行了廣泛的交談。除此之外，在他的案子未經審理的情況下，我無話可說。」最終，奧迪斯在中國跨國犯罪和網絡罪犯方面的專業知識將他推上了加拿大情報部門的頂峰，儘管他沒有任何行動經驗。

我的消息來源發現了另一處怪異點，美國國務院最關注的國家安全問題之一謝志樂——這個可能曾是全球頂尖毒梟的加拿大大圈仔，最後在準備從荷蘭飛往多倫多的途中被澳洲聯邦警察逮捕，而比起向加拿大發出引渡謝志樂的請求，澳洲警方顯然對荷蘭更有信心。

儘管謝志樂在二〇一〇年後就離開了加拿大，但他在多倫多的勢力仍非常強大，包括其三哥集團中的四位指揮官皆是加拿大公民，僅憑這點就足以說明加拿大對中國跨國黑幫的重要性。好幾位加拿大皇家騎警都告訴我，謝志樂在萬錦市的同夥似乎與加拿大銀行一些職員存在聯繫，這一項指控是合理的，因為電子海盜的監控紀錄也顯示了金保羅及其同夥與列治文多家銀行職員的來往。而另一位知識淵博的金融犯罪調查員告訴我，有組織犯罪幾乎總是通過與銀行職員建立關係來獲得一些工具，如銀行匯票和能完成有用交易的票據。

二〇一四年左右，加拿大皇家騎警從澳洲聯邦警方那邊得知謝志樂及其公司正在萬錦市經營一個全球冰毒進出口中心——就在加拿大警察部隊的眼皮底下。這對渥太華來說屬實有些尷尬，但被奧迪斯所影響的部門也由此開始監視謝志樂在萬錦市的副手們，同時為五眼提供情報報告。這有個有趣的插曲，在萬錦市某處臥底的特工告訴我，他為見到一名加拿大民選高級官員出現在謝志樂集團會議附近一事感到驚訝，但此觀察並未得到更深入的調查。而另一個令人費解的問題，是一些加拿大與澳洲聯邦警察在二〇一五年聚集在一起，並得出結論：謝志樂在多倫多的網路與金保羅在列治文的網絡理所當然地在一起運作，這一切都合情合理，謝志樂和譚國聰本就是老同志。

回想一下福加蒂在溫哥華驚人的竊聽結果，一九九〇年代，他聽到三合會指揮官在澳門爭奪何鴻燊百家樂桌的血腥戰爭中發號施令，使大圈仔和 14K 聯合起來對抗水房。然而，這些販毒集團最終都被中國國家領導人所控制，這場三合會衝突也因此結束。

澳洲情報部門識別出的許多中國高利貸與高額賭客也被加拿大刑事情報機構確認，金保羅在澳門招募了巨鯨賭客、謝志樂則吹噓自己控制了澳門、譚國聰是金保羅的老闆之一。

因此，不需要智商超群也能推測出謝志樂在東加拿大的行動與金保羅在西海岸的業務之間的聯繫，但在二〇一六年，奧迪斯接管加拿大皇家騎警國家情報中心時，他的團隊忽然就有了截然不同的看法，甚至與澳洲和加拿大反黑幫部門專家們的想法大相逕庭。他們對謝志樂與電子海盜的聯繫並不感興趣，因此加拿大皇家騎警對三哥集團在萬錦市的初步調查很快就不了了之。

另一件瘋狂的事件發生在二〇一六年期間，加拿大皇家騎警的情報收集重點突然發生了變化，中國跨國犯罪的優先級被降低。加拿大皇家騎警中有人懷疑這些奇怪的決定是否是受到奧迪斯的影響，而這些猜測也並非毫無根據。

據一位線人透露，有確鑿的證據表明奧迪斯中止了皇家騎警對「恩羅克聊天（EncroChat）」的秘密調查，此公司是一所加密通訊網絡業務，不僅與溫哥華有聯繫，也為英國、特別是整個歐洲的跨國毒梟提供服務，而這只是其中一份有組織犯罪案件。對國家安全調查有所了解的消息來源告訴我，奧迪斯真正可怕的點在於迅速成為了鮑爾森專員在國家安全和敏感政治調查方面最信任的顧問，兩人的關係之親密，以至於鮑爾森將奧迪斯當做「神諭」一般對待——這股影響力就像「拉斯普丁（Rasputin）一樣」，他們說道。

還有一個故事能凸顯兩人之間的關係，據稱鮑爾森曾堅持將奧迪斯帶入華盛頓一場一對一會議中。當時是二〇一四年，會議對象是聯邦調查局局長羅伯特．穆勒（Robert Mueller），但聯邦調查局對此事不予置評，鮑爾森也未對本書的敘述發表評論。鮑爾森此前承認過他與奧迪斯關係密切，但堅稱在自己在二〇一七年退休之前都從未意識到有關奧迪斯的紅旗警告或內部投訴。但若奧迪斯對鮑爾森的戰略和戰術優先有如此大的影響，那他對加拿大所造成的無形損害將無法估量。

一位熟知加拿大皇家騎警二〇〇八年至二〇一六年決策的美國線人說，事後看來，奧迪斯的案件並不完全是個意外，他說：「我們心裡總有種揮之不去的感覺，好像渥太華高層存在甚麼阻擾？整體而言，從操作層面來看，我們感覺加拿大發生了甚麼，而我們的行動也容易受到該情況的影響。因此，像奧迪斯這樣的情報分析師如何能發展出龐大的權利，以決定目標是誰、不是誰，真的很有趣，這最終變成了一件國家大事。」

正如加拿大一位警務行政人員所說，令人恐懼的是奧迪斯比皇家騎警的任何其他人都更容易獲取國家安全機密；而更可怕的是，他可以讓敵對的國家行為者在加拿大活動、或向他們在中國、俄羅斯或伊朗的政治主子洩露高級內部情報。而即使不談奧迪斯對鮑爾森所謂的「拉斯普丁式」

的掌控，他本人也擁有足夠的權力。據文件和消息來源所提供的大量數據，隨著有關他領導能力的投訴不斷增加，他受到了免於監督的保護。

那麼，從奧迪斯這樣的人身上尋求訊息的外國實體是否還渴求更多其他的東西？他們是否正在利用有影響力的代理人對加拿大的情報體係進行誤導？我知道皇家騎警的一些領導人對此也有滿腹疑問，因此由奧迪斯主導的單位所受到的損害是深刻且持久的。

二〇一九年九月，當加拿大皇家騎警宣佈逮捕奧迪斯時，我們《全球新聞》的團隊開始尋找潛在的損害，而在渥太華分社的社長梅塞德斯・史蒂文森（Mercedes Stephenson）得到了一條重要的線索。她通過一個安全的通訊軟件與我取得聯繫，詢問我是否對文森特・拉莫斯（Vincent Ramos）這個名字有印象。

我對這個名字很熟悉。二〇一八年末，拉莫斯及其列治文的加密技術公司「幻影安全」（Phantom Secure）都遭到了聯邦調查局的取締。該公司曾向全球各地的菁英毒梟出售約兩萬部無法追蹤的手機，其中包括錫那羅亞販毒集團的老闆，這使得他們能免於竊聽、順利指揮毒品進口、洗錢和謀殺活動。奧迪斯的部門曾與聯邦調查局和許多國際部隊聯手偵破「幻影安全」一案，但史蒂文森的線報顯示，奧迪斯曾聯繫拉莫斯，並告知其公司正在被調查中，提出自己能出售警方情報。後來我得知，拉莫斯的開價據稱是兩萬美元，但奧迪斯的行動並不如他在學術界所表現的那樣精明，所以拉莫斯最終被逮捕後馬上就出賣了他。

拉莫斯這一次損失慘重，他向美國緝毒局臥底特工承認，自己的手機可以用來定位線人，所以他放棄了奧迪斯，接受了聯邦交易局的交易；同時，之前向毒梟出售手機獲得的豐富利潤（高達八千萬美元）也不得不將上繳給美國政府。美國司法部門在聲明中說道：「拉莫斯承認，通過向毒品走私犯提供幻影安全的加密通訊設備，便得以阻擾執法機構的追捕。他及其同謀者由此協助並推動了可卡因、海洛因和冰毒在世界各地（包括美國、澳洲、墨西哥、加拿大、泰國和歐洲）的分銷。」

梅塞德斯·史蒂文森、史都華·貝爾與我一起證實了奧迪斯和拉莫斯之間的關係，並報道了此事。

在跨國犯罪的階級制度中，拉莫斯與卡納尼相比確實無足輕重，但奧迪斯對幻影安全一案的影響仍非常巨大。五眼針對拉莫斯的調查不得不提前結束，這使得加拿大的合作夥伴錯失良機，未能抓住該公司最強大的客戶：「一對二」（ones and twos）跨國販毒集團，一消息來源告訴我澳洲和美國因此非常「惱火」。

據稱，同樣的事情也發生在「恩羅克聊天」一案上，我獲悉歐洲黑幫正利用這項服務計劃著甚麼，而奧迪斯先前喊停加拿大對此的調查，或許保護了恩羅克聊天的老闆，一個生根於英屬哥倫比亞省的男人。

我曾多次要求奧迪斯回答我的問題，但他的律師從未回應，二〇二〇年初期，我在法庭上叫住了他，但他仍轉身離去，對於他的指控尚未在審判得到證實，而他從未想過要回答我的問題。

因此，通過像拉莫斯和奧迪斯這樣的高科技操作究竟可以連接多少個犯罪節點？這個問題仍是個謎，我知道一些調查員對拉莫斯與列治文電子海盜的目標「可能有所交集」一事非常感興趣，畢竟銀通國際和幻影安全就位於列治文同一座辦公樓裡。而幻影安全首席執行官於一九九三年在列治文高中校刊中的一句話更是趣味十足，在拉莫斯咧嘴笑著的頭像旁寫著這一句標題：「文特森最難忘的經歷就是尋找性伴侶和拜訪金的家，他的未來抱負是賺很多錢。」

⋯

布萊恩・希爾正與我一起在斯帕克斯街（Sparks Street）的聯邦法院大樓裡，這是我最喜歡的工作地點之一，離渥太華全球新聞分社只有三分鐘路程，當我需要從翻閱文件的工作中抽離、休息片刻時，就會踏上這條鋪滿鵝卵石的街道，向北眺望就能看見通往加拿大國會的女王之門（Queen's Gate）。這幅景色總是讓我謹記調查記者們的箴言：安慰受苦的人，折磨舒服的人。但今天我不需要任何激勵，我的手因為腎上腺素而顫抖。

我們周圍堆滿了箱子，這是專研譚國聰移民檔案的第二天，我們自第一天開始就像是在提取核心樣本一般——打開一個箱子，快速了解文件，然後接著查閱。如今我對整體形勢有大致的了解，重點在於加拿大皇家騎警情報檔案和譚國聰個人的財務紀錄，但我仍舊對渥太華提供的情報感到非常驚訝，這些資料從未在公開審判出現過，比如有紀錄顯示，他曾從中國駐溫哥華領事館獲得一份偽造的身份證。仔細想想，加拿大中沒人知道中國政府給一個疑似大圈仔頭目的人簽發了假的身份證。他們為甚麼要這麼做？

但我對譚國聰的財務紀錄更感興趣，他一直試圖證明自己是個合法商人，提供了各種銀行資產和房地產投資，但當我看到裸信託（bare trust）文件時，還是要強忍著不大叫出來。

我明白在英屬哥倫比亞省「裸信託」是多麼具有爭議，這些法律結構允許富有的投資者在房地產的交易文件中完全匿名，英屬哥倫比亞律政廳長尹大衛曾在二〇一八年前往國會山，執行其反洗錢任務。他告訴金融委員會，匿名的投資者正利用裸信託漏洞將數十億美元投入英屬哥倫比亞省的房地產，而政府無從得知他們的身分，因為只有為其構建裸信託的律師事務所持有那一張記有投資者姓名的紙張。

這聽起來有點學術性，但在我手中有一份裸信託文件顯示，譚國聰——這位臭名昭彰的毒梟在二〇一一年完成了溫哥華的一項公寓開發交易，共同投資者包括他的妹妹，另一名被定罪的毒梟。這份文件對解釋「大圈仔如何利用律師隱藏其在加拿大的房地產開發活動」起到巨大的作用，但真正讓我在意的，是譚氏裸信託文件上法律公司的名字：「Peschisolido and Co.」。因為該公司負責人就坐在加拿大下議院中——自由黨議員蘇立道，總理賈斯汀．杜魯道所在政黨重要的政治募款人。這正是卡倫委員會被授權從兩個方面進行審查的證據：律師是否為洗錢活動提供了便利？溫哥華模式是否涉及政治貪腐？

二〇一九年六月，我們在一則名為〈被控黑幫頭目疑似利用自由黨國會議員律師所以及公寓交易進行洗錢〉的報道中解釋了裸信託在該省的合法性。儘管如此，譚國聰的交易還是引發了各種有關「律師在該省洗錢危機中所扮演的角色」等種種問題。

蘇立道的公司曾在二〇一一年協助譚國聰匿名購入一塊價值七百七十五萬美元的地塊，儘管當時已有許多公開紀錄顯示譚國聰與大圈仔有著不可分割的關係；更糟糕的是，該公司在完成這筆交易的期間正是譚因二〇一〇年的毒品販運罪而進行有條件服刑之際，當時《溫哥華省報》曾報道過此案件，並稱譚為「毒梟」。

我採訪了反洗錢專家兼前加拿大皇家騎警有組織犯罪部門指揮官馬爾許，他說道：「任何人只要進行基本的盡職調查，即使只是基本的谷歌搜索，也會發現這些人參與了非法活動、且帶有巨大的紅旗警告。因此，與這些人做生意的任何人要麼是甚麼都沒做，要麼就是單純將這些警告視若無睹。」

然而，蘇立道聲稱自己與這筆交易無關，他告訴《全球新聞》：「我在該公司執業期間從未監督過任何裸信託房地產交易，也從未在任何工作中與譚先生有任何交易。」當我對加拿大的法律進行全系統掃描時，又再次發現另一起由蘇立道公司負責的裸信託案件。這起交易發生在二〇一一年，涉及一位中國建築業巨頭，而他恰好就是金保羅在河石賭場中的那三十六位貴賓之一YZ.，另外，YZ同時也是劉志元的客戶，參與了英屬哥倫比亞省房地產的開發，這使他成為我溫哥華模式網絡調查中的核心人物。

而後，我們在《全球新聞》發表了另一則新聞：〈自由黨議員捲入第二宗與「跨國洗錢」嫌犯有關的裸信託交易〉，儘管蘇立道再次堅稱此案件是由該公司的另一位律師全權負責，但這些報道仍在國會引起了一些反響。保守黨議員彼得・肯特（Peter Kent）就《全球新聞》揭露的指控向蘇立道和自由黨公共安全部長比爾・布萊爾（Bill Blair）提出質問，並要求議會倫理專員對此進行調查。專員最終發現蘇立道違反了兩項關於「長期未能」披露私人利益的利益衝突法規，而我也得到更多有關此人的消息。

一位知情人士證實，加拿大皇家騎警已對蘇立道開檔調查，因為警方線人指控他在列治文執業期間與中國有組織犯罪分子存在關聯，「消息人士稱，在二〇一五年電子海盜開始調查期間，加拿大皇家騎警便『聽聞』蘇立道『隸屬』並參與為其律師所客戶『安排』投資交易。這期間，他也知道這些客戶與亞洲有組織犯罪有關。」我在二〇一九年七月的報道中寫道。

蘇立道仍強烈否認自己參與了與皇家騎警有組織犯罪目標有關的房地產交易，並沒有和任何黑幫分子有所來往。目前並未有任何起訴，而消息來源也告訴我皇家騎警尚未進行調查，但有內部消息證實，他們正投入調查蘇立道在列治文的夥伴，這讓我對溫哥華政壇所看到的有趣事件更加重視。一次，米歇爾朱諾．卡蘇亞告訴我，間諜活動的證據往往就在眾目睽睽之下，而我確實能在微信照片、Zoom 群組聊天室、以及與中國國家有關的中文網站的數百張照片中看到證據。無論蘇立道是否明白，他和許多加拿大領導人其實都是與電子海盜的目標、溫哥華的中國官員交織在一起的社交網絡參與者，這個網絡的設計模糊而複雜，由北京的統戰部所主導。

這對我來說是一個全新的調查領域，不同於我常用的被洩露的官方文件、房地產紀錄和法院檔案，如今我收集了大量的照片，當中詳細記載了中加政商團體在溫哥華、多倫多、蒙特婁和渥太華的頻繁會議。這些紀錄主要來自「開源（open-source）」，被存儲在網上，通常來自一群負責從中國國家文件中挖掘證據的國際研究人員，通過中國大陸官方紀錄，我發現加拿大許多這些團體與習近平的統一戰線工作部都有聯繫。

由此，我開始了解統戰部的宣傳活動是如何運作的，這都歸功於一些專家對我的幫助，如朱諾．卡蘇亞、《熊貓的利爪（Claws of the Panda）》作者文達峰、《黑手（Hidden Hand）》作者安妮．瑪麗．布雷迪，其關於統戰部對紐西蘭深度滲透的開創性研究被加拿大安全情報局所引用。

文達峰表示，從根本上或說，統戰部是一場「政治作戰」，中國在全球各地的領事館和大使館都安插了統戰部的特工，他們聽命於中央，並控制著全球各城市的統戰組織。在加拿大，統戰部特工試圖通過影響民選官員、贊助候選人參選、說服商界及學術界菁英採納中共的外交政策等方式滲透到各級政府機構，而同樣令人擔憂的，是中共對統戰部意識形態的掌控，試圖以此要求世界各地的中國移民對他們的民族效忠，儘管事實上，加拿大大多數華裔移民都不願意與習近平的統戰部扯上關係。

朱諾．卡蘇亞告訴我，加安全情報局調查顯示，統戰部是中共盜竊加拿大知識產權、也是中國情報試圖監視、騷擾以及攻擊發表反中言論的加拿大華裔的核心手段。加拿大安全情報局早在一九九〇年代便意識到了這一點，該部隊利用中國有組織犯罪人士，一方面培養加拿大政客、一方面針對持不同政見的加拿大華裔進行間諜活動，而這僅僅是統戰部在香港戰術的延續。儘管如此，我仍心存疑慮，這個隱秘的網絡從未在加拿大法庭上被證實，中國政府也否認其在加拿大領土上使用過統戰部隊。因此，我不得不從其他地方挖掘具體的證據。

這時，澳門賭場的億萬富翁、房地產界的大亨、被指控為三合會頭目和統戰部特工的吳立勝一案——給了我一定的啟發。

…

二〇一九年八月，美國聯邦上訴法院維持了對吳立勝的判決，他因涉及中共極為複雜的貪腐計劃而被定罪。其中，他被指賄賂至少兩名聯合國官員，包括前主席約翰．威廉．阿什（John

William Ashe）。他的網絡通過非政府組織和在紐約市、澳門和安地卡活動的中國間諜向聯合國領導人匯款數百萬美元，此案揭示了大量有關中共全球計劃的訊息——它其實非常值得編撰成一本獨立的著作。例如，吳立勝曾參與了「中國門」醜聞，並在一九九〇年代向比爾・柯林頓的民主黨捐贈了至少二十二萬美元；碰巧的是，聯邦調查局在此案中發現的人物，正是中國政府在加勒比海、南太平洋以及非洲國家建設電信和國家安全基礎設施的核心推動人物。解放軍情報官員就像禿鷹一樣圍著此案團團轉，而在這令人摸不著頭腦的案子中，曾自稱是中國情報人員的賴昌星將我的思緒拉了回來。香港前官員何志平（Patrick Ho），也在此案中被判受賄和洗錢罪，與賴昌星逃往溫哥華前經營的同一家中國石油集團有著千絲萬縷的關係。

不過，我只想重點談談對吳立勝的起訴書中凸顯「溫哥華模式」的一個未被探索的節點，它暗示了中國有組織犯罪網絡不僅僅是透過賭場運營而清洗毒資，更是在利用賭場和房地產投資為中共在北美的行動（包括政治賄賂）提供現金，在情報術語中，這將被稱作「恐怖融資（threat-financing）」。

聯邦調查局的一份書面證詞如此解釋吳立勝的計劃：「調查顯示，吳立勝及其秘書一直隱瞞了其進口一筆超過四百五十萬美國貨幣的真實目的，一再謊稱這筆現金將被用於購買藝術品、古董、房地產或賭博。然而，吳立勝送往賭場的電匯並非是他唯一發送或致使向美國發送的電匯，他曾將一千九百萬美元電匯至美國的實體或個人銀行帳戶。」這意味著他的網絡正在其「巨鯨賭客」的身分掩飾下將錢送往美國，以此賄賂紐約市的聯合國領導人。

但澳洲的情況讓我對溫哥華模式中的秘密元素有了更深刻的了解，《雪梨先驅晨報》調查記者尼克．麥肯錫（Nick McKenzie）在二〇一九年七月以一系列令人難以置信的報道揭露了皇冠度假集團（Crown Resorts）的醜聞。他寫道，墨爾本的賭場運營商與中國毒品和性交易集團有牽連，而這些販毒集團的頭目們除了進行賭場仲介工作，也接待來自中國的政治人物。這些有組織犯罪運營商也同時指揮著統戰部在澳洲的運營，而那些從中國飛來的官員，在澳洲使用現金玩百家樂，並慷慨招待澳洲政客，都是身價數十億的人物，每年在澳洲賭場消費數百萬。這一切都與我在溫哥華模式中看到的情況相呼應。

我得知澳洲取締了澳門賭場中一名管理人員，而據我的消息來源稱，這位是 14K 的新老闆；但相關的澳門和香港大亨對溫哥華房地產的投資仍非常龐大。另外，我獲悉英屬哥倫比亞彩票公司與澳洲賭場共享相同的巨鯨賭客和貪污的中國官員，比如在二〇一八年六月，加拿大皇家騎警首席金融犯罪調查員左先生（Henry Tso）迅速查封了一名在河石賭場飯店房間內設立的中國官員。

我聽聞左先生的家人從香港移民到加拿大，因此他對中國有組織犯罪的等級制度和方法有深刻的理解。他決定等這名中國官員上鈎，並將其驅逐出境，而非進行一場大範圍的臥底行動，此巨鯨賭客已在澳洲賭場洗了八億五千五百萬美元，並在拉斯維加斯犯下各種金融罪行。

然而，麥肯錫的調查在澳洲發現了一些完全另一層次的東西。習近平的表弟齊明——一位貪腐嫌犯，也被計入了皇冠賭場的貴賓行列，而根據《華爾街日報》的報道，此人自二〇一二年到二〇一三年期間在皇冠賭場投注了三千九百萬美元。麥肯錫的報道將齊明與曾被指控為皇冠賭場罪犯頭目及統戰部領導人——綽號「唐人街先生（Mr. Chinatown）」的人聯繫在一起。

但另一方面，最大的參與者似乎是黃向墨（Huang Xiangmo），一位在皇冠賭場每年投注八億美元的高額玩家，同時也是廣東相關的澳洲統戰領袖；其澳洲公民身分雖已被撤銷，但在此過程中也毀掉了工黨參議員和籌款促成者鄧森（Sam Dastyari）的前程。緣由是鄧森曾提醒過黃向墨，澳洲將對他以及統戰部進行反間諜調查；而被黃向墨威脅要收回四十萬美元的政治捐款後，鄧森還削弱了工黨對中國在南海軍事擴張的批評。

周安瀾在其二〇二〇年的報道〈黨為您發聲：外來滲透和中國共產黨的統戰體系〉中總結了這些問題：「在澳洲和臺灣，中共利用有組織犯罪團體開展統戰工作，一些案例表明，中國政府能容忍一些犯罪活動，甚至將其作為採納與政治影響行動的交換條件，」報道寫道，「二〇一九年七月，有報道稱黃向墨（統戰部）的兩名理事會成員為皇冠賭場提供非法賭博服務，包括洗錢。」

黃向墨一案表明了澳洲民主的軟肋就是黑錢，報道中，已辭職的鄧森說道：「各政黨之間在捐款方面展開了軍備競賽，當有一個像黃向墨這樣準備拿出數百萬美元的人出現時，他們的意見就會被聽取。」周安瀾還提出了一些引人入勝的聯繫，這剛好有助於解釋我在溫哥華看到的日益猖狂的統戰活動。這個龐大的間諜網絡旨在掩蓋犯罪行為，並且在習近平的領導下得以不斷擴大。

報道中寫道：「周恩來總理——中華人民共和國建國革命家之一，也是中國共產黨統戰部先驅，提倡『巧妙地將合法與非法結合起來』，而習近平在福建省內用了十五年一直在中國共產黨內攀升，福建省正是統戰和情報工作的溫床。」

這真是太可怕了。事後看來，我自二〇一八年開始就已在溫哥華看見主要統戰工作參與者的政治組織及訊息傳播的增加，例如金保羅的律師郭紅——一個否認中國侵犯人權的人，當年為何要在溫哥華中國領事館指導的團體支持下競選列治文市長？但這裡我還需要做一個重要的區分，除非加拿大皇家騎警和安全情報局能夠證明加拿大政客與統戰部組織的每次會面都必定存在秘密的交換條件，否則便沒有形成違法行為，對加拿大政客來說，與親北京的富有中國公民碰杯、傳遞籌款帽並不是犯罪。就如同加拿大安全情報局前局長沃德．埃爾科爾（Ward Elcock）告訴我的，要證明秘密統戰部的政治影響活動是非常困難的，並補充說中國是干預加拿大政治的頭號威脅，但許多國家亦在進行類似的活動，各種族的政治人物都成為了目標。

另一個從專家哪裡學到的重要區別是：並非每個出席了與統戰部和中國領事館領袖有關會議的人，都知道且參與了習近平的計劃；但我從現任和前任加拿大安全情報局專家那裡也了解到，如果你經常看見某些社區領袖及政客出現在與中國統戰部有關的聚會，那麼這些人涉及該部隊活動的可能性就越大。一位前加拿大安全情報局官員告訴我，加拿大政客、社區領袖和商界領袖需要對「捕捉菁英」和間諜活動提高警惕，因為在這些統戰部活動中，中國領事館將派遣特工尋找能「培養」的人才，以用於習近平的對外干預計劃。

⋮

八月十八日，愛麗絲（安全起見易名）來到溫哥華市政廳附近的第十教會，與約七十人一起為香港和平祈禱，但她遲到了。他們之中大部分是年長的居加港人，也有一些年輕的基督徒如愛麗絲——在香港受到威脅之際都曾在中國領事館前抗議過。幾乎每個人都有家人留在香港，而這個城市正被中共不斷擴大的國安法破壞。

是甚麼讓愛麗絲這群人感到深深的擔憂？七月二十一日，香港元朗地鐵站發生襲擊事件，一群身穿白衣、手握刀和木棍的三合會暴徒襲擊了支持香港民主活動的人士；一位就讀澳洲昆士蘭大學、精通媒體的人權活動家，柏樂志（Drew Pavlou）也在七月下旬遭到親中學生的攻擊；而在溫哥華，親中勢力也在微信群發出了類似的威脅訊息。

所以當溫哥華警方進入第十教會，宣佈該教堂已被大約一百名親中激進分子包圍，並揮舞著大紅旗高呼時，愛麗絲一眾人只能為自己的安全祈禱。「這太可怕了。我們正在想辦法如何逃出教堂，」愛麗絲告訴我，「大部分加拿大人不了解我們所面臨的恐懼和焦慮。」

溫哥華警察護送了這七十人離開教堂，而激進分子中的特工則在附近靠近他們、拍攝他們的臉部照片，這讓他們無比震驚。這就是加拿大，他們感到自己的宗教和言論自由收到了攻擊，他們的身分可能被中國情報部門利用，或許是用來對付他們尚留在香港或中國大陸的家人。

但基於溫哥華獨立記者鮑勃・麥金（Bob Mackin）當時正在教堂外進行拍攝，記錄了親中暴徒的身分，從而讓我得到了一個重大的突破。眾多紀錄和消息來源證實，暴徒的明顯領袖——被我稱之為「葉先生（Mr. Ye）」，同時也是一個由上百加拿大華人團體組成的傘式組織的菁英領導者。這是一個非常特殊的協會，前中國外交官陳用林（Chen Yonglin）將其定義為中共在加拿大所擁有的「控制級」統戰部組織，紀錄顯示，該組織領袖表示他們受命於中國統戰部官員。而我則在我的統戰會議數據庫查詢這位「葉先生」時找到了關鍵訊息。

葉先生經常與英屬哥倫比亞知名政客會面，他曾被一家中文報章報道並詳細介紹了其「溫哥華回族文化藝術俱樂部（Vancouver China Hui Cultural Arts Club）」的盛大開幕。在二〇一八年的開幕儀式上，坐在他身邊的是袁榮祥、自由黨議員蘇立道、溫哥華房地產開發商兼加拿大統戰組織執行主席陳永濤，英屬哥倫比亞省自由黨立法委員屈潔冰及中國領事館官員則坐在前排。人群中不乏溫哥華房地產菁英和據稱是中國黑幫分子的人，而在袁榮祥、蘇立道和陳永濤致詞後，葉先生表演了一段歌劇獨唱；這之後，袁榮祥也用三角鋼琴彈了一曲。他的常客「馬克斯（Max）」——一個滿身刺青的加拿大統戰部控制級組織領袖，靠在袁榮祥肩上露出諂媚的笑。

在互動環節中，蘇立道還和袁榮祥及金保羅多次合影，這無疑是中國有組織犯罪嫌疑人與加拿大政治領袖之間有著緊密關係的證明。在這所藝術俱樂部的贊助名單中，還包括中國駐溫哥華領事館及中國文化產業協會（CCIA, China Cultural Industry Association），這凸顯了葉先生的俱樂部與北京之間的密切關係，而重點是：中國文化產業協會會長兼統戰部官員張斌（Bin Zhang），曾在二〇一六年向賈斯汀·杜魯道的家族基金捐贈了一百萬美元，這還是在另一位協會領袖（萬錦市一位房地產大亨，曾就此捐贈與杜魯道和張斌有兩次會面）被發現經營著加拿大有史以來最大非法賭場的四年前。我還找到另一件讓我大跌眼鏡的事情，即該協會副會長（一位香港富商）曾在一九九〇年代的香港調查中因涉嫌新義安以及運營非法賭博集團而被判刑。令人難以置信的是，該協會網站還大肆宣揚成功與兩名後來因被美國聯邦調查局調查貪污而下台的聯合國官員合作，其中包括

（上）加拿大總理和跨國犯罪嫌疑人袁榮祥的照片被展示在後者的統戰晚宴上，當時還有中國共產黨藝術團為賓客獻藝。
（右）2018 年，自由黨國會議員蘇立道（左一）在溫哥華一個統戰社團會議上與袁榮祥（左二）、金保羅（右一）及其同伴合影。（來源：溫哥華回族文化藝術俱樂部）

約翰·威廉·阿什。因此我發現，我所看到的模式似乎與聯邦調查局對所謂的三合會頭目吳立勝的調查中出現的計劃相呼應，綜合所有數據，對中國文化產業協會捐贈給杜魯道基金的一百萬美元產生質疑似乎合理不過。杜魯道的辦公室並未回應我關於張斌和中國文化產業協會的問題，但聯邦自由黨提出：「賈斯汀·杜魯道明確表示自己並未以任何正式或非正式的途徑，與老杜魯道基金會（Pierre Elliott Trudeau Foundation）有聯繫，即便是在擔任總理期間亦是。」

根據我得到的照片集，類似的政治集會在溫哥華和多倫多一而再地發生，其中最令人眼前一亮的例子，是二〇一八年九月的一組照片，顯示了蘇立道和自由黨籌款人陳卓愉聚集在夢想戰士的拳擊館。

我搜索了夢想戰士的公司背景，發現其與列治文疑似是非法賭場的地址有聯繫，而拳館的董事地址，包括了袁榮祥在列治文、北京和哈爾濱的多個地

（右）溫哥華回族文化藝術俱樂部負責人與中國文化產業協會主席張斌（左）會面。（來源：Instagram）

（左）溫哥華回族文化藝術俱樂部負責人於 2019 年 9 月在溫哥華中國領事館前遇上支持民主的居加港人示威者。（來源：Instagram）

點；金保羅及其妻子魏曉琪，也被計入董事行列。這對夫婦曾在電子海盜案中因毒品販運和洗錢而被調查，同時我也發現與該館有關的多個地址都和水立方有關係。這是由金保羅和多位大圈仔（包括彭立新）經營的中國「附屬公司」，根據加拿大皇家騎警文件，這所位於列治文的按摩水療中心因涉嫌來自中國大陸的未成年女性賣淫而被調查，也與高級毒品走私和槍枝調查有關。

所以，先把這些都消化一下吧。夢想戰士據稱與犯罪活動有關，其中包括非法賭場、毒品販運、人口拐賣、未成年賣淫、大規模洗錢、暴力高利貸、槍戰和武器販運——這些活動無不在撕裂溫哥華的社會結構。

然而，加拿大的知名政治人物卻將名字和聲譽掛在夢想戰士的活動上，我的紀錄顯示，在加拿大的統戰部控制級組織的菁英成員也贊助了夢想戰士的活動。例如在二〇一九年七月，陳永濤與金保羅同時出現在該館舉報的新聞發布會上，當時正在宣佈夢想戰士是「一帶一路」計劃的一部分，也是中國拳擊隊的訓練中心。儘管陳氏團體的其他成員後來通過律師聲稱他們對金保羅與新聞發布會之間的關聯毫不知情，但我發現，統戰部主要成員站在了金保羅以及英屬哥倫比亞新民主黨政客旁邊，拍攝了大量照片。

因此就算後來看見金保羅在列治文的房地產律師郭紅也是該活動的贊助者之一，我也毫不驚訝，包括列治文的眾籌開發商孫宏偉也實際在內。

統戰組織會議的照片充滿了驚喜，但這由始至終只有一個重點：政治眾籌的造雨人、中國貪腐嫌疑人以及加拿大的著名政客都混在了一起。如今，我可以通過聯邦捐款紀錄配對個人身分，結果顯示總理賈斯汀・杜魯道、蘇立道和溫哥華自由黨議員梅麗喬（Joyce Murray）在溫哥華舉辦了多次籌款及現金換取聚會，參與者包括圍繞在袁榮祥身邊的富商及其在溫哥華統戰部的多位夥伴。據《環球郵報》報道，前中國市級官員、如今是溫哥華房地產開發商的潘妙飛（Miaofei Pan）曾在二〇一六年舉行私人籌款宴會上接待了杜魯道，並就中國的重大投資提案遊說總理。我採訪了潘妙飛，他告訴我與中國的袁榮祥關係密切。事實上，在潘妙飛價值一千四百萬美元的溫哥華豪宅在二〇一七年十月的一場神秘大火中被燒毀後，袁榮祥是第一時間致電表示安慰的人。他說，他對加拿大皇家騎警針對袁榮祥賭場洗錢的調查一無所知，並稱對方是一個「偉大的正義之士」。

回到聯邦自由黨的現金籌款會議上，我搜索了政治競選數據庫，並發現杜魯道在蒙特婁的選舉協會在二〇一六年列治文的一場籌款上接受了袁榮祥的一千五百美元。我還找到一張由杜魯道和袁榮祥肩並肩站在加拿大國旗前微笑的巨大合影，此照片被裝裱起來，並在二〇一七年袁榮祥舉行的晚宴上顯眼地展示出來。在那次晚宴上，袁榮祥接待了孫宏偉以及數名列治文賭場貴賓和統戰組織領袖，根據標牌顯示，河石賭場亦是該晚宴的贊助商，包括備受爭議的賭場貴賓經理高麗莎也在場。這張與杜魯道的合照對袁來說是個很好政治映像，賓客們也擺出各種姿勢，以兩人的合照為背景拍攝。這張照片向袁榮祥的網絡暗示了自己與加拿大國家領袖融洽的關係，並讓他在加拿大看起來擁有在中國享有的「合法性」。袁榮祥向杜魯道捐款並不犯法，但我們要如何看待從（受加拿大皇家騎警有組織犯罪調查的）嫌犯手中接受資金的加拿大人領導人？自由黨仍未答覆我關於袁榮祥予杜魯道的捐款是否會引起擔憂之問題，但該黨發言人在給我的信中寫道：「加拿大自由黨完全遵守了加拿大選舉法以及選舉委員會的籌款規定。」而袁榮祥則一再否認自己有任何不當行為，也不知道加拿大皇家騎警對他在加拿大的活動進行了調查；在《環球新聞》發布了一篇有關袁榮祥及蘇立道會面的報道後，他以誹謗罪對我進行了起訴。明確地說，在加拿大擔任統戰組織領袖並不違法，但就如澳洲、紐西蘭和美國的專家告訴我的，當統戰組織活動是隱秘、具脅迫性以及貪腐性的，就會觸及不正當的界限。

對我來說，八月十八日的事件反映了深度的貪腐，即是葉先生及大批暴徒包圍加拿大教堂，並拍攝了聚集在教堂內為香港和平祈禱的市民照片一事。愛麗絲及其社群發布了一份報告，稱他們有理由相信是中國領事館官員指揮了親中暴徒的行為；然而，愛麗絲告訴我，加拿大政府甚麼都沒有做，甚至連一句支持的話也沒有。現在，這個社群在自己的國家內感到不安全，我無法理解渥太華竟然允許加拿大人因恐嚇而對中國在香港實施嚴厲的新國安法保持沉默。國際特赦組織（Amnesty International）及周安瀾等專家表示，這正是統戰組織騷擾海外華僑的目的——壓制對中共的異議，製造一致支持北京政策的假象。

因此，我決定將相關照片、公司文件、加拿大皇家騎警調查層次圖以及統戰部文件編制成一份檔案，並與曾在多個國務院就統戰網絡和活動作證的學術專家克萊夫．漢密爾頓及安妮．瑪麗．布雷迪分享我的簡報。我請他們對我的研究進行審查，並得出一些結論。我重點關注了幾個人，如將軍袁榮祥，一個自稱是祖國政治戰士的人。他製作了個人官方的中越戰爭日記，收集了他年輕時作為一名中國人民解放軍排長的壯舉、文字以及照片，他在日記中寫道：「能夠經歷黨對我多年的培養，無愧於中國共產黨……衝向勝利，甚至衝向死亡。」

這不僅僅是一個二十四歲遼寧排長的浪漫塗鴉，該日記由中國人民解放軍總參謀部軍事情報部門出版。我的加拿大皇家騎警消息來源認為，袁榮祥與中國情報部門的聯繫非常重要，我所編制的紀錄也顯示，袁榮祥加中友好促進協會（Canada-China Association for Promoting Friendly Relations）的聯合董事包括楊海鵬（Hai Peng Yang），一位在列治文開設槍枝店的房貸產開發商，曾因武器走私、運營非法狩獵、可疑現金交易受到加拿大皇家騎警的調查，但楊海鵬對我發出的評論請求沒有回應。

另外，聯合董事還有「肯尼」，一位被皇家騎警列為「第七號嫌犯」的年輕中國男子；金保羅的貴賓賭客也是董事之一，此人同時也是英屬哥倫比亞一家私營公司的董事，與山東港口的城市青島和列治文金保羅的水立方按摩水療中心有關。

袁榮祥及其朋友都與許多政客有來往，我的檔案關注一位特別的政治人物：本拿比議員王白進（James Wang），因為他曾多次出現在溫哥華模式嫌疑人身邊。此外，王白進還是二〇一五年英屬哥倫比亞省新民主黨候選人之一，但有個讓我大吃一驚的事實，即他的競選經理就是經常出現在袁榮祥身邊的男人——馬克斯。這讓我警鈴大作，馬克斯在面見新民主黨領袖賀謹的同時領導著加拿大統戰部控制級團隊的政治活動，而王白進也被該團隊任命為名譽顧問。該團隊曾在二〇一八年因涉嫌買票（即資助王白進的競選）而遭到調查，但皇家騎警後來並為對此案件提出指控。

我的檔案顯示，王白進與孫宏偉存在商業關係，後者作為列治文房地產開發商，也是被皇家騎警列為嫌犯三號的人（袁榮祥被識別為嫌犯二號）。他一再被拍到與袁榮祥、孫宏偉和金保羅等私人合影，若把這些照片歸納起來那還真不是一副討人喜歡的照片，因為我發現加拿大華人政界的一些消息來源也對王白進的活動感到擔憂。

（右）在孫宏偉的列治文豪宅中，本那比議員王白進（右四）與孫宏偉（右五）、統戰領導人和多元文化電視臺播音員丁果（右八）合照。（來源：臉書）

（左）英屬哥倫比亞新民主黨候選人王白進 2015 年的競選總監「馬克斯」被列為親北京社群協會的領導人，該協會被前中國外交官陳用林稱為加拿大「控制級」統戰部門的一部分。

在其中一個案例中，一位新民主黨聯邦候選人稱王白進在一個華裔加拿大人社群會議上接近了她，並承諾會為她提供競選人員和資金——而這發生在中國總領事對她的政治候選資格表達興趣之後不久。但王白進提供的政治資源是有條件的，她需要保證會在一些問題上對中國表示支持，比如法輪功迫害。她告訴我，這個提議看起來就像典型的統戰部交換條件，但實際上還有更多事情。另一位英屬哥倫比亞省政治候選人告訴我，王白進被視為該省新民主黨的籌款巨擘，因此，他似乎很受省長賀謹周圍的黨內重量級人物的青睞。

這位候選人還告訴了我另一項耐人尋味的指控，據稱王白進告訴一位同事，他有興趣繞過農田保護區域建造一座飯店豪宅，我從一個可靠消息來源的郵件中獲悉，王想建造一座豪宅，包括一個私人紳士俱樂部——以接待到訪溫哥華富有的中國官員。在我看來，在王白進身邊圍繞著跨國有組織犯罪嫌疑人的背景之下，這就好比芝加哥政客想在阿爾・卡彭（Al Capone）的時代建造一個地下酒吧一樣。

（上）本拿比市議員王白進（前排右四）與統戰人員和金保羅（後排左一）同場出席活動。（來源：社交媒體）

我還收到一封來自加拿大華裔社群人士的郵件，表達了擔憂王白進的興趣以及他在英屬哥倫比亞省新民主黨中的地位。「我只是覺得非常不可思議，這些政客們總是設法要打入少數族裔的圈子，比如中國人和他們的金錢，卻不做任何的盡職調查和背景檢查。」這位消息人士在二○一七年寫道。而另一位資深的加拿大華裔兼新民主黨成員回應道：「如果我們的政黨要如此不分青紅皂白地將這樣的人收入麾下，那這將是我們的國家的毀滅。」

（上）本拿比市議員王白進在袁榮祥 2017 年統戰活動的社區領袖圓桌會議上。（來源：樂活網）

王沒有回應我關於這些指控及其記錄在案的關聯等許多詳細問題，但在其中一份回應中，他明確表示自己並沒有參與統戰組織的工作，且不與犯罪嫌疑人有任何關聯或關係；而孫宏偉的律師也表明了他與有組織犯罪或中國國家活動沒有任何聯繫。因此，我的檔案匯總了來自廣泛來源的情報和證據：加拿大皇家騎警內部情報、微信群照片、社交媒體、公司紀錄、民事法庭紀錄、人力來源和電郵等，我將這些資料過濾篩選一番後，選出了幾個中心點：袁榮祥、王白進、孫宏偉。

克萊夫．漢密爾頓在查閱了我的研究報告後提出了深入的意見，他的結論是，王白進與袁榮祥和孫宏偉「關係密切」，他說道：「他參與了影響加拿大政治的統戰部隊，與領事館官員會面。眾所周知，中共利用犯罪黑幫威嚇和打擊親民主的抗議者，就像最近在香港做的那樣。但我們也看到，在加拿大、澳洲等國家，騙子和黑幫也開始參與政治影響和顛覆活動，他們通過建立得到中共認可的社區、藝術或商業協會，或在現有組織中擔任高職，來實現目標。」

（上）袁榮祥、自由黨國會議員蘇立道、金保羅（未出現在照片中）、運動員與統戰領導等人，在金保羅位於列治文的的夢想戰士健身房會面，這是中國國家「一帶一路」計劃的設施，涉及一起賭場洗錢和非法賭博收益案件。（來源：臉書）

（下）袁榮祥、蘇立道、統戰領導陳永濤、英屬哥倫比亞省自由黨議員屈潔冰、中國領事館官員、統戰成員和政客一起唱國歌。（來源：溫哥華回族文化藝術俱樂部）

漢密爾頓認為加拿大已深受其害：「事實上，溫哥華政界和商界如今已充斥著中國的特工與線人，而多倫多也不遠了。中國對加拿大選舉的干預，如今比俄羅斯對美國選舉的干預來得更加危險。」安妮．瑪麗．布雷迪也查閱了我的檔案，並給予了簡要的回應。她寫道：「如果你提到的這些人參加了如此高調的統戰活動，那是有原因的。所列訊息可信，顯示了統戰組織的存在。」

我仍記得最初聽到布魯斯．沃德解釋加拿大皇家騎警是如何了解中國有組織犯罪與合法專業人士及大亨網絡連接的時候，我是多麼的震驚。那是在二〇一七年九月，但沃德忽略了一個更驚人的事實，即該網絡中的巨鯨就是中國共產黨這件事，而如今我掌握了該網絡危害加拿大公民的證據。

二〇一九年九月，我再次發現另一個案例，突妮莎．瑪斯迪克——齊若（Turnisa Matsedik-Qira）是一名維吾爾族女性，曾在溫哥華抗議新疆維吾爾族遭到的大規模拘禁。當時，她手持橫幅，站在溫哥華美術館外，而佟曉玲（Tong

（右）袁榮祥與溫哥華回族藝術俱樂部負責人，以及俱樂部中國政府贊助人：中國文化產業協會官員會面。（來源：溫哥華回族文化藝術俱樂部）
（左）袁榮祥和溫哥華統戰領導人「馬克斯」會見溫哥華商人和中國領事館人員。

Xiaoling）和其他中國領事館領導、溫哥華統戰部控制級組織成員正在館內慶祝一場中國藝術活動。有一名中國女性多次走近，叫她離開；突妮莎告訴我，大約一星期後，她接到了一個操著濃重中文口音的男子打來的電話。

她說：「那個人告訴我，我必須停止我正在做的事情、停止我的行動，否則我就得擔心我在中國的家人。我說：『你是誰？』，那人沒有回應，然後就掛斷了電話。我感到無比的震驚，因為我生活在加拿大，但我卻是孤獨和不被保護的。我百分之百地覺得這個電話是中國政府打來的。」

我簡要概括一下，我已確認了在溫哥華美術館前與突妮莎對峙女性的照片證據，也掌握了該女性在第十教會事件的監視活動，她是溫哥華一家網站的「記者」。此網站由她的丈夫運營，他是《中國日報》前編輯，也是溫哥華統戰部控制級組織的領導。我看到的其他照片還顯示了這位女性及一小群來自中國國家媒體的記者曾與袁榮祥私下會面。記者、政客、富商、跨國有組織犯罪嫌疑人，這些背景各異的人們可能有甚麼共同的紐帶呢？我所有的證據都指向一個因素：習近平的「法寶」。

16

強力反擊

在報道中，我詳細解釋了統戰部的方法和意識形態。這是加拿大安全情報局一直試圖向賈斯汀·杜魯道總理及前幾屆聯邦政府提供的資訊。

陳永濤（右二）與溫哥華領事館官員合影，他們是負責指導統戰部在 COVID-19 個人防護用品收集行動。（來源：加拿大四川同鄉會（Canadian Sichuan Association））

我的個人防護用品（PPE）報道立即引起了北京的注意。二〇二〇年一月一日之前，很少人能預見個人防護用品將成為全球最熱門的商品，N95口罩將成為救命裝備。但到了一月中旬，供應鏈物流領域的敏銳觀察者注意到北京正在全球範圍內搜羅個人防護用品。

二月，我的消息來源發現微信和中文網站的報道顯示，溫哥華、多倫多、蒙特婁和渥太華正在進行大型個人防護用品行動。顯然，統戰部在溫哥華和多倫多的個人防護用品物流方面掌握了國際領先地位，這些行動被複製到世界各地，從墨爾本到東京、從米蘭到紐約、從倫敦到布拉格。這一切都由北京主導，並通過中國領事館進行，參與者是非疫情時期被習近平用來影響西方政界人士的「海外華人」商界和社群領袖。但該年份的一月至三月份以來，習近平的觸手都集中在N95口罩上。

四月三十日，我的報道〈加拿大統戰團體幫助北京囤積冠狀病毒安全物資〉揭開了習近平秘密進行的個人防護用品行動。我在報道中詳細解釋了統戰部的方法和意識形態，這是加拿大安全情報局一直試圖向賈斯汀．杜魯道總理及前幾屆聯邦政府提供的資訊，但有關中國正隱晦地對加拿大情報進行攻擊一事卻受到民選官員的忽視。此外，我還記錄了溫哥華統戰部領導人與電子海盜洗錢網絡之間的地下聯繫，這在當時的加拿大還算是首例，而我相信這才是真正激怒北京的原因。

另一個可能令他們不快的事情是：我的分析顯示，中國共產黨在掩蓋疫情風險的同時，回購了中國工廠先前銷往世界各地的個人防護用品。這簡直是內幕交易的終極案例。保守黨領袖艾林．奧圖爾（Erin O'Toole）在我的報道中強調了這一點，他說：「中國共產黨故意隱瞞了疫情爆發的訊息，至少有幾周、甚至幾個月，這不僅縮短了全球對疫情採取措施的時間，也淡化了潛在威脅的嚴重性。各國沒有就飛行禁令和（保護）個人防護用品商店做出決策。」

前墨西哥駐北京大使豪赫爾．瓜哈爾多（Jorge Guajardo）告訴我，北京行事詭秘，讓「全世界赤裸裸地失去個人防護用品的供應」，並且最終以大幅上漲的價格和附加的地緣政治條件向世界各地出售囤積的個人防護用品，從中獲利。我的報道使用了中國官方的海關數據概括此次行動的規模：自二〇二〇年一月二十四日起，北京在短短六星期內進口了二十五億份的個人防護用品，包括二十億個口罩。

我採用了統戰部的報告和中國境內的個人防護用品入庫圖片，再加上加拿大各城市的微信簡訊和報道，發現共有超過一百噸的個人防護用品在加拿大集結並被運往中國。

可以說，北京統戰部從未在這麼短的時間內進行過如此密集的動員，後果就是有大量的具體證據湧出，中國境外的統戰領導人似乎想證明他們響應了習近平的號召，這其中有民族主義的部分，但也有自身利益的考量。大多數「海外」統戰領導人都是商人，他們利用與北京的關係來賺取財富。（最後，我發現溫哥華賭場大亨將個人防護用品空運到世界各地。在英屬哥倫比亞彩票公司的洗錢紀錄中，被確認為廣東巨額賭客的陳脈林在二〇二〇年六月乘坐私人飛機前往巴布亞新幾內亞運送個人防護用品。他一直是統戰機構政協全國委員會的委員，並且還與河石賭場一名高級僱員的失蹤有關，該僱員在二〇一七年的一次洗錢調查後被註銷資格。）

在所有記錄了向國際機場運送個人防護用品的證據來源中，有一份報告凸顯了完整的統戰交易線索。中國官方通訊社：新華社，其二月二日的報道聚焦於來自福建的「海外華人」，而福建——正是統戰活動的溫床，是賴昌星和習近平各自開啟職業生涯的地方。這是新華社報道的部分內容：「洶洶疫情，突如其來。磅礴的力量來自一線醫護人員、來自黨員幹部、來自人民群眾、來自遠在異國他鄉的榕籍華人華僑。遍布五大洲數十個國家的榕籍鄉親加入這場看不見硝煙的戰鬥中……他們日夜兼程、爭分奪秒，為祖國、為家鄉送回一批又一批緊缺防疫物資。」

該報告詳細介紹了日本、美國和加拿大的個人防護用品案例，但多倫多福清商會屬於特例，直接提及了統戰部對加拿大行動的指揮和控制。對我來說，新華社關注多倫多福建群體是有意義的，因為我知道這個網絡對加拿大安全情報局很重要。

二〇一九年，其領導人參加了在安大略省萬錦市舉行的反香港民主集會。根據米歇爾朱諾・卡蘇亞收集的證據，一些支持北京的集會照片包含了多倫多統戰部的菁英人士，這些人與北京有著緊密聯繫。據新華社報道，多倫多福清商會一位領導人曾在一月到訪中國，他意識到武漢疫情的嚴重性後立即返回了多倫多。他冒著暴雪從機場趕來，發出急迫的命令，要求福清商會成員在安大略省各地購買個人防護用品。而在二月二日之前，數以噸計的個人防護用品由中國國營航空公司轉運到「與福建省統戰部、福建海關等單位合作」的收貨人手中，將「來自加拿大的醫療用品」入庫。

這句話就是我所需要的證據。考慮到消息來源，克萊夫．漢密爾頓是《黑手：揭穿中國共產黨如何改造世界（Hidden Hand: Exposing How the Chinese Communist Party Is Reshaping the World）》的合著者，他繪製出了統戰部的結構圖。《黑手》中的一張層級圖顯示，新華社的地位僅低於中央政治局幾級，該社的報道證實，北京利用中國的統戰領導人、中國國有航空公司以及全球統戰團體在其他政府意識到問題所在之前，於一月份拿走了世界上大部分的個人防護用品。但我需要做出一些重要的區分，因為這是一個極其複雜的情況。

在向中國運送個人防護用品一事上涉及到重大的人道主義因素。許多國家的社群和政府領導人都共同合作、努力滿足中國的需求，也有許多加拿大華裔向家人寄去了個人防護用品的包裹。當時，世界上大多數人顯然相信中國可以遏制冠狀病毒，因此將醫療用品運送到需要的地方是合理的，這都是好事。然而，錯誤的是習近平政權掩蓋了疫情的爆發和其嚴重性，導致世界其他國家都陷入了黑暗之中。二〇二一年，通過加拿大軍方和情報來源，我了解到更多有關武漢疫情的爆發情況。這些證據與越來越多來自美國情報和疾病控制官員的聲明相吻合，他們聲稱自二〇一九年十月起，發現了與冠狀病毒性質相符的疾病在武漢擴散。而大約有一萬名士兵在那個月參加了在武漢舉行的世界軍人運動會，我從其中一些人那裡得知，其中約四分之一的加拿大隊士兵在去年十月下旬得了重病，他們在被隔離後飛回加拿大。這些人都是非常健康的人，如此多的運動員同時生病是很奇怪的；同時有公開的資料以及來自軍事和情報來源的報告表明，軍運會期間武漢的人口大幅減少，而中國政府的行為也很奇怪。

「我不知道如何解釋這一點，」一名加拿大士兵在給我的信中寫道，他提供了一封加拿大陸軍外科醫生於二〇二〇年一月二十二日就軍運會上運動員生病的報告所寫的信，信中稱：「個人在武漢市執行臨時任務期間感染二〇一九年新型冠狀病毒的風險可以忽略不計。」

然而，多個情報來源告訴我，一些加拿大士兵並不相信這項評估，他們相信自己是在武漢感染了冠狀病毒。加拿大士兵寫信告訴我：「這座城市空蕩蕩的，空蕩蕩的高速公路、沒有建築工人、數千個高樓公寓被空置下來。是的，你會看到一些人，但這也非常罕見，軍運會工作人員給出的解釋是中共命令武漢所有人都離開城市，以『為運動員騰出空間』。」這名士兵告訴我，他的上級決定「在返航途中將病人隔離在航班後部。人們出現各種各樣的病症，我當時也出現了一些奇怪的症狀和肺部不適，直到十一月十二日或十三日，才開始發燒並劇烈咳嗽。從十五日開始，我臥床了大約十天，我以前從來沒有病得這麼嚴重過。」

因此，我從加拿大情報部門得到的訊息是，有些人已經判斷冠狀病毒很可能於軍運會期間在武漢傳播，而多個國家的運動員已將冠狀病毒帶回自己的國家。顯然，國際專家正試圖證實這些訊息，但卻面對習近平政權的阻撓。雖然此事尚未得到證實，但美國和加拿大的國家安全專家越來越相信，二〇一九年十月冠狀病毒迅速在武漢傳播，中國明知有一種危險的病毒出現了，但習近平政權卻選擇掩蓋這一事實，並在二〇二〇年初危險加劇時收繳了世界各地的個人防護用品。

回到加拿大。新華社的報道證明了位於安大略省的福建統戰網絡在中國收集國際個人防護用品行動中的重要性；而在溫哥華，我同樣獲得了強有力的證據——這些證據是由統戰網站提供的。其中一篇報道稱，一月二十三日，溫哥華統戰小組主席陳永濤奉中國領事館之命前往收集武漢急需的個人防護用品。這些佐證都能從微信群的照片裡得到，其中一張微信照片顯示陳永濤與中國領事館的高級「僑務」統戰官員以及領事館總領事佟曉玲的副手站在一起。根據我的照片證據，這兩個人在中國領事館擔任戰術角色。陳永濤的最終接班人——在一張重要的統戰部現金交易照片中，此人也站在賈斯汀．杜魯道身邊——與陳永濤和領事館的領導人一同出現在個人防護裝備倉庫的照片中。另一份報道稱，陳永濤與加拿大潮汕會館（Canada Chao Shan Association）合作，這是與廣東僑聯有聯繫的統戰組織。這又是一個巨大的證據，因為廣東僑聯在一百三十一個國家都有協會。情報來源告訴我，其溫哥華領導人為英屬哥倫比亞安全情報局特工所熟知。

中國官方統戰報告稱，溫哥華廣東僑聯著名領導人馮汝潔（Franco Feng）曾協助從溫哥華將個人防護用品跨國運送到中國的行動，他向中國的上級匯報到「當地社群積極配合大使館和領事館，聯繫各社群僑團準備各種醫療物資。」這是另一個直接來自中國官方來源的確鑿證據。

簡單來說，這些訊息的含義是：加拿大潮汕會館在習近平的個人防護用品收集行動中扮演了非常重要的角色，在中國境內控制冠狀病毒後，潮汕會館開始將個人防護用品運回世界各地的華人社群。我還從周安瀾那裡得知，澳洲統戰領導人、巨額賭客黃向墨與溫哥華的廣東統戰領袖有直接關聯；而潮汕會館自二〇一七年底便一直在我的關注範圍內，因為他與電子海盜目標有直接聯繫。

得益於巴拿馬文件的洩露，我掌握了十四名潮汕會館理事的姓名和地址，其中大部分人的地址位於溫哥華，還有一些人的地址位於中國。巴拿馬文件中列出了潮汕會館一位理事：荀闖（Xun Chuang，音譯）的地址，這對我的溫哥華模式調查非常重要。

在溫哥華房地產方面，我將荀闖的房產視為破譯密碼的工具。你必須想像一下東溫哥華的房產及其背後的情況，包括英屬哥倫比亞省的土地所有權、粗略記錄的本票、以及英屬哥倫比亞最高法院的二十三起房地產洗錢案件，這些案件顯示出芬太尼的觸角如何從溫哥華延伸到卡爾加里、多倫多、澳門和中國大陸。

荀闖的住宅從外觀上看並不特別，它在幾條街之外的區幾里德道上（Euclid Avenue）還擁有一處相似的房產。它們的位置十分優越，兩分鐘車程便可到達溫哥華非法賭場的集中地——京士威道。我得知他於二〇〇三年因製造毒品被判有罪以及被禁止持械十年，其同夥則被列入一個與中國、香港和列治文有關的全球走私集團。

這些關聯不勝枚舉，但其中最重要的是，我將荀闖和巴拿馬文件中區幾里德道房產的另一位持有者陳力華（Li Hua Chen，音譯），與本拿比伯利斯街一處房產聯繫起來。我發現這兩個人都是英屬哥倫比亞最高法院房地產貸款案件的原告，該案涉及多名電子海盜高利貸者和一名河石賭場賭場的貴賓。請隨我深入研究這個問題，因為荀闖在巴拿馬文件中是一個對習近平計劃至關重要的實體的董事之一。

在伯利斯街房產的地契上，我還發現了另一位被稱作黃先生的男子，他和金保羅一起被列入了英屬哥倫比亞彩票公司監控名單，這份名單極為重要，因為高利貸紀錄中還包括一位來自中國的造船商，名叫石國泰。而在另一份文件中，石國泰被稱為加拿大皇家騎警的頭號嫌疑人，而袁榮祥和金保羅則分別位列二號與二十二號嫌疑人。

英屬哥倫比亞彩票公司的另一項紀錄顯示，石國泰是受銀通國際與金保羅資助的河石賭場豪賭客之一；加拿大皇家騎警情報來源則告訴我，此人在列治文農場的一座豪宅中經營著一家非法賭場，而這座豪宅甚至讓能金保羅所經營的類似房產相形見絀。

現在回到黃先生、荀闖以及他們在伯利斯街的房產。這棟房屋及其所有者與芬太尼販運有關，黃先生和金保羅都是涉及英屬哥倫比亞最高法院最重大案件的十名「私人放款人」之一，該案在我溫哥華模式的調查中亦屬於最重要的案子。

在這起案件中，身為澳門賭場巨額賭客的高嘉貴以西溫哥華的豪宅作為抵押，換得金保羅為其提供八百萬美元的貸款，而黃先生也提供了三百二十萬美元的貸款；而在二〇一六年，溫哥華警方在芬太尼販運調查中抓獲的兩名嫌疑人——WZ和YZ——則借了七百萬美元。這十名私人放貸人聲稱已向高先生提供了總計二千八百八十萬美元的貸款，當我將這些名字交給加拿大最了解亞洲有組織犯罪的調查員時，他向我證實這些人就是加拿大的芬太尼毒梟。這些與荀闖有關的私人放款人就是電子海盜。

因此，讓我們歸納出其中的要點：我的調查始於巴拿馬文件中一處東溫哥華地址，這由此將加拿大潮汕會館理事荀闖與芬太尼毒梟聯繫了起來。而在英屬哥倫比亞省的土地所有權、房地產和賭場貸款紀錄中，與荀闖有關的嫌疑人據稱在列治文和中國大陸進行芬太尼販運和地下錢莊業務；另外，加拿大潮汕理事則與統戰部和中國共產黨直接相關。

這些在溫哥華的廣東統戰官員在北京的個人防護用品行動中舉足輕重。我的照片證據顯示，他們是全球華人社群中數百位最重要的僑務領導人，是那些坐在核心位置接受習近平指示的人。這些統戰領導人不僅僅在社交場合與電子海盜的目標人物有接觸，也與地下融資和有組織犯罪目標直接聯繫在一起——這些事件都有著確鑿的公司文件能夠證明。

用一句話概括我就個人防護用品所做的報道：它證明了加拿大芬太尼毒梟與中共之間的聯繫，而北京已立即對此做出反擊。

五月二日，一份要求我撤回統戰個人防護用品報道的請願書開始在加拿大各地的微信群中流傳。我從未見過請願書的作者，但我對她的動機有一些線索。

⋮

二〇一九年秋季加拿大聯邦大選期間，這位渥太華大學教授曾公開反對加拿大政界支持香港民主運動。我的同事納蘭展眉（Jeremy Nuttall），一位與加拿大華裔社群有著緊密聯繫的《多倫多星報》調查記者最先發現了這份請願書。他在推特上寫道：「我不會分享這些無稽之談，但這是中國共產黨試圖在加拿大人批評北京政權時讓他們閉嘴的典型策略。」這份請願書和中文媒體上大量類似的聲明指我的報道將所有華裔加拿大人歸入統戰個人防護用品口罩行動中，並指出這是一種種族主義。但納蘭展眉是對的，請願書純屬無稽之談。我的報道建立於事實、證據和直接引用中國官方消息來源的基礎之上，說明了北京試圖控制和利用所有華裔移民，並已得到多份情報報告、學術論文以及《大熊貓的利爪（Claws of the Panda）》和《黑手》等書籍的廣泛支持。

但我不得不對出於政治動機而進行的攻擊作出回應，其中不難看出北京的干預。幸運的是，我得到了許多來自加拿大華人和香港社群的消息來源幫助。我的線人發現，這份請願書和許多類似的媒體文章都與中國政府的聲明如出一轍。

這是如此巧妙而邏輯嚴謹的統戰活動，媒體評論和中國政府對我的報道所進行的指責聲明都出於相同的網站，而這些正是中國於二〇二〇年二月至三月在加拿大用來宣傳統戰個人防護用品行動的網站。當然，它們就是我曾監控的媒體網站，用於記錄涉及電子海盜洗錢嫌疑人的統戰會議，也正是這些網站展示了加拿大皇家騎警嫌疑人經常與中國領事館官員和加拿大政界人士會面。

二〇二〇年五月，當這些媒體虛假訊息浪潮日復一日地席捲我時，我的消息來源——一位加拿大華裔學者對相關媒體進行了監控。其評估稱北京就是這些攻擊的幕後黑手，他正在研究中共干預加拿大媒體的情況，並要求匿名以避免干擾。

情況開始變得有點超現實，我失眠了。我夜以繼日地與情報部門和執法部門的消息人士交談，這些專家得出了與這位加拿大華裔學者相同的結論。身為記者，我們永遠不想成為新聞的一部分，但我無法避免。我窺探了北京的個人防護用品網絡，揭露了有組織犯罪的深層聯繫。現在這條盤踞在角落的蛇正利用它的通訊部門扭動著並展開反擊。事實上，「強力反擊」正是一位關鍵人物的原話，除了他的媒體工作，這位廣播員——多元文化電視台（Omni TV）專欄的作家丁果，還領導著一個積極參與遊說加拿大政客的社團，主要涉及北京在加拿大的相關利益，就像丁果的許多專欄一樣。

作為該社團活動的一個例子，一位消息人士轉發了二〇二〇年五月丁果與親北京的加拿大參議員胡元豹（Yuen Pau Woo）在 Zoom 的對話截圖，其中參議員提供了關於加拿大政府「應對

COVID-19健康危機和COVID-19政治」的「內部分析」，並註明「不得傳閱」。

自從二〇一九年開始，我一直在調查丁果的組織，手上的文件則顯示他與本拿比政客王白進和列治文眾籌開發商孫宏偉之間存在聯繫；網站紀錄顯示丁果和王白進是孫宏偉經營的吉林商業集團董事會成員。

有時候，一張照片勝過上千言萬語，對我來說，存在一張真正展示了這三人親密關係的照片。這張照片是在一個溫暖的夏日拍攝的，照片中丁果和王白進正參與一場慶祝孫宏偉生日的派對，他們當時身處列治文一處莊園院子，這座莊園曾在英屬哥倫比亞彩票公司關於非法賭場調查的電子郵件中被提及。他們與孫宏偉和幾位英屬哥倫比亞省的統戰菁英人物肩並肩站在一起，手持長刀，站在一頭烤得焦黃的烤豬旁邊。這群人中包括一名男子，根據我的照片集，他曾在本拿比舉行的重要中國文化活動中與中國駐本拿比總領事佟曉玲和袁榮祥並肩而立。而在孫宏偉身邊是Z女士，她是中國的一位製藥企業老闆，也是溫哥華的統戰領袖。

這張照片讓我想起了另一張拍攝於二〇一九年末的照片，當時丁果、袁榮祥和Z女士在一家高檔中餐廳與一位出現在丁果電視節目中的知名中國演員共進晚餐。因此，我能夠看到這個小網絡的關係紐帶。

他們的陰謀在五月十日的Zoom小組會議上被揭露，此會議由一位與統戰領導人關係密切的列治文眾籌房地產經紀人發起，有大約五十名線上與會者想出了一個主意：通過向加拿大各地的華人華僑社群募集捐款，眾籌資金對我提起訴訟。這又是一個荒謬的諷刺。二〇一五年，我開始探究溫哥華模式，當時我寫到了孫宏偉和他那個骯髒的眾籌房地產網絡。現在同樣的眾籌網絡竟然為了阻止我深入調查他們的眾籌而進行眾籌。

神奇的是，在五月十日他們的 Zoom 會議結束後，丁果的電視製作人在隔天給我發了一封郵件：「我們聽說華人社群的一些人計劃提起訴訟。」

五月十四日，來自微信群組和 Zoom 群組的成員註冊了一個名為楓葉反種族歧視行動協會（MLARA）的社團，旨在攻擊我的報道。我不會說出這三個人的名字，其中兩名是溫哥華的房地產經紀人，他們的老闆被認定是一位著名的統戰領導人，經常參加在北京舉行的會議。據我的情報來源透露，他的房地產公司與袁榮祥有著企業聯繫，這已經足夠讓我了解楓葉反種族歧視行動協會了。但還有更加明顯的證據，楓葉反種族歧視行動協會的一位理事與中國政府有著直接的業務關係。這名房地產經紀人的運輸公司在二〇二〇年四月曾為溫哥華中國領事館運送一批個人防護裝備。在微信討論策劃法律行動的同時，丁果利用他的華語節目散佈楓葉反種族歧視行動協會的虛假訊息，但他隱瞞了自己的個人利益。

我的華裔加拿大學術來源得出結論說：「他讓觀眾誤以為他對楓葉反種族歧視行動協會的行動提供了客觀意見，這在樂活網（譯註：一個加拿大中文新聞網站）對第一次 Zoom 會議的報道中有所提及：『丁果建議提起訴訟』，用他的話說，他認為加拿大華人應該『強力反擊』，我相信這也是中國政府的立場。」

我請丁果發表評論，但他並未回覆我的訊息，其公司經理則告訴我，他們認為他的行為沒有任何問題。同時，許多人向我傳達了同樣的訊息。這感覺就像是在與一隻章魚摔角，那些觸手似乎正在引導我做出選擇，只要我道歉並撤回言論，鬥爭就會結束。但這是不會發生的，我從中感受到了一種黑色幽默，那些參與其中的人並沒有欺騙任何密切觀察的人。

「這些人要麼直接與中國統戰部有關，要麼就是傀儡。」他們微信群內的一位消息來源給我寫道。由於擔心其在中國的親屬可能會成為目標，該消息來源要求匿名。據他所說：「他們正在推出一個 GoFundMe 平台，用於為種族攻擊進行索賠訴訟籌集捐款，」他還說道：「他們想要將其打造成一個具有影響力的華人團體，以遊說和施壓政府、政客、記者、機構，並煽動加拿大華人的民族情緒。（他們想要）對任何敢於批評中國的人提起訴訟，（他們也想要）將更多的傀儡選進加拿大政府。」

我知道針對我的法律威脅毫無根據，但當我的線人捕捉到微信消息，顯示了一份打算對我提起訴訟的捐款簿時，我還是更加擔憂。這些紀錄包含了一位列治文律師的法律建議，他因英屬哥倫比亞法律協會的不當行為和賭場洗錢調查而成為眾所周知的人物，那就是金保羅的房地產律師——郭紅。

「郭紅受邀在我參與的樂活網微信群中就某些法律問題發表演講。」我的學術消息來源寫信給我。與郭紅的微信群相關的捐款簿顯示，魏曉琪捐了一千美元，我認出了這個名字，那是金保羅的妻子。這個名叫魏曉琪的人被指控涉及電子海盜的販毒、洗錢和逃稅活動。我在夢想戰士和水立方的公司紀錄中發現了同樣的名字，以及在北京、哈爾濱和山東的董事名單。

帳本上顯示，郭紅本人捐贈了五百美元、被英屬哥倫比亞彩票公司調查人員認為比金保羅地位更高的譚國聰只捐贈了微不足道的一百美元。不過，譚國聰以揮霍無度聞名。所以我對這些集資者知之甚多，這一切都要歸功於加拿大華人在微信上的支持和幫助。但無論如何，我並沒有寫出有關這些密謀的內容。這之後，到了五月二十五日，鮑勃．麥金發表了一份引人入勝的報道。他發現了一個微信群發帖，將楓葉反種族歧視行動協會與溫哥華自由黨議員梅麗喬聯繫了起來。

「自由黨數位政府部長在一個受中國政府審查的社交媒體平臺群組裡發布了一個帖子，鼓動對一名調查記者提起訴訟，因為這名記者對中國在冠狀病毒大流行期間囤積醫療用品的行為提出了批評。」麥金在為新聞網站 theBreaker 撰寫的報道中說道，「溫哥華自由黨議員梅麗喬的微信群成員徐瑪麗亞（Maria Xu）在群里發布了一則關於楓葉反種族歧視行動協會的通知和一個募捐網站的鏈接。徐瑪麗亞還參加了五月十九日的 Zoom 會議……探討對庫柏提起集體訴訟的可能性。」

隨後，《多倫多星報》、《環球郵報》和 CBC 新聞迅速跟進了麥金的報道。「該情況在經過數星期的醞釀後，於星期二爆發，溫哥華新聞網站 theBreaker.news 發表了一篇報道，稱聯邦自由黨議員梅麗喬『推動』了對《環球新聞》的訴訟。」納蘭展眉為《星報》報道時透露了楓葉反種族歧視行動協會的會議細節：「在五月十日的會議上，與會者就如何處理庫柏的報告一事討論了一些想法，其中有人建議調查庫柏本人，看他是否曾犯任何違法行為，或者他是否在所得稅上存在拖欠以損害他的聲譽……另一個建議是讓許多人同時對庫柏提起小額索賠訴訟，有人認為這會讓他疲於應對。」

保守黨抓住了這一消息，並在議會辯論中攻擊自由黨和梅麗喬。後者表示，通過其辦公室運營的微信群所表達的觀點「並不一定反映」她的立場。特魯多總理表示，利用微信對加拿大新聞業提起訴訟是「不可接受的」。不過，微信群組並沒有與梅麗喬的辦公室斷絕聯繫。顯然，這是自由黨進入中國大陸華人社群的重要武器，也是籌款和動員選票的工具。但正如周安瀾的報道，微信是中共在西方施加影響力的道具，因此加拿大的擔憂對我來說是顯而易見的。無論她是否意識到這一點，加拿大聯邦政府成員梅麗喬與統戰人士有著千絲萬縷的聯繫。

各種微信群組通過列治文律師郭紅和他的同事徐瑪麗亞等社群領袖交織在一起，試圖利用梅麗喬的聲望壓制批評北京的報道。而我在郭紅的微信群組上的捐款簿中發現了一些捐款人的名字，這使情況變得更加陰暗，而當我試圖釐清這一切時，我想起了卡梅倫．奧迪斯的論文——「受損節點」。微信是中共控制的通訊網絡，是一個巨大的節點，它有能力危害加拿大網絡空間中的所有事物。這又是一個完美的諷刺。微信明顯已經入侵了自由黨數位政府部長梅麗喬的辦公室，它依附於加拿大政府的附屬機構，以此打擊加拿大的新聞自由。這是對民主的攻擊。

在這場媒體風暴期間，有人告訴我，我的經歷類似於一場心理戰。這令人精疲力盡，我講述這段經歷的目的並不是要扮演受害者，相反，是為了展示統戰行動的運作方式。正如華盛頓一位專家向我解釋的，這是一種列寧主義式的政治戰爭工具，統戰部旨在讓北京的「朋友」反對中共的敵人。

英屬哥倫比亞的統戰領導人遊說加拿大各級政府，尋求盟友來攻擊我的個人防護用品報道。在此之中存在大量的 Zoom 會議，也許還有很多我不知道的幕後對話。問題是，統戰部為甚麼相信加拿大民選官員會支持他們而非加拿大新聞業？我想答案是金融槓桿，政治捐款能贏得政治影響力。無論如

（右）陳永濤（左二）與總領事佟曉玲（右二）、佟曉玲副手（左一）及加拿大華人社團聯席會前主席（右一）的合影。（來源：《大華商報》）

（左）溫哥華統戰領導人陳永濤和多位親北京的社群領袖於 2019 年會見了電子海盜嫌犯金保羅和多位運動員，並宣布金保羅位於列治文的拳擊館成為中國「一帶一路」的設施。（來源：樂活網）

何，我對有組織犯罪和統戰的調查仍持續進行，研究人員將繼續搜尋中國官方網站，並向我提供防護用品行動的證據。

這是我最好的例子。當我們在二〇二〇年四月三十日發表了有關防護裝備行動的報道時，我展示了電子海盜與列治文「控制級」統戰組織之間的聯繫，這個組織與溫哥華中國領事館的海外事務負責人合作，將大量個人防護用品運回中國。但是，當時我並沒有證據證明這之中運用了犯罪資金。但在二〇二〇年十一月，一位華語研究員傳了一封簡訊給我，他分享了一份由山東省華僑大會堂（Shandong Overseas Chinese Assembly Hall）於二〇二〇年二月提交的中國官方報告，其中稱加拿大齊魯華人總商會有「另一批捐贈物資」運抵。

（上）包括陳永濤在內的溫哥華中國領事館人員成為英屬哥倫比亞省一個競選組織的領導人。該團體在 2018 年支持了包括本拿比市議員王白進在內的候選人。（來源：TheBreaker）

這份標題為〈抗擊「疫情」〉的報告稱：「加拿大世界冠軍俱樂部的金保羅先生踴躍捐款二萬加元。」這位自認犯下性剝削罪的高利貸、被指控與中國人民解放軍重量級人物關繫密切的芬太尼毒梟，花了二萬加元購買了加拿大稀缺的個人防護用品運往中國，造福祖國。警方稱，金保羅的財富來自販毒、經營非法賭場、放高利貸、人口販賣、賣淫以及跨國洗錢。

我的意思是，金保羅的有組織犯罪收益可能資助了北京在加拿大的部分個人防護用品行動，而這些個人防護用品本可能挽救加拿大療養院的一些生命。當然，金保羅透過他的律師否認了這些指控，他聲稱自己是一位合法的商人，為孩子們提供拳擊課程。然而，有大量證據證明他的罪行，顯示他是一名暴力的洗錢犯罪者，並且與中共有關。

因此，我一直有一個想法，它如同一個警報，時刻伴隨我左右，就像反向的迴聲——這場大流行病是對北京不道德手段的試金石。我們看到統戰機器前所未有地在如此緊迫的時間內產生了令人絕望的後果。對我來說，金保羅的統戰個人防護用品捐贈行動，顯示了中共可以為了生存而不擇手段的意願。

17

無限連接

「黨不介意使用任何工具，如果他們能抓到某人在做違法的事情，他們會以嚴厲的判決，甚至死刑來換取罪犯的服從，」馬大維說道：「他們將之置於試圖拉攏的人頭上。」

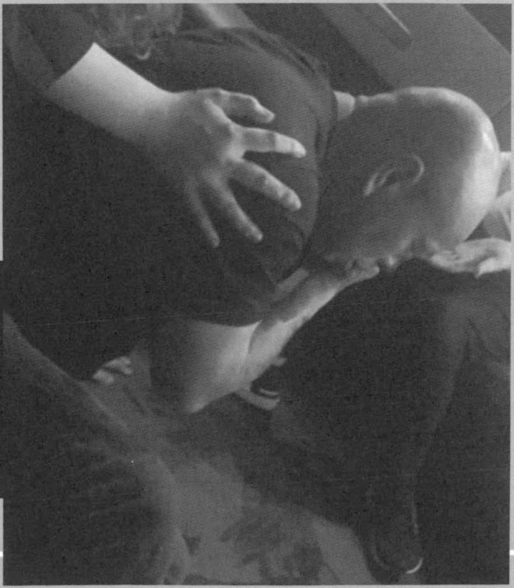

金保羅在列治文 Manzo 餐廳遭遇槍擊事件後捂著臉，其商業夥伴朱建軍作為槍擊目標遇害，金本人則倖存。（來源：作者獲得的信息）

晚上七點剛過，金保羅開著他的黑色賓士貨車來到 Manzo 壽司餐廳，這天在列治文的九月算是一個異常溫暖的夜晚。金一行預定了私人包廂，他走向其商業夥伴——四十四歲的朱建軍，熱情地打了個招呼。來自香港的年輕人朱建軍和來自山東的拳擊英雄金保羅在加拿大走到了一起。

雖然金保羅年紀更大，而且在公開場合非常自信，但一些觀察家認為朱建軍更有權勢。畢竟——至少在字面上——朱建軍和他的妻子經營著銀通國際，而這個地下銀行每年為中國、拉丁美洲和伊朗販毒集團清洗超過十億美元。兩人相見時更為年輕的朱建軍幾乎會像父親一樣將手搭在金的肩上，這無非暗示了誰更有影響力。

不同於金保羅在列治文擁有拳擊館和穩定的非法賭場，朱建軍在電子海盜突襲之後就消失了，他已回到香港，也曾前往南非和杜拜。二〇二〇年夏天，他終於飛回加拿大，並先去多倫多，才回到溫哥華的住所。因此，二〇二〇年九月十八日，他們再次聚在一起，參加了一個由十二人組成的聚會。這是一個由國際罪犯組成的強大陣容。事實上，聚集在 Manzo 的人們彰顯了一個不可思議的事實：加拿大已經成為世界上最猖獗的中國跨國販毒集團指揮中心，只要將這所壽司店的地理位置和無人機拍攝的畫面結合起來，就可以很好地說明它是如何發生的。

Manzo 位於弗雷澤河東岸附近，距離庫尼路五八一一號只有四分鐘車程，在二〇一五年十月加拿大皇家騎警突擊這棟辦公大樓之前，銀通國際公司一直在這裡堆放毒品現金。在同一棟市中心大樓內，文森特・拉莫斯和幻影安全公司曾在此設有辦公室，直到二〇一八年聯邦調查局逮捕了拉莫斯，並將他移交給卡梅倫・奧迪斯。而同時，在庫尼路五八一一號，蘇立道的律師事務所與銀通國際後來的三樓辦公室僅一門之隔。在庫尼路和威斯敏斯特高速公路交匯處的街道上，有大量貨幣兌換店、房地產律師和旅行社，幾乎可與深圳、澳門和香港的地下錢莊網絡相媲美。

是誰在加拿大皇家騎警監控的商店裡做生意？根據電子海盜的監控紀錄，誰是跨國毒梟和國際刑警組織紅色通緝令的貪腐嫌疑犯？舉個例子，二〇一五年夏天的一個早晨，一名便衣警察被派去監視抵達庫尼路五八一一號停車場的銀通顧客，當時出現了一輛黑色路虎，有一男一女從車裡出來，進入了辦公大樓。他在查詢了車牌號碼後得到一個驚人的發現：這輛車的車主是習近平最想抓的人之一，是溫哥華一家房地產開發商的政要，中國在英屬哥倫比亞的情報人員對其非常感興趣。

此外，溫哥華國際機場距離 Manzo 約七分鐘車程，就在弗雷澤河對面；水立方按摩店——由金保羅在北京、青島和廣州的老闆們經營——離 Manzo 只有五分鐘車程。我在中國政府的網絡紀錄中找到了水立方，其被稱為「國家附屬」公司。然而，加拿大皇家騎警的紀錄顯示，該場所有許多充斥著現金的袋子和行李箱不斷進出，同時也有報告指出此處存在高級毒販、未成年的女按摩師，以及非法賭場支付的情況。距離 Manzo 兩分鐘車程的是一個露天購物中心，裡面有許多槍枝商店，其中包括加拿大皇家騎警的目標之一，由中國北方經營槍械店西海岸狩獵。加拿大皇家騎警在此處跟蹤金保羅及其被指控為毒販的保鏢，當時他們拿出了一個槍枝保險箱，而這一切都發生在電子海盜行動期間。在後續調查中，加拿大皇家騎警跟蹤了金保羅另一名同夥——一名被指控走私武器的毒販來到這家公司，此人後來因攜帶芬太尼被捕。

河石賭場擁有豪華的飯店客房，大圈仔在這裡為香港、北京和澳門的豪賭客儲存籌碼，而這家賭場距離 Manzo 也只有三分鐘車程。再來，從 Manzo 向東行駛八分鐘即可到達列治文的農地，你會經過許多擁有羅馬柱、大理石地板、葡萄園和水療中心的豪宅。中國官員在這些宅邸中賭博、與年輕女子交往、享用魚翅和熊掌湯——就像九十年代他們在廈門，在賴昌星的紅樓裡那樣。而只要從 Manzo 向西行駛七分鐘，便會蜿蜒穿過千篇一律的街道，街道兩旁是裝著鐵門、擁有三個車庫的豪宅，而豪宅裡隱藏著無數的冰毒和芬太尼實驗室。這些配備了旋轉式壓丸機的小型實驗室是一個互相聯繫的系統中的一部分，暗中與中國的化工廠相連。

從這些豪宅實驗室向西行駛五分鐘，就能看到弗雷澤河兩岸骯髒的倉庫和儲物櫃。這些倉庫內是來自珠江三角洲的假冒耐克（Nike）以及大量的前體化學品。加拿大西部的港口是數億顆致命小藥丸的中轉站，這些藥丸被運往澳洲、日本和北美，而位於這些河濱街道上的進出口企業有能力將所有毒品現金無縫地回收到中國的工業生產中。因此，如果錫那羅亞販毒集團希望將溫哥華的可卡因利潤兌換成比索，他們知道該去哪裡。只要給列治文的紡織品商人打個電話，扔下現金，他們就能在廣東生產出一大批山寨古馳（Gucci）西裝。這些衣服將被運往墨西哥並由販毒集團出售，而後披索將存入銀行。當然，運往曼薩尼約的服裝貨櫃還裝載著錫那羅亞毒販實驗室的芬太尼和冰毒原料。我在渥太華的線人說，中國地下錢莊為墨西哥販毒集團洗錢時只收取很少、或根本不收取任何費用，他們沒有必要這麼做，因為他們透過毒品貿易的洗錢機會賺取了難以估量的金錢。顯而易見的是，中國的重商主義與全球販毒和洗錢活動密不可分。

這就是加拿大領導人所面臨的地獄景象。加里·克萊門特、布萊恩·麥克亞當、米歇爾朱諾·卡蘇亞在一九九〇年代試圖向渥太華警告的事情已經發生了。具體來說，英屬哥倫比亞省的列治文、安大略省的萬錦市已成為中國大陸鴉片類毒品販毒集團的根據地。

那天晚上在 Manzo 發生的事件證明了這個令人恐懼的真相。金保羅在與朱建軍交談後站了起來走向另一個餐桌，當時朱建軍的頭部距離一扇有色窗戶只有幾英寸，這扇窗戶將食客與外面的停車場隔開。突然間，餐廳的玻璃爆碎，六發子彈以一定角度射穿了窗戶，朱建軍在座位上搖搖晃晃。而就在子彈和玻璃碎片四濺之際，發生了令人驚訝的事情：金保羅被槍擊擊中了，子彈穿過他的左臉頰，從鼻子附近出來，他捂著臉蹲在地上，鮮血滴落在地板上。金保羅一行人中的健美運動員用手機拍了一張照片，而一名女子則在安慰他，警車和救護車也在幾分鐘內趕到。

朱建軍被緊急送院後宣告死亡，而金保羅出院時除了臉上留下的一個洞，並無其他損傷。他於幾天後出現在朱建軍的葬禮上，觀察者也注意到他周圍設了五名保鑣。

警方對這次槍擊案非常震驚，該餐廳中尚有許多家庭在用餐，孩子們很容易被彈片和玻璃擊中。但最終僅導致了朱建軍的死亡，他是目標嗎？亦或是金保羅？此案還有許多值得推敲之處，金保羅抵達後與朱建軍短暫地交談了幾句就走開，而槍聲就在餐廳內響起。

有誰敢將朱建軍或金保羅當成目標？對加拿大皇家騎警專家來說，誰是加拿大犯罪組織的主宰者其實毫無疑問，那就是中國跨國犯罪集團。他們在加拿大擁有最多的成員、地下錢莊和毒品路線，不僅滲透到貿易中，在中國境內還有受保護的行動基地。加拿大皇家騎警專家們認為，像朱建軍和金保羅這樣的人只不過是中級犯罪銀行家，像他們這樣的人管理著地下毒品實驗室、賭場和一大堆化學品以及毒品現金。他們與他們的老闆一起投資化學原料進口和洗錢基礎設施——賭場、錢莊、建築和房地產開發公司，作為親力親為的投資者，其老闆則是沉默的合夥人，但無論如何他們都聽命於北京，否則就會被淘汰出局。據我的消息來源，提交給渥太華皇家騎警情報部門最高層的機密報告稱，像金保羅這樣的人是由居住在英屬哥倫比亞省的中國情報人員處理的。想一想這一點，當人們問我為甚麼選擇關注加拿大的中國跨國犯罪集團時，我是這樣回答的：我關注的是金錢、權力以及對加拿大社會最大的威脅，這並不代表其他國內外的犯罪集團就可以獲得通融，但我認識到的獲得國家支持的犯罪所帶來的獨特威脅。

回到 Manzo，我詢問線人，加拿大皇家騎警內部流傳著甚麼樣的推測？誰是幕後黑手？一位專家說道：「可能是得到北京支持的人。」這是聯邦警方圈子內的普遍看法。但有一件事是非常明顯的：這並不是溫哥華周邊地區常見的警匪槍戰，這是芬太尼毒梟之間的戰爭，是控制著世界化學毒品貿易的人。二〇二一年十一月，一位曾有前科，名叫瑞奇·里德（Ricky Reed）的二十三歲男子被控在 Manzo 槍擊案中犯下一級謀殺和「蓄意使用受限槍枝開槍」，但警方相信這起案件的幕後黑手另有其人，因此調查仍在進行中。

某人對朱建軍或金保羅，或者對兩人都實行暗殺，這個事實已經令人難以置信了。對我來說，這是極其驚人的，因為金保羅看起來是碰不得的，這要追溯到二〇二〇年九月。自從我首次向加拿大人介紹「電子海盜」、「金保羅」和「溫哥華模式」以來已過去三年，我在這三年來也逐漸了解到更多關於其高利貸網絡如何與我在溫哥華挖掘的幾乎所有神秘海外房地產投資者聯繫在一起。

我的連接圖標在不斷在擴大，自從確認了金保羅和加拿大皇家騎警二號嫌疑人——「將軍」袁榮祥之間的聯繫以來，我越來越清晰地看到加拿大人需要了解的一種模式。電子海盜在中國和加拿大有著令人難以置信的政治聯繫，據線人和一些檔案稱，他們吹噓與加拿大官員存在特殊關係。但如今，儘管金保羅周圍有許多政客和中國官員，但我不斷聽說與他有關的極端暴力行為，這是不可否認的，就像照片所示的那樣生動，金保羅的雙手鮮血淋漓。

我有一種感覺，我的調查已再度回到原點。洗錢在溫哥華等於暴力和死亡，現在沒有人能反駁這一點。但我也意識到，這樣一本書是沒有辦法結束的。因為每一次毒品交易、每一次槍擊事件、每一次非法賭場的破獲都凸顯了新的關聯性，我永遠不會停止震驚。

Manzo 餐廳的槍擊事件是一個完美的例子。對於專家們來說，他們試圖構建連結圖來破解中國大陸毒販跨越六大洲販運海洛因的的複雜信任網絡，而金保羅晚宴的賓客名單就像羅塞塔石碑，正如一位消息靈通的人所說，該名單展示了電子海盜目標、公司負責人和統戰部之間「令人興奮的聯繫」。

來自 Manzo 內部的影片證據顯示，有兩名來自萬錦市的男子與金保羅在一起，其中之一是僅次於謝志樂的黑幫頭目。這個在多倫多和溫哥華販毒數十年的跨國毒梟顯然是謝志樂的接班人，自從謝志樂離開萬錦市以來，他一直負責公司在加拿大的業務。有些人推測，隨著媒體對謝的曝光度增加，這位萬錦市的新老闆可能已經開始積極管理公司。謝志樂計劃在荷蘭警方將其引渡回澳洲之前，於二〇二

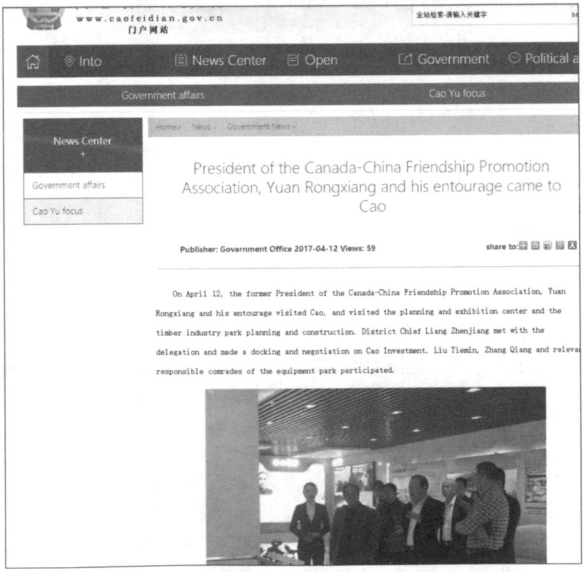
www.caofeidian.gov.cn
门户网站
Into | News Center | Open | Government | Political a
Government affairs | Cao Yu focus
News Center
Government affairs
Cao Yu focus
Home › News › Government News ›

President of the Canada-China Friendship Promotion Association, Yuan Rongxiang and his entourage came to Cao

Publisher: Government Office 2017-04-12 Views: 59

On April 12, the former President of the Canada-China Friendship Promotion Association, Yuan Rongxiang and his entourage visited Cao, and visited the planning and exhibition center and the timber industry park planning and construction. District Chief Liang Zhenjiang met with the delegation and made a docking and negotiation on Cao Investment. Liu Tiemin, Zhang Qiang and relevan responsible comrades of the equipment park participated.

（上）2017年4月，金保羅在電子海盜調查中被捕後不久，袁榮祥和金保羅遊覽了北京附近的一個港口，與中共官員進行商務會談。（來源：中國政府事務）

〇年十二月飛往多倫多，這引發了許多耐人尋味的問題。他是否打算回到萬錦並重掌他的權力？他是否擔心有關他嗜賭成性和沉迷女色的謠言會削弱他的權力？不管他心裡考慮的是甚麼，現實是他在加拿大已經有了現成的接班人。有線人證實謝志樂的副手參加了金保羅在 Manzo 的聚會，並要求不要在本書中公佈他的名字。他是五眼聯盟執法組織（Five Eyes Law Enforcement Group, FELEG）的主要目標。線人稱，與謝志樂一樣，他也被美國國務院視為國家安全的最高威脅。

有消息人士告訴我：「要推斷金保羅與三哥集團有關非常容易，但我們從未見過具體的聯繫，而這是我們第一次看到金保羅與三哥集團一起出現。因此，當晚 Manzo 發生的事情完全符合五眼聯盟對三哥集團的目標。」

那麼這次會面的主題是甚麼呢？加拿大皇家騎警的一個理論是，這是慶祝一項重大販毒交易的完成。金保羅的律師沒有回應我的請求，即請他對 Manzo 事件以及警方現今與過去對金保羅的全部指控發表評論。

與此同時，萬錦市第二個黑幫老大在 Manzo 的露面對加拿大皇家騎警來說是另一種震驚，這證實了列治文和萬錦市之間存在聯繫。這位與三哥集團有關的人曾「指引」約克地區的警察搜查一棟有五十三個房間的豪宅，這可能是加拿大迄今為止發現的最大非法賭場。在一個稱作「O 網絡」（O Cyber）的調查確定人此人身分，並由此揭示了位於多倫多東北部的一系列非法賭場。最後，在二〇二〇年七月一個炎熱的夜晚，身著戰術裝備、戴著防護面具的黑幫警察突襲了該網絡所謂的旗艦建築。

這座位於 DeCourcy Court 五號、價值一千萬美元的莊園，是一座擁有新義大利風格的建築、包含露台餐廳和修剪整齊的花園，它看起來就像金保羅及其電子海盜老闆列治文農田賭場的翻版——只是大約大了五倍。警方在此行動中逮捕了四十五人，查獲了十一枝帶彈藥的槍枝和一百萬美元現金。頭號目標是誰呢？是與金保羅在 Manzo 共進晚餐的兩名三哥集團嫌疑人同夥。

五十二歲的韋煒（Wei Wei，音譯）是一名來自安徽的房地產開發商，在此案中與其妻子一起被控經營該賭場。他與中國官員有著千絲萬縷的關係，而根據警方資訊和公司紀錄，韋煒在加拿大各地擁有大量房產，並控制著許多房地產控股和開發公司。

約克警方表示，他們對韋煒網路的複雜性和大膽感到震驚。他似乎在光天化日之下經營一個平行的地下經濟，完全無視加拿大的法律和主權。在該豪宅的大門旁擺放著一頭北極熊，隔壁就是一面巨大的中國國旗旁邊，這暗示了韋煒所遵循的權威。我發現，他在中國還經營了與政府有關的建築集團，這表示他得到了北京的支持；更有消息人士告訴我，曾有報道稱有中國官員和大亨飛到加拿大，在韋煒的豪宅中賭博。警方稱，該莊園中的五十三間房都用於非法商業，當中百家樂賭桌的最高賭注為二萬美元。探員們相信，年輕女性們被販賣到該豪宅的非法設施進行性交易。與此同時，在完全違反新冠疫情限制的情況下，該豪宅還有一家配有領班的無證餐館，為有孩子的家庭提供魚翅湯等高檔美食。

警方線人告訴我，安大略省官方賭場被迫關閉，但韋煒的生意卻在冠狀病毒大流行期間藉助豪賭活動而擴大。警方相信，這些賭場產生了用於資助毒品交易和人口販賣的巨額利潤，而我的消息來源稱，這與英屬哥倫比亞省的賭場洗錢活動存在巨大關聯。電子海盜的巨額賭徒前往萬錦市，多倫多的豪賭客則前往列治文。金保羅的定罪和起訴書是一個連接了英屬哥倫比亞省、安大略省和中國之間的地下賭場、高利貸、人口販賣和性剝削循環的絕佳地圖。金保羅在列治文和多倫多擁有按摩水療中心。二〇〇一年，他在萬錦市的襲擊指控被撤銷；二〇〇八年，他在列治文因性侵犯和性剝削被定罪；回到多倫多後，他於二〇〇九年被判重傷害罪。同年，他一項持械傷人的指控被撤銷。很明顯，二〇〇八年後，列治文成為金保羅活動的主要市場。

但在二〇一八年英屬哥倫比亞省律政廳長尹大衛打擊大量現金湧入英屬哥倫比亞彩票公司賭場的行為後，洗錢活動在萬錦市的分額明顯增加，「那些毒資總得有個去處。」加拿大皇家騎警的消息來源告訴我。

韋煒的政治關係也令我的消息來源感到驚訝，他在多倫多曾兩次參與由中國政府贊助的內部活動中與總理賈斯汀．杜魯道會面。在一次會議上，韋煒代表中國文化產業協會，與一位中國統戰部高級官員一起捐贈了一百萬美元給杜魯道的家族基金會，而韋煒本人更是由安徽省統戰部發起的多倫多統戰領導人。

萬錦市和列治文之間的統戰關係與賭場關係一樣具引人注目。二〇一八年，韋煒與中國領事官員一起在溫哥華慶祝統戰部提拔了另一位來自安徽的房地產開發商陳永濤。當時，陳永濤被任命為加拿大控制級統戰組織主席，中國駐溫哥華總領事佟曉玲和她的領事官員皆親臨現場，帶來了北京的祝福。

兩年前，在佟曉玲和她的統戰領事官員指引下，陳永濤率先發起了個人防護用品收集行動。但我的消息來源感興趣的不僅僅是韋煒和陳永濤之間的統一戰線關係。

企業紀錄顯示，韋煒、他的妻子和陳永濤都是一家安大略公司的董事，該公司於二〇一七年十二月以七千五百萬美元收購了多倫多地區的兩家飯店。陳永濤並沒有回答我就以上事實提出的疑問，而是在我報道他與韋煒的商業關係時對我提出了誹謗訴訟。同時，面臨包括經營非法賭場、出於危險目的持有武器、持有被盜槍枝以及持有犯罪所得等二十一項指控的韋煒也沒有做出回應。加拿大皇家騎警對韋煒的調查仍在進行中，約克警方的指控尚未在法庭上得到證實。我必須澄清這一點：沒有證據表明陳永濤涉及犯罪行為，而中國也堅決否認統戰部在加拿大境內活動。但渥太華加拿大皇家騎警的犯罪情報報告所關注的是陳永濤和韋煒等人之間的商業和政治聯繫，正如一位線人告訴我的那樣，加拿大的問題在於，原本旨在支持加拿大華人的基層社團皆已被中國領事館透過統戰部接管，而由於中國政府對加拿大的干預，很難判斷統戰部的終點和犯罪組織的起點。

我從 Manzo 槍擊案以及三哥集團和萬錦市賭場事件中得出了一些結論：涉及中國政府的跨國犯罪集團利用了「加拿大模式」而非「溫哥華模式」經營地下錢莊和商業洗錢。來自中國大陸的鴉片類販毒集團已合併為在加拿大運作的超級販毒集團，他們得到了中國共產黨的支持，更是習近平的關鍵武器。我想說的是，這些資訊值得渥太華進行全國調查。本書出版時，卡倫委員會正展開工作，在奧斯汀．卡倫法官的第一份臨時報告中，他表示已經看到足夠的證據表明洗錢活動正在撕裂英屬哥倫比亞省的民主社會結構。這恰恰證實了我的消息來源多年來一直向我強調的觀點，而問題比加拿大人想像的嚴重得多。委員會的調查結果仍有待觀察，但正如我在本書中所寫，渥太華的民選菁英最終需要對早在一九九〇年代便提出的警告視若無睹負起責任。

因為事後看來，響尾蛇報告收集的資訊——這份由加拿大皇家騎警和加拿大安全情報局洩露的報告似乎被高級官僚掩蓋——這已被證明基本無誤。這並非說明該報告草稿沒有缺陷，它遠遠超越其所處時代，且可能存在一些過度解讀的情況，但這是有遠見的，它預測了三合會的勢力範圍將擴展到加拿大的大片土地。

這裡有個例子，我在二〇二一年完成這本書的優勢之一在於，我能夠回顧響尾蛇計劃對在溫哥華和多倫多從事重大房地產開發和飯店投資的中國大亨的指控。由於離岸投資者在錯綜複雜且不斷發展的溫哥華八六世博會房地產開發中持續進行法庭鬥爭，我在二〇一九年的法庭文件中發現了一些有趣的事情。一名亞洲投資者揭露了另一名隱藏在世博會的香港投資者，我發現這個所謂的隱藏投資者是河石賭場的貴賓，喜歡與香港明星約會。我透過香港公司資料庫查找了他的訊息，發現他與鄭裕彤和李嘉誠的房地產、賭場和飯店投資公司有極其複雜的聯繫。我把這位香港投資者的名字告訴了加里．克萊門特，克萊門特查閱了他九〇年代的香港卷宗。沒錯，這位香港投資者在一九九〇年代派他的公司員工（根據克萊門特的卷宗，他也是新義安三合會的高級成員）前往溫哥華尋求房地產和港口開發交易。

響尾蛇報告指出，與海洛因三合會、中共和統戰部關係密切的大亨正在加拿大房地產和飯店業取得重要地位，但渥太華的反應基本上就是壓制媒體以及無視他們的警告。但一些德高望重的前政府官員越來越意識到，必須正視響尾蛇報告中首次揭露的犯罪模式，因為這並不只是一些擁有秘密檔案的間諜憑空捏造的邊緣理論。

我問加拿大前駐華大使馬大維，響尾蛇報告的核心論斷是否站得住腳，中共是否真的與跨國犯罪集團相互交織，利用統戰部中的罪犯來實現黨的目的？馬大維告訴我：「無可否認，兩者之間存在聯繫。共產黨自上海成立之初起，現代中國政治的進程就與各種犯罪頭目和黑社會的興衰息息相關。」

馬大維也告訴我，當他擔任政府官員時，他不能公開談論中共與黑幫的關係，但他認為現在他有責任向加拿大人說明他在中國了解到的情況。「黨不介意使用任何工具，如果他們能抓到某人在做違法的事情，他們會以嚴厲的判決，甚至死刑來換取罪犯的服從。」梅龍尼說道：「他們將之置於試圖拉攏的人頭上。中國的犯罪組織和海外華僑社群以及統戰部之間存在著非常緊密的、近乎親緣的關係。拉攏犯罪網絡是共產黨在滲透目標組織和社區，以及進行對外干涉時的首選工具之一。」

這意味著甚麼？最壞的是，中國利用犯罪網絡滲透加拿大意味著甚麼？是否存在具體危害？是的，危害實實在在，而且在不斷增加。據多個消息來源稱，最壞的情況是這意味著北京將容許芬太尼運往加拿大。這是另一個令人不安的事實，中共利用芬太尼死亡作為威脅加拿大領導人的籌碼。

多位直接知情人士告訴我，大約在二〇一八年左右，北京希望在其溫哥華領事館安插一名國家安全特工，負責習近平的秘密「獵狐行動」。而這類針對如賴昌星之流的經濟逃犯實行的「追捕」往往是不加掩飾的情報行動。一位消息人士證實：「在我們與中共之間出現僵局之前，中國希望加拿大接受另一名警察聯絡官，但該職位需設在溫哥華。加拿大拒絕了，中共則因此感到不滿。我們知道他們的目的是針對僑民和其他『經濟難民』。因此，當我們就鴉片類藥物危機尋求援助時，中共卻以這點威脅我們。」

我仍在解讀這個例子中，中國政府馬基雅維利式手腕的含義。當我的消息來源使用「毒品國家」、「反向鴉片戰爭」、「敵對國家活動」或「非對稱戰爭」等字眼時，這些都是令人震驚的概念。中國不僅打算從芬太尼生產中獲利，而且還意圖將其武器化，這難以想像，更別說接受。

但消息人士最終想說的是，中國政權正有目的地使用芬太尼攻擊其他國家，而加拿大人有需要了解北京與鴉片類販毒集團之間的殘酷勾結。這些消息來源是誰？有些是加拿大皇家騎警的刑事情報人員、有些是現任或前任加拿大安全情報局特工、有些來自美國緝毒局，還有些來自美國國家安全機構。其中一位是對全球毒品和恐怖主義資助者了如指掌的前美國高級官員，他向我解釋了緝毒局認為真主黨如何將通過走私毒品來對付敵國。他們希望透過毒品氾濫、增加成癮者和醫療成本以及將毒品收益用於購買槍枝和炸彈來削弱西方城市。這對伊朗政權有利，對西方來說卻是致命的。這位美國消息人士告訴我，中國在芬太尼目標上似乎也是如此。皇家騎警和戰略情報局的消息來源也同意這一觀點，加拿大國會情報安全委員會的參議院弗農·懷特也持類似觀點，他告訴我，中國可以輕而易舉地關閉國家控制的芬太尼工廠，如果這個國家願意。懷特說：「這是一個安全威脅，如果恐怖分子每年殺害五、六千人，我們就會採取行動。」

但這種威脅正在加劇，而根據我在本書中引用的加拿大皇家騎警和加拿大安全情報局消息來源，加拿大似乎幾近毫無招架之力。跨國犯罪集團在加拿大建立越來越多據點，因為這個國家已經成為國際執法的薄弱環節。這是克萊門特在我就多倫多的伊朗地下哈瓦拉呈爆炸性增長採訪他時提出的觀點。

他說：「加拿大正在證明自己是一個薄弱環節，因為我們在多倫多看到的情況與我們在西海岸看到的地下錢莊洗錢活動如出一轍，他們都與中國政權有關。在多倫多，這與伊朗政權有關。」

卡爾文・克魯斯蒂在二〇二一年三月卡倫委員會的證詞中提出了相同的觀點。他描述了世界上最強大的毒梟——中國三合會、墨西哥和哥倫比亞販毒集團以及中東毒品恐怖分子——如何合作掌控加拿大的犯罪經濟。由於為黑幫和間諜提供服務的加密技術公司激增，溫哥華已成為國家資助犯罪的高科技中心，然而加拿大的法律仍停留在一九六〇年代的框架中。加拿大皇家騎警無法與澳洲、英國和美國一起打擊跨國犯罪，因為加拿大警方在與盟友共享敏感情報、利用國際線人和警察特工上存在困惱，更難以獲得電話竊聽批准。克魯斯蒂舉了幾個驚人的例子。二〇一〇年以後，哥倫比亞警方通知他，他們非常擔心拉美毒梟透過溫哥華的一名中國三合會頭目轉移巨額毒資，這是電子海盜調查的幾年前。加拿大皇家騎警發起了大規模調查，但三合會洗錢組織只是停止了運作。他作證時說，他懷疑加拿大皇家騎警領導層的洩密者影響了這項重要的調查。另一位參與拉丁美洲販毒集團、真主黨和中國地下錢莊調查——代號「廢料場計劃」（Project Scrapyard）的消息人士告訴我，克魯斯蒂的懷疑可能是準確的。他說，據信加拿大皇家騎警智庫中有人正在破壞自二〇一二年以來的毒品調查。

克魯斯蒂在他的證詞中也說明了自二〇一〇年以來，墨西哥主要的販毒集團如何在溫哥華紮根，而警方卻無能為力，因為加拿大的法律歡迎他們。例如，當美國緝毒局通知加拿大皇家騎警，「矮子」中有錫那羅亞販毒集團的菁英特工在溫哥華工作時，克魯斯蒂的法律團隊急忙撰寫了竊聽令所需的法庭申請。

然而，克魯斯蒂說，澳洲聯邦警察可以在幾天內獲得針對跨國毒梟進行竊聽的批准、美國警方可以在一周內對毒品分子的電話線進行竊聽，但加拿大，皇家騎警在靜待七個月後仍未被批准竊聽在溫哥華的販毒集團。克魯斯蒂作證道，簡而言之，這就是為何溫哥華成為世上毒品、洗錢和外國情報滲透最嚴重的地區之一，以及加拿大的政治和金融機構何以面臨嚴重的貪腐風險。他直接以英屬哥倫比亞省官方賭場和加拿大皇家騎警對二〇一〇年以後大量二十美元鈔票湧入的河石賭場的情況來證明自己的觀點。

畢竟，克魯斯蒂是巴瑞·巴斯特的綜合收益罪案組成員。這個團隊在二〇一〇年開始調查金保羅在列治文賭場的黑幫活動，但在二〇一二年因高利民的投訴以及加拿大皇家騎警領導人短視的情況下被終止。當克魯斯蒂所處的聯邦有組織犯罪部門在二〇一五年啟動電子海盜行動後，他發現實際情況更加嚴重，他暗示了加拿大聯邦和省級政府的高層人士以告知他們

（右）安徽統戰領導人韋煒於萬錦市的豪宅在 2020 年新冠肺炎疫症封鎖期間成為大規模非法賭場、武器和有組織犯罪調查的目標；刑事情報將其與金保羅的網絡連接起來。（資料來源：約克區警察局）

（左）在萬錦市，韋煒涉嫌經營的非法賭場豪宅中有一頭北極熊標本和中國國旗。（來源：約克區警察局）

情況有多糟糕，他們也負有責任。

「我們對貪污持開放態度，讓這些非法資金透過我們的（金融）系統和賭場流動。我們的監管人員視若無睹，部長辦公室也心知肚明。」——克魯斯蒂作證道，「我很擔憂，從二〇一二年至二〇一五年，我們改變了甚麼？為何還要繼續接受這筆錢？自二〇一二年開始大家就已清楚知道這些錢是通過違法賺取的，所以我認為公眾應該知道，每個人都理應透明地了解警方所看到的情況。」

我知道，儘管克魯斯蒂沒有明確表態，但他所指的是該團隊在搗毀銀通國際和金保羅地下賭場後，計劃在二〇一五年十月召開的新聞發布會。但由於某些原因，政府和警察高級官員決定取消這場新聞發布會。直到二〇一七年九月，當我在《溫哥華太陽報》曝光了電子海盜襲擊事件

（右）2018 年，安徽統戰領導人韋煒（右一）在溫哥華出席其安大略省酒店業合作夥伴、加拿大華人社團聯席會統戰主席陳永濤的就職典禮。（來源：《大華商報》（Dawa News））

（左）韋煒（左一）與中國文化產業協會統戰會長張斌（右一）於 2016 年向杜魯道基金會捐贈 100 萬美元。（來源：中國文化產業協會）

後，加拿大皇家騎警再次計劃召開記者會，克魯斯蒂及其同事都希望公眾了解英屬哥倫比亞省賭場的貪腐程度，以及跨國犯罪集團如何利用這裡的經濟活動販運芬太尼並將錢洗淨。但這場記者會最終再次遭到取消，顯然那些有權勢的人決定讓公眾繼續蒙在鼓裡。

因此，在本書中，我試圖展示這個毒蛇肆虐的深淵，試圖向公眾展示加拿大警察知道但無法說出的事情。這些問題龐大而複雜，加拿大對國家支持的犯罪網絡以及擁有與國家不相上下實力的毒梟及其影響力一無所知，反擊從何談起？

渥太華將需要修改國家安全法、外國干涉法和刑事起訴法；加拿大皇家騎警將不得不開始全面針對北京的統戰部進行打擊；皇家騎警和加拿大安全情報局更需要政治支持和資金來對付像金保羅這樣有政治關係的頭目。金保羅本人向電子海盜調查人員聲稱，他在北京的人脈極廣，我們沒有理由懷疑他。他在中國擁有礦場和工廠、在列治文的拳擊館與中國的「一帶一路」計劃有關，溫哥華的中共菁英經常聚集在這裡。與此同時，加拿大皇家騎警和加拿大安全情報局正在觀望和等待。加拿大缺乏法律架構以應對國家支持的犯罪行為，聯邦檢察官需要像其他「五眼」國家的同儕一樣開始處理重大國際案件。澳洲雖已以身作則，但面臨北京的嚴厲反擊，渥太華需要開始承擔起自己應有的責任。但消息人士稱，這將是一項非常艱巨的工作，因為習近平的統戰活動已經滲透到加拿大深處。

一位消息人士表示：「他們的觸手，說的不只是新出現的犯罪問題，而是一種已經在加拿大上層社會根深蒂固了三十年的犯罪趨勢。更令人畏懼的是，我們的商界菁英與渥太華的權力通道都與之連接，要扭轉這個局勢還需要很長時間。」

結語
情報：二〇二二年三月

《視若無睹》一書出版後不久，我便得知本書在北京引起的影響。加拿大情報部門告訴我，中國指派在加拿大的間諜收集關於我的情報，同時想知道公眾對這本書有何反應，以及它是否會損害中國共產黨。

此消息確實令人震驚，但我並不感到驚訝，統戰部那些敏感的官員因我仔細地報道了他們在溫哥華的行動而感到威脅。我不僅指名道姓，還引用了文件，甚至在當地的中國間諜網絡中建立了消息來源；另外，我還發現中共高級官員張斌、在萬錦市經營地下賭場的嫌疑犯韋煒、以及一家向總理賈斯汀·杜魯道家族基金會捐贈數十萬美元的中國幌子公司之間的關聯。這份報道的重要性不容忽視，它展示了間諜活動如何觸及溫哥華的高級罪犯及其統戰同僚，包括那些帶頭反對在加港人集會的人。這一切都與三合會嫌犯關係密切，他們與非法賭場、暴力高利貸網絡、中國軍警力量和溫哥華模式的洗錢與經濟滲透有著千絲萬縷的關係。

我仍繼續深入挖掘，在本書出版後，我得知賈斯汀．杜魯道在多倫多的主要籌款人和華人社群組織者，被加拿大金融交易和報告分析中心的可疑交易報告關注。該報告顯示，這位萬錦市男子在短短幾個月內從香港向一位在加拿大被指控大肆進行房地產洗錢活動的中國貪腐嫌疑人，進行了數百萬美元的電匯。他還與一名在萬錦市自由黨籌款和加拿大華人商業網絡中非常活躍、同時作為加拿大安全情報局高級目標的人關係密切，更與加拿大著名律師事務所也有關聯。但我最關心的，是他實為下轄於統戰部的中加貿易團體領導人。

因此，我得以進一步證實發生在溫哥華與多倫多地區中針對賈斯汀．杜魯道和其他許多政客進行的政治影響與現金換取行動，確切地與英國軍情五處（MI5）於二〇二二年初曝光的統戰活動如出一轍。此英國反諜警報令人大吃一驚，更直接成為了世界各地的頭號新聞。案情顯示，李貞駒（Christine Lee）律師冒充「能夠帶來財富」的中國文化活動推動者，為統戰部和僑務團體打入英國議會，事實上，她是一個能夠接觸英國政客的特洛伊木馬。

這正是我在《視若無睹》中描述的戰術藍圖，但有趣的是：一位情報來源告訴我，在加拿大，只有像我和我的同事特里．克雷文這樣的記者才能對公眾發出警告，提醒有關中國、俄羅斯或伊朗特工的滲透行動。加拿大安全情報局擁有極佳的情報證實了統戰部如何以賈斯汀．杜魯道這樣的政治家為目標，但據我所知，他們不能像軍情五處那樣對公眾發出警告，因為這個國家有著嚴格的隱私法，而情報部門更是在神秘的政治枷鎖下運作。

在撰寫本書的過程中，我非常熟悉北京慣於對批評者進行嚴厲的回應。一位勇敢的線人在打入最著名的中國僑民網絡後，警告我這些圈子中包含政客、律師和商人，且皆與中國統戰部關係密切，或乾脆是中國的傀儡。「他們正推出一個『GoFundMe』鏈接，用於（一場）為種族攻擊索賠訴訟進行募捐，」線人告訴我，「他們想要將其打造成一個具有影響力的華人團體，以遊說和施壓政府、政客、記者、機構，並煽動加拿大華人的民族情緒。（他們想要）對任何敢於批評中國的人提起訴訟，（他們也想要）將更多的傀儡選進加拿大政府。」

二〇二一年九月，這個可怕的警告在加拿大聯邦選舉中成為現實。二〇二〇年，曾因我的統戰行動報道而對攻擊我的媒體和微信群，開始放大對列治文保守黨議員趙錦榮（Kenny Chiu）的造謠行動。二〇一九年十月，趙錦榮擊敗了自由黨議員蘇立道後有望連任，但趙氏在北京眼中卻是一個威脅，他的罪行是甚麼呢？只因他曾提出一項要求，任何身處加拿大但為外國工作的人向政府登記處提交資訊的法案，趙錦榮甚至沒有在這項法案中提到中國。此提議就如同澳洲反外國干預法的弱化版，是一項提高透明度的良好舉措，但他卻因此被抹黑並被貼上反華的標籤——任何加拿大的捍衛者都是北京的敵人。

這些力量成功摧毀了趙錦榮，他在一場幾乎沒有異狀的選舉中輸給了自由黨的一位無名之輩；敗選的還有列治文保守黨議員黃陳小萍。此次選舉結果令保守黨和自由黨都感到驚訝，根據保守黨向加拿大安全情報局提交的報告，中國的干涉網絡涉及十二個選區，尤其著重於溫哥華和多倫多。我獲悉，加拿大安全情報局非常擔心並「尋求議會的指導」以應付這個狀況。

這不僅僅是保守黨未能取代賈斯汀・杜魯道政府而產生的怨恨，有明確證據表明，中國採取了有利於自由黨的行動。有兩項獨立研究得出的結論顯示，北京針對趙錦榮及其法案發起了虛假資訊行動，其中一項研究由麥基爾大學的研究員李思峰（Sze-Fung Lee，音譯）和本傑明・馮（Benjamin Fung，音譯）完成，發現「可以合理推斷，無論是誰在散播虛假資訊，在重塑有利於北京利益的論述一事上，存在明確的動機。」報告的撰寫人警告，如若不解決這個問題，這般攻擊可能「掀起淹沒加拿大民主的浪潮」，他們表示，「加拿大的選舉過程受外國實體干預的可能性很高，」而這種干預「嚴重威脅國家的自由民主」。

根據安大略省議員莊文浩（Michael Chong）的說法，第三項研究——即保守黨內部對選舉的事後剖析顯示，北京已經成功滲透到加拿大的民主制度中。他也因曾對中共進行嚴厲批評而受到北京的制裁，但同時也被許多政治學者視為保守黨中最耀眼的人物。莊文浩告訴我：「我們失去了那些（十二）席位，並不是因為我們對中國的政策有誤；我們失去那些席位，是因為北京及其代理人散佈的虛假資訊，這顯然是中共的蓄意干涉。」但讓我們回到中國情報界對《視若無睹》的關注，為甚麼他們會對加拿大的一本書如此擔心？簡而言之，是因為我在書中勾勒出了北京在加拿大複雜的金融犯罪和間諜網絡。我能夠理解——有時甚至可以預測這些行動者的行為模式，我的評估是準確的，並且也對他們瞭如指掌。因此，我有認真地對待加拿大情報部門的警告，但同時我也將其視為一個機會，更深入地去了解北京在加拿大觸手——究竟是甚麼讓中國極度深入的情報機構提高了警惕？

事實證明，他們的某些情報目標具有啟發性，而有些則非常平凡。即便不是間諜專家，你也能發現《視若無睹》一書在二〇二一年夏天登上了加拿大暢銷書榜首。但北京想確切了解到底出售了多少本書，也想更了解這本書的出版商和他的公司——Optimum Publishing International。除此之外，他們還想探知我的消息來源和所謂的合作者。有人告訴我，他們特別渴望知道在中國被稱為「五毒」的團體中是否有本書的「支持者」，他們是：爭取新疆自治的維吾爾人、支持臺灣獨立的倡導者、自由西藏的支持者、民主倡導者，及尤其是法輪功成員。

中共的首要任務是自身的存續，它的主人擔心若不繼續扼殺最大的威脅：自由和民主，他們的觸手就將面臨枯萎。「五毒」作為中國境內的民主運動，北京在全球都監視著任何與這五個群體有關係的人，而且基於北京並不相信新聞自由，我猜他們會認為「敢於質疑中共的記者就是收受了五毒的秘密資助。」

我還被告知，中國情報部門正試圖搜尋我各個消息來源，我因此需要在網路空間加強警惕，避免踏入任何陷阱。這非常有道理，因為我已經掌握證據，溫哥華模式嫌疑人正隱藏在看似無害的北美網站中，這些網站還可以追溯到狩獵槍枝的商店。

但對於我個人安全而言，我還被警告需避免前往中國、香港以及任何中國國安機構可以肆意妄為的地區。在康明凱和邁克爾．斯帕弗的綁架事件以後，我已完全相信這些警告的必要性，我了解習近平主席統戰世界觀的黑白分明：一個人要麼是中共的朋友、要麼是一個可以被拉攏向中共的中立者；要麼就是永遠的敵人，而《視若無睹》一書顯然使我被歸類為後者。

加拿大情報部門的警告發人深省，但同時我也由此了解到這本書在華盛頓——具體來說，是五角大廈引起了轟動。美國軍方、情報和執法人員對我在中國情報和警察網絡中看到的芬太尼毒梟及其保護者之間的聯繫感興趣；英國情報專家也對此表示關注，積極交換各自的見解。我一些令人更擔憂的發現，甚至是響尾蛇報告中最具爭議的主張——也得到了英國情報界的認同，中國的情報「投資者」確實是一些全球房地產開發公司中隱藏的黑手。

英國聯絡人分享的一份名為《黑金（Black Gold）》的精彩開放源報告，讓我更多的研究得到了證實。文中追溯了犯罪頭目和中國情報機關資產的賴昌星，他在一九九〇年代末從香港逃到溫哥華後，就一直經營他的地下帝國。該報告解釋了幾名據信是賴昌星繼任者的福建犯罪頭目，如何將黑市石油運往北韓，而其中一位頭目與統戰部有明顯關係。正如我在書中所寫，賴昌星在加拿大法庭的紀錄中說他受中國國安部門委託，將自己生意帶到香港，並匯報民主運動和臺灣軍事情報網絡。《黑金》報告解釋說，賴昌星的福建繼任者也移居到香港並經營著自己的犯罪企業，還指出在二〇一九年夏天，這犯罪頭目的打手在元朗車站毆打了香港的民主支持者。

這充分驗證了我的情報來源觀察到在溫哥華和多倫多的瘋狂活動。我非常清楚中國的目標是香港民運人士和加拿大的維吾爾人，而且我從英屬哥倫比亞省賭場網絡中找到的人似乎也參與其中。但我也從情報人員得知，包括俄羅斯、中國、伊朗，以及各種寡頭和情報人員，都在加拿大領土上參與了更高級別的間諜遊戲。多個消息來源告訴我，這些活動代表源自暴力和貪腐的重大威脅。

曾有一場令人難以置信的間諜戰，證明了加拿大受到的滲透有多嚴重。據我所知，加拿大安全情報局偶然在多倫多發現了臺灣的軍事情報組織，他們正在對抗中國龐大的情報活動，而由於中國對加拿大的滲透之深，使得臺灣選擇加拿大作為最方便抵禦中國政府活動的東道國！

考慮到這一切，我明白中共為甚麼對我的書如此擔憂了。我正與加拿大五眼盟友（澳洲、紐西蘭、英國和美國）的強大消息來源建立聯繫，並且從加拿大情報部門獲得了更多消息。我了解到幾十年來，加拿大安全情報局和加拿大金融交易和報告分析中心一直在警告他們的政治領袖，歡迎來自中國、俄羅斯和伊朗的寡頭以及鄰近的跨國有組織犯罪網絡投資，是危險的。但這些警告大多被忽視，因為渴望貿易的政客和官僚選擇對所有外國資金敞開大門。

但不同於加拿大安全情報局和加拿大金融交易和報告分析中心，我可以自由點名並向加拿大人通知渥太華未能留意情報警告的情況。

⋮

羅斯．奧爾德森的生活發生了翻天覆地的變化。

二〇一七年底，他被英屬哥倫比亞彩票公司的老闆發現向我洩露文件後，被迫離職。他聽過許多關於英屬哥倫比亞省政府保護吹哨者的言論，但顯然那他並沒有得到任何保護，奧爾德森覺得自己被拋棄了。要在省內找到合適的工作變得極為困難，儘管他是一名訓練有素的反洗錢專家，但他發現自己只能當網球教練或在倉庫裡搬運箱子。但是，奧爾德森在卡倫委員會宣佈成立時得到了一劑平反的「良藥」來平衡他的痛苦，他與委員會的律師會面並分享了大量資訊，他申請參與聽證會，正如其他預計將在誓言下作證的英屬哥倫比亞彩票公司管理者一樣。但是奧斯汀．卡倫法官拒絕了他的申請，這意味著如果他的聲譽受到攻擊，他不會得到律師保護自己的利益。

隨著卡倫委員會的聽證會進行，顯然奧爾德森的一些前同事試圖詆毀他，甚至是威脅他。他開始收到匿名電子郵件，其中包含了只有從英屬哥倫比亞彩票公司內部才能得到的訊息。一些郵件還聲稱我在領英（LinkedIn）聯繫了奧爾德森的同事，試圖挖掘他的醜聞並放入本書。其中一封郵件寫道：「這是我從要求告發你的人那裡得到的，這是他讓人們聯絡的電話號碼。」此郵件引用了我的手機號碼，並試圖利用這些訊息挑撥奧爾德森。這證明了有一群損失慘重的人不希望他在委員會上作證，而諷刺的是，奧爾德森為了尋找工作而被迫和家人回到工作前景更好的澳洲。所以這時他已身在澳洲，建立了新生活、親自保護家人，而卡倫委員會並不在他的計劃中。

然而，在二〇二一年秋天，卡倫委員會工作結束之際，奧爾德森與曾在聽證會上支持加拿大皇家騎警弗萊德．皮諾克的溫哥華律師取得了聯繫。他決定再次聯繫卡倫委員會，而此次他終於達成協議，可以通過在澳洲視訊連接作供。這時，有人再次給他發送電郵，警告他應該說出真相，並多為他年幼的女兒著想。

為何一些人會如此驚懼，在奧爾德森出庭作證後變得顯而易見，他在河石賭場調查員日誌中的手稿不僅證實了他同事的證詞，而且還提供了我認為確鑿無疑的證據：奧爾德森於二〇一二年四月十八日的紀錄表明，在與英屬哥倫比亞彩票公司董事特里．唐斯會面時，李石、奧爾德森及其調查員同事史蒂夫．比克斯馬被告知不要干預河石賭場百家樂私人貴賓廳內的大額現金交易。李石在筆記本聲稱：老闆告訴他，這項指令是受時任大加拿大娛樂集團總裁羅德．貝克施加壓力的結果；更作證說，調查人員被命令不得質疑貴賓們、不要接近他們、甚至不要進入河石賭場隱蔽的百家樂廳。調查獲悉，加拿大皇家騎警也收到了同樣的指示。在聽證會之外，一名高級警官向我證實了，警方在河石賭場的高端賭博室裡並不受歡迎這件事。

奧爾德森的會議紀錄有很高的價值，不但釐清李石的紀錄，並補充了細節。奧爾德森寫道，大加拿大娛樂集團管理層的投訴轉交給了英屬哥倫比亞彩票公司的首席執行長，指示也順著上級傳遞下來。他明確表示，他的團隊認為自己因履行職責和遵守法律而受到懲罰，「我表示，我對於執行長（麥克）格雷頓沒有與我們討論，而是接受了大加拿大博彩公司的批評而感到失望……

現在，我們基本上被告知需要退一步。」奧爾德森的筆記本上記述了他與老闆弗里森的談話：「弗里森說他會代表我們進行爭論，但他還是被束縛了，一切事關營收。」筆記還稱，弗里森的上級特里・唐斯「表示他受到河石賭場度假村方面的壓力」，因為奧爾德森的團隊「禁止玩家並導致收入減少」。

在法庭審判中，法官亦非常重視同期紀錄（contemporaneous notes），即在重要事件期間或之後不久記錄的內容。它們不像音頻或影片那麼具有說服力，但比起某人遙遠的記憶，它們被認為更具說服力。卡倫法官的報告於二〇二二年五月提交，其任務是證實英屬哥倫比亞省賭場和房地產市場發生的洗錢活動是否源於貪腐或不作為；以及官方賭場是否因為類似活動帶來的利潤而對洗錢視若無睹、甚至有意參與？對我來說，奧爾德森的筆記本提供了卡倫法官必須研究的七萬頁紀錄中一些最有力的證據。「我沒看到任何行動，」他告訴卡倫法官，「我看到這些顧客中有多少人參與了房地產交易，以及與有犯罪聯繫的人進行其他交易。不僅如此，某些人與中國共產黨的關係也令人非常擔憂。」

但奧爾德森的證詞出現了一個轉折，這是我在書寫本書時意識到的無數個荒謬諷刺的事情之一。在卡倫法官手上大部分證據指涉的核心人物——臭名昭彰的高利貸金保羅，像奧爾德森一樣申請了參與者身分。鑑於金保羅對省法院的熟悉和卑鄙無恥的利用，這並不令人意外，但仍然很荒謬。但更荒謬的是卡倫法官同意了，並授予金保羅有限制的資格，這意味著為了捍衛自己的利益，金保羅可以獲取向委員會披露的紀錄。與擁有完整資格的參與者不同，金保羅無法查看敏感的紀錄，但他可以就可能對奧爾德森造成最大損害的具體事宜進行盤問。

⋯

我以前見過德畢奧（Greg DelBigio）的表現。他是溫哥華一位著名的刑事律師，具有鮮明生動的提問風格，曾代表過諸如地獄天使之類的客戶，其事務所還曾代表銀通國際董事朱建軍及其妻子（在朱建軍的列治文謀殺案之前）。早在二〇一二年，當我報道英屬哥倫比亞省警察在市中心東區數十名性工作者被謀殺一案調查失敗時，他正熟練地為一名前警察進行辯護。

但我對德畢奧有更多了解主要是因為他在最高法院一宗開創先例的案件中扮演了重要角色。他和幾位英屬哥倫比亞省的律師成功地在法庭上製造了一個重大漏洞，削弱加拿大的反洗錢系統。他們認為被要求向加拿大金融交易和報告分析中心提交可疑交易報告，將侵犯律師和客戶之間的律師特權。可以說，這對許多加拿大律師來說是有利的，但對國家卻極為不利。

二〇〇四年，政府審計報告發現，這項豁免「被廣泛認為是立法中的嚴重缺口」；更糟糕的是，加拿大的律師漏洞意味著加拿大金融交易和報告分析中心沒有完全符合國際標準，確保國家金融體系不為強大犯罪分子利用。審計員得出結論：「現在個人可以通過律師進行銀行業務，而不必透露自己的身分，繞過了反洗錢系統的關鍵組成部分。」

但自那以後，渥太華並沒有採取任何措施來堵塞這個漏洞。當時，專家估計每年通過加拿大洗錢的金額約為一百七十億美元；加拿大犯罪情報局預計二〇二一年的數額已達到一千三百三十億美元。正如加拿大皇家騎警反洗錢消息人士告訴我的，房地產交易中的大部分黑錢必須透過合法信託流動。

回到德畢奧和他的客戶金保羅，他在奧爾德森洩露給我的公司紀錄中是個關鍵人物。正如我所寫的，這些是我在新聞工作中獲得的最敏感和最重要的文件，而在「溫哥華模式」被命名之前，它們讓我找到了關鍵。紀錄顯示，奧爾德森於二〇一五年中期與卡爾文．克魯斯蒂會面後立即識別出了三十六名巨鯨賭客，他們從金保羅及其在河石賭場的網絡中獲取現金。英屬哥倫比亞彩票公司最終識別出數百名來自中國大陸的類似高風險賭徒，但這份「金保羅名單」中的三十六位貴賓是我能夠說出名字、並將其與主要的房地產交易聯繫起來的一些非常重要的人物。因此，在德畢奧於卡倫委員會上對奧爾德森的審問中，我可以看出金保羅想要知道的內容。

「你向山姆．庫柏先生提供的資訊是你從僱主的電腦或紙本文件中獲得的，對嗎？」德畢奧問道。

「沒錯，」奧爾德森回答道，「我對這個行業吹哨，導致了這次公開調查。我認為當時發生的事情事如此令人震驚，以至於需要公諸於眾。」

德畢奧反應迅速：「你沒有得到你辦公室裡任何人的批准或授權，就將這些證據轉交給山姆·庫柏先生，對嗎？你偷走了僱主的資料，不是嗎？」

「不，我不認為這是資訊盜竊，」奧爾德森說，「我認為這是為了更大的目的，所以我不同意這種說法。」

「以法律的角度來看，」德畢奧追問：「當你想向庫柏先生提供這些資訊時，你有沒有想過你的行為是否符合法律規範？」

奧爾德森先是停頓，接著諷刺地回答：「嗯，德畢奧先生，這很有趣不是嗎？因為目前已有這麼多訊息，加拿大現在相當重視洗錢問題及其帶給國家更大的問題，我相信這甚至是聯邦政黨綱領的一部分，所以很多事情都是因為我的行為而發生的。」他又停頓了一下，補充道：「我的意思是，歸根結底，我們之所以能來到這裡，很大程度上是因為報道。」

當然，如果德畢奧就此罷休，他就不是一名強硬的辯護律師了，因此在接下來的問題中，他直指我的報道內容。

「是的，但你的自作主張相等於故意違反了法律，不是嗎？庫柏先生是否曾向您表達過擔憂，即他不應該非法接收你違法取得的資訊？」

事實上，金保羅試圖透過德畢奧讓我成為眾人矚目的焦點。

我記得我在觀看這段審問時露出了苦笑，但我從來不擔心奧爾德森選擇洩露重要紀錄的決心，而我則善用這些紀錄揭露了英屬哥倫比亞省公共信托何以被驚天動地的貪腐所濫用。奧爾德森的文件是讓公眾獲得大量資訊的起點，我相信這些紀錄表明了英屬哥倫比亞省賭場管理員知道他們正在允許洗錢活動，估計金額達數十億美元。如果卡倫法官的建議與證據相符，那麼如此大規模的貪腐現象就不應該在加拿大再次發生。

德畢奧並不是唯一一個認為我應對報道奧爾德森的洩密而感到愧疚的人，但我知道公共利益法會推翻他或英屬哥倫比亞彩票公司律師可能提出的任何論點。保護涉嫌從事芬太尼進口和高利貸者的隱私是相當困難的，因為加拿大寬鬆的反洗錢制度並沒有對他們進行充分的調查。

奧爾德森對德畢奧的回應簡潔地概括了我對此事的看法，他說：「沒有，我相信他認為這些事需要曝光，我認為從公眾的反應來看，他們也是這麼認為的。」

德畢奧將文件外洩問題擱置，但他最後的問題很有趣——金保羅的律師想知道奧爾德森如何證明英屬哥倫比亞省賭場中的跨國黑幫與中共存在某種聯繫。

⋮

金保羅及其律師不願談論之事，也是卡倫委員沒有在聽證會上公開審查的，那便是跨國組織犯罪如何將一些省級法院和律師事務所變成了法律的「爛攤子」及溫哥華模式的工具。

委員會的律師已經完成了有限但富有啟發性的證據搜尋，他們從英屬哥倫比亞省法院的案件檔案中收集了金保羅及其妻子努力以溫哥華住宅為擔保的賭場貸款。這與我用來證明賭場高利貸和芬太尼進口商發放房地產貸款、並將溫哥華房地產市場作為巨大抵押品的研究方法相同。我發現，至少從一九九〇年代開始，中國大陸的三合會就一直在使用本票來為英屬哥倫比亞省的房屋提供毒資貸款。你想要現金去賭博？給我寫一張本票，用你的房子、你媽媽的房子，甚至是你房東的房子作抵押。之後，你需要在溫哥華通過支票或銀行匯票還錢，或在中國內還錢給我們，不還？那就會有血光之災。

我們無法估量有多少溫哥華房屋被用作賭場和銀行、中國和加拿大之間的資金轉移載具，因為絕大多數賭場和房地產貸款的抵押本票和法律文件從未在法庭備案。大多數貸款不會出現問題，出現問題的貸款通常透過威脅、毆打甚至死亡來解決。但從溫哥華各地的土地所有權來看，顯然許多房屋都有多項抵押貸款。本書中引用的文件表明，許多高利貸和賭客一直在利用黑心律師制定不可靠的借貸協議。

例如，在這起以金保羅為中心的案件中，委員會律師發現他自二〇一三年以來向英屬哥倫比亞省最高法院提出了五項索賠。他們還發現了郭紅律師事務所為金保羅開立的八份房產抵押貸款，以及由郭紅和金保羅簽署的多張本票。當金保羅試圖扣押房產或索取賭場債務時，郭紅的律師事務所也曾對至少四名屋主提出訴訟。據稱在大多數情況下，未償還的貸款涉及建築或房地產開發。

在提交的法律抗辯中，債務人有時聲稱他們對自己的生命安全感到擔憂。鑑於我從加拿大皇家騎警的報告和本書中引用的消息來源中了解到的情況，他們的說法對我來說相當可信。其中一個案例顯示，一名在溫哥華地區擁有至少五處房產的婦女聲稱其價值二百一十萬美元的列治文豪宅在二〇一四年被多次闖入，對方還留下一張寫著「償還債務」的紙條。該房屋的一名保安在向警方報案時稱，有人看到幾名男子在房屋上潑紅漆。

據金保羅說，他的家人借了五十七萬美元給這對夫婦，以進行三處房產的建設和翻新工程，他們在溫哥華至少有四處房屋已作為債務抵押。匯豐銀行的貸款文件顯示，這對夫婦於二〇〇六年開始在溫哥華購房，雖然與金保羅的聲明無關，但即便是匯豐銀行的貸款，也存在著溫哥華模式的問題。土地所有權文件顯示，儘管兩人都聲稱自己是學生，但他們卻從大銀行獲得了巨額貸款。根據博彩政策與執法部的統計，「學生」和「家庭主婦」是賭場豪賭客中最重要的職業之一。

他們說，儘管在加拿大沒有工作，這對夫婦還是買了一套又一套的房子，並成為房東。根據一份律師本票，其中一處房產便是溫哥華南區（Southlands）高爾夫球場旁一座價值三百八十萬美元的豪宅。但妻子聲稱她根本不認識金保羅，並表示在列治文的豪宅被闖入幾天後收到了金保羅的起訴，而她沒有留下來為這起訴訟辯護，而是帶著孩子以及現在的前夫逃到了中國。「我在二〇一四年匆忙離開加拿大，因為（前夫）建議我必須帶著孩子離開。」她在二〇一五年的書面證詞中說道，「（他）告訴我，他手上本屬於毒販的貨物和金錢都被搶劫了，他因此欠了多位毒販的錢，而對方要求他對這些損失負責，我們都很害怕。」

二〇一六年，金保羅的家庭贏得了英屬哥倫比亞最高法院的缺席判決（default judgment），加上利息，賠償總額為五十七萬美元。

在二〇一三年的另一起案件中，金保羅聲稱他提供了一筆四十萬五千美元的房地產貸款給一對來自中國的夫婦，而他們則以溫哥華的房子作為抵押。但借款人是一名賭客，他表示自己並沒有從金保羅處獲得這類房地產貸款。實際上他在列治文的水立方按摩院向金保羅借了二十萬美元現金，他知道金保羅是個賭場高利貸，且利率高達百分之九十一。為了支持自己的說法，金保羅向法院提供了二〇一五年五月的簡訊，其中中國借款人用暱稱「阿保」稱呼金保羅。簡訊寫道：「在中國收到保哥的八百萬人民幣（約加元一百六十萬），這是我借給另一個人的，正在法院執行中。當（在中國的貸款）到位時，我會還你。」

對我來說，這條簡短的訊息包含了大量「溫哥華模式」的證據。訊息表明，在英屬哥倫比亞省法院運作的跨國高利貸團伙與中國的高利貸活動有直接聯繫，進而利用中國法院在當地進行犯罪貸款。此外，太平洋兩岸的犯罪貸款表明，地下貸款機構如何在加拿大和中國之間建立病態的信用和債務鏈。

所以我們在溫哥華有一個放貸人，在中國有一個借款人，而後者在中國也有自己的借款人。第一個借款人一旦從下一個借款人手中收回債務後，就會償還他在溫哥華或中國的債務，依此類推，而溫哥華房地產成為了整個犯罪貸款系統的抵押品。

但是卡倫委員會的律師沒有選擇深入調查此案，也沒有對金保羅或他的中國借款人提出質疑，這意味著卡倫大法官很可能無法深入了解我所解釋的國際紛爭。這是值得羞愧的，尤其是當我們考慮到第一借款人的前妻沈女士在答辯書中所聲稱的內容時。

沈女士說，有一天，金保羅在她接孩子放學回家後來訪，並要求她賣掉房子來償還前夫的債務。他的身後還站著五個男人，沈女士形容，其中四名看起來是華裔，一名是白人，這五個人都是光頭。金保羅離開後，她逃離了那所房子，她說：「因為我擔心金先生會對我或我的家人做出甚麼事情。」她聲稱自己對前夫的賭債一無所知，而她自己也不欠金保羅任何債務。這個可怕的故事與溫哥華許多賭場高利貸的受害者在向警方投報時所提及的內容相呼應。如果一個人欠下賭債，那麼無辜的家庭成員（甚至是孩子）便會成為攻擊目標的情況，並不罕見。

但在我看來，還有一個特殊的案例提供了一個更好的機會，以了解溫哥華模式是如何演變為與中國政府支持的犯罪活動聯繫的非法賭場，這個甚至沒有被卡倫委員會提及的案例，本可以成為長達數星期的調查主題。

⋮

二〇一五年，奧斯汀．卡倫法官審理了一起涉及金保羅和他妻子的案件，這種怪異的轉折或許可以解釋該委員會律師的沉默。這起案件證實，這對夫婦因濫用法律程序而欠下法律費用，正試圖從一位名叫馮華（Hua Feng，音譯）的男子身上收取回一百三十萬美元的貸款。

金保羅的法律文件稱馮華是一名長期客戶，曾獲得多筆巨額貸款，並以馮華家人直接或間接擁有的兩處列治文房屋和溫哥華房產作為債務的抵押品。這些貸款中包括了在中國轉移給馮華的五十萬美元，金保羅擁有中國銀行的交易收據來證明這一點。金保羅聲稱，另有八十萬美元是透過馮華的線上賭場博彩帳戶轉入的。

馮華承認與金保羅有生意往來，但他對事件有不同的說法。他說，在二〇一四年十二月，他曾與金保羅接洽，希望將資金從中國轉移到加拿大以購買房產。金保羅提供了優惠的價格，兩人完成了數量不詳的交易，大家都很高興。但在二〇一五年一月，金保羅問馮華是否願意參與網路博彩投資，這家企業的性質模糊不清，而金聲稱這與真實賭場的籌碼交換有關。他同意參加，於是金保羅開始將資金存入馮華的線上博彩帳戶，這就是馮華的證據變得非常模糊的地方。他說他輸掉了所有的線上賭注，但他聲稱——我認為這相當荒謬——他誤以為在金保羅的線上賭場下注並不涉及真實貨幣，因此，當金保羅要求他償還債務時，他提出了異議。

當這起案件進入英屬哥倫比亞最高法院時，唯一的問題是馮華是否需要交出他在溫哥華的房產，去償還金保羅聲稱以房地產作為抵押的債務。雖然金保羅很明顯沒有在加拿大經營線上賭場的執照，但這並不意味著他沒有非法經營賭場，但法官並沒有被要求判定馮華的賭場帳戶中存款是否屬實。正因如此，他們從未試圖揭露金保羅參與的非法活動。然而，你若想了解英屬哥倫比亞省的洗錢活動如何演變，那就需要看看像金保羅這樣的人是如何運作的。這就是為甚麼儘管問題如此嚴重、儘管他們的具體任務是揭露洗錢活動如何在該省發生，但卡倫委員會的律師也決定不直接調查金保羅及揭露他的放貸行為。

不過，我從其他渠道獲得了資訊，包括加拿大皇家騎警的文件和英屬哥倫比亞省法院審理的其他金保羅在列治文私人地下賭場的案件，這些資訊提出，線上賭場聽起來像是一種為賭客記錄借貸的方式。電子海盜調查員從金保羅行動中查獲的文件顯示，巨額賭客並不會帶著現金到他的豪宅，而是獲得博彩信用額度，並在房子裡管理帳戶，這些人被稱為來自北京和中國其他城市的「董事」和「兄弟」。正如前電子海盜調查員布魯斯．沃德在我獲得的錄音帶中所解釋的那樣，這些團夥認為他們只要不在豪宅賭場內進行現金交易，就能確保其合法性。如果金保羅的客戶輸了錢，他就必須在豪宅以外的地方收錢，否則他將受到他在中國的合夥人及老闆的追究；如果豪賭客贏錢，金保羅也會在別的地方將錢交給他們，或許是通過貨幣兌換，也可能在水立方按摩業務中支付。

那麼，馮華所面臨的這筆網路賭債是否與金保羅的豪宅賭場相關，這個問題稍後再談。首先，讓我們來看看金保羅的暴力威脅與本書前面討論的一個關鍵案件有何關聯。

二〇一五年三月，金保羅要求馮華還錢，馮華說他被命令前往水立方辦公室。該企業正受到電子海盜監控小組的監視，他們發現金保羅及其手下往返於銀通國際、郭紅律師事務所、河石賭場以及列治文的各個停車場、汽車經銷商和中餐館之間，以傳遞裝滿現金的手提箱。

馮華的書面證詞聲稱，他走進金的辦公室並受到四名「保鏢」的迎接，他們默默地看著金保羅解釋為何馮華要將在溫哥華的房產抵押給他以償還賭債。為了替這筆交易蓋上印章，他們一同前往郭紅位於列治文的律師事務所，馮華被要求攜帶其父親的英屬哥倫比亞省房地產投資公司授權書，他的父親馮家寶曾與郭紅簽署過這份文件。馮家寶在中國生活，兒子馮華居住在列治文，而這份文件賦予了他兒子在父親名下買賣溫哥華房地產的權力。

金保羅和馮華都不否認兩人曾在二〇一五年四月初相約於郭紅的辦公室，當時馮華將房產轉讓給金保羅，而郭紅則主持了這筆交易；其中，馮華聲稱自己被迫以現金支付律師費，但卻沒有收到收據。紀錄顯示，郭紅還為金保羅和馮華起草了本票，內容包括地址和利率，但這就是故事的分歧點。金保羅表示這都是合法的生意，但馮華告訴法庭，他將三處房產（包括其中一套實際為他人所持有）轉讓給了金保羅：「因為金保羅對我說的話，使我出於對自己、女兒和母親的人身安全感到憂慮而不得不這麼做。」

馮華說，他與家人直到四月底都生活在恐懼之中，金保羅提出越來越多的還款要求，但他別無選擇，只能向列治文加拿大皇家騎警報案。警方確信存在危險，因此聯繫了在中國的馮家寶，並告訴他最好前往列治文一趟。在一份書面證詞中，馮家寶表示他在二〇一五年五月與金保羅見過一面，當時他感到很害怕。

金保羅則提供了另一份文件，讀起來令人十分不安。這是他在二〇一五年五月九日給馮家寶發的一條微信訊息的英文翻譯：「馮大哥，你一定很難過吧。公司問我你的五十萬加元甚麼時候能夠支付，感謝你的支持和體諒，否則我很難面對我的公司。」

據金保羅所說，這家公司只是他一群合夥人從事私人借貸生意，但對於我的一些加拿大皇家騎警消息人士來說，所謂「公司」的含義截然不同。有些人——但不是全部，認為金保羅指的是他參與了由謝志樂（又名三哥）領導的超級販毒集團。我的加拿大皇家騎警消息人士認為，「公司」是一個由國家資助的三合會網絡，由萬錦市和溫哥華市的老大在中國公安部的指導下經營。我認為合理的推論是，對任何熟悉賭場追債和跨國地下錢莊的中國商人來說，這所公司具有同樣不詳的含義，稍後我會回到這家公司的問題上。

根據馮家寶的說法，金保羅幾星期後又發了一條訊息，要求他向公司還款。第二條消息包含了來自列治文報紙的一篇中文報道鏈接，這篇報道描述了二〇一五年六月五日發生的鄭錫賢謀殺案。我曾在本書中描述過這個案件，它揭示了龐大的地下錢莊網絡，通過不正當的貨幣兌換、被盜竊的銀行本票、大圈仔賭場高利貸以及溫哥華股票經紀人和騙子之間的網絡，將來自中國超級富豪的資金轉移至溫哥華房地產中。報紙上的文章描述了一輛黑色休旅車撞向一輛灰色路虎，車內有人向受害者的臉部、胸部和手臂射出約二十顆子彈。對馮家寶來說，這個訊息很明確。

「金保羅建議最好付錢給他，以免出現報紙中所描述的結果，」這位父親的書面證詞中說道，「我和兒子對我們和他女兒受到的威脅深感擔憂。」

最終，英屬哥倫比亞最高法院的兩名法官同意馮家寶、馮華等被告的觀點，金保羅的索償被駁回，卡倫法官同時命令他向馮華的房東支付特別費用。這個完全無辜的人不知何故被捲入了錯綜複雜的債務索賠中。

這一切又把我們帶回了卡倫委員會。二〇二一年十月，我聯繫了金保羅的律師德畢奧，詢問他的當事人對這些案件以及他與郭紅的法律事務有何回應，我也想知道金保羅對馮華債務案件中的指控有何回應，他是否有意通過發送一篇關於定點槍殺的新聞來威脅馮家寶？

「如你所知，卡倫委員會尚未做出結論，」德畢奧回答道，「而且你也知道，（卡倫委員會）

所展示的（關於金保羅的債務索賠要求）正在法院進行，對於你的問題我們無可奉告。」

這讓我對卡倫委員會不公開審查這些案件的決定感到困惑。如果金保羅沒有被迫就這些案件參與作證，為甚麼卡倫法官在這些聽證會上授予他有限的參與權？而郭紅呢？為甚麼她沒有接受質詢？根據我的文件，在聽證會期間，郭紅還因與賭場洗錢有關的案件而受到英屬哥倫比亞律師協會的調查，但這些訊息從未在卡倫委員會中出現。

馮華案所提供的許多豐富的探索途徑都完全被忽視了。我從知情人士得知，加拿大皇家騎警和加拿大安全情報局中負責打擊間諜活動的官員對卡倫委員會文件中隱藏的證據非常感興趣。這些文件顯示中國毒販、受國家支持的犯罪企業、洗錢網絡和統戰部間諜之間存在著難以忽視的聯繫。這些都是中國的部分戰略工具，是一種用來瓦解敵人的貪腐形式。在中共的戰略中，任何個人或團體，包括有組織犯罪集團，都必須服從習近平和政權的安全部門，任何個人或團體都可以被指示去實現黨的戰略目標，這種強大的戰略規劃也被俄羅斯巧妙地運用。加拿大高級情報分析師認為，溫哥華的洗錢模式是這個巨大工具箱中的重要工具。那麼，為甚麼卡倫委員會的律師沒有調查溫哥華模式背後最強大的貪腐力量——中共呢？那些出現在與金保羅及其妻子有關的貸款文件中的律師又如何呢？他們有沒有將他們的信託帳戶用於法律服務？

馮華案中的大部分證據都與監視金保羅辦公室的電子海盜團隊所記錄的活動相吻合。設想一下，執法人員看到金保羅在好市多停車場與芬太尼毒販交換現金，但他們無法窺視郭紅的辦公室或接觸她的信託帳戶。馮華和金保羅都都說他們在郭紅的辦公室簽署了合同，文件是不會說謊的，它們顯示，郭紅替雙方提供了大量的法律服務，涉及到房地產交易、賭債和從中國轉帳的可疑貸款。

金保羅還在他的法律文件中聲稱，馮華是郭紅某員工的男友。這位女士——潘倩，被她的老闆郭紅指控從合法信托中挪用了數百萬美元，並通過英屬哥倫比亞彩票公司賭場洗錢。這又是將金保羅、馮華與郭紅聯繫在一起的一條有力線索，但卡倫委員會並沒有對此進行公開審查。

那麼金保羅的線上賭場帳戶究竟發生了甚麼事？我仔細一想，就能想像出一個跨國幫派如何向加拿大、中國或世界上任何地方的賭客提供線上信用額度。實際的賭博可以發生在一個奢華的豪宅賭場，也可以發生在網絡空間。我知道這家公司涉足兩種形式的賭博，它們似乎通過加密貨幣相互交織。

如果一個賭徒從他的網絡帳戶輸錢，他可以通過任何銀行向公司還款。如果他贏了錢並想用這些錢在溫哥華、拉斯維加斯、澳門或墨爾本購買房地產，他只需飛往該司法轄區並安排在停車場或貨幣兌換處取走現金即可。在列治文，這樣的計劃是否正在發生？我們不得而知，因為卡倫委員會沒有審問金保羅或在英屬哥倫比亞省最高法院的案件中所涉及的賭客。

不過，我還是提出了一些問題，而且我確實向一個非常可靠的消息來源詢問了對馮華案證據的看法。此人見過委員會的律師，但未被傳喚作證。他說，他們相信卡倫委員會紀錄中識別的線上博彩網站「對於確定資金流動方式具有重要意義」，他還補充說，金保羅承認為「公司」工作也非常重要，「顯示公司關係的文件內容非常龐大」。這證明在警方得知金保羅和朱建軍於二〇二〇年底在Manzo壽司店會見公司老闆前，前者已經告訴他的賭場債務人他為該公司工作。我需要強調的是，並非所有專家都相信這些證據能夠證明金保羅為「公司」工作，但有些人是這樣認為的。消息人士告訴我，金保羅和郭紅直接與廣東警方合作，這也是有意義的，兩人都公開承認自己與中國警方的關係。

那為何不訊問郭紅，有關她所承認的與中國警方的關係，以及她與為非法私人借貸集團工作的高利貸金保羅之間確鑿無疑的商業關係呢？有可能委員會律師有對郭紅進行了閉門審訊，而卡倫法官也同意這些問題不應公開發表。委員會律師提交的文件顯示，為金保羅工作的律師可能存在人身安全問題，但我們無法確定。

事實上，郭紅告訴我，她確實與委員會律師交談過：「我最近曾與卡倫委員會的法律代表會面。」二〇二二年三月，當時我正就本書的疑問向她提問，包括她的名字為何會出現在電子海盜調查紀錄中，而她告訴我：「所有人都對我能夠提供的小幫助表示感謝，並從未有任何違法行為的暗示。」但委員不會證實有否與她訪談，我向卡倫法官提出公開任何與郭紅面談有關紀錄的申請也遭到回絕，他們支持委員會律師的觀點，認為即便存在這樣的紀錄，也不應該公開。

提交給卡倫委員會的其他紀錄也闡明了幾位英屬哥倫比亞省律師與跨國地下錢莊的聯繫。例如，一位名叫梁建偉的男子提交了一份含有大量證據的書面陳述供卡倫法官參考。（梁建偉名列「金保羅名單」中的三十六名之一）該書面證詞提及梁建偉和妻子在二〇一一年從廣東來到溫哥華，他們於二〇一四年以妻子的名義用八百萬美元買下溫哥華一座豪宅。自稱在中國一家餐館擔任副總經理的梁建偉說，他在二〇一五年首次遇到金保羅，他稱金保羅為「阿保」，兩人是由「金保羅名單」中的另一位巨額賭客介紹所認識。

⋮

「我是透過一位共同朋友『六哥』認識阿保的。」梁建偉在他的書面證詞中解釋道，他說，此人安排金保羅在河石賭場入口處交付現金，曾在非法賭場賭博的梁每次賭博都會向金保羅借十萬到四十萬美元的現金。

二〇一八年，梁建偉在溫哥華的豪宅成為公眾的話題。這是我在《溫哥華太陽報》報道電子海盜事件很久之後，也是英屬哥倫比亞省律政廳長尹大衛開始打擊河石賭場中一袋袋的現金流動之後。根據梁建偉的說法，他在澳門銀河賭博時與金保羅共進晚餐，由此敲定了一筆六百二十萬港元（約一百萬加元）的賭場貸款，這筆貸款將以現金形式提供，而梁建偉則用他在溫哥華的豪宅作為債務擔保。

但結果發現，梁建偉的妻子已經在該房產上做了許多抵押，所以這對夫婦又從金保羅位於列治文的拳館夢想戰士地址下的私營公司借了另外三百萬美元。他們用其中的一百八十萬美元還清了抵押在豪宅上的高利息貸款，剩下的一百二十萬美元則用於償還金保羅在澳門提供的賭債。

這說明了甚麼？它告訴我們，金保羅在澳門、香港和溫哥華都有現金流動的管道。他在澳門放貸，在溫哥華收債，而他的客戶——來自中國的巨鯨賭客——在這兩個司法轄區賭博。梁建偉的書面證詞還表明，在澳門以港幣借出的現金貸款，是以溫哥華的一棟豪宅作為抵押的，該豪宅的產權屬於一位家庭主婦。

讓我重申一下：梁建偉對卡倫委員會的證詞表明，在另一個國家賭博的外幣現金貸款，通過溫哥華房地產的抵押貸款進行了洗錢操作！這對我來說意味著溫哥華的豪宅被用作澳門、馬里布、萬錦市和墨爾本犯罪貸款的抵押品。這必然增加了溫哥華房地產投資的「流動性」，而這已經是一個過熱且投機性極強的市場。

這聽起來可能很複雜，所以讓我來解釋一下。假設您在列治文擁有一棟價值五百萬美元的豪宅，並且你發現價格正在迅速上漲，你想在溫哥華西區價格更高的地區購買幾棟新豪宅。五大銀行看到你在加拿大沒有收入，他們也知道隨著英屬哥倫比亞省賭場洗錢問題的曝光，對其貸款工作的審查也將越來越嚴格，因此他們不會讓你為你那價值五百萬美元的豪宅申請額外的抵押貸款——但高利貸會。

當然，這種貸款方式推高了溫哥華房地產的價格，更不用說為來自中國的資本湧入和全球的毒資洗錢提供了便利，而這一切都是由一群英屬哥倫比亞省律師的本票影子市場來做擔保的。

一家與中國駐溫哥華領事館有聯繫的律師事務所，為梁建偉的妻子從註冊於夢想戰士的私營公司起草了三百萬美元抵押貸款文件，這是溫哥華中共高層經常光顧的「拳擊館」。另外，還有一位與被趙錦榮趕下台的自由黨議員蘇立道共事過的年輕律師，也在二〇一八年為梁建偉與金保羅之間的澳門貸款開立了本票。

這個案例也為我證實了另一點：金保羅正在國際賭場發行信用額度，他這樣做是為了配合他在溫哥華的賭場和房地產貸款業務，他自己也向梅爾·齊扎斯基（Mel Chizawsky）承認了這一點。二〇一五年十月，銀通國際與金保羅的非法豪宅和公寓賭場遭到突襲搜查，幾個月後，這名足智多謀的加拿大皇家騎警偵探逮捕了他。

然而，金保羅竟然在與齊扎斯基的交談中辯稱自己的貸款企業對該省的經濟有益，自己是一個合法商人，實際上自己在地下賭場中多有虧損。他告訴齊扎斯基自己在拉斯維加斯和澳門賭場擁有賭博和信用帳戶，也允許在河石賭場和私人賭場的客戶使用這些國際帳戶。他吹噓道：「你知道我有賭場的信用額度，對吧？我的名字就是金錢，我一通電話就能收集到一百萬、兩百萬，他們馬上就會處理。」

金保羅對自己的信用額度感到自豪。當然，他沒有談及他獲得國際現金的途徑，但齊扎斯基在證詞中告訴卡倫委員「手機數據顯示銀通國際除了中國之外，還在許多地方有現金庫存，包括墨西哥城和哥倫比亞的波哥大。」

齊扎斯基還向委員會提供了一份書面證詞，表明溫哥華毒梟趙寅發與朱建軍、金保羅都是銀通國際地下錢莊調查案中電子海盜的高級目標。

雖然委員會並未提及此消息，但聯邦檢察官於二〇一八年十一月撤銷電子海盜案後，三合會網絡中的某個重要人物顯然得出了趙寅發正在向加拿大皇家騎警提供情報的結論。二〇一九年六月二十日，警方在哥倫比亞庫庫塔附近發現了他燒焦和肢解的屍體。

二〇二二年三月底，這些資訊在我的腦海中一一掠過，當時一位國際警務消息來源通過加密設備聯繫了我。我非常震驚，線人表示，金保羅在委員會進行調查期間一直在飛行，文件顯示，他每隔幾個月就會利用假墨西哥護照從加拿大前往墨西哥。但據消息來源稱，他在三月的最後一周從哥倫比亞飛往巴拿馬，並在一個與加拿大性侵案有關的國際刑警通緝下被捕，但國際刑警組織並沒有回應我的詢問。

⋮

我正源源不斷地收集到大量的資料和文檔，將「公司」與銀通國際、金保羅、列治文和萬錦市的非法賭場聯繫起來。但我想更多地了解謝志樂的超級販毒集團，這個由加拿大領導的全球三合會頭目集團如何成為世界上最成功的毒品網絡？

我寫這篇文章時謝志樂仍被關押在荷蘭，並利用一切法律途徑避免自己被驅逐到澳洲。他否認自己是「公司」的領導人，記者將「公司」的崛起與謝志樂的販毒改革聯繫在一起，例如針對警方扣押提供「買方保險」。這些說法可能有一定道理，我的線人表示此人才華橫溢且富有創造力。但我認為澳洲記者尼克．麥肯錫是最了解「公司」的人，也擁有針對「公司」的最佳消息來源。

麥肯錫在《雪梨先驅晨報》上報道稱，「公司」不僅主導著亞太地區的毒品貿易，還涉足網路賭博、人口販運和軍火交易，老闆們更大舉進軍亞洲各地的基礎設施、酒店和開發公司，他們甚至還參與了中國一些地區的「一帶一路」投資計劃。根據麥肯錫獲得的一份澳洲犯罪情報，「公司」在「許多政府之間建立了完善的聯繫網絡，以及合法企業與公司結構，使他們得以掩蓋並支持他們的犯罪活動。」

這些關係有多深？澳洲情報部門報告稱，至少可以追溯到一名曾在國際刑警組織工作的高級中國警官。

我同意麥肯錫的看法，我相當肯定「公司」的成功與中國公安部有關，而且我從澳洲中國間諜活動專家周安瀾那裡了解到，公安部不僅處理中國境內的重大犯罪活動，還負責國內外的政治安全和反間諜工作。據周安瀾所言，公安部甚至參與了影響美國政治的行動，以及在亞洲對《華爾街日報》記者的監視行動。周安瀾在二〇二二年一月的論文《秘密警察：中國公安部的秘密對外行動（Secret Police: The Ministry of Public Security's Clandestine Foreign Operations）》中寫道：「它有著悠久且被忽視的外國情報行動歷史。」

我告訴周安瀾，我的線報顯示公安部與三合會老闆及賭場網路有聯繫，而這與他所發現的情況吻合。同時，他的研究越來越表明了解公安部對了解中國有組織犯罪是至關重要的。換句話說，公安部在全球指揮著中國政府支持的犯罪網絡。

為了弄清楚謝志樂和「公司」是如何崛起的，我請教了一名曾經親身參與相關行動的警察。一九八〇年代末，肯．耶茨在多倫多警方情報部門工作時，謝志樂和大圈仔從聯公樂手中接管了該市利潤豐厚的非法賭場和海洛因販運市場。耶茨很快就意識到謝志樂可能成為老大，警方逮捕了聯公樂的莫丹尼（Danny Mo，音譯），他是一名實力雄厚的犯罪分子，與包括何鴻燊在內的許多香港大亨都有關係。這次行動削弱了莫丹尼的影響力，大圈仔成為了無可置疑的老大。這意味著對多倫多非法賭場的控制權、意味著對洗錢的控制、更意味著對毒品進出口市場的控制。

大圈仔接管多倫多後不久，耶茨發現海洛因以空前的數量湧入多倫多，其中很大一部分向南流入紐約市；他也看到了前所未有的人口販運活動，該活動也沿著同樣的路線。在一個案例中，大圈仔將一千二百人從中國南方帶到了加拿大，大約有四百人最後抵達了紐約。他們從多倫多出發，沿四〇一號高速公路向東運送違禁品，然後通過夏季的船只和冬季的雪地摩托向南穿越千島群島進入紐約州。

這實在是太容易了，耶茨感覺這一切對大圈仔來說都太容易了。紐約、多倫多和蒙特婁的中國老大之間沒有任何分歧，他們有著相同的關係網和遊戲規則。他們控制著中國移民辦事處，可以獲得中國護照、偽造進入加拿大所需的文件；同時，他們也與紐約、蒙特婁和多倫多的義大利黑手黨合作無間。耶茨告訴我，儘管西西里人和卡拉布里亞人已經掌控北美東岸數十年，但他們將新來的中國毒販視為地位平等的夥伴。他回憶起曾參與的一起涉及四十四名大圈仔將海洛英走私到多倫多的大案，當時地方警方與聯邦調查局和美國緝毒局亦聯合合作。耶茨說，大圈仔能動用的海洛因和現金數量之多令人乍舌。有一次，他們將數百磅海洛因從多倫多運往紐約，美國緝毒局跟蹤一個開著林肯大陸（Lincoln Continental）的人去了皇后區，那人從後廂拿出了一個軍用裝備包，這包實在是太重了，以至這個毒販向後摔倒。緝毒局看著這個人掙扎著爬上樓梯來到一間公寓，他緊隨其後，最後拿出搜查令，當日就繳獲了八百六十萬美元的現金。

當然，瘋狂的海洛因貿易控制權之爭帶來了混亂。在一份血淋淋的檔案中，耶茨統計了七起謀殺案——其中六起槍擊事件發生在多倫多，另一起發生在蒙特婁。這些「處決」場面壯觀，殺手們騎著機車，戴著滑雪面具，就像澳門的街頭一樣。

但其中一起槍擊案確實引人注目。耶茨打電話給香港皇家警察，逮捕並將一名多倫多大圈仔送回加拿大。嫌疑人被指控參與海洛因走私活動，此人在獲得保釋後與兩名男子相約在咖啡館見面，而當他抵達時，其中一名男子向他從頭到腳開了十四槍。

耶茨告訴我：「在我看來，謝志樂毫無疑問就是這些槍擊事件的幕後黑手。」他曾擔任首席調查員，在一宗案件中跟踪謝志樂及其五名手下到萬錦地區的一個射擊場。這次行動幫助警方開始了解他們的勁敵，謝志樂確實是一個很好的策劃者，他指揮著攜帶武器且訓練有素的手下。「他們得到的報告說謝志樂非常聰明，他正在崛起，」耶茨說，「他在進行反監視，所有與我們交談過的線人都說他非常有能耐，非常出色。」

但有一件更加重要的事情表明了這位犯罪頭目已達到了另一個層次。當許多警察開始對謝志樂進行合圍時，他選擇逃往中國，並在那裡被逮捕。根據耶茨收集到的訊息，公安部的一個分局將謝志樂帶走進行審問，但隨後他就被無罪釋放了。警方情報顯示是雙方達成了某種交易，耶茨則說道：「他無罪釋放，告訴我這傢伙具有很大的影響力和財富，他能達到這個層次我並不感到驚訝，沒有甚麼是他們（大圈仔）做不到的。在中華人民共和國政府的協助下，他們勢不可擋，就像一頭失控的怪物。」

耶茨在多倫多遇到的其他事情也讓我印象深刻。他告訴我自己有一次遇到一位前解放軍軍官，這人之前的地位相當，而由於耶茨沒有被授權處理反間諜活動，便將這位中國退伍軍人交給了加拿大安全情報局。加拿大安全情報局會注意到任何有中國軍事背景的人，所以他們對這個人的身分瞭如指掌。他也告訴我，這個案子讓探員們找到了一家以銷售武器為幌子的公司，而耶茨所說的一切，都讓我想起金保羅在溫哥華的巨鯨賭客朋友和他們的狩獵商店。

⋮

人們常問我從卡倫委員會中學到了哪些我不知道的事。答案是，該委員會的法律權力使其能夠收集、記錄並強制披露，否則這些資訊將不會有浮出水面的一天。儘管許多委員會文件都經過刪節，但我還是能夠將它們與我從奧爾德森手中獲得的未經編輯的文件相互參照以填補空白。這也是我的研究方法之一，有如我了解博彩政策與執法部的審計的方法一般。該審計表明，從二〇一四年到二〇一五年期間，「金保羅名單」中的三十六位巨鯨完成了一億七千六百萬美元的疑似毒品現金買入。另一份提交給委員會的報告則顯示這三十六名高級賭徒在二〇一〇年至二〇一五年期間進行了四億一千四百萬美元的可疑交易。

但必須強調的是，這三十六位貴賓甚至不是獨一無二的！他們只是在二〇一五年中旬電子海盜調查開展期間與金保羅的現金交付聯繫在一起，並且偶然被羅斯．奧爾德森的調查人員發現。在溫哥華地區的大型賭場中，任何時候都會有大約八十位類似的賭客不斷輪流清洗數量相似的現金。巨鯨們飛進又飛出，不斷前往拉斯維加斯、澳門、墨爾本，或者返回中國「做生意」。英屬哥倫比亞彩票公司紀錄顯示，這些高風險的中國顧客多達數百人，而相關的紀錄現在都已被卡倫法官所掌握。

此外，我還指出了高嘉貴令人費解的細節，這位來自中國且超級富有的房地產開發商迅速收集溫哥華豪宅，並建立了利潤豐厚的開發業務。金保羅及其朋友的法庭文件顯示，高嘉貴從中國芬太尼販運者那裡獲取了巨額房地產和賭場貸款，一位重要消息人士——研究中國政府支持犯罪的專家還告訴我，高嘉貴與中國警方有聯繫。

我早就從奧爾德森洩漏的紀錄中知道高是「金保羅名單」上的巨鯨之一，同時也從另一個消息來源處得知，在加拿大皇家騎警對中國公民參與非法狩獵、販賣人口、賭場洗錢、賣淫和販賣軍火等有組織犯罪的調查中，高嘉貴亦是嫌疑人之一。但根據英屬哥倫比亞彩票公司向委員會披露的數據，我了解到高嘉貴確實是「巨鯨中的巨鯨」。二〇一五年，他在短短半年內就完成了高達六百萬美元驚人交易，通過使用大量現金和可疑銀行匯票在賭場買進，其中還有一張價值六十萬美元的支票是用其他人的名字開的。二〇一五年二月，一家賭場允許他兌現一張八十萬美元的銀行匯票，所以對他來說，這些交易就如同家常便飯。從他的貴賓帳戶開出的支票同樣有問題，賭場多次開給他政府批准的支票，金額為七十萬美元或更多。而根據我對卡倫委員會紀錄的研究，賭場向高嘉貴開出的、有史以來最大的單筆賭場資金返還支票高達一百四十萬美元，這是二〇一四年的事。這些甚至不是高嘉貴「贏來」的錢，這筆黑錢進入賭場，然後乾乾淨淨地出來。

但對我來說，另一項關於高嘉貴的紀錄則在二〇一五年二月的英屬哥倫比亞彩票公司報告中得以結案。這份報告由前皇家騎警官員麥克．希爾提交，顯示加拿大邊境服務局指控高嘉貴是製毒進口商和高利貸，這是所有證據中有力的一擊。二〇一五年，當高嘉貴作為該省賭場最大的收入來源時，英屬哥倫比亞彩票公司得知他因涉嫌販運芬太尼而受到加拿大國家安全機構的調查，而化學前體進口商就是需要對加拿大內因用藥過量而迅速上升的死亡率負上最大責任的罪犯，他們的行動構成了國家安全風險。然而，委員會卻獲悉賭場經理們經常不遺餘力地挽留高嘉貴的生意。

我還從委員會的紀錄中了解到，英屬哥倫比彩票公司所看重的所謂「工業家」是甚麼樣子的，卡倫委員會掌握了高嘉貴及其許多同夥的監控錄像，其中包括譚國聰和魏可思。在我看來，高嘉貴、魏可思二人就像是直接從電影中央角色選拔中挑選出來，合演一部有關香港警察貪污或崩牙駒等粗野時尚的黑幫電影。

但魏可思在河石賭場的經理們眼中是一位受人尊敬的富商，紀錄顯示他在河石賭場酒店擁有四間免費客房，並在二〇一四年底與英屬哥倫比亞彩票公司的高層共進晚餐——而當時博彩政策與執法部的調查員正對他屢次進行五十萬美元以上的現金交易感到不安。

文件顯示，英屬哥倫比亞彩票公司和大加拿大博彩公司試圖化解此局面，並指導魏可思在官方賭場賭博的正確方法。二〇一四年十一月十七日，一名賭場經理發送給河石賭場高層的電子郵件顯示，魏可思在一次會議上「想知道皇家騎警和政府是否在關注玩家……（並）描述了一篇新聞報道，其中包含了一個大額買入籌碼、袋子裡裝滿二十元的場景，他覺得這是在針對他。」魏可思還建議英屬哥倫比亞省政府建立類似拉斯維加斯和澳門賭場那樣的信用制度，這樣賭場和政府就能夠「賺取更多的錢」。英屬哥倫比亞彩票公司高層向魏可思保證，他們正在考慮信用額度和每手二十萬美元的百家樂限額。

那麼這位極受尊敬與重視的中國商人長甚麼模樣呢？根據該公司「高風險顧客」報告和照片顯示，他是一位魁梧的男子，穿著一件藍色連帽衫，頭上留著那種早在二〇〇〇年代初期大衛・貝克漢（David Beckham）成名的鋒利假鷹髮型，並不完全是馬雲那種總裁的形象。在他已知的夥伴中有許多是金保羅的爪牙，包括一位叫孫先生的人，也被稱為「六哥」，以及一位溫哥華賭場荷官李可可（Coco Li，音譯），據稱她曾向魏可思和高嘉貴提供大量的賭場籌碼。

相比之下，監控錄像中的高嘉貴身材更加健碩，但面容和藹可親，看起來比他六十二歲的實際年齡要年輕幾十歲。在委員會出示的照片中，高嘉貴穿著一件黑色連帽衫坐在河石賭場的百家樂賭桌旁，銀白色的寸頭髮型讓他看起來像軍人一樣——除了他額頭前端修剪得極為時尚、往下掉落至他時髦黑框眼鏡的碎髮之外。

卡倫委員會的紀錄也讓我對沙李林有更多的了解，他是「大家姐」甄彤施生前的同夥，與許多跨國黑幫嫌疑人和高利貸有關。該紀錄證實了羅斯・奧爾德提供的有關沙李林情報——他是英屬哥倫比亞省賭場二〇一〇年至二〇一五年期間最大的巨額賭客，在五年內進行了五千九百萬美元的可疑交易。他據稱是溫哥華的商業房地產開發商，還在中國從事煤礦開採。二〇一六年初，沙李林在河石賭場的貴賓廳性侵了一名女主持人，而管理層卻試圖掩蓋此事。羅斯・奧爾德森對沙李林和貴賓廳經理的調查將是卡倫法官就本案提出建議的核心內容，如果他認為這足夠重要，我當然這麼認為。但若河石賭場管理層選擇繼續保護沙李林其實也不足為奇，因為根據一份加拿大皇家騎警的調查報告，賭場的貴賓廳就是為他量身定制的。

這是我從卡倫委員會那七萬頁的證據中所知悉的重要發現之一。我從博彩政策與執法部的線人那裡得知命途多舛的綜合收益罪案組，從二〇一〇年就開始調查金保羅及其幫派，調查卻二〇一二年被取消，這讓博彩政策與執法部的調查員感到萬分沮喪。他們開始通過揭示令人震驚的現金交易，以此向英屬哥倫比亞彩票公司施壓，直到政府下令停止。然而，聯邦政府向卡倫委員會提交了綜合收益罪案組中止調查的摘要，證明了加拿大皇家騎警不僅對黑幫展開了調查，聯邦警方專注於兩家特定的政府賭場：列治文的河石賭場和新威斯敏斯特的星光賭場。由於綜合收益罪案組的調查沒能繼續進行，這份摘要從未在法庭上得到驗證，但其措辭表明在我揭露電子海盜調查的前幾年，加拿大皇家騎警已經深入了解溫哥華模式的運作方式。他解釋了臥底警員如何將目標鎖定為巨額賭客，其中包括沙李林和一位二十六歲的中國乳製品公司首席執行官，以及眾多的豪賭客與高利貸。據我所知，本拿比市議員張青也是目標之一，因為他似乎在為中國貴賓提供現金服務。加拿大皇家騎警的報告論及，張青與河石賭場管理層關係密切，而且管理層還為他做出「擔保」。另外，沙李林則是政府百家樂高額業務的催化劑，事實上，河石賭場和星光賭場都在爭奪沙李林的生意，並且都專門為他建造了貴賓廳。

對我來說，最有力的證據是：加拿大皇家騎警反洗錢小組稱河石賭場和星光賭場是「非常重要的洗錢活動來源，將富裕的中國賭客作為他們活動裡心甘情願的棋子。」

他們如此描述賭場內巨鯨賭客和放高利貸之間的互動：「在賭場進行買入和賭博的人是富有的中國商人，許多人與加拿大幾乎沒有任何關係。他們通常通過在中國大陸或香港的銀行存款來償還他們的損失，這些存款最終由高利貸（以非現金形式）作為『合法』資金帶回加拿大，此過程通常透過國際洗錢組織完成。」

那麼，我們這裡有甚麼呢？英屬哥倫比亞省的賭場為那些明顯涉及洗錢的貴賓賭客與高利貸建造了私人賭廳，加拿大皇家騎警調查員表示賭場「利用」這些賭徒。他們針對賭場以及中國的賭客網絡進行調查，一些來自加拿大和中國的參與者涉足互惠互利的非法活動。皇家騎警和彩票公司的調查人員都知道，這些貴賓賭客和高利貸往往是同一人，而他們中的許多人又被認為是跨國販毒嫌疑人。

此外，加拿大皇家騎警還知道，借給巨鯨的犯罪現金後來會在中國和香港償還，而香港的金融機構負責將資金匯回加拿大。也就是說，即便在加拿大皇家騎警鎖定銀通國際之前，他們就已經知道在香港和中國都有銀通國際的人在向加拿大銀行非法匯入資金。這點稍後再詳述。

加拿大皇家騎警在一場後來被中止的國際洗錢調查案中盯上了兩家官方賭場，首先——我必須解釋這件事的重要性。說實在的，調查這兩家賭場其實是再正常不過的事，在賭場調查中，我所認識的所有優秀調查員都知道有些員工與三合會有所牽連。但真正的問題是，他們的關係有多深。

一位亞洲有組織犯罪調查員分享了一則軼事。他告訴我，大約在二〇〇八年的某個時候，警官們在列治文的一個購物中心美食廣場監視身材嬌小的大圈仔頭目甄彤施，她和一個身材魁梧的中國男子站在一起，後者比她高出一大截。但是，消息來源告訴我，「這是單方面的對話，全都是甄彤施在說，看起來就像一個小個子母親在訓斥她的大個子兒子，連手指都在搖。」這些人已經將甄彤施及其同夥的情況摸得一清二楚，但他們不知道這個挨罵的可憐人是誰。所以他們跟蹤他到他的車上，並記下了他的車牌，才發現原來他是河石賭場的保安人員。他說：「這證實了我們的情報，甄彤施已經滲透到賭場的安全系統中。」

另一位消息來源給我提供了一些影片，顯示大加拿大娛樂集團列治文賭場中最活躍的高利貸之一——綽號「魚眼」的暴徒，似乎在與一名華裔賭場員工交流。我的消息人士認為魚眼可能從百家樂房的管理員那裡獲得了下注統計，這樣他就可以告訴放貸者應該接近哪些賭客。

前溫哥華警官道格·斯賓塞告訴我，他曾經想調查一些他認為在保護甄彤施的賭場經理，但他的上司對此興致缺缺。

因此，我對綜合收益罪案組的皇家騎警在二〇一二年就已掌握足夠證據、並將目標對準兩家官方賭場並不感到驚訝。讓我感到驚訝的是，這些令人瞠目的證據並未在卡倫委員會的調查中得到探究，我只能自己在聯邦政府提交給委員會的文件中尋找這些被埋藏的證據。在我的行業中，這將是一個值得被深度報道的頭條新聞：「官方賭場遭警方盯上！」但是，委員會的律師們顯然沒有如我一般對這些事實產生興趣。

還有更多想法浮現在我的腦海中，為甚麼大加拿大博彩公司前總裁羅德·貝克沒有在宣誓後受到質詢？二〇二一年九月，該公司作價約三十三億美元被一個美國對沖基金收購，盡管我多次要求採訪貝克，但從未得到他的答覆。

此外，為甚麼當時擔任大加拿大娛樂集團合規總監的參議員李建堡，沒有因河石賭場被犯罪組織滲透而被傳喚呢？卡倫委員會的紀錄中出現了這麼多令人震驚的罪證，為甚麼委員會的律師從未詢問省政府是否考慮過會因違反誠信而吊銷賭場執照？

如果我能質詢兩位證人的話，我會問這些問題。首先是巴瑞·巴斯特，他是綜合收益罪案組的警官，於二〇一一年揭露了河石賭場和星光賭場存在瘋狂的現金交易。當時巴斯特並沒有指名道姓，但現在我們知道他指的是像沙李林這樣的賭客，以及像金保羅和譚國聰這樣的高利貸。他在加拿大皇家騎警中的上司掌握著相同的報告，他們知道——或者可能知道——河石賭場和星光賭場是洗錢活動的中心。

我們還從巴斯特的案件摘要中了解到，他的團隊目標不僅僅是提出刑事指控，還想在該省政府內部實施政策改革，以徹底關閉溫哥華模式。這似乎正是巴斯特向媒體發表聲明的目的，然而回應他的是高利民的公開批評。高利民告訴CBC，巴斯特的上司不會同意他的觀點，並堅稱英屬哥倫比亞省賭場沒有像巴斯特所描述的那樣，在精密的洗錢計劃中發揮作用。

巴斯特在委員會作證時對高利民的指責感到驚訝，同時還接到其上司卡倫斯（Craig Callens）「不尋常」的來電。巴斯特說，卡倫斯告訴他需「了解你的聽眾」，對我來說，這暗示著對加拿大皇家騎警高層來說，最重要的聽眾是高利民和控制省級警務合約的官員們。「我向他說明了我們的調查方法，並表示願意提供（卡倫斯）詳盡深入的報告，」巴斯特作證道，「但他婉拒了。」

因此，如果我在誓言下質詢巴斯特，我會問他：「難道你在綜合收益罪案組被中止的調查中了解到的情況，還不足以證明河石賭場正刻意為溫哥華模式的洗錢活動提供便利嗎？難道賭場不是為了吸引中國大亨的可疑資金而設計了私人高限額休息室嗎？如果這些事情是真的，博彩政策與執法部難道不能取消賭場的執照嗎？我們不能容忍政府賭場故意為涉嫌販毒的嫌疑人洗錢，對吧？」

我也會對高利民問同樣的問題。二〇二一年四月，高利民的證詞承認了自己在二〇一〇年曾與博彩政策與執法部的負責人拉里・範德・格拉夫面談。當時巴斯特的綜合收益罪案組小組正在與格拉夫的團隊一同挖掘星光賭場和河石賭場的罪證。此外，格拉夫作證時表示，他告訴高利民他的團隊相信毒販正利用官方賭場來清洗溫哥華的毒資倉庫，他說道：「他坐在我對面，高利民先生打開了話匣子，說『關於洗錢的事？』我說，『他們正在以一萬美元一捆的方式把錢帶進來』。」

然而，高利民強調他從未忽視弗萊德．皮諾克、拉里．範德．格拉夫、巴瑞．巴斯特等人的多次警告，即隨著賭場成為每年能為該省政府帶來十六億美元收入的搖錢樹之際，也代表著洗錢問題已經失控。高利民表示，他的政府從未收到過確鑿的證據，證明充斥在高限額百家樂廳的一袋袋二十美元鈔票中涉及犯罪收益，並堅稱：「收入需求從來都不是我們在這一問題上採取任何行動的驅動力。」

這讓我想到了另一點。我在前一章寫到，弗萊德．皮諾克在非法博彩部門的繼任者於二〇〇九年向高利民提供了一份有力的加拿大皇家騎警報告。對我來說，在報告的眾多驚人指控中，最相關的證據是，博彩政策與執法部的官員允許一名亞洲有組織犯罪人士購買英屬哥倫比亞省一家賭場的股份，隨後這名官員便在英屬哥倫比亞省賭場中任職。

被隱去細節的報告沒有提及前官員或涉案賭場的名字，而卡倫委員會顯然從未獲得這份敏感報告的未刪節版本。我假設若這些指控屬實，它將影響賭場的執照。卡倫委員會的職責，是調查有否存在令洗錢活動在賭場中蔓延的貪腐行為，但除了對一名現任博彩政策與執法部員工進行一番表面的質詢外，委員會的律師們並未對以上不尋常的貪腐指控進行調查。他們甚至沒有追查那位據稱入職賭場工作的前博彩政策與執法部官員。

關於這位中國犯罪組織同夥，我們所能確定的是，此人在報告撰寫之際（二〇〇九年）剛剛去世，但有令人信服的線索表明他可能是誰。我知道，是因為我掌握了機密文件，這些文件顯示加拿大皇家騎警曾調查過明嘉福和鄭裕彤，他們都是被認為與犯罪組織有關的香港大亨之一。

明嘉福和鄭裕彤現在都已經去世，兩人還是生意夥伴。正如我所寫的那樣，兩人據稱都投資了大加拿大博彩公司在香港和海南一帶巡航的賭船，但該賭船命途多舛，因為一名控制海南警力和博彩業的中國高級官員試圖接管該賭船，導致計劃被擱置。

我們也知道，明嘉福在二〇〇八年去世前曾擁有大加拿大娛樂集團的大部分股份；而前加拿大皇家騎警官員將會就對明嘉福、鄭裕彤以及何鴻燊的調查作證——但卡倫委員會沒有觸及這些地方。

這種調查路線可能引發卡倫委員會職責範圍內的上游問題，一個高利貸購買了溫哥華的豪宅和幾輛賓利，這是一種洗錢形式；一個大亨手下有成千上萬的高利貸，這是另一種洗錢形式。在我眼中，洗錢的最高層次是當一位大亨擁有銀行和賭場，並且購買大片外國土地，在土地上讓眾多高利貸進行溫哥華模式的交易。

自一九八〇年代末以來，明嘉福、鄭裕彤和何鴻燊就是在溫哥華和多倫多進行大量房地產投資的部分香港富豪。如果要調查洗錢問題，你會想要關注那些與中國犯罪組織、間諜活動以及加拿大賭場有直接關係的億萬富翁房地產開發商。但卡倫委員會卻選擇繞過這些。

⋯

不過，該表揚的還是要表揚。卡倫委員會律師對一個上游問題進行了深入研究，而我在這個問題上掌握了一些可靠情報，但缺乏數據和文件。律師們對香港公司紀錄和中文文件進行了公開調查，將「公司」、一名身分不明的中國貪污嫌疑人、一位名叫司徒玉蓮的博彩業大亨、崩牙駒、中國和香港的統戰組織，以及少數幾個曾向加拿大五大銀行帳戶匯入近兩億美元的貨幣兌換商聯繫起來。

對我來說，這項研究證實了綜合收益罪案組二〇一二年的調查摘要中所描述的情況。很多人都認為「溫哥華模式」只涉及現金和賭場，但委員會的律師們發現了銀通國際在香港的對應機構：與三合會網絡有關的貨幣兌換商，他們將資金從香港匯至英屬哥倫比亞省的銀行帳戶。這些消息也證實了我從一位了解「公司」的線人那裡得到的令人不安的數據。在閱讀這本書後，知情人士告訴我，我所識別的一些溫哥華房地產開發商在幾年內從香港向加拿大銀行匯入了大約十億美元，而這只需要一些空殼公司，以及與香港金融機構接觸即可。加拿大金融交易和報告分析中心知道這些交易的可疑性並對其進行報告，但聯邦政府卻對此無動於衷。

這正是委員會案例研究中所揭示的模式，被刪節的報告顯示一名身分不明的中國男子曾於二〇〇〇年代移民加拿大並開始在溫哥華購買豪宅。他聲稱自己的年收入只有四萬二千美元，但卻擁有至少價值三千二百萬美元的房屋（以及在中國一個大城市擁有約三百英畝的土地）；他的女兒自稱是「學生」，卻購買了一棟價值一千四百萬美元的豪宅。

在中國，這名嫌疑人被指控涉嫌貪污與賄賂。加拿大調查人員得知了這些指控，並在二〇一六年的一起驅逐出境案件中審查了該家庭的銀行活動。

卡倫委員會的律師們表明，這個家庭利用空殼公司以及來自中國和香港的轉帳，包括巴哈馬和瑞士在內的各種離岸銀行和保密避風港，將至少一億一千四百萬美元匯入加拿大。更有趣的是，他們發現，加拿大金融交易和報告分析中心將此家庭在二〇一一年一筆涉及七百五十萬美元的香港匯款列入可疑交易報告。這些資金來自四家與犯罪組織有直接關聯的貨幣兌換機構。還有一項詳細的公開資料調查顯示，其中一家公司與被稱為澳門賭場大姐大的司徒玉蓮有關聯，她與何鴻燊、目前受到美國財政部制裁的前 14K 三合會老大崩牙駒有著深厚的關係。該研究也揭露了這家貨幣兌換機構的董事與參與統戰工作的中國僑胞協會之間的聯繫，這正是美國財政部制裁崩牙駒理由。

我認為，委員會在這方面的工作非常出色。委員會要求包括五大銀行在內的許多省內金融機構回覆，律師也要求銀行和信用社清查其電匯紀錄，追蹤源自這四家香港貨幣兌換機構的交易。

大銀行提供了詳細的數據，根據這些數據，委員會發現這四家貨幣交易所至少將一億六千七百萬美元轉入了五大銀行的帳戶。

委員會並沒有要求提供安大略省的相關數據，但我有理由相信，如果全國性的洗錢調查都進行了類似的研究，同樣的貨幣兌換機構將出現在多倫多銀行帳戶的大量匯款中。為甚麼？因為我知道「公司」在安大略省有許多非法賭場、大型房地產和地下錢莊利益。我還知道，與加拿大政界關係密切、與統戰部有聯繫的不當商人正從香港向多倫多銀行進行大量匯款。委員會在英屬哥倫比亞省發現的銀行業務模式，也必定存在於安大略省，因為同樣的跨國犯罪網絡在這兩個省有著活躍的行動。

不過，委員會在透明度方面的成績是不及格的，儘管委員會的律師進行了出色的銀行案例研究，但審訊卻未在公開聽證會上進行。出於某些原因，卡倫法官允許針對五大銀行的質詢閉門進行。此外，有關香港貨幣兌換機構與中國共產黨之間的聯繫也未在聽證會中得到審查。

…

這對趙錦榮來說可能是最難以忍受的事情。當他選擇從香港移民到加拿大時，就已下定決心全力以赴，不同於其他三十萬加拿大人，他沒有保留香港護照，他僅視自己為加拿大之子。他永遠關心中國，對香港更是如此，但他參選是為了服務和保護他所選擇的國家。他之所以提出設立外國代理人登記制的私人法案，是因為他認為加拿大的主權正在受到侵蝕。他強調，這個法案不是針對中國，而是針對那些通過與威權政權及其代理人進行秘密交易從而破壞國家利益的加拿大富豪。這些政權利用投資交易和董事會職位，並將精心掩藏的薪酬作為金融武器，用以針對自由市場民主國家。這是瞄準貪婪上層人物的方式。

與他的保守黨同僚艾林．奧圖爾和莊文浩一樣，趙錦榮認為俄羅斯、中國、伊朗等幾個少數威權政權進行的三維國際象棋遊戲，是加拿大面臨的最大威脅。因此，趙錦榮通過他設計的法案來揭露這個威脅，他告訴我：「這項法案只是對透明度與反貪腐的不懈追求。」

然而在二〇二一年秋天，即新冠肺炎肆虐之際，聯邦大選拉開了帷幕，趙錦榮感受到了痛苦的嘲諷。任何知情的選民，都該將趙錦榮視為愛國者以及加拿大的捍衛者，但在列治文，他卻成了中國的背叛者。當他挨家挨戶地敲門，他感到前所未有的緊張。他變成了敵人，他是希望將所有加拿大華裔標籤為間諜的保守黨政治人物，成千上萬的加拿大公民相信了中國的造謠活動，並對他產生敵意，最終使他失去議席。

大約六個月後，他同意和我進行幾次對話。他告訴我，與政治生涯拉開一定距離後，現在才看見一個非常宏觀的局面。他只是列治文一名政治人物，但他認為，如果加拿大能從他的痛苦經歷中吸取正確的教訓，將有助國家成長。我和趙錦榮交談得越多，就越覺得他是對的。他的故事以中國在西方建立最強大間諜陣地為背景，凸顯了一場在全球上演的複雜遊戲，其中涉及對僑民社區和社交網絡的利用。

在政治宣傳中，他們談到「空戰」，指的是通過廣播、電視和社交媒體進行的高級別訊息傳播，目的是拉攏人心。當訊息旨在改變廣泛的思維模式時，軍事專家稱之為心理戰。所以，當中國駐渥太華大使和與中共有關的《環球時報》恫嚇加拿大人不要投票支持趙錦榮，否則後果自負時，這不僅是大膽的干涉，也不僅是虛假訊息——這是一種空戰，一種來自北京的心理戰。

接下來是地面戰。在傳統的政治活動中，這個詞指的是政黨志工上門拜訪、派發宣傳單，在廣場上高呼口號。而在社交媒體時代，地面戰透過微信渠道進行，而這正是針對趙錦榮的卑劣計劃執行場地，他的法案被描述為針對華裔的種族攻擊。對我來說，最值得注意的是，金保羅的列治文律師郭紅，在她的微信頻道慶祝趙的敗選。「如果冒犯了華人，整個群體都會懲罰你！」這是一位列治文房產經紀人的得意評論，此人恰巧也是對我的統戰報道進行眾籌攻擊的主要發起者。

也許你會想知道這怎麼可能，有關趙錦榮法案的假新聞不是只在加拿大社會的邊緣流傳嗎？事實並非如此。趙錦榮告訴我，在列治文這樣的選區，大部分選民只閱讀中文新聞，這意味著他們只接觸到北京明示或暗示的媒體訊息。他還告訴我，加拿大的華裔移民自二〇一〇年以來，就日益向中國體制和價值觀靠攏，因此這個問題只會變得更糟。

「中國比其他國家更混淆視聽，因為他們將自己當做華人的代言人，」他解釋道，「所以是的，我確實看到加拿大人對祖國的歸屬感有所增強，因為中國現在更強大了。」趙錦榮認為他的競選活動最終被專制的宣傳家毀於一旦：「當我挨家挨戶與選民交談時，他們認為我不利他們的兒女。我在虛假資訊蔓延的完美氛圍中被擊敗了。」

趙錦榮告訴我，他反思自己經歷的同時，也在閱讀《視若無睹》，他查閱了我所找到的線索，認為我的發現與他自己對列治文、香港、渥太華和北京的觀察不謀而合。他說道：「我一直拉闊我的思維，思考響尾蛇報告，思考加拿大皇家騎警和加拿大安全情報局對來自香港的某些移民提出的警告。我也在思考溫哥華的洗錢問題及其與香港的關係，我一直在想，西方世界如何失去了香港這個自由港，包括我們加拿大的一些城市——如同我們所看到的，香港民主支持者和中共支持者之間是如何進行激烈的爭鬥。」

他在遊歷英屬哥倫比亞各地的政治行程中，遇到了許多看似支持民主的人，但近年來卻受到北京影響，這讓我想到托爾金（Tolkien）筆下的《魔戒（Lord of the Rings）》：黑暗魔多（Mordor）正在擴張，恐懼統治著一切。「中國資源豐富，精明機智，具有戰略眼光和侵略性，」趙錦榮說道，「不幸的是，在大溫哥華地區，由於中國對加拿大貿易、文化和商業的多維度控制，甚至連我們社會的傳統支柱——本應講真話的人——也跪下了。」

他始終認為，對渥太華而言，加拿大的政治階層（在最好的情況下）對中國構成的威脅毫無察覺：「對於加拿大的議員來說，他們的關注點是如此的微觀和短視，他們看不到大局。」至於那些能夠認清局勢的人，卻選擇向北京乞求加拿大的未來，並選擇通過與北京進行誘人的內幕交易來獲取利益。

我發現趙錦榮的觀察與我從最可靠的情報來源聽到的想法吻合。基本上，這些人認為加拿大作為中等強國的地位正在動搖，這個國家在五眼聯盟中已不再受到重視，而在日益激烈的民主與獨裁之爭中也不再是領導者。為何如此？簡單來說：情報失敗。

但這並非情報機構的失敗。這些機構最終都要向其政治主管進行匯報，若主管不願意聽取這響徹雲霄的警報，情報機構也無能為力。報告會像響尾蛇計劃那樣被掩埋掉，最終將完全停止生產這些報告。有人告訴我，官僚們可不想因為給不合作的病人送不想要的藥而結束自己的職業生涯，所以在某種程度上，這些機構會向政客傳遞他們想聽到的訊息。

那麼，為甚麼渥太華不願對國家面臨的最大威脅做出回應呢？

我的消息來源認為，原因在於我們的領袖，要麼不了解國家所支持的犯罪將會構成的威脅——這可能是因為省級政府的天真、缺乏對地緣政治的好奇心，或是文化盲點；要麼是他們了解，但不願面對這些威脅，因為他們自私自利、腐敗不堪。

讓我們考慮第一種可能性。趙錦榮告訴我，許多政客更關注北美的文化戰爭，而不是生死攸關的問題和對主權的實際威脅，他們根本不能理解或回應他們不關心的事物。我的消息來源告訴我，即使在加拿大各種情報機構內部，一些領導人也對受外國領導人保護的跨國犯罪網絡之複雜性缺乏了解，因此想要讓他們的政治主管了解這些威脅，無異癡人說夢。

現在來看第二種可能性。中國是澳洲的第一大貿易夥伴，儘管澳洲損失慘重，但在應對中國的狡猾攻擊上卻遙遙領先其他國家。澳洲領導人意識到國家正面臨生死存亡的抉擇：要麼敞開懷抱歡迎來自中國的每一筆經濟合作和投資；要麼採取強硬立場，選擇主權。第一個選項是許多澳洲工業領袖所期望的選擇——意味著忽視所有交易涉及的貪腐、間諜活動和犯罪網絡。第二種選擇則意味著關上向億萬房地產開發富商和間諜——如統戰領導人黃向墨之流——敞開的大門。澳大利亞選擇了主權。

我的消息來源認為，這恰恰是加拿大沒有做到的地方。

自一九九〇年代以來，渥太華樂見來自中國和俄羅斯的幾乎所有外國投資，並在這一過程中為每一位可疑的寡頭和大亨鋪上了紅毯。這些包括中國、俄羅斯和伊朗的情報人員、退伍軍人和特工得以在光天化日之下，穿著商務套裝，大搖大擺地走進加拿大的經濟領域。情報來源表示，加拿大安全情報局和加拿大金融交易和報告分析中心對這些寡頭的多次警告都被束之高閣，而一些加拿大菁英及其相關律師事務所，似乎因政府的視若無睹而大有所成。

這對加拿大而言似乎是一個明智之舉——它帶來了就業機會，使房價和房產稅上漲，使得地方國庫財源滾滾。如果貪腐帶來的惡臭可以被忽視就好了。不幸的是，直到普丁的軍隊入侵烏克蘭並向平民開槍之前，許多人都沒有意識到寡頭帶來的危害。

當民主國家未對寡頭及其金融武器做出反應時，普丁及其黨羽的勢力早就得以擴展。這些掌握財富的寡頭聽命於普丁，在西方國家的公寓大樓、天然氣和石油、小麥以及各種行業的投資都被用來向體制施加壓力，這被稱為策略性貪腐。資金是從俄羅斯人民那裡竊取的，然後被洗到由普丁的黑幫和由間諜管理的公司，以及他們買通的外國政客手上。普丁通過這種方式使其外交政策贏得支持，並試圖規避制裁帶來的破壞。哈德遜研究所（Hudson Institute）在二〇一七年的報告《貪腐武器化：普丁的混合戰爭（Weaponizing Kleptocracy:Putin's Hybrid Warfare）》中詳細描述了這一系統。

這就是普丁對烏克蘭實施控制的方法，英國記者奧立佛．布洛（Oliver Bullough）在《誰偷走了我們的財富（Moneyland）》一書中解釋道，他和他的代理人拉攏了一些政客，這些政客與其說是親俄，不如說是親財富。換句話說，像前總統維克托．亞努科維奇（Viktor Yanukovych）這樣的貪腐領袖擁有私人豪宅和土地（通過英國的離岸註冊機構秘密持有），是普丁用以掌控烏克蘭的手銬，直到二〇一四年的「尊嚴革命（Revolution of Dignity）」爆發，人們才意識到這種大規模的貪腐現象。

這種貪腐和外國投資系統，也是普丁及其寡頭在西方政府和企業中取得影響力的手段。有甚麼具體的例子呢？

二〇二二年三月，英國對普丁的頭號金主羅曼・阿布拉莫維奇（Roman Abramovich）實施制裁，指控他利用跨國鋼鐵上市公司耶弗拉茲（Evraz）削弱烏克蘭，並可能為後來用於轟炸烏克蘭城市的俄羅斯坦克提供鋼材。二〇〇八年，耶弗拉茲公司以二十三億美元收購了加拿大幾家鋼鐵工廠，當渥太華也對阿布拉莫維奇實施制裁時，在加拿大經濟中佔有重要地位的耶弗拉茲公司否認支持普丁入侵烏克蘭。

如果英國的指控屬實，並且阿布拉莫維奇確實利用俄羅斯跨國公司為普丁的軍隊提供鋼材，那麼西方國家的雙手也會浸滿鮮血，我們使得普丁的帝國主義得以發展，並允許他在我們的土地上取得戰爭物資。

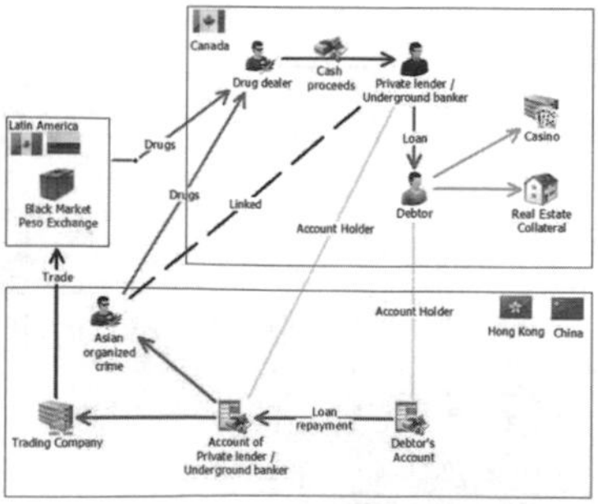

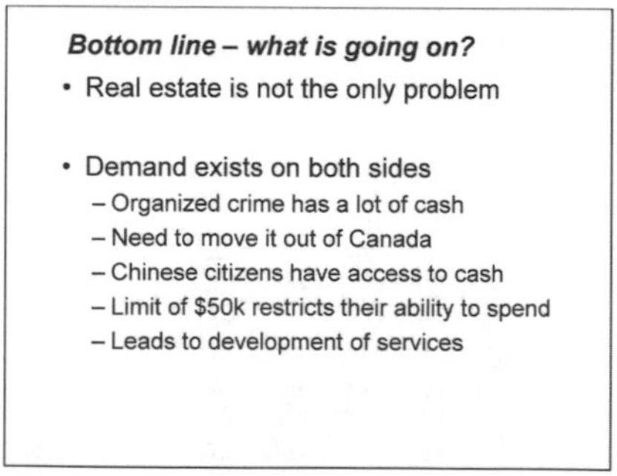

（右）加拿大金融交易和報告分析中心的情報報告解釋了基於貿易的共生洗錢，這將允許中國公民輸出資本和洗錢，也允許中國跨國非法地下錢莊將毒品銷售所得轉移到世界各地。（來源：加拿大金融交易和報告分析中心 2018）

（左）加拿大金融交易和報告分析中心提交給卡倫委員會有關英屬哥倫比亞省洗錢問題的圖表。（來源：卡倫委員會）

這正是習近平正在操作的棋局，但是中國的毒品、寡頭和間諜網絡比俄羅斯所謂的黑手黨國家網絡要複雜得多。加拿大政府會等到習近平政權對臺灣採取行動之後才對中國的富豪、毒梟和間諜進行資產審查，就像俄羅斯的寡頭最終面臨的審查一樣嗎？

二○二二年三月，保守黨最高外交政策專家莊文浩從普丁發動烏克蘭戰爭的視角回答了我的問題。「這段時間以來，保守黨一直呼籲對與北京和莫斯科獨裁領導層關係密切的個人實施制裁，」莊文浩告訴我，「莫斯科無端入侵烏克蘭顯示了這些制裁的必要性。雖然我們支持政府最近對與普丁關係密切的寡頭實施制裁，但這些行動需要得到足夠的支持。正如卡倫委員會的洗錢調查所得出的結論，政府往往沒有為執法部門提供所需的資源。政府還需要實施一個有益所有權登記制度，以確保寡頭不得藏匿在空殼公司背後。」

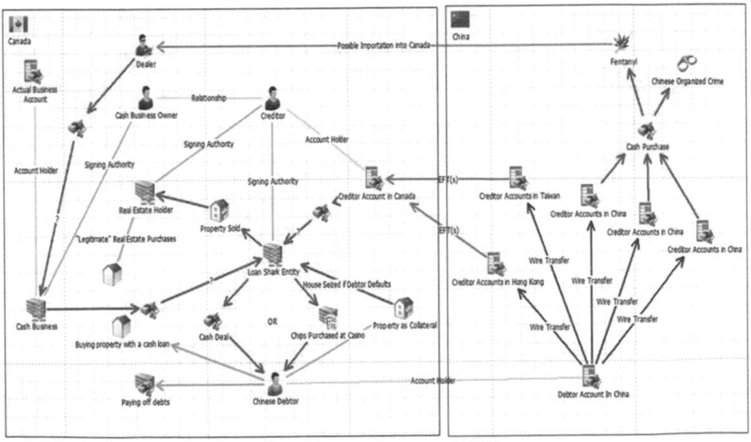

（上）加拿大金融交易和報告分析中心的「溫哥華模式」洗錢圖表顯示了加拿大和中國之間的芬太尼走私聯繫。（來源：卡倫委員會）

除了莊文浩提出的改革，我的消息來源認為，加拿大需要停止將相同的威脅分類到不同的法律框架中。加拿大安全情報局對俄羅斯有組織犯罪和情報資產進行了全面調查，這些資產涉及多倫多的一些大型房地產開發項目，例如充滿厄運的川普大廈。但是情報機構不得不被迫停止調查有組織犯罪，即使這個犯罪行為與寡頭和情報操作有某種聯繫，而中國的網絡讓這些俄羅斯網絡看起來很業餘。這就是重點。

我知道，加拿大情報和執法部門的一些人正針對我在本書中指出的許多嫌疑人和網絡展開廣泛而全面的行動，但對於大多數加拿大政客來說，這些威脅是無法理解的。芬太尼、金融犯罪、地下銀行、網絡犯罪、武器和人口販運、加拿大每一個重要機構的貪腐、謀殺、政治干預、賄賂，以及普丁和他的傀儡寡頭所代表的戰略性貪腐——所有的威脅都真實存在且無孔不入。它們融合成為一個廣泛的威脅，並可以歸類為中國國家支持的犯罪。

加拿大有優秀的情報人員，他們掌握的技能與知識可以與中情局、聯邦調查局或軍情五處的任何人相媲美。他們隨時準備行動，但是，權力掌握在渥太華手中。加拿大政治菁英和官僚需要根據當今世界的現實情況和最嚴重的威脅做出回應，而不僅僅是他們選擇看到的威脅和世界。

（上）一份關於英屬哥倫比亞省賭場的洗錢圖表，解釋了中國跨國黑幫如何利用英屬哥倫比亞彩票公司的賭場和加拿大銀行來洗錢。（來源：博彩政策與執法部）

謝辭

在這本書中，我描述了一個涉及地下錢莊、毒品走私和間諜計劃的人物網絡。感謝我的新聞同行、消息來源、同事、家人和朋友，他們對我揭露「溫哥華模式」給予了協助與支持。基本上，我自二〇〇四年與美麗的未婚妻從日本回到加拿大並進入蘭加拉學院新聞專業以來，我一直在追蹤這些故事。入學後，我很快將目光轉向了溫哥華市中心東區，試圖了解這個在第一世界經濟中似乎不可能存在的毒品戰區。

首先要感謝我的妻子，她在這段時間一直支持我，相信我的夢想，並選擇和我一起在加拿大生活，組建家庭；我還要感謝我的孩子們和我的父母，他們教會了我公共服務是崇高的使命；感謝我的兄弟姐妹和他們的家人，感謝他們對我工作的支持和信任。

我在《省報》和《溫哥華太陽報》工作期間，要向許多記者致謝，但我要特別點名在調查中與我直接合作的幾位記者，他們在揭示「溫哥華模式」的過程中給予我非常多的幫助。感謝卡西迪・奧利維耶（Cassidy Olivier）、丹・富馬諾、法比安・道森和道格・銓。此外，我還要感謝《環球新聞》的史都華・貝爾、布萊恩・希爾、安德魯・羅素、梅塞德斯・史蒂文森，特別是約翰・華，他們在關於國家安全、跨國有組織犯罪和賭場洗錢的新聞報道方面有重要合作。我還要向《南華早報》的楊伊恩（Ian Young，音譯）、《環球郵報》的凱絲・湯姆林森，以及《多倫多星報》的納蘭展眉和趙淇欣（Joanna Chiu）和《theBreaker.news》的鮑勃・麥金致敬，他們撰寫引人入勝的報道，豐富了我的知識。

加拿大著名記者特里・克雷文慷慨地閱讀了《視若無睹》的草稿，他是我這些報道的支持者，能得到他的支持，讓我對自己有了更多的信心。克雷文博學的指導讓我得以擴大自己的聲音，對表達自己想法一事有了更堅定的心，使我擺脫日常新聞的寫作模式，成就了我獨自擁有的故事。感謝我的出版商迪恩・巴克森代爾（Dean Baxendale）和我的文學代理人米歇爾・萊文（Michele Levine）接手這個複雜的項目。感謝查爾斯・伯頓睿智的前言，我深信公共利益、強大的法律和道德原則的，引導並支撐我在充滿挑戰和障礙中進行研究。感謝我的僱主支持我的工作，並與我一同面對法律風險。

最後，我要感謝這本書的各消息來源，他們當中有人冒著極大的風險分享了對加拿大至關重要的訊息，他們所做的事情符合公眾利益，我們應永遠銘記於心。

1841
一八四一

視若無睹：
毒梟、財閥與中共在加拿大的黑金帝國

Willful Blindness, How a network of narcos, tycoons and CCP agents Infiltrated the West

作　　者　山姆・庫柏（Sam Cooper）
譯　　者　範明詩、謝癸銓
責任編輯　黎國泳
執行編輯　關煜星
文字校對　程思月
封面設計　虎稿・薛偉成
內文排版　王氏研創藝術有限公司
出　　版　一八四一出版有限公司
印　　刷　博客斯彩藝有限公司

2024年6月　初版一刷
定價　530台幣
ISBN　978-626-98202-7-6(平裝)

一・八・四・一

社　　長　沈旭暉
總 編 輯　孔德維
出版策劃　一八四一出版有限公司
地　　址　臺北市大同區民生西路404號3樓
發　　行　遠足文化事業股份有限公司
（讀書共和國出版集團）
郵撥帳號　19504465 遠足文化事業股份有限公司
電子信箱　enquiry@1841.co
法律顧問　華洋法律事務所 蘇文生律師

視若無睹：毒梟、財閥與中共在加拿大的黑金帝國／Sam Cooper 作；範明詩、謝癸銓譯．－初版．－臺北市：一八四一出版有限公司出版：遠足文化事業股份有限公司發行，2024.6

面；　公分

譯自：Willful Blindness, How a network of narcos, tycoons and CCP agents Infiltrated the West

ISBN 978-626-98202-7-6(平裝)

1.CST: 組織犯罪 2.CST: 報導文學 3.CST: 中國 4.CST: 加拿大

548.54　　113005941

建構學